Angelika Poferl | Natan Sznaider [Hrsg.]

Ulrich Becks kosmopolitisches Projekt

Auf dem Weg in eine andere Soziologie

2., erweiterte Auflage

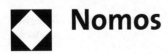 **Nomos**

Onlineversion
Nomos eLibrary

Die Deutsche Nationalbibliothek verzeichnet diese Publikation in
der Deutschen Nationalbibliografie; detaillierte bibliografische
Daten sind im Internet über http://dnb.d-nb.de abrufbar.

ISBN 978-3-8487-4960-7 (Print)
ISBN 978-3-8452-9172-7 (ePDF)

2. Auflage 2020
© Nomos Verlagsgesellschaft, Baden-Baden 2020. Gedruckt in Deutschland. Alle Rechte,
auch die des Nachdrucks von Auszügen, der fotomechanischen Wiedergabe und der
Übersetzung, vorbehalten. Gedruckt auf alterungsbeständigem Papier.

Inhaltsverzeichnis

Grußwort

Karl Martin Bolte

Lieber Ulrich,

Du hast als Student meine Lehrveranstaltungen besucht, bei mir promoviert und Dich unter meiner Betreuung habilitiert. Du bist als mein Assistent tätig gewesen. Wir haben über etliche Jahre in einem Team des Sonderforschungsbereiches 333 "Theoretische Grundlagen sozialwissenschaftlicher Berufs- und Arbeitskräfteforschung" gemeinsam mit Michael Brater gearbeitet und sind Freunde geworden (auch Wanderfreunde). Nach Deinen Professuren an den Universitäten Münster und Bamberg hat man Dich 1992 (ohne meine Mitwirkung, aber) zu meiner großen Freude als meinen Lehrstuhlnachfolger an die Universität München berufen. Seitdem stehen wir in vielfältigen Diskussionszusammenhängen.

Schon als Student, aber dann vor allem als Teamkollege im Sonderforschungsbereich, habe ich Dich als innovativen Denker kennen gelernt, der sich bemühte, eingefahrene Forschungspfade zu überwinden und neue, weiterführende zu erschließen. Du hast den Nationalstaat als Bezugsrahmen sozialwissenschaftlicher Forschung als zunehmend unzulänglich kritisiert und Dich um die Entwicklung darüber hinausreichender Perspektiven bemüht. Deine Thesen zur Risikogesellschaft, zur reflexiven Modernisierung, zur Globalisierung und zur Idee einer kosmopolitischen Soziologie sind wichtige Ansätze dazu.

Mit Deinen Arbeiten und Gedanken hast Du seit Jahren über den Rahmen der Bundesrepublik Deutschland hinaus Aufmerksamkeit gefunden – sowohl Anerkennung als auch Kritik. Du bist heute in weltweite Diskussionszusammenhänge eingebunden und gehörst zu den bekanntesten Soziologen der Gegenwart. Politiker haben Dich um Rat gefragt, Du hast in Kommissionen mitgewirkt, die von 'der Politik' berufen wurden, hast aber der Versuchung widerstanden, selber als Politiker aktiv zu werden.

Für die kommenden Jahre wünsche ich Dir weiterhin ein ideen- und erfolgreiches wissenschaftliches Arbeiten. Ich glaube, dass Deine Initiativen zur Begründung des Sonderforschungsbereiches 536 "Reflexive Modernisierung: Analysen zur (Selbst-) Transformation der industriellen Moderne" sowie Deine aktive Mitarbeit daran wichtige Faktoren sind, die Dein Denken in Bewegung halten und auch das Deiner Mitforscher beflügeln.

Möge Deine Frau Elisabeth, die ja den gleichen Berufsweg eingeschlagen hat wie Du, Dir in Zukunft weiterhin eine so wertvolle Diskussionspartnerin und Mitautorin sein wie bisher.

In Freundschaft

Dein Martin

Auf dem Weg in eine andere Soziologie.
Aktualisierte Einleitung zur 2. Auflage des Bandes

Angelika Poferl, Natan Sznaider

Am 1. Januar 2020 – dem Erscheinungsjahr dieses Bandes – jährte sich der Todestag von Ulrich Beck das fünfte Mal. Der Soziologe verstarb am Neujahrstag 2015 an einem Herzinfarkt, während eines Spaziergangs mit seiner Frau und Kollegin Elisabeth Beck-Gernsheim im Englischen Garten in München. Eine erste Auflage des vorliegenden Bandes erschien 2004. Das Buch war ein Geschenk zum Anlass des 60. Geburtstags von Ulrich Beck und stellt somit eine Art ‚Festschrift‘ dar – wenngleich wir gestehen, dass uns eine solche Kategorisierung weder damals zugesagt hat noch heute gefällt, und wir sie auch nicht allzu ernst nehmen können. Steife Festakte waren nicht Ulrich Becks Stil. Umso schöner ist die Erinnerung an die angenehm leichte, frühsommerliche Atmosphäre der Geburtstagsfeier am Starnberger See, auf der das Buch übergeben worden ist – und an die Freude und Begeisterung, mit der der Jubilar es am darauffolgenden Tag gelesen und in umgehenden Telefonaten mit der Herausgeberin und dem Herausgeber in seiner Anlage und seinen einzelnen Beiträgen kommentiert hat. Bücher sind zum Diskutieren und Weiterdenken da. Mit Sicherheit war es eine der größten Leidenschaften von Ulrich Beck, die intellektuelle Auseinandersetzung zu führen, d.h. Argumente zu entwickeln, sich von Argumenten anderer anregen oder auch provozieren zu lassen, die eigenen Begriffe, Thesen und Überlegungen daran zu schärfen, Irrtümer zu revidieren, ungewohnte Sichtweisen auszubauen und weiter nach vorn, immer nach vorn, zu denken. Diese nunmehr vorliegende 2. Auflage des Bandes ist unter weitaus traurigeren, melancholischen Vorzeichen entstanden.

Einige der ursprünglich beitragenden Autoren sind nicht mehr unter uns. Am 14. Februar 2011 verstarb *Karl-Martin Bolte*, einer der bekanntesten deutschen Soziologen und wichtiger Lehrer von Ulrich Beck, der 1992 (nach Professuren in Münster und Bamberg) als Nachfolger Boltes auf einen Lehrstuhl für Soziologie an der Ludwig-Maximilians-Universität München, Institut für Soziologie, berufen worden ist.[1] Karl-Martin Bolte hatte der 1. Auflage ein auch hier wiedergegebenes Grußwort vorangestellt. *John Urry* war aus der Sicht Becks und vieler anderer ein Pionier der jüngeren soziologischen Mobilitätsforschung, die sich von nationalen und territorialen Fixierungen verabschiedet und damit paradigmatisch neue Perspektiven eröffnet hat. Er verstarb

---

[1] Ulrich Beck hatte den Lehrstuhl in München bis zu seiner Emeritierung inne. Er war zudem Distinguished Research Professor des University of Wales College of Cardiff (1995-1998), British Journal of Sociology Visiting Centennial Professor an der London School of Economics and Political Science (LSE) (1997-2014) und Professor an der Fondation Maison des Sciences de l'Homme, Paris (2011-2014). Angaben zur Biographie sowie eine Zusammenstellung von Publikationen und Projekten finden sich im Webarchiv Ulrich Beck des Universitätsarchivs der LMU München, das Informationen zu Leben und Werk des Wissenschaftlers enthält: https://www.soziologie.uni-muenchen.de/forschung/beck-archiv-link/index.html (letzter Zugriff 30.04.2020).

am 18. März 2016. Mit *Zygmunt Bauman*[2] ist am 9. Januar 2017 ein intellektueller Gesprächspartner und Freund von Ulrich Beck von uns gegangen; seine Bedeutung für die Soziologie der Gegenwart des 20. und 21. Jahrhunderts, die Analyse ihrer Ambivalenzen und Kontingenzen sowie die Entwicklung einer Gesellschaftstheorie der Moderne und Postmoderne ist unermesslich. *Peter A. Bergers* Arbeiten zur Entstrukturierung der Klassengesellschaft und zur Individualisierung von Ungleichheit sind eng mit Beck, seinem ehemaligen Doktorvater an der Otto-Friedrich-Universität Bamberg und Kollegen an der Ludwig-Maximilians-Universität München, verbunden. Er verstarb am 14. September 2018. *David Held* hat mit seinen politikwissenschaftlichen und soziologischen Arbeiten zur Analyse von Weltbürgertum, von Globalisierung und Internationalisierung der Politik Becks Interesse an Fragen der Globalisierung beeinflusst. Am 02. März 2019 verstarb auch er. Dieser fünf Autoren sei hiermit in besonderer Dankbarkeit für ihre damalige Bereitschaft, an dem Band mitzuwirken, gedacht.

Wir haben uns für die zweite Auflage des Bandes entschieden, an der ursprünglichen Zusammensetzung der Autorenschaft festzuhalten. Die Beitragenden haben zudem von der Möglichkeit Abstand genommen, ihre jeweiligen Texte zu ändern – ‚Aktualisierungen' schienen weder dem Charakter der im Band ausgeführten Grundlagenargumentationen noch dem Anlass der Würdigung gerecht. Noch nicht einmal reale Veränderungen des raum-zeitlichen Kontextes drängen zu einer auf Momentaufnahmen starrenden und entsprechend kurzatmigen Revision, ganz im Gegenteil: Die empirischen Veränderungen gesellschaftlicher Wirklichkeit der letzten sechzehn Jahre scheinen die Beckschen Konzepte, Thesen und Theoreme auf frappierende und nahezu unheimliche Weise zu bestätigen – vom Aufstieg eines terroristischen Fundamentalismus, eines reaktionär-aggressiven Nationalismus und johlenden Rechtspopulismus über die rasante Bedeutungszunahme des Thema Klimawandel (nicht nur) im Zuge der Fridays for Future-Bewegung bis hin zum gegenwärtig omnipräsenten Globalrisiko der „Corona"-Pandemie. Ulrich Beck hat die von ihm diagnostizierte und analytisch ausgeleuchtete Moderne, deren Weiterentwicklungen, Transformationen und Metamorphosen nie einseitig und naiv als ‚Fortschritt' beschrieben; wer dies behauptet, hat sein Werk nicht gelesen. Die Schattenseiten der Ersten (industriegesellschaftlichen) Moderne und die auch bedrohlichen, zerstörerischen Dimensionen einer *Zweiten* bzw. *Reflexiven Moderne* laufen immer mit, wenngleich die Frage nach den Potentialen, den bis dato ausgeschlossenen *Möglichkeiten* (im positiven, weiterführenden Sinne) für Beck weitaus interessanter ist. Den gesellschaftstheoretischen Kern seines Werks bilden Prozesse einer *reflexiven Selbstaufhebung* der Moderne, wie ‚wir' (wer?) sie kannten. Reflexivität meint dabei ausdrücklich nicht ‚Einsicht' oder ‚besseres Wissen'. Der Begriff zielt vielmehr auf Struktur-Reflexivität, d.h. auf Formen struktureller Selbst-Konfrontation, die in Aufhebung münden – worin eine dialektische Theoriearchitektonik zu erkennen ist. Die Umwandlung, ja, Verwandlung der Moderne und der Welt schlechthin ist von Kontinuitäten und Diskontinuitäten, von emanzipatorischen Entwicklungen ebenso wie von Gegen- und Rückschlägen gekennzeichnet. Und sie vollzieht sich nicht von Geisterhand, sondern ruht auf dem konkreten sozialen und politischen Handeln von Akteuren auf.

---

2   Die Deutsche Gesellschaft für Soziologie hat Zygmunt Bauman für ein hervorragendes wissenschaftliches Lebenswerk ausgezeichnet. Ulrich Beck hat dazu die Laudatio „Sinn und Wahnsinn der Moderne" auf dem 37. Kongress der DGS, 6. bis 10. Oktober 2014, in Trier gehalten (Beck 2015).

Darin sind reale und analytische Spannungen angelegt, die die Beck'schen Schriften durchziehen und mehr denn je zur gegenwartsbezogenen Re-Lektüre veranlassen.

Als Wissenschaft von der Gesellschaft ist Soziologie stets *Selbstaufklärung* – über die historische Gewordenheit, die aktuellen Ausprägungen und die Folgen der Welt, wie sie gelebt und gestaltet wird. Diesem Anspruch ist Beck ein leidenschaftliches, viel zu kurzes und jäh geendetes wissenschaftliches Leben lang gefolgt. Der Band hat auch in seiner 2. Auflage *nicht* das Ziel, in die Soziologe Ulrich Becks einzuführen.[3] Es geht darum, die Konturen des Beck'schen Werkes im Spiegel der kommentierenden und kritischen Diskussion Anderer zu verdeutlichen. Mit dieser dialogischen Verständigung ist ein Prinzip des Kosmopolitischen in die Anlage des Bandes eingebaut. Ein vergleichbares Buch, das sich den „Futures of Modernity" zuwendet, ist anlässlich einer Konferenz zur Emeritierung von Ulrich Beck erschienen (Heinlein/Kropp/Neumer/Poferl/Römer 2012). Mögen beide Publikationen zur weiteren Auseinandersetzung anregen und veranlassen.

Wieso und inwiefern lädt Beck zu einer ‚anderen' Soziologie ein?[4]

Die Würdigung Ulrich Becks und seines Werkes verträgt sich kaum mit mangelndem Widerspruchsgeist und heischt auch nicht nach geflissentlichem Applaudieren. Will man die Soziologie Becks charakterisieren, dann stechen mindestens zwei Merkmale heraus: das Provokationspotential der vertretenen Inhalte ebenso wie der eindringliche und aufrüttelnde Stil des Schreibens. Es ist eine Soziologie, die etwas *sagen* und die etwas *erreichen* will; eine Soziologie, der nichts unbehaglicher ist als sich in der Behaglichkeit überlebter Ordnungen einzurichten; eine Soziologie, die den Angriff auf die Unzulänglichkeiten auch der eigenen Disziplin mit der unverstellten Lust am Vorantreiben, am Weiterentwickeln dieser selbst verbindet. Es ist eine Soziologie, die gehört werden will und dennoch das Gefällige, die voreilige Umarmung, das vereinnahmt Werden scheut. Beck ist für Soziologie, was Dada für die Kunst war. Er versucht, seine Leser zu verführen, sie für eine neue soziologische Sprache zu öffnen. Die Beck'sche Soziologie ist eine Liebeserklärung an das Fach, die wir mit diesem Band erwidern. Sie ist ein demokratisches Projekt, das die Expertensprache unterwandert. Den Leserinnen und Lesern wird die Macht über Sprache wiedergegeben. Und Macht über Sprache ist auch Macht über das ‚Eigene Leben'[5].

Was liegt näher als die Frage nach der Inspiration und nach den Anregungen, nach Affinitäten, Möglichkeiten und Grenzen eines solchen Unterfangens? Wir haben diese Überlegung zum Leitfaden des vorliegenden Buches gemacht. Autoren und Autorinnen des In- und Auslandes wurden gebeten, Aspekte der Arbeiten von Ulrich Beck aufzugreifen und eigene Perspektiven zu ausgewählten Problemdarstellungen darzulegen. Die thematisch übergreifende Klammer ist durch die maßgeblich von Beck entwickelte *Theorie Reflexiver Modernisierung* – die Theorie der *Zweiten Moderne* – vorgegeben. Behauptet wird darin ein fundamentaler gesellschaftlicher Strukturwandel, der sich in ge-

---

3   Vgl. Hitzler 2005; Poferl 2011; 2017; 2019; in Auseinandersetzung mit Beck, Durkheim, Weber, Luhmann, Tarde Schillmeier 2009; zum Verhältnis von Beck und klassischer soziologischer Theorie Sznaider 2015; als Textsammlung Beck 2014.

4   Erlaubt sei hiermit eine Variation des bekannten Einführungsbuches von Peter L. Berger 1971.

5   Wir verwenden den Begriff an dieser Stelle als Metapher. Zur Sozialfigur des „Eigenen Lebens" vgl. Beck 1986; 1995 sowie Beck/Beck-Gernsheim 2002.

genwärtigen Prozessen einer Modernisierung und Radikalisierung der Moderne vollzieht. Die besondere Bedeutung dieser historischen Transformation liegt darin, dass nicht nur einzelne Bereiche oder Oberflächenphänomene, sondern *konstitutive* Denk- und Handlungsrahmen der klassischen Industriemoderne, die ihrerseits bereits zu Tradition geronnen ist, aufgehoben und ersetzt werden. Reflexive Modernisierung bezeichnet einen Übergang von der „ersten", „einfachen" zur „zweiten", „reflexiven" Moderne. Sie stellt – der Theoriesprache folgend – einen institutionellen und alltagspraktisch wirksamen „Metawandel" dar, d.h. einen umfassenden, strukturell durchgreifenden Umbruch, der über die Dynamik der „Nebenfolgen" (ein zentrales Konzept für Beck) zu einer Veränderung historisch-konkreter Grundlagen und „Basisprämissen" gesellschaftlichen Zusammenlebens (z. B. Arbeits- und Lebensformen, politische Ordnungs- und Handlungskonzeptionen, Natur- und Geschlechterverhältnisse) führt.[6]

Mit dieser Denkfigur hat Ulrich Beck eine eigene, markante Position in der die Soziologie nicht nur begleitenden, sondern auch begründenden Befassung mit dem Modernisierungsthema eingenommen. In doppelter Absetzungsbewegung sowohl von herkömmlichen Modernisierungstheorien als auch vom Diskussionskomplex der Postmoderne geht es darum, einen Ansatz zu entfalten, der die Erosion *und* Weiterentwicklung der Moderne begrifflich und empirisch zu fassen erlaubt. Impliziert sind darin jedoch (kategoriale, methodologische und epistemologische) Herausforderungen, die weit über eine ‚Anwendung' vorhandener soziologischer Begriffsapparate und Instrumentarien hinausgehen. Diese operieren – so der Vorwurf Becks an die Sozialwissenschaften, aber auch an Politik, Administration, Wirtschaft, Öffentlichkeit usw. – häufig noch mit „Zombie-Kategorien", d.h. mit Kategorien, die an Altem festhalten, blind gegenüber Neuem sind und überholte Realität konservieren. Die von ihm verfolgte Programmatik lässt sich als Angebot einer Alternative vor dem Hintergrund erstarrter Interpretationsverhältnisse und Forschungsroutinen lesen; mit anderen Worten: als unbedingtes Plädoyer dafür, Wege jenseits eingeübter, konventioneller Sichtweisen zu wagen und die Analyse gesellschaftlicher Wirklichkeit durch eine Öffnung der Perspektiven, durch theoretische Phantasie und empirische Kreativität neu zu beflügeln. Nicht zuletzt orientieren sich die Arbeiten Becks daran, politische Entscheidungs-, Handlungs- und Gestaltungsräume in der Wahrnehmung und Bearbeitung gesellschaftlicher Problemlagen freizulegen. Die mitunter schwer zu entziffernde Verflechtung diagnostischer und programmatischer Absichten erscheint den einen faszinierend, anderen gilt sie als unstatthaft, ‚feuilletonistisch', ärgerlich. Beck kann nicht nur zu den bekanntesten, sondern auch umstrittensten Soziologen der Gegenwart gezählt werden.

Ein zentrales Dokument der von Beck angestoßenen Diskussion über Folgeprobleme industrieller Modernisierung und darin eingelagerte Tendenzen einer Selbstaufhebung der Ersten bzw. einfachen Moderne stellt das 1986 erschienene Buch zur *„Risikogesellschaft"* dar. Die Architektur der Theorie reflexiver Modernisierung baut auf drei Säulen auf, für die in dieser Schrift bereits das Fundament gelegt ist. Das Konzept der Risikogesellschaft lenkt den Blick erstens auf zerstörerische Potentiale der Industriemoderne in Form von *zivilisatorischen Selbstgefährdungen* neuartiger Qualität und ungeahnten

---

6   Dazu Beck 1993; Beck/Giddens/Lash 1996; Beck/Bonß 2001; Beck/Lau 2004; Beck/Lau 2005 sowie die Bände Weihrich/Böhle 2009; Böschen/Kratzer/May 2006; Bonß/Lau 2011; Böhle/Schneider 2016.

Ausmaßes. Errungenschaften der Moderne werden dadurch in ihr Gegenteil verkehrt; die ökonomische Vernutzung und technische Überformung ‚der Natur' (die es so kaum noch gibt) zehrt materielle und symbolische Voraussetzungen industrieller Natur-Gesellschafts-Verhältnisse ebenso wie daran gekoppelte Fortschritts- oder Wachstumsziele auf. Dieses Thema verbindet sich mit der These einer Auflösung traditionaler industriegesellschaftlicher Sozialstrukturen, wofür zweitens der Begriff der *Individualisierung* steht. Sie umfasst die Herauslösung der Lebensführung aus historisch vorgegebenen Sozialformen und -bindungen, den Verlust von traditionalen Gewissheiten und Handlungssicherheiten ebenso wie neue Arten der sozialen Einbindung, der Vergemeinschaftung und Reintegration. Fraglos vorgegebene Kollektividentitäten (je nach Klasse, Geschlecht, Ethnizität) brechen auf; die auch ‚soziale' (d.h. auf Ungleichheiten und das Zusammenleben von Menschen bezogene) Riskanz gesellschaftlicher Existenzweisen unter den Bedingungen einer radikalisierten Moderne wird sichtbar. „Individualisierung" in diesem gesellschaftstheoretischen Verständnis bezeichnet weder eine Präferenz noch eine Einstellung oder gar eine Milieuspezifikation. Zum Ausdruck kommt darin, was Beck später, in Anspielung auf den Existentialismus Sartres, ein ‚verdammt Sein' zum individualisierten Leben im Zuge strukturell irreversibler Freisetzungen nennt (vgl. Beck 1993; Beck/Beck-Gernsheim 1994; Beck-Beck-Gernsheim 2002). Ebenso Mitte der 1980er Jahre eingeführt wird das – die Individualisierungs- und die Risikothematik verbindende – Konzept einer *Subpolitisierung* der Moderne. Ergänzend zur wachsenden Bedeutung von posttraditionaler „Selbst-Kultur" und „Selbst-Organisation" umschreibt es einerseits die „Selbst-Politik" (Beck 1997 a) von Akteuren außerhalb politischer Institutionen; andererseits richtet sich der Begriff auf das (sub-)politische Potential neuartiger Risikoerfahrungen, das den Mechanismus einer grundlegenden Selbst-Infragestellung industriemoderner Verhältnisse in Gang setzt (vgl. Beck 1993; Beck 1996). Subpolitische Prozesse verleihen der Transformation der Moderne ihre eigentliche Dynamik, dies auch insoweit, als sie das Moment einer unumgänglichen Handlungsaufforderung repräsentieren. Sie sind prinzipiell ambivalent und treten in der „Folgen-Reflexion" (Beck 2002 a) einer alarmierten Öffentlichkeit, in emanzipatorisch-zivilgesellschaftlichen Aktivitäten, in der zunehmenden Experimentalität des Alltagshandelns (vgl. Poferl 1999) ebenso wie in Fundamentalismen oder in Gestalt des aufbegehrend „häßlichen Bürgers" (Beck 1997 b) in Erscheinung. Angedeutet ist in 1986 drittens schon das Thema der *Globalisierung*, an das leitende Frage- und Problemstellungen der neueren Schriften Becks anschließen; darauf wird zurückzukommen sein.

Diese hier nur grob umrissenen konzeptionellen und thematischen Schwerpunkte sind in zahlreichen Publikationen weiter behandelt, d.h. in unterschiedlichen Facetten ausbuchstabiert, ergänzt, modifiziert und argumentativ geschärft worden. Zu nennen sind für die Zeit bis zum Jahr 2002 – in unvollständiger Aufzählung – Titel wie „Gegengifte" (1988), „Das ganz normale Chaos der Liebe" (mit Elisabeth Beck-Gernsheim 1990), „Die Erfindung des Politischen" (1993), „Riskante Freiheiten" (mit Elisabeth Beck-Gernsheim 1994), „Reflexive Modernisierung" (mit Anthony Giddens und Scott Lash 1996), „Kinder der Freiheit" (1997 b), „Was ist Globalisierung?" (1997 c), „Individualisierung und Integration. Neue Konfliktlinien und neuer Integrationsmodus?" (mit Peter Sopp 1997), „Perspektiven der Weltgesellschaft" (1998), „World Risk Society" (1999), „Der unscharfe Ort der Politik. Empirische Fallstudien zur Theorie der reflexiven Modernisierung" (mit Maarten Hajer und Sven Kesselring 1999), „The Risk

Society and Beyond: Critical Issues for Social Theory" (mit Barbara Adam und Joost van Loon 2000), „Freiheit oder Kapitalismus" (im Gespräch mit Johannes Willms 2000 a), „Individualization" (mit Elisabeth Beck-Gernsheim 2002).

Mit dem Konzept der „Weltrisikogesellschaft" (2007 [1999]) und dem im englischsprachigen Original bereits 1999 veröffentlichten gleichnamigen Buch spitzt Beck die vorhergehenden Analysen zu auf die globale Dimension zivilisatorischer Gefährdungen (allen voran wird hier der Klimawandel zum Thema) sowie globale ökonomische Abhängigkeiten und die Omnipräsenz eines entgrenzten fundamentalistischen Terrors. Die „Suche nach der verlorenen Sicherheit" (so der Untertitel) wird zum Signum einer nunmehr weltgesellschaftlich[7] ausbuchstabierten reflexiven Moderne, die nicht mehr in die alten Bahnen und Ordnungen zurückgedrängt werden kann und den eng umgrenzten Horizont des Nationalen strukturell längst hinter sich gelassen hat.

Im Werk Becks sind die unterschiedlichen, hier nur skizzenhaft angedeuteten, Themen und Konzepte auf vielfache, nie einfach wiederkehrende, sondern sich stets weiter entwickelnde Weise ineinander verschlungen – was die Lektüre nicht immer einfach macht. Das Individualisierungstheorem fließt in die Befassung mit globaler und transnationaler sozialer Ungleichheit „jenseits von Klasse und Nation" (Beck 2008 b; Beck/Poferl 2010) ein, in die (auch) kulturvergleichende Diskussion weltweit erodierender Traditionen (Beck 2014 b) ebenso wie in die Analyse des Wandels von Religion und Religiösem, ausgearbeitet in der Figur des „eigenen Gottes" (Beck 2008 a). Zusammen mit Elisabeth Beck-Gernsheim werden sich ändernde, global kontextualisierte Formen der „Fernliebe", sprich: der privaten, familialen Lebensführung und des Zusammenlebens, über Grenzen hinweg untersucht (Beck/Beck-Gernsheim 2011). Mit der Trilogie „Macht und Gegenmacht im globalen Zeitalter" (2002 a), „Der Kosmopolitische Blick" (2004 a) und „Kosmopolitisches Europa" (mit Edgar Grande 2004) sowie teils vorangehenden, teils begleitenden Aufsätzen (z.B. Beck 2000 b; 2002 b; 2003; 2004 b) leitet Beck die für sein weiteres Werk entscheidende Wende hin zu einer *kosmopolitischen Soziologie* ein.

Der Begriff der Kosmopolitisierung – sozialwissenschaftlich und *nicht* normativ verstanden – setzt zum einen an der *Beobachtung empirischer Entwicklungen* an: Die „Wirklichkeit [ist] selbst kosmopolitisch geworden" (Beck 2004 a, S. 8). Zum anderen geht es um die *Entwicklung einer methodologischen Beobachterperspektive*, die erst in der Lage ist, die Veränderungen der Welt zu erkennen: eben jenen „kosmopolitischen Blick", der die Erkenntnisbildung anleiten muss, wenn diese nicht an den vielfältigen und vielschichtigen neuartigen Wirklichkeiten vorbeigehen, abgestumpft, blind und leer bleiben will. Beides macht die von Beck avisierte Soziologie zu einem ihrerseits durch und durch kosmopolitisch angelegten Unterfangen. Zentral ist hierbei die Idee einer Anerkennung der „Andersheit des Anderen" (Beck 2002 b, S. 18; Zitat hier ins Deutsche übertragen). Sie steht für die Logik „*inklusiver Oppositionen*" (Beck 2002 b, S. 19; Zitat hier ins Deutsche übertragen) und ist so keineswegs essentialistisch, sondern relational angelegt (Poferl 2019 a). Die *kosmopolitische Imagination* erfordert eine Kunst der Übersetzung und des Wechselspiels der Perspektiven – in der Wirklichkeit von Gesellschaft und in der Wissenschaft gleichermaßen:

---

7   Die Verwendung des Terminus Weltgesellschaft bei Beck unterscheidet sich von Begrifflichkeiten neo-marxistischer, neo-institutionalistischer und systemtheoretischer Provenienz. In den Schriften scheinen sowohl Annäherungen als auch Abgrenzungen an verschiedenen Stellen auf.

„The national perspective is a monologic imagination, which excludes the otherness of the other. The cosmopolitan perspective is an alternative imagination, an imagination of alternative ways of life and rationalities which includes the otherness of the other. It puts the negotiation of contradictory cultural experiences into the centre of activities: in the political, the economic, the scientific and the social." (Beck 2002 b, S. 18)

Zugleich grenzt Beck sich dezidiert von einem „kosmopolitischen Mythos" (Beck 2004b, S. 154; Hervorh. gelöscht) und unkritischen, idealisierten Vorstellungen von Weltoffenheit und Weltbürgerlichkeit ab.

Rückblickend erkennbar sind die roten Fäden, die das Werk Becks durchziehen. Dennoch lassen sich Zäsuren, Einschnitte ausmachen.

Im Aufgreifen des Globalisierungsthemas seit Mitte der 1990er Jahre und mit den daran anknüpfenden Entwürfen und Ausarbeitungen einer kosmopolitischen Soziologie entfaltet Beck wegweisend die Programmatik einer neuen, die realen und kategorialen Grenzen nationalstaatlichen ‚Container'-Denkens überschreitenden sozialwissenschaft-lichen Analyse (dazu auch Beck/Sznaider 2006; 2009). Es sind vor allem die Eigendy-namiken gesellschaftlicher Globalisierungsprozesse, die die Grundlagen der Ersten Mo-derne unterlaufen, in Form einer „inneren Globalisierung" von gesellschaftlichen Le-bens- und Handlungsräumen und der „Kosmopolitisierung" der Staatsnation von innen heraus. Sie beinhalten die *Pluralisierung von Grenzen* – zwischen Natur und Gesell-schaft, Wissen und Nichtwissen, Subjekt und Objekt, Krieg und Frieden, Leben und Tod, ‚Wir' und ‚Anderen' –, die wiederum zum Grundpfeiler einer kosmopolitischen Methodologie der Erforschung neuer Lebenswelten wird. Das Konzept der Zweiten bzw. Reflexiven Moderne und die ihr korrespondierende Perspektive einer kosmopoliti-schen Soziologie will den Epochenwandel, d.h. die Vergangenheit und die Zukunft der Moderne (Beck/Mulsow 2014), sichtbar machen. Was von der Ersten Moderne bleibt, ist die Wertung der individuellen Freiheit, die, ebenso wie politische Freiheit, als „Sinn-quelle der Moderne" (Beck 1997 b) gilt. Neu ist die Entortung eben dieser Freiheit. Den erkennbaren Veränderungen ist nur mit einer neuen soziologischen Methode, einer *De-Territorialisierung des soziologischen Blicks* beizukommen (dazu auch Poferl 2019 b). Der methodologische Kosmopolitismus soll soziologische Forschung jenseits des natio-nalstaatlichen Rahmens öffnen können. In seinem Buch über „Macht und Gegenmacht im globalen Zeitalter" (2002 a) hat Ulrich Beck sich explizit vorgenommen, eine „kriti-sche Theorie" in kosmopolitischer Absicht zu schreiben.[8]

Bei ‚Kosmopolitismus' werden Gedanken an heimatlose Gesellen, schwermütige In-ternationalisten und ein weltgewandtes Milieu der Vielreisenden wach. Und an ihnen soll die Welt genesen? Doch damit nicht genug: Beck fordert den kosmopolitischen Staat als Alternative zum ethnischen und neoliberalen Staat. Dabei geht es nicht um simple Normativität und schon gar nicht darum, ob man Globalisierung ‚mag' oder nicht. Beck betont das strukturell Unweigerliche: Auch wer mit guten Argumenten ge-gen Globalisierung ist, kann sie nicht einfach zum Verschwinden bringen. Die Men-schen leben in einer Weltgesellschaft, in der die Vorstellung von geschlossenen Räu-men fiktiv geworden ist. Niemand kann sich wirklich abschließen. Das Nebeneinander

---

8   Diese kritische Theorie setzte thematisch zunächst an Ungleichheitsfragen an. Der damit verbundene Anspruch geht jedoch weit über einen solchen Themenkontext hinaus.

von Globalem und Lokalem, von differenten (ökonomischen, kulturellen, politischen und sozialen) Lebens- und Organisationsformen löst die Unterscheidung von ‚national‘ und ‚international‘, von ‚innen‘ und ‚außen‘ auf. Das Modell der Ersten als einer im Kern nationalstaatlich begriffenen Moderne wird fragwürdig, die Einheit von kultureller Identität (‚Volk‘, ‚Nation‘), Raum und Staat als – symbolisch, politisch und praktisch freilich wirkmächtige – Imagination erkennbar. Die Folgen sind überdeutlich und wiegen schwer: Die Gegensätze der Kulturen prallen aufeinander, die Selbstverständlichkeiten auch des westlichen Lebensmodells sind zur Rechtfertigung gezwungen. Die Zeit des kosmopolitischen Bürgers – und längst auch der Bürgerin?[9] – ist schon da. Das macht die Zweite, Reflexive und kosmopolitische Moderne aus.

Dies alles trotz, ja vielleicht sogar wegen des Rechtspopulismus und des fundamentalistischen Terrors, die beides erklärte Feinde der kosmopolitischen Gesellschaft sind. Es geht um *„kosmopolitischen Realismus“* (Beck 2004 a; Hervorh. A.P./N.S). Gegen die „Selbstverewigung“ national gefärbter Kategorien der Weltsicht schlägt Beck einen Kosmopolitismus „mit Wurzeln und Flügeln“ (Beck 2002 a) vor. Weltprobleme schaffen transnationale Gemeinsamkeit und Verantwortlichkeit – das ist das große politische Anliegen der neuen Soziologie. Nur wer kosmopolitisch Politik begreift, kann national überleben (dazu auch Beck/Levy 2013); dies impliziert die Auseinandersetzung mit europäischen und außereuropäischen Erfahrungen (Beck/Grande 2004; 2010; Sang-Yin 2017) und neue Spielregeln politischen Handelns (Beck 2011). Für Ulrich Beck ist Kosmopolitismus die nächste große Idee, nachdem Nationalismus, Kommunismus und Neoliberalismus abgewirtschaftet haben. Sie soll die Menschheit vor dem erneuten Rückfall in die Barbarei bewahren. Das sind keine Hirngespinste. Dies wird anhand einer soziologischen Analyse der Menschenrechtspolitik deutlich (Beck/Levy/Sznaider 2004; Levy/Sznaider 2010; Poferl 2018). Die Sprache der Menschenrechte verändert die Beziehung zwischen Staaten, die zwar Macht, aber wenig Legitimität besitzen und Menschenrechtsorganisationen, die über wenig Macht, aber sehr viel Legitimität verfügen. Die Regeln der ‚internen‘ Politik, die das völkerrechtliche Hauptmerkmal souveräner Staaten war, müssen neu interpretiert werden; Menschenrechtsverletzungen werden zu Angelegenheiten aller. Auch das Nichthandeln wird so zum Handeln und zu einem Teil des machtstrategischen Spiels: Wann soll und kann man intervenieren, und wer darf das und wer nicht? Ein solcher Realismus entlässt nicht aus der Einsicht und Verantwortung, Moderne von den Zivilisationsbrüchen, von der historisch erfahrenen Katastrophe sowie von gegenwärtigen und künftigen Bedrohungen her zu denken. Daran schließt nicht zuletzt die Vorstellung einer *Selbstbegrenzung von Moderne* an. Sie führt zur Frage nach der Errichtung „reflexiver Tabus“ (Beck/Sznaider 2011), verstanden als Theorie und Praxis der Vermeidung ‚des Schlimmsten‘ – die sich in letzter Konsequenz in einem auf sich selbst bezogenen Gefährdungsbewusstsein konkretisiert. Die Verteidigung basaler Prinzipien von Moderne (wie etwa das Prinzip der Egalität, der Rationalität, der funktionalen Inklusion) im Allgemeinen und der Menschenrechte im Besonderen dient hierfür als Beispiel.

Ulrich Beck strebt bei alldem keine globale Systemtheorie an; er beschreibt handelnde Subjekte in einer Welt, zu deren Erfahrungshorizonten Globalität gehört. Mit ihr müssen sie sich in verschiedenen Formen auseinandersetzen. So entstehen Strategien,

---

9   Zur Entwicklung einer Genderperspektive kosmopolitischer Soziologie vgl. Poferl 2015; 2020 (im Erscheinen).

die im täglichen Leben neu zu erfinden sind. Beck legt eine *humanistische Soziologie* vor, die nach Jahrzehnten antihumanistischer Systemtheorien den handelnden Menschen wieder in den Mittelpunkt rückt. Verknüpft ist damit ein Begriffswandel der Macht; Prozesse der Machtbildung sollten nicht mehr nur bei den traditionellen Machtzentren gesucht werden. Auch dies wird anhand der Politik der Menschenrechte klar: „Moral und nicht Gewalt ist die Quelle der Macht (...) Hat man Moral, die Moral der Menschenrechte, so hat man das Recht zu militärischer Gewalt und zwar global." (Beck 2002, S. 343) Macht und Moral können bei Beck nicht mehr als Gegensatz verstanden werden. In einer kosmopolitischen Politik gibt es moralische Machtstrategien und es gibt machtvolle Moralstrategien. Staaten werden in diesem Spiel ebenso zu Akteuren wie Wirtschaftskonzerne, transnationale Organisationen (hier vor allem Menschenrechtsorganisationen, Ökologiefreunde, globale Globalisierungsgegner) und eine sich darin formierende Zivilgesellschaft, die ihre jeweiligen Handlungsrelevanzen global definiert.

In dem von Beck vehement kritisierten „methodologischen Nationalismus" (Beck 1997 c, S. 46), der Staat und Gesellschaft schlichtweg gleichsetzt, mutiert die Soziologie, die sich ja als Gesellschaftswissenschaft versteht, zur Nationalsoziologie. Brennende Fragen ihrer Disziplin – wie Ungleichheit, Gerechtigkeit, Mobilität – kann sie dann nur noch vom Standpunkt des Staatsvolkes aus begreifen. Innerhalb nationalstaatlicher Grenzen steht ein Arbeitsplatzwechsel z.B. für (gewünschte) Mobilität; wenn er die nationalstaatlichen Grenzen überschreitet, wird derselbe Arbeitsplatzwechsel zur (unerwünschten) Ein- und Auswanderung deklariert. Wenn man den „methodologischen Nationalismus" durch methodologischen Kosmopolitismus ersetzt, macht dies neue politische und sozialwissenschaftliche Fragen möglich: Wie sollen wir Ungleichheit, Gerechtigkeit im globalen Rahmen verstehen? Welche Handlungsspielräume bieten sich für die Akteure an? Woran machen sich Verantwortlichkeiten fest? Die Antworten sind uneindeutig; der Kosmopolitismus ist mehrsprachig und beinhaltet das Streiten über die richtige kosmopolitische Form; diese Form ist fragil. Daher ist Ulrich Becks ‚andere' Soziologie auch nicht selbstgerecht-präskriptiv, sondern suchend und anders ‚anders', seine neue kritische Theorie auch selbstkritisch. Nicht der Konsens ist gefragt, sondern der Dissens, der Streit über die Konsequenz der Entscheidungen. Kann man von der Globalisierung und von der Kosmopolitisierung genug bekommen? In Deutschland eher schon: Man tut sich hier schwer mit den in der angelsächsischen Literatur seit langem so selbstverständlichen Begriffen, die weit über eine wachsende Verflechtung national gedachter Einheiten, weit über wirtschaftliche oder kulturelle Homogenisierungsprozesse und weit über klassische Sozialstrukturanalyse hinausgehen.

In seiner letzten, unvollständig gebliebenen Arbeit „*Die Metamorphose der Welt*" (2017) radikalisiert Beck die kosmopolitische Perspektive hin zur Diagnose einer „*Verwandlung* der Welt" (Beck 2017, S. 15; Hervorh. im Orig.), die sich ausdrücklich vom Begriffsrahmen einer Transformation von Moderne sowie eines Wandels von Gesellschaft unterscheidet und diesen ausdrücklich auch verabschiedet. Der Begriff der Metamorphose zielt auf eine Zustandsbeschreibung, die das menschliche ‚in-der-Welt-Sein', das ‚in-der-Welt-leben' in den Mittelpunkt rückt. Erneut setzt Beck an der Dynamik der nicht-intendierten Nebenfolgen an. Sie bewirken

„eine fundamentale Erschütterung, einen Gezeitenwechsel, in dem die anthropologischen Konstanten unseres bisherigen Lebens und Weltverständnisses wie Seifenblasen platzen. In diesem Sinne bedeutet Metamorphose schlicht, dass das gestern Undenkbare heute nicht nur möglich, sondern längst Realität geworden ist" (Beck 2017, S. 12).

Thematischer Bezugspunkt sind die neu entstehenden bzw. zunehmend sicht- und spürbar werdenden Globalrisiken (wie insbesondere der nun endgültig in der Problemwahrnehmung ‚angekommene'- – und von einigen zugleich geleugnete – Klimawandel), die, so die These, neue „kosmopolitische Risikogemeinschaften" (von den Vereinten Nationen hin zu „Vereinten Weltstädten", S. 215 ff) entstehen lassen und „globale Risikogenerationen" (Beck 2017, S. 241 ff) hervorbringen. Unbenommen der sich andeutenden Umstellung der Theoriesprache auf teilweise auch phänomenologisch eingefärbte Formulierungen konstatiert der Autor anhaltende Strukturdynamiken der Reflexivität:

„Jedes Mal ist es dasselbe Muster: Was vorab als vollkommen unvorstellbar ausgeschlossen wurde, tritt jetzt ein – als Ereignis von globaler Bedeutung, das die Massenmedien in jedes Wohnzimmer des Planeten tragen." (Beck 2017, S. 12)

Aus diesen ‚Wohnzimmern' kommen wir derzeit (Stand April 2020) kaum heraus. Sofern wir solche haben – die Metapher des zugleich behütenden und eingrenzenden Raumes passt längst nicht (wie Beck natürlich wusste) für alle Menschen dieser Erde. Und selbst die Behausten sind institutionell eigentümlich un-behaust – zumindest muss endgültig gelernt werden, mit *Ungewissheit, Uneindeutigkeit* und *Unsicherheit* (den Kenn- und Markenzeichen reflexiver Modernisierung) zu leben. Die „Corona"-Pandemie hat den Globus, die humane und nicht-humane Welt dramatisch verändert und ‚die Menschheit' vor neue Aufgaben und Herausforderungen gestellt.

Ulrich Beck hat seine Soziologie, seine theoretischen Konzepte, seine methodologischen Vorschläge und seine thematischen Analysen nicht nur, aber auch im Rahmen großer Forschungszusammenhänge entwickelt und vorangetrieben. Besonders hervorzuheben ist hier der Sonderforschungsbereich 536 „Reflexive Modernisierung – Analysen zur Transformation der industriellen Moderne" (1999-2009), dessen Sprecher er war; des Weiteren das von ihm als Principal Investigator zuletzt geleitete Projekt „Methodological Cosmopolitanism – In the Laboratory of Climate Change" (2013 bis 2014), für das er den European Research Advanced Grant erhalten hat. Werke schöpfen zudem aus der Kreativität intellektueller Partnerschaften und Gefühlsbindungen, aus den Such- und Denkbewegungen, die gemeinsam gelebt werden. Es ist ein offenes und veröffentlichtes Geheimnis: Wegweisende Ideen, Begriffe und Argumentationsfiguren der Theorieproduktion Becks sind im Austausch mit Elisabeth Beck-Gernsheim und deren eigenen Arbeiten z.B. zum weiblichen Individualisierungsprozess, zum Wandel der Familie, zur Gentechnik, zur Globalisierung und zur Problematik von Ethnisierung entstanden.

Die folgenden Ausführungen behandeln ein Themenspektrum, das sich von Fragen der Risikoproduktion, der Individualisierung, der Subpolitik bis hin zur Globalisierung und den eben angesprochenen Ansätzen einer kosmopolitischen Soziologie erstreckt. Die inhaltlich spezifizierte Diskussion wird ergänzt zum einen durch Beiträge, die einen Überblick über die Entwicklung der Arbeiten Becks im engeren sowie des von ihm initiierten Theorie- und Forschungsprogramms im weiteren Sinne geben; zum anderen durch Überlegungen, die sich auf die öffentliche Rolle und Kommunizierbarkeit der Soziologie im Allgemeinen sowie der Becks im Besonderen beziehen. Wie es sich für eine transnationale Schrift gehört, haben wir uns entschlossen, diese Sammlung in zwei Sprachen zu erstellen. Die Kollegen und Kolleginnen außerhalb Deutschlands haben ihre Beiträge in Englisch verfasst.

In einem fiktiven Dialog lässt *Bruno Latour* den ‚esprit‘ von Ulrich Beck im Hinblick auf den Kampf der zwei Modernen glänzen. Zugleich werden hier die Problematiken von Moderne und Postmoderne, die mit Becks Arbeit verbunden sind, deutlich ausformuliert. *Elmar Koenen* arbeitet Themen und Denkfiguren im Werk von Ulrich Beck als Leitmotive heraus. Dies schließt insbesondere frühere Arbeiten zur Theorie-Praxis-Problematik, zur subjektbezogenen Berufssoziologie und zur Verwendungsforschung ein (es gibt auch einen Beck ‚vor‘ der „Risikogesellschaft"...). *Wolfgang Bonß* und *Christoph Lau* stellen das Konzept reflexiver Modernisierung in der Breite des daraus entfalteten Theorie- und Forschungszusammenhangs vor. Im Vordergrund der Ausführungen stehen Formen der prinzipiellen Uneindeutigkeit und des prinzipiellen Nicht-Wissens, die als zentrale Kennzeichen gegenwärtiger Umbrüche markiert werden. *Regina Becker-Schmidt* beleuchtet Ansprüche der neueren Arbeiten Becks aus der Perspektive der Kritischen Theorie (mit großem „K"). Ihre, auch feministische Argumente einbeziehenden, Überlegungen sind auf den Schlüsselbegriff der Reflexivität konzentriert, der bereits bei Autoren der Frankfurter Schule wie Theodor W. Adorno und Max Horkheimer eine wichtige Rolle spielt. *Scott Lash* geht ebenso auf den Begriff der Reflexivität ein. Er liest den Begriff neu, indem er die Schriften Becks über Reflexivität ausgehend von metatheoretischen Annahmen und mit Hilfe mehrerer poststrukturalistischer Theoretiker kritisch interpretiert; das Augenmerk ist dabei auf Fragen der Subjektkonzeption gerichtet.

Aihwa Ong nimmt sich nochmals Becks Risikogesellschaft vor. Sie stellt diese Thematik in einen größeren Zusammenhang von Gesundheitsrisiken im Allgemeinen und setzt sich mit der SARS-Krise in Südostasien im Besonderen auseinander. Auch *John Urry* würdigt die Risikoarbeiten von Ulrich Beck und verbindet sie mit seinen eigenen Interessen der Analyse von Mobilität. Modelle sozialer Ordnung und Struktur werden unter dem Aspekt der Komplexität und Verflüssigung problematisiert. *Peter A. Berger* greift das Thema der Individualisierung und das damit verbundene Spannungsverhältnis zwischen Freisetzung einerseits, Integration andererseits auf. Gegen die gängige Annahme einer Unvereinbarkeit beider Pole wird Individualisierung als eine paradoxe Form gesellschaftlicher Einbindung konzipiert. *Ronald Hitzler* und *Michaela Pfadenhauer* setzen bei den aus Individualisierung resultierenden Problemen der individuellen Lebensbewältigung an. Aus der Sicht einer an Alfred Schütz und andere anschließenden hermeneutischen Wissenssoziologie wird das Erleben von Individualisierung durch die „gemeinen Existenzbastler" in seinen Voraussetzungen und Folgen untersucht.

Maarten Hajer widmet sich dem Konzept der Subpolitik und der Frage, wie dieser Becksche Begriff im Rahmen einer neuen partizipatorischen Politik verstanden werden kann. Er streicht vor allem das paradigmatische Problem der Form und der Bedingungen von Partizipation heraus. *Edgar Grande* stellt sich den politikwissenschaftlichen Herausforderungen der Theorie der Zweiten Moderne aus dem Blickwinkel der Institutionenpolitik. Anknüpfend an das Argument der Nebenfolgen werden spezifische Elemente einer Souveränitätslehre reflexiver Modernisierung entwickelt. *Mary Kaldor* nimmt auf Becks Prinzip der „feindlosen Demokratie" Bezug. Sie untersucht es im Hinblick auf neuere Demokratietheorien und eine de facto doch feindliche Welt. In diesem Zusammenhang wirft sie auch Fragen der Sicherheit auf. Grundlegende Probleme der Entfaltung und Etablierung einer Neuen Weltordnung werden von *Jürgen Habermas* betrachtet. Ausgehend von konträren Auffassungen einer Verwirklichung von Gerechtigkeit zwischen Nationen diskutiert dieser Beitrag Voraussetzungen, Chancen und Barrieren eines postnationalen „weltbürgerlichen" Zustands. *Zygmunt Bauman* beschäftigt sich mit Fragen der Macht und Legitimität in der Postmoderne und thematisiert insbesondere die menschliche Verletzbarkeit in unserer Zeit. Er knüpft damit an die Beck'schen Freiheitstheoreme an.

Mit Blick auf die kosmopolitische Konstitution der reflexiven Moderne führt *Daniel Levy* den Aspekt einer Historisierung theoretisch-empirischer Zugänge ein. Er interpretiert Beck im Rekurs auf Klassiker wie Émile Durkheim und Norbert Elias und zeigt, dass die kosmopolitische Perspektive durch historische Analyse an Tiefenschärfe gewinnt. *David Held* legt den Fokus auf die politische Dimension der Kosmopolitisierung. In einer auch historisch orientierten Herangehensweise beschreibt er den Werdegang des politischen Kosmopolitismus und schlägt ein Modell der gezähmten Globalisierung vor. *Saskia Sassen* wiederum untersucht Aspekte des wirtschaftlichen Kosmopolitismus. Sie analysiert digitale Netzwerke und ihren Einfluss auf die neuen Märkte. *Barbara Adam* setzt sich mit dem von Beck entwickelten Konzept des Kosmopolitismus aus der Perspektive von Raum-Zeit-Relationen auseinander. Sie arbeitet anhand der Problematik von Risiken und Zukunftsverantwortlichkeiten Anknüpfungspunkte einer kosmopolitischen Soziologie heraus, die sensibel für raumzeitliche Bindungen ist. *Richard Sennett* ergänzt diesen Komplex mit einer historischen Fallstudie von Kosmopoliten aus dem 19. Jahrhundert und liest Beck durch die Augen von Daniel Stern und Alexander Herzen.

Ausgehend vom „Logo" Ulrich Beck wendet *Gerhard Schulze* sich dem gesellschaftlichen Stellenwert und der Kommunikationsfähigkeit von Soziologie zu. Er konstatiert eine Soziologisierung des Alltags und eine Omnipräsenz soziologischer Perspektiven in der Öffentlichkeit bei weitgehender Unsichtbarkeit des Fachs als solchem; damit sind auch Überlebensfragen der Soziologie berührt. *Armin Nassehi* unterzieht die Soziologie Ulrich Becks abschließend einer theorieästhetischen Betrachtung. Diskutiert werden Aspekte ihrer Anschlussfähigkeit, ihrer diskursiven Leistungen und ihres „sozialen Sinns".

Unser inniger Dank gilt den Autorinnen und Autoren, die durch ihre Mitwirkung zum Zustandekommen dieses Buches in seiner ersten und zweiten Auflage beigetragen haben. Wir danken dem Nomos Verlag, insbesondere Herrn Gerhard Kilian, für die Bereitschaft, sich auf das gewagte Projekt der 2004 erstmals veröffentlichten ‚Festschrift' (nennen wir es ein letztes Mal so) eingelassen zu haben; die spontane und damals wie heute noch keineswegs selbstverständliche Offenheit dafür, deutsche und englischsprachige Beiträge in einem Band zu versammeln, hat uns beeindruckt. Frau Sandra Frey vom Nomos Verlag machte den nicht minder gewagten und engagierten Vorschlag, das Buch in 2. Auflage herauszugeben. Wir haben ein wenig gezögert – um uns dann umso überzeugter dem fachlichen Urteil und Zuspruch zu ergeben; herzlichen Dank für ihre Hartnäckigkeit, Freundlichkeit und Geduld. Leonie Fresenius hat die Überarbeitung und Fertigstellung des Manuskripts der Erstauflage umsichtig unterstützt; vielen Dank auch dafür, wir hatten hiermit eine verlässliche Vorlage.

Literatur:

Adam, B./Beck, U./Loon, J. v. (Hrsg.), The Risk Society and Beyond: Critical Issues for Social Theory, London/Thousand Oaks/New Delhi 2000.

Beck, U., Risikogesellschaft. Auf dem Weg in eine andere Moderne, Frankfurt a. M. 1986.

Beck, U., Gegengifte. Die organisierte Unverantwortlichkeit, Frankfurt a. M. 1988.

Beck, U., Die Erfindung des Politischen, Frankfurt a. M. 1993.

Beck, U., Eigenes Leben. Skizzen zu einer biographischen Gesellschaftsanalyse, in: Beck, U./Vossenkuhl, W./Ziegler, U.E., Eigenes Leben. Ausflüge in die unbekannte Gesellschaft, in der wir leben, München 1995, S. 9-15.

Beck, U., Weltrisikogesellschaft, Weltöffentlichkeit und globale Subpolitik. Ökologische Fragen im Bezugsrahmen fabrizierter Unsicherheiten, in: Diekmann, A./Jäger, C.C. (Hrsg.), Umweltsoziologie (Sonderheft 36 der Kölner Zeitschrift für Soziologie und Sozialpsychologie), Opladen 1996, S. 119-147.

Beck, U., Die uneindeutige Sozialstruktur: Was heißt Armut, was Reichtum in der ,Selbst-Kultur'?, in: Beck, U./Sopp, P. (Hrsg.), Individualisierung und Integration. Neue Konfliktlinien und neuer Integrationsmodus, Opladen 1997 a, S. 183-198.

Beck, U. (Hrsg.), Kinder der Freiheit, Frankfurt a. M. 1997 b.

Beck, U., Was ist Globalisierung? Irrtümer des Globalismus – Antworten auf Globalisierung, Frankfurt a. M. 1997 c.

Beck, U. (Hrsg.), Perspektiven der Weltgesellschaft, Frankfurt a. M. 1998.

Beck, U., World Risk Society, Cambridge u.a. 1999.

Beck, U. (im Gespräch mit Johannes Willms), Freiheit oder Kapitalismus, Frankfurt a. M. 2000 a.

Beck, U., The cosmopolitan perspective: sociology of the second age of modernity, in: The British Journal of Sociology, 51, 2000 b, S. 79-105.

Beck, U., Macht und Gegenmacht im globalen Zeitalter. Neue weltpolitische Ökonomie, Frankfurt a. M. 2002 a.

Beck, U., The cosmopolitan society and its enemies, in: Theory, Culture & Society, 19, 2002 b, S. 17-44.

Beck, U., Toward a new critical theory with a cosmopolitan intent, in: Constellations 10, 2003, S. 453-68.

Beck, U., Der kosmopolitische Blick oder: Krieg ist Frieden, Frankfurt a. M. 2004 a.

Beck, U., Cosmopolitical realism: on the distinction between cosmopolitanism in philosophy and the social sciences, in: Global Networks 4, S. 2004 b, S. 131-156.

Beck, U., Weltrisikogesellschaft. Auf der Suche nach der verlorenen Sicherheit, Frankfurt a. M. 2007 [1999].

Beck, U., Der eigene Gott. Von der Friedensfähigkeit und dem Gewaltpotential der Religionen, Frankfurt a. M. und Leipzig 2008 a.

Beck, U., Die Neuvermessung der Ungleichheit unter den Menschen, Frankfurt a. M. 2008 b.

Beck, U., We do not live in an age of cosmopolitanism but in an age of cosmopolitanisation: The ‚global other‘ is in our midst, in: Irish Journal of Sociology 19, 2011, S. 16-24.

Beck, U., Herrschaft in der Zweiten Moderne. Das Meta-Machtspiel, in: Bonß, W./Lau, Ch. (Hrsg.), Macht und Herrschaft in der reflexiven Moderne, Weilerswist 2011, S. 284-303.

Beck, U. (Hrsg.), Ulrich Beck: Pioneer in Cosmopolitan Sociology and Risk Society (Band 18 der Schriftenreihe Springer Briefs on Pioneers in Science and Practice, Hrsg. Hans Günter Brauch), Cham u.a. 2014.

Beck, U. Sinn und Wahnsinn der Moderne, in: Zygmunt Bauman: Europa. Ein unvollendetes Abenteuer,Hamburg 2015, S. 203-212.

Beck, U., Die Metamorphose der Welt, Berlin 2017 [2016].

Beck, U./Beck-Gernsheim, E., Das ganz normale Chaos der Liebe, Frankfurt a. M. 1990.

Beck, U./Beck-Gernsheim, E. (Hrsg.), Riskante Freiheiten. Individualisierung in modernen Gesellschaften, Frankfurt a. M. 1994.

Beck, U./Beck-Gernsheim, E., Individualization. Institutionalized Individualism and its Social and Political Consequences, London u. a. 2002.

Beck, U./Beck-Gernsheim, E., Fernliebe. Zusammen, aber getrennt. Lebensformen im globalen Zeitalter, Berlin 2011.

Beck, U./Bonß, W. (Hrsg.), Die Modernisierung der Moderne, Frankfurt a. M. 2001.

Beck, U./Hajer, M. A./Kesselring, S. (Hrsg.), Der unscharfe Ort der Politik. Empirische Fallstudien zur Theorie der reflexiven Modernisierung, Opladen 1999.

Beck, U./Lau, Ch. (Hrsg.), Entgrenzung und Entscheidung, Frankfurt a. M. 2004.

Beck, U./Giddens, A./Lash, S., Reflexive Modernisierung. Eine Kontroverse, Frankfurt a. M. 1996.

Beck, U./Grande, E., Das kosmopolitische Europa. Gesellschaft und Politik in der Zweiten Moderne, Frankfurt a. M. 2004.

Beck, U./Grande, E. (Hrsg.), Varieties of Second Modernity: Extra-European and European Experiences and Perspectives, Special Issue, British Journal of Sociology 61, 2010.

Beck, U./ Lau, Ch., Second modernity as a research agenda: theoretical and empirical explorations in the 'meta-change' of modern society, in: The British Journal of Sociology 56, 2005, S. 525-557.

Beck, U./Levy, D., Cosmopolitanized nations: re-imagining collectivity in world risk society, in: Theory, Culture & Society 2013 30, S. 3-31.

Beck, U./Levy, D./Sznaider, N., Erinnerung und Vergebung in der Zweiten Modern, in: Beck , U./Lau, Ch. (Hrsg.), Entgrenzung und Entscheidung: Was ist neu an der Theorie reflexiver Modernisierung? Frankfurt a. M. 2004, S. 440-468.

Beck, U./ Mulsow, M. (Hrsg.), Vergangenheit und Zukunft der Moderne, Berlin 2014.

Beck, U./Poferl, A. (Hrsg.), Große Armut, großer Reichtum: Zur Transnationalisierung sozialer Ungleichheiten, Berlin 2010.

Beck, U./Sopp, P. (Hrsg.), Individualisierung und Integration. Neue Konfliktlinien und neuer Integrationsmodus? Opladen 1997.

Beck, U./Sznaider, N., Unpacking cosmopolitanism for the social sciences: a research agenda, British Journal of Sociology 51, 2006, S. 1-22.

Beck, U./Sznaider, N., New cosmopolitanism in the social sciences, in: Turner, B. (Hrsg.), The Routledge International Handbook of Globalization Studies, Milton Park 2009, S. 635-652.

Beck, U./Sznaider, N., Self-limitation of modernity? The theory of reflexive taboos, in: Theory and Society 40, 2011, S. 417-436.

Berger, P.L., Einladung zur Soziologie, München 1971.

Böhle, F./Schneider, W. (Hrsg.), Subjekt – Handeln – Institution: Vergesellschaftung und Subjekt in der reflexiven Moderne, Weilerswist 2016.

Böschen, St./Kratzer, N./May, St. (Hrsg.), Nebenfolgen. Analysen zur Konstruktion und Transformation moderner Gesellschaften, Weilerswist 2006.

Bonß, W./Lau, Ch. (Hrsg.), Macht und Herrschaft in der reflexiven Moderne, Weilerswist 2011.

Heinlein, M./Kropp, C./Neumer, J./Poferl, A./Römer, R. (Hrsg.), Futures of Modernity. Challenges for Cosmopolitical Thought and Practice, Bielefeld, 2012.

Hitzler, R., Ulrich Beck, in: Kasler, D. (Hrsg.), Aktuelle Theorien der Soziologie. Von Shmuel N. Eisenstadt bis zur Postmoderne, München 2005, S. 267-285.

Levy, D./Sznaider, N., Human Rights and Memory (Essays on Human Rights, Bd. 5), University Park, Pennsylvania 2010.

Poferl, A., Gesellschaft im Selbstversuch. Der Kick am Gegenstand oder: Zu einer Perspektive ,experimenteller Soziologie', in: Soziale Welt 50, 1999, S. 29-38.

Poferl, A., Ulrich Beck: Für einen 'Kosmopolitismus mit Wurzeln und Flügeln', in: Moebius, St./Quadflieg, D. (Hrsg.), Kultur. Theorien der Gegenwart, Wiesbaden, 2. erweiterte und aktualisierte Aufl. 2011, S. 746-762.

Poferl, A., Kosmopolitisches Europa, in: Bach, M./Hönig, B. (Hrsg.), Europasoziologie. Handbuch für Wissenschaft und Studium, Baden-Baden 2017, S. 422-433.

Poferl, A., 'Gender' und die Soziologie der Kosmopolitisierung, in: Kahlert, H./Weinbach, Ch. (Hrsg.), Zeitgenössische Gesellschaftstheorien und Geschlechterforschung. Einladung zum Dialog, Wiesbaden 2015, S. 127-151 (dritte, aktualisierte Auflage im Erscheinen).

Poferl, A., Cosmopolitan entitlements. Human rights and the constitution of human beings as human rights subjects, in: Transnational Social Review, 8, 2018, S. 79-92.

Poferl, A., Ulrich Beck und die Kultursoziologie, in: Moebius, St./Scherke, K./Nungesser, F. (Hrsg.), Handbuch Kultursoziologie, Band 1: Begriffe – Kontexte – Perspektiven – Autor_innen, Wiesbaden 2019 a, S. 371-385.

Poferl, A., Die Verortung des Subjekts. Herausforderungen der Globalisierungsforschung und Überlegungen zu einer nachgesellschaftlichen Gesellschaftstheorie, SFB 1265 Refiguration von Räumen, Working Paper, Nr. 3, Berlin 2019 b.

Poferl, A., Würde oder Humanität? Die Kosmopolitik des Sozialen, in: Holzinger, M./Römer, O. (Hrsg.), Soziologische Phantasie und politisches Gemeinwesen. Perspektiven einer Weiterführung der Soziologie Ulrich Becks, Sonderband der Sozialen Welt, Baden-Baden, 2020 im Erscheinen.

Sang-Jin, H. (Hrsg.), Beyond Risk Society: Ulrich Beck and the Korean Debate, Seoul 2017.

Schillmeier, M., The social, cosmopolitanism and beyond, in: History of the Human Sciences 22, 2009, S. 87-109

Sznaider, N., Ulrich Beck and classical sociological theory, in: Journal of Classical Sociology 15, 2915, S. 220-225.

Weihrich, M./Böhle, F. (Hrsg.), Handeln unter Unsicherheit, Wiesbaden 2009.

An Imaginary Dialogue on Modernity 2.2

Bruno Latour

He- I can't watch the news anymore; let's switch it off.

She- That reminds me of that guy, what's his name, the German sociologist, Becker.

He- You mean Howie Becker? But he is American.

She- No, that famous sociologist, who writes best-sellers proving that we live in a more risky society than our ancestors the Cavemen. Quite mad.

He- Ah, you mean Beck not Becker, Ulrich Beck... but he is not saying that at all, this is stupid.

She- Oh yes he is, he has written *Risk Society*, now I remember. Risks everywhere, in our food, in our bed, in our car, in our office, in our factory... Creepy really. As if the sky were going to fall on our heads.

He- But it is falling on our heads...

She- See how you are! You believe that crap about living dangerously? Come on. These are horror stories written by a German university professor. A guy who must drive to work in Mercedes, in a country where they live forever with fat retirement pensions? Would you say they live in a risk society? Be serious.

He- But Beck is serious. He doesn't mean we run into more dangers, he means that we can't control them any more; that we no longer share the belief that we can fully control them.

She- But see, this is just another case of German irrationalism... we do control factories, nuclear plants, missiles, subways, long logistics chains and we do that very well, very consistently – apart from the little odd accident now and then...

He- Yaah, like Chernobyl.

She- Come on, you are not going to gloat endlessly over Chernobyl: those were Russian engineers, and Soviets at that. I am talking about really good engineers. Science, technology and management work, my dear, they work. Don't give me all that crap about an increase in risks. We have never lived under such accurately controlled organizations. To say the contrary is just plain old anti-science. I hate those German forest males, like your friend Heidegger, loathing modern technology while walking quietly in the Black Forest, eulogizing jugs while spitting on steel Coca-Cola cans.

He- Beck is in Munich... Bavaria... and Heidegger is not a friend of mine at all... But you don't get it, it's not about risk as danger, it's about control: there is no way to limit the extent to which one piece of technology implies all the others any longer. It's modernism, which is finished, that's what he says, 'reflexive modernization' he calls it.

She- Oulalah! 'Modernism' no less, and it's 'finished'? That's grand theory indeed, very German, that's for sure. But you must be out of your mind! While the whole world aspires to modernization, to air-conditioning, education, democracy, market economics, health insurance, clean water? I want more modernism, more, my dear, not less.

He- I did not know you were really that much of an unrepentant, unreconstructed modernist. I would have thought women would be more sensitive to this tidal change...

She- Since when has the adjective 'modernist' become a stain? And what do 'women' have to do with this? Do you imagine that I am going to veil myself and abandon the task of emancipation? You men are so funny: now that we share rationalism with you, you want to suddenly withdraw it from us and go back to the time of the Cave, to the good old days of wife-beaters...

He- No, dearest, I just want to be a tad more sensitive to the limits of modernism, that's all. Beck is rightly feeling that something is amiss in modernity, and he is not alone.

She- Alas, no, that's true, he is not alone, there is this other irrationalist in France. What's his name? He is named after a wine company. Oh, this one is a real anti-science guy: Latour, a catastrophe, he thinks we have never been modern. Fancy that. He takes 'rationalist' and 'modernist' as insults! I have heard it once, in a lecture, and couldn't make heads or tails of what he said.

He- Oh, that one is really spaced out, I'll grant you that, but they both have one thing right: modernism cannot continue along the same course.

She- You seem to have a weak spot for these guys who claim to be post-moderns, don't you?

He- They are not post-moderns, or at least they would both adamantly deny they are.

She- Denial, denial... if they say modernism is finished, then they are 'after' modernism, and thus they are post, post, post, and that's the end of it.

He- Careful, dear, you are in danger of turning obnoxious... The question is how 'post' you are. Beck simply says that the 'second modernity' in which we have entered will be reflexive, that's all, in the sense that we can no longer ignore all what was left outside by the first modernization, and which now comes back to us with a vengeance. We can no longer ignore, reject, externalize, and leave behind.

She- Like what?

He- You are so funny. Like the environment, to begin with, like the after-effects of technology, like the third-world, like... all the ghosts left behind.

She- But all the modernists will agree with this, and they will all say as I do: we will take care of it, too, in due course, just give us time; if there is one thing not to do, that's to change track in mid course and abandon the calling of modernity; if you do abruptly stop modernizing, then for sure, all that has been put aside by the 'first modernity', as you say, will be abandoned for good. The 'second' modernity is the first, simply amplified. More modern, not less, and certainly not 'post'. Modernism squared! Modernism to the power of two! If this is what Beck argues, then I am all for it.

He- I don't think that's what he says, no.

She- But you don't seem to be aware that if we, the educated, the wealthy, the rationalists, abandon the task of modernization, you will play into the hands of all the reactionaries, the obscurantists, the archaics who demand nothing other than to deliver us back to the hands of the Mullahs! I don't want to be sent back home with a veil on my head in the name of 'reflexive modernization'! Rationalism and modernism is our only hope, especially now, especially with the religious fanatics at our door.

He- Heck, you speak like a Roman proconsul watching the Barbarians threatening to cross the Rhine!

She- But they are! And they do come from the other side of the Rhine... And you don't see the danger, occupied as you are with making pacts with the various tribes of 'pomos' out there. Without modernization there is no future except the darkest past.

26

He- Is religion not a good case against you? It was left aside as if it belonged to an archaic past and it's now very much in everyone's heart, it seems, even in yours, I would say. What do we do with it? Keep denying its existence?

She- I am not a religious person.

He- Oh yes you are! There are many ways of being pious, my dearest, but anyway, that's not the point: you don't seem to realize that taking into account what modernism has forgotten requires a complete change of attitude. It's not modernism squared, it's modernism reanalyzed, cured of its hubris, rebuilt from top to bottom, defeated, burned to ashes. And maybe – yes, fine with me – reborn like the Phoenix; that's what 'reflexive' means.

She- But this is much too dangerous, too risky! It's really amusing, you always speak of risk but here is one that you and your Beck have overlooked: touch modernization and everything explodes... Apply your cherished 'principle of precaution', for God's sake, and don't tamper with our essential values.

He- Clever, even witty, but wrong, it's exactly the opposite: if you don't tamper with mo-dernization, risks increase exponentially. But you are right, touch modernization and everything falls apart. Beck would agree, I think. And so would Latour: a certain idea of science, a certain idea of politics, a certain idea of God, a certain idea of time and progress, he calls that a Constitution, if I remember correctly, and there is one modernist Settlement, and certainly he would like to see it wrecked. Except that for him it has never been in effect, that's his twist. So it's easier to change course in the end: we simply have to recognize what we have never stopped doing. Beck requires a complete conversion from non reflexive to reflexive; Latour requires simply the recognition of our anthropological roots.

She- 'Simply'? There is nothing simple in that. Anyway, Beck is enough for our plate. Please, leave this mad Frenchman aside.

He- I still think it's a plausible alternative. It all depends on how we stick to the metaphor of the Enlightenment.

She- Don't talk about the Enlightenment! It sounds horrible in your mouth; you wish to switch off the Lights. Back to the future. You are for the Dark Ages.

He- Don't be silly. For someone who claims to be a rationalist, you should be able to listen to an argument. No? The question is not darkness versus light.

She- Is it not? I think that's exactly what is at issue.

He- I disagree: we are all the children of the Englightenment. So is Beck. So, I'd say, is Latour. It's the metaphor that differs. Sloterdijk calls it 'explicitation', bringing the implicit out.

She- Good Lord, are you going to wheel in all the irrationalists one after the other? Now Sloterdijk, the arch-Heideggerian, a child of the Enligthenment?!! You, as a man, don't seem to know too much about childbirth, do you? You confuse the healthy children of the Enlightenment with their aborted runts...

He- Unfortunate metaphor, my dear, Sloterdijk knows a lot about giving birth and raising children, his entire philosophy is about those life-sustaining envelopes... don't play the macho there, it's not becoming on you... Wrong gender... After all, you might agree that there are many ways to play the Kantian metaphors of 'What is Aufklärung'. One is to oppose Light and Darkness, the Queen of Night way. The other is to say that the veils that we have unveiled, we wrap ourselves in them ever more deeply...

She- Veils! I knew that's what was on your mind, you want me back shrouded into some Afghan burkhas... when we, the modernists as you call us, unveil something, it's to throw the appearances away, to destroy the false pretences, and to let the things, the objective things shine with their own light. That's what the Aufklärung is all about.

He- That's one reading, just one reading. Who are you to know what the Enlightenment was all about? Sloterdijk is very precise on that...

She- Precise? Sloterdijk? A mere weaver of metaphors!

He- Weaving, that's his trade, yes, his true skill, exactly what is required for weaving veils and envelops... good metaphor! Very Platonist too, if I may say. The Enlightenment is not simply a matter of bulbs and projectors and batteries, but also of layers, folds, plaits, explications, explicitation. But again, his point is that what has been made explicit, what was lying latent before, will remain with us forever and cannot be thrown aside and forgotten, that's what the Enlightenment is all about. The modernists have misunderstood their own achievements. Don't you see that we are more and more folded, wrapped, entangled in what we have unfolded? Don't you see that the more explicitation we have produced, the more implicated we are Don't you see that the more things emerge from latency the more opaque and veiled and obscure they become? Veil upon veil, fold upon fold? Have you not noticed that modernism has become baroque again?

She- I would have sworn that Deleuze would be next! 'Le Pli'. *C'est tellement chic.* All of the obscurantists, one after the other, all aligned... how many have you left in store to dim the lights of Reason, capital R?

He- I don't like the tone you give to the conversation... modernists are on the defensive, it seems; they might become silly...

She- Or might become mean; yes, we will fight back, don't count on our graceful withdrawal.

He- There is a trend to be sure in the people I 'wheel in' as you say, but you are the one who doesn't seem to notice it: it's not obscurantism, it's just that it does not provide the same stark light that you had expected. For instance, science...

She- Don't speak of science, for God's sake, this is our territory, not yours!

He- I beg your pardon, Queen of Light, the sciences offer the best example of this new way we all have to wrap ourselves into their unfolding. The sciences are my territory too, everyone's territory nowadays, exactly what Beck, and Latour, and Sloterdijk, and Deleuze said: they add more and more folds, they generate more and more entities to be taken into account, they make entanglements even more intricate, even more interesting... Sciences have become baroque of late.

She- Wrong, completely wrong, they go straight.

He- Through very curved lines, though.

She- They explicate...

He- They implicate...

She- They unveil...

He- And add veil upon veil...

She- They unfold...

He- Yes, yes, and we fold ourselves in their unfolding, that's what I am saying.

She- You play with words.

He- And you forget which metaphors your dreams of clarity and control are woven from.

She- That's literature! I have facts on my side.

He- Facts have betrayed you, dearest, quite a long time ago, the modernist facts, in case you have not noticed, those who were supposed to simplify matters, look at them now, they are everywhere complicating states of affairs. Read the newspapers, simply read.

She- You are so exasperating: I am not talking about newspapers and journalism, I am talking about scientifically proven matters of fact.

He- But those two are entangled now, as much as the 'public proofs' of Mr. Hussein's 'weapon of mass destruction'.

She- That's politics, that's not science.

He- No, its a perfect model for the new difficulty of proving, at the scale of the planet, for billions of people, phenomena which are politico-scientific.

She- Wait a bit more, even in that mixed up case, we will know for sure, soon.

He- Maybe, but what we will eventually know will not simplify the state of affairs any longer, that's my point, it won't stop the discussion, it won't reduce the complexity of the entanglement.

She- This is your line, I got it, mine is different: more and more facts will do the trick.

He- Tricks? Who spoke of tricks? We are not dealing in magic here; it's our future that is at stake.

She- Be decent, don't talk of our future, you have abandoned the task of the future: without modernization, there is no future anymore, no collective future, at any rate.

He- Gosh, I didn't realize before this discussion how much we disagreed. I believe exactly the opposite: there is a common future only if we stop behaving as we did during the first modernization.

She- But don't you realize that becoming truly modern is the only hope that could unify the Earth from East to West, North to South, what makes us able to talk to Americans, what makes us Europeans.

He- I'm not sure I want to be able to talk to Americans for a while... As for being European, well, I am not sure.

She- What? That's where the Enlightenment was invented, you won't deny that, would you?

He- No, but maybe that's where it should be disinvented... or, more exactly, recalled?

She- Recalling the Enlightenment! Great idea. Is this a new lunacy of yours? "Sorry folks, we invaded you, we invented imperialism, and capitalism, and democracy, we unified the planet under one geography, one geology, one history, one economics... oops, we made a few mistakes, forget about us, we recall our inventions, wrong solution, a thousand apologies, here is our new great idea!" What's it called, by the way, your great new idea? 'Reflexive modernization', 'modernity 2.3', incompatible with everything before OS-Mod or OS-Pomo. What are you concocting, mister wise guy, a brand new Operating System?

He- You are making fun of me now, this was a serious discussion.

She- But that's because you are ridiculous. How would one 'disinvent' modernity? We are all in the same boat now; it might have been a mistake, but now we have to carry it forward, all the way to the bitter end. Too late for recall, I am afraid.

He- I don't feel we are all in the same boat anymore. Is Mr. bin Laden in the same boat as Mr. Rumsfeld? Are Americans in the same boat as Europeans? I see a whole fleet of various ships going in all sorts of directions, many sinking.

She- Yeah, and the bodies of those unfortunate migrants desperate to reach our coasts, those who are washed up on our beaches every night by the tide, have they drowned for the wrong cause, the mirage of modernity?

He- Modernity is not a mirage.

She- See? That's just what I'm saying.

He- It's an invention that is in great need of complete rethinking. It's the responsibility of Europeans to do that overhaul. The US might never do it, but it's their problem, no longer ours. All of the Neocons and cultural warriors are saying the same thing: our geopolitical interests no longer converge. Good. How happy I am that there is no longer any West: what a relief... We don't go West any more.

She- There is no pilot, none in the crew has the slightest clue of where we are going, the captain has thrown the only compass overboard, and he thinks it's a great achievement! That the ship will trace her course better... I was right, abandoning the task of modernization is pure folly.

He- But I am not abandoning anything, nor does Beck, this is what you don't want to hear, those guys that you seem to dislike so much have nothing to do with postmodernists: redoing something is not the same as discarding it.

She- The sad truth is that men have abandoned rationalism just when women had finally gained access to it.

He- No, really? Have you become a feminist of late?

She- By the way, do you know that I was offered a job in the States?

He- Good for you. Where?

She- Champaign-Urbana, Illinois. Isn't this a great place to continue my research?

He- In the middle of the cornfields, yes, for sure.

She- At least I won't be pestered by your band of obscurantists.

He- Don't be so sure. In Champaign-Urbana there resides the best, most productive, most witty, most positive demodernizer/remodernizer, he is writing down a completely new Operating System.

She- How so? Who is he?

He- Richard Powers, the novelist, the immortal author of 'Gain' and 'Galatea 2.2' and 'Plowing the Dark'.

She- Bah, a novelist, he can't be that dangerous.

He- Lots of luck, darling. Hope you run into him, though.

Leitmotive.[1]
Thematische Kontinuitäten im Werk von Ulrich Beck

Elmar J. Koenen

> Man erbittet seine gelehrten Freunde gegen sich im Augenblick, wo
> man sie zu ehren meint,...bloß weil man zu grob war, um zu erraten,
> mit wem man es eigentlich zu tun hat...(Friedrich Nietzsche)

Manchmal hört man die zunächst kaum nachvollziehbare Behauptung, dass jeder Autor[2] in seinem ganzen Leben immer nur *ein* Buch, bzw. an *einem* Buch schreibe.[3] So viel verschiedene Titel er im Lauf der Jahre auch auf den Markt werfe, so unterschiedliche Gegenstände er auch traktiere und mit wie viel kontroversen Thesen er auch immer provoziere – im Rückblick, aus größerer Distanz werde später das eine große unerfüllte Anliegen immer deutlicher: die eine bohrende, nie befriedigend beantwortete Frage, die eine, ständig neu eingekleidete message. Das gilt vielleicht für sozialphilosophische Autoren noch mehr als für Literaten. Ob Rousseau ein Leben lang vor den verhängnisvollen Folgen der höfischen Zivilisierung warnte, ob Marx seine ganze Kraft für die Umwälzung der bürgerlich-kapitalistischen Verhältnisse verwandte, ob Max Weber von der Faszination der Rationalisierungsprozesse nicht loskam – oft dominiert in der Tat ein Grundmotiv das gesamte Werk, von dem aus es sich erschließt.[4]

Das Folgende ist ein Versuch, ein solches Grundmotiv bzw. Grundmotive im Werk von Ulrich Beck aufzusuchen und ihren Transformationen und Rekombinationen nachzugehen. Seit über dreißig Jahren hat er in dichter Folge Arbeiten zu einer Vielzahl von Themen vorgelegt, deren Heterogenität die Frage nach dem *einen* Motiv, nach der *einen* Frage zu verbieten scheint. Aber gerade die bunte Oberfläche der Themen und Texte provoziert zugleich die Frage, welche, vielleicht leicht verdeckte Intuition dem Schreiben Ulrich Becks zugrunde liegt. Der objektiv hermeneutische Zugang zu einem Subtext der Texte bedürfte eigentlich einer aufwändigen methodischen Ausarbeitung, die in diesem Rahmen nicht möglich ist. Aber auch der hier gewählte essayistische Ausweg darf sich von der Aufgabe nicht irritieren lassen, in der thematischen Vielfalt von 'Beruf', 'Verwendung', 'Individualisierung', 'Moderne', 'Risiko', 'Globalisierung' und 'Macht' durchgängige Grundmotive aufzufinden.

---

1 'Leitmotive' kommen aus der musikalischen Sphäre. Bezogen auf Richard Wagners Musiktheater z.B. bezeichnen sie einprägsame thematische Formeln, die jeweils bestimmte Personen oder Sachen bezeichnen und ankündigen. Im vorliegenden Zusammenhang geht es darum, in den vielfältigen Semantiken identische Themen, Denkfiguren und Motive wiederzuerkennen.

2 Autorinnen sind selbstverständlich mitgemeint und nur aus stilistischen Gründen nicht eigens benannt.

3 Auf eine Variante dieser Behauptung weist Wolf Lepenies hin: "Von Sainte-Beuve – dem französischen Kritiker, der zugleich einer der heimlichen Soziologen des 19. Jahrhunderts war – stammt die Bemerkung, bei jedem Autor gebe es ein Schlüsselwort, von dem aus sein ganzes Werk interpretiert werden könne (vgl. Lepenies 1997).

4 In diesem Sinn referiert auch Lionel Trilling Nietzsches Anweisung über den Umgang mit systematischen Denkern: "Er fordert uns auf, die Schicht der rationalen Formulierung zu durchdringen und den unter ihr verborgenen und durch sie zum Ausdruck kommenden Willen zu entdecken. Worum geht es diesem Willen? Was will er – in Wirklichkeit, also ungeachtet der 'Wahrheit', von der er sagt, dass er sie wolle?" (Trilling 1983: 145)

1.

Angefangen hat alles mit der Bewegung der Studierenden. 1971 veröffentlicht Ulrich Beck – unter Mitarbeit seiner späteren Ehefrau Elisabeth Gernsheim – in der Kölner Zeitschrift einen anspruchsvollen Beitrag "Zu einer Theorie der Studentenunruhen in fortgeschrittenen Industriegesellschaften". Die AutorInnen scheinen von dem Phänomen, dass die akademische Jugend in soziale und politische Bewegung gekommen ist, durchaus fasziniert *und* beunruhigt. Da sie selbst der Bewegung unmittelbar nicht zugehören, liegt es für sie nahe, sie – in der Schreibweise der bürgerlich-liberalen Medien – als 'Unruhen' zu bezeichnen. Aus dieser Außenperspektive bemüht sich der Text um eine sozialwissenschaftliche 'Erklärung'. Die Kontext-Formel von den 'fortgeschrittenen Industriegesellschaften' erscheint zunächst wie eine Referenz an eine im sozialwissenschaftlichen Jargon damals vorherrschenden Redeweise. Sie wird hier aber durchaus ernst und inhaltlich in Anspruch genommen: In den fortgeschrittenen Industriegesellschaften entstehen nämlich, nach Ansicht der AutorInnen, spezifische "Dissonanzpotentiale", auf die die Studierenden mit Anpassung oder Dissens reagieren. Intern antworten sie mit Formen der Dissonanzreduktion, indem sie entweder die Unvereinbarkeit der gegnerischen politischen Standpunkte leugnen, oder indem sie deren Relevanzen verändern. Versagen solche Verarbeitungsmuster, dann wird der Übergang zum Protestverhalten wahrscheinlich. Extern entsprechen den sozialpsychologisch formulierten Verarbeitungsmustern folgende Phänomene: Eine sozial reglementierte Ruhe, die Bildung hippyesker Subkulturen, eine apolitische Protestbereitschaft sowie der politisierte Studentenprotest. Ohne hier den weiteren Fortgang der Untersuchung über den skizzierten Ansatzpunkt hinaus referieren zu können, bleibt für unsere Zwecke die 'Philosophie' der Studie bemerkenswert: sie formuliert eine Unausweichlichkeit der (politischen) Parteinahme: "Jeder ist immer Partei", weil man "sich nicht nicht verhalten kann" (Beck 1971: 455). Später wird deutlich werden, dass auch der Soziologe immer Partei ist, aber stets zwischen den Parteien wechselt. Er muss sich also auch immer verhalten, aber eben dauernd anders. Zum Beispiel wechselt er zwischen der Perspektive der Studierenden und der staatlichen Exekutive. Und so entsteht dann u.a. folgende Frage: "Welche Formen und Mechanismen sozial-permanenter Dissonanzreduktion zum Auffangen und Eindämmen eines jugendlichen Dissenses" sind zu erwarten? (Beck 1971: 471) Die AutorInnen konzentrieren sich damit auf die Mittel und Wege, mit denen es den Sozialtechnologen gelingen wird, die studentische Unruhe wieder zu beruhigen. Deren "Kontroll- und Verschleierungstendenzen" stehen auf studentischer Seite die "Angriffsmittel provokativer Aufklärung" (Beck 1971: 474) gegenüber. Eine ihrer äußeren Formen, die Demonstrationen, deuten sie als "staatlich zugesicherte Ersatzrevolution" (ebd.)[5].

Gesellschaftliche Unruhe, Theorie-Praxis-Fragen, Standpunkt-Probleme und die Möglichkeiten der Aufklärung – das sind einige der Themen, die nicht zufällig bereits hier, in dem dafür sehr einschlägigen Thema der "Studentenunruhen" angelegt sind und sich weiter verfolgen lassen.

2.

"In einer Slum-Gegend treibt – wie man so schön sagt – eine gefürchtete Rowdy-Bande ihr 'Unwesen'; immer mehr Jugendliche schließen sich ihr an; es kommt zu gewalttätigen Auseinandersetzungen mit Polizeibeamten und Sozialfürsorgern. Alles das

---

5   Hier kündigt sich bereits der spätere Begriffsvirtuose und Sprachspieler an.

bewirkt, dass die gesellschaftliche Sympathieverteilung eindeutig vorgezeichnet ist. Der Soziologe, der hier zu untersuchen beginnt, wird mit seiner Fragestellung, ob er will oder nicht, entweder im Strom der allgemeinen Empörung mitschwimmen oder für die delinquenten Jugendlichen Partei ergreifen. Er kann z.B. fragen: Wie kann die Kontrolle der Behörden über die Unruhestifter wiederhergestellt werden? Oder aber, welche Eigenarten der Erwachsenengesellschaft begünstigen das Entstehen jugendlichen Rowdytums? In keinem Fall entgeht der Soziologe der Stellungnahme." (Beck 1974: 12)

Auch hier wieder, in der überarbeiteten Version seiner Dissertation von 1972, die 1974 unter dem Titel 'Objektivität und Normativität' erscheint[6]: die Trias von 'gesellschaftlicher Unruhe', 'staatlicher Exekutive', die die Unruhe beenden soll und der 'Soziologe', der Stellung(en) nehmen muss.

Wichtig bleibt das Problem, dass es, neben den rein praktischen, parteiischen Standpunkten der jeweiligen politischen Gegner für Beck keinen 'richtigen' Standpunkt der (soziologischen) Beobachtung gibt. Alle haben ihre speziellen Vorzüge und ihre Mängel, alle bleiben damit begründbar *und* kritikabel. Angesichts einer solchen Aporie weigert er sich als Soziologe schon früh, sich vor falschen, weil soziologisch unentscheidbaren Alternativen zu entscheiden.

Der theoretische wie der politische Pluralismus zwingen ihn zum ständigen Reagieren auf die Veränderungen der gesellschaftlichen Umwelt. Die Stellungnahme, die er fordert, ist damit keine Festlegung auf eine (politische oder) theoretische Position. Allenfalls ginge es um das Projekt, *sich selbst* zu einer politischen und/oder theoretischen Position zu machen, und zu dieser allerdings mit äußerster Konsequenz zu stehen.

Das wird auch bei der Diskussion innertheoretischer Fragen deutlich. Denn aus einer solchen Sicht werden z.B. die sich so kategorial gebenden Unterschiede zwischen Werturteilsgegnern und Werturteilsbefürwortern in ihrer operativen Bedeutungslosigkeit für die Forschungspraxis erkennbar. Angesichts der normativen 'Natur' aller gesellschaftlichen Verhältnisse bleibt die Vorstellung, ihr durch den (sowieso selbstverständlichen) objektsprachlichen Verzicht auf Werturteile zu entkommen, eine Illusion[7].

Im vorliegenden Zusammenhang kommt sehr früh auch eine begriffsstrategische Eigenart des Beckschen Denkens zum Tragen. Analog zu dem Verzicht auf politische oder theoretische Entscheidungen, vermeidet er eine 'Arbeit der Zuspitzung', die immer nur weitere begriffliche Unterscheidungen erzwingt, zwischen denen sich die neuen Realitäten immer perfekter verbergen. Die Entscheidung gegen die Unterscheidung (z.B. zwischen Gegnern und Befürwortern von Werturteilen) muss dann versuchen, das relevante semantische Substrat als Einheit der Differenz des Unterschiedenen (in diesem Beispiel: Normativität aller gesellschaftlichen Verhältnisse) zu fassen. Das beliebte, immer wieder auf den Spielplan gesetzte Drama vom Kampf der Werturteilsgegner gegen die Werturteilsbefürworter spielt, in dieser Sicht, auf einem relativ unbedeutenden Nebenkriegsschauplatz, auf dem das Publikum von den wirklichen Problemen der meist indirekten, vielfältigen normativen Steuerung der Forschung nur abgelenkt wird.

Becks Veröffentlichung von 'Objektivität und Normativität' trägt den Untertitel 'Die Theorie-Praxis-Debatte in der modernen deutschen und amerikanischen Soziologie'.

---

6   Gleichzeitig erscheint eine entsprechende Kurzfassung in der Kölner Zeitschrift (KZfSS 72/2) unter dem Titel 'Soziologische Normativität'.

7   Erklärungsbedürftig bleibt dann nur, warum dieses Thema die Sozialwissenschaften in unregelmäßigen Abständen immer wieder so stark beschäftigt.

Auch diese Thematik hatte sich bereits in der Arbeit über die 'Studentenunruhen' ange-kündigt. Angeleitet durch einen Teil der meist jüngeren Generation von akademischen LehrerInnen, meinten auf einmal viele der ursprünglich rein pragmatisch oder kontem-plativ (theoretisch) programmierten Studierenden, in die gesellschaftlichen Verhältnisse eingreifen zu müssen und das erworbene Wissen politisch verantwortlich anzuwenden. Nun interessierten gesellschaftliche Praxis, Verwendung und Verwertung von Wissen und Forschung, sowie 'Projektstudien' und 'Aktionsforschung'. Wenn man nicht gar 'Wissenschaft fürs Volk' anzubieten hatte, so dachte man doch mindestens über die 'Pra-xis der Theorie' nach.

Auch Ulrich Beck wird dieses Thema nicht mehr loslassen. Wiederkehren wird das Theorie-Praxis-Problem später in der Frage nach der Verwendung sozialwissenschaftli-chen Wissens.

3.

1982 gibt Ulrich Beck den Sonderband 1 der SOZIALEN WELT zum Thema 'Sozio-logie und Praxis' heraus. Er wendet sich hier v.a. an die sozialwissenschaftlichen Prakti-ker und lässt besonders empirische SozialforscherInnen mit ihren spezifischen Proble-men der Um- und Übersetzung soziologischen Wissens zu Wort kommen. Im Mittel-punkt der Theorie-Praxis-Problematik steht hier das Problem der 'Verwendung sozial-wissenschaftlichen Wissens'. 'Brauchbarkeit', 'Anwendung', 'Wirkungszusammenhang' und 'Praxisrelevanz' sind einige der differenzierenden und konkurrierenden Konzepte, die hier die Aufmerksamkeit auf sich ziehen.

Beck selbst eröffnet den Band nach einem Vorwort mit einem Einleitungstext, der im Rückblick durchaus als Programmschrift gelesen werden kann: "Folgeprobleme der Modernisierung und die Stellung der Soziologie in der Praxis". Er nimmt eine Reihe von Stichworten vorweg, deren strategische Bedeutung z.T. erst viele Jahre später deut-lich werden wird. Um nur die wichtigsten zu erwähnen: "Umgang mit Fehlern und Risi-ken" (Beck 1982: 11), "Unterscheidung einer traditionalen und einer reflexiven Phase der wissenschaftlich-technischen Entwicklung" (Beck 1982: 9), "'zweite' zivilisatorische Schöpfung" (Beck 1982: 9).[8]

Und die Kommentierung lässt keinen Zweifel, dass Beck bereits hier die Tragweite dieser semantischen Horizonte erkennt und damit die Perspektiven der späteren Theo-riearbeit für sich absteckt: "In dem Maße, in dem die zweite reflexive Konstellation an Dominanz gewinnt – das ist die These, die hier entwickelt werden soll – ändert sich die Situation grundsätzlich." (Beck 1982: 9)

Selbst die atomare Konkretion, die die Risikobehauptung später so plausibel machen sollte, ist hier bereits, vier Jahre zuvor, benannt: "Das Paradigma dieser Gefährdungen sind die 'genverändernden' Folgen der Radioaktivität, die unspürbar für die Betroffenen, diese (wie der Reaktorunfall von Harrisburg zeigt) unter ungeheuren nervlichen Belas-tungen *vollständig* dem Urteil, den Fehlern, den Kontroversen der Experten und Wis-senschaftler ausliefern." (Beck 1982: 15)

Zugleich werden an diesem Beispiel die Aporien der fortgeschrittenen Verwissen-schaftlichung der politischen Kommunikation demonstriert. Die Auflösung der Ent-

---

8   Mit der Erwähnung von Helmut Schelsky und Gotthard Günther stellt sich Beck hier selbst in den Kontext der bereits früher wichtigen Diskussion um 'sekundäre Systeme' (z.B. Freyer 1956).

scheidungsgrundlagen durch das Patt von Experten und Gegenexperten wird später ihre Analogie in der Dialektik von Wissen und Nicht-Wissen finden.

4.

'Was sind Sie, was machen Sie beruflich?' Das ist die Frage, mit der Becks Beschäftigung nicht nur mit der Berufssoziologie einsetzt. Zugleich eröffnet sie ihm den Zugang zur Individualisierungstheorie: "...der Beruf dient als Mittel, den Schleier der fremden Individualität ein wenig zu lüften" ... "Im Zentrum stehen gesellschaftliche Struktursachverhalte, die ... im Hinblick auf *objektive Konsequenzen,* die mit Beruf und Berufsstrukturen *für die Individuen* verbunden sind, ..." (Beck/Brater/Daheim 1980: 14, Hervorhebungen im Original). Auf die konstitutive Bedeutung des Berufs für das individualisierte Existieren in Gesellschaft hat er auch später in einem Interview hingewiesen: "Der Beruf als Geldquelle, als die Quelle des eigenen Lebens[9] hat die Schlüsselbedeutung, von dem alles andere abhängt.[10] Wenn man keinen Beruf hat, ist man aus dem gesamten System ausgeschlossen. Alles ist auf einen Arbeitsplatz und die Erreichung eines Arbeitsplatzes ausgerichtet. Der Beruf ist die zentrale Quelle für alle Möglichkeiten, die die Gesellschaft bietet. In dem Maße, wie man diesen Zugang verfehlt, ist man draußen, und zwar absolut." (FAZ-Magazin, Beck 1995: 35)

Zusammen mit Michael Brater entwickelt Beck seine soziologische Vorstellung von Beruf als 'subjektbezogene Theorie der Berufe', und zwar in Abgrenzung zu funktionalistischen wie zu neomarxistischen Ansätzen. Demgegenüber hebt er den Aspekt der 'gesellschaftlichen Nützlichkeit der Berufsarbeit' hervor. Deren Spannungsverhältnis zu den Zwängen ihrer ökonomischen Verwertung öffnet die Perspektive für eine 'kritische Berufspraxis'.

Bezieht man Becks Vorstellungen von kritischer Berufspraxis auf die Tätigkeit des Soziologen, ergeben sich instruktive Parallelen und ein wesentlicher Anknüpfungspunkt für Becks spätere Beschäftigung mit der *Verwendungsforschung.* Sozialwissenschaftler dürften demnach den jeweils vorgegebenen politischen Entscheidungszwängen nicht einfach folgen. Statt in tradierter Weise unpraktisches Wissen zu erzeugen oder bloße Auftragsforschung ohne wissenschaftlichen Anspruch zu leisten, soll ihnen ihre 'Eigenständigkeit' erlauben, die an sie herangetragenen Sachprobleme genuin soziologisch zu (re)konstruieren.

Als Paradigma kritischer Berufspraxis führt es "allerdings aus den bisherigen Bahnen soziologischen Denkens" hinaus (Beck 1982: 23).

Der Auszug aus dem Gehäuse der soziologischen Hörigkeit sollte offenbar das alte Theorie-Praxis-Dilemma lösen. Nicht länger wollte man sich von den politischen Praktikern immer wieder vor falsche Alternativen gestellt sehen, sich beim Prüfen ihrer widerstreitenden Standpunkte stets neu entscheiden müssen (s.o.). Im Sinn einer kritischen Berufspraxis musste dazu 'Sozialwissenschaft als Beruf' eigentlich neu definiert werden.

---

9   Vom 'eigenen Leben' ist immer wieder die Rede, und zwar zunächst 1983 in 'Jenseits von Stand und Klasse', wo Beck mit dieser selbstbezüglichen Anspruchsnorm sein Individualisierungskonzept begründet. Das 'eigene Leben' stellt für Beck später auch die Formel dar für die biographische Konkretisierung der 'Individualisierung' (Beck/Vossenkuhl/Ziegler 1995).

10   Zur gleichen Zeit auch bei Elisabeth Beck-Gernsheim (1983) Vom ‚Dasein für andere‘ zum Anspruch auf 'ein Stück eigenes Leben' – Veränderungen im weiblichen Lebenszusammenhang. Sie greift damit ein Motiv der Frauenbewegung auf, das v.a. durch die (autobiographischen) Romane von Dorothee Lessing und Virginia Woolf verbreitet worden ist.

Beck hat dieses Problem auf die Ebene der Wissensverwendung verschoben. Grundlage einer eigenständigen Beobachterposition außerhalb der Konventionen der eigenen Disziplin und in relativer Unabhängigkeit von den Anforderungen der politischen und technokratischen Praxis wurde für ihn die Klärung der *Verwendung sozialwissenschaftlichen Wissens*, die er v.a. zusammen mit Wolfgang Bonß versucht hat.[11] Sie bestand in der Revision der Vorstellung einer deduktiven, instrumentellen Verwendung wissenschaftlichen Wissens durch die Praxis in dem Sinn, dass eindeutig bestimmte, eigens hergestellte Wissensprodukte von den jeweiligen Praktikern *in dieser Form* verwendet würden. Die revidierte Verwendungsforschung ist demgegenüber davon ausgegangen, dass sozialwissenschaftliches Wissen von der Praxis mehr als Material, als 'Steinbruch' genutzt wird, wo man sich bei Bedarf und Gelegenheit bedient. Ohne Rücksicht auf seine Intention oder seine Form findet es seine unkontrollierte praktische Verwendung. Sie kann vom Sozialwissenschaftler weder antizipiert noch gesteuert werden. Er bezahlt seinen eher diffusen Einfluss, den natürlich jegliche nachfragende Verwendung impliziert, mit der Auflösung der Identität seines Wissens als soziologisches Wissens bis hin zu den Möglichkeiten seines Missbrauchs. Eine kritische Berufspraxis nach dem Paradigma soziologischer Praxis erscheint möglich allein um den Preis aller *unmittelbaren* Steuerung und Kontrolle. Eine dergestalt entinstitutionalisierte Verwendung des Wissens muss darauf hoffen, dass sich seine 'gesellschaftliche Nützlichkeit' – in bester liberaler Tradition – gleichsam hinter ihrem Rücken herstellt. An die Stelle der Behauptung eines begründeten Wissens tritt ein wissenschaftlich erzeugtes Angebot von Möglichkeiten, derer sich die Gesellschaft bedient. Aber um zu wissen, was sie mit einer solch wilden Aneignung tut, müsste sie wiederum sozialwissenschaftliches Wissen in Anspruch nehmen.

5.

Jenseits der Stände und Klassen, jenseits der soziologisch bewachten Schichtordnungen, so erscheint es Beck Anfang der Achtziger, entstehen neue beunruhigende soziale Wirklichkeiten, die kaum jemand zur Kenntnis zu nehmen scheint. Ihre Wirklichkeit verbirgt sich hinter dem Paradox, dass die Ungleichheitsrelationen konstant bleiben, während eine zunehmende Individualisierung die sozialen Ungleichheiten laufend steigert.

Wer, wie Beck auf der Wirklichkeit der Individualisierung insistiert, riskiert den Vorwurf, die Soziologie als Disziplin der sozialtheoretischen Generalisierungen zu unterminieren. Er wird zum Unruhestifter, der sich weigert, die methodischen Sachzwänge der konventionellen empirischen Sozialforschung als Grenzen des soziologischen Denkens anzuerkennen. Dabei soll doch 'nur' das Substrat der Verallgemeinerungen ausgetauscht werden. Neben den Formen der *Festsetzung* der Individuen in tradierten Institutionen werden nun zunehmend Formen ihrer *Freisetzung* generalisiert. Die Einzelnen sind damit auf sich selbst zurückgeworfen. Die Freisetzung erscheint dem Einzelnen objektiv und tritt ihm als struktureller Zwang gegenüber, als Angebot, das er nicht ablehnen kann, als Chance, die sich für jeden Verzicht auf sie rächt.

Dabei bräuchten die Individuen die neuen Individualisierungsformen eigentlich 'nur noch' mit 'eigenem Leben' zu füllen. Auch könnten sie ihre beruflichen Tätigkeiten auf sich als Subjekte beziehen, um damit eine ‚kritische Berufspraxis' zu beginnen. Die

---

11   Beck/Bonß 1989.

Verwirklichung der liberalen Utopie einer Gesellschaft, die auf Institutionen weitgehend verzichtet zugunsten kontingenter Netze von Interaktionen, Kooperationen und Kommunikationen – hier ist sie mit Händen zu greifen.

'Jenseits von Stand und Klasse' (Beck 1983) kündigen sich aber nicht nur Individualisierungsschübe und Fahrstuhleffekte an. Zur Kompensation der "Isolation der gegeneinander verselbständigten Privatexistenzen" (Beck 1983: 69) kehren auch die verbindenden Potenziale der askriptiven Merkmale zurück, wie Hautfarbe, Geschlecht und Alter. Mit zunehmender Individualisierung gewinnen diese 'natürlichen' Kennzeichen wieder an Gewicht gegenüber den erworbenen Merkmalen. (Ihre vergemeinschaftenden Kräfte beinhalten übrigens auch die Ressourcen der späteren 'Gegenmoderne'.[12]) Zu solchen 'Naturkategorien' zählt Beck hier auch kollektive Betroffenheiten, die durch Umweltveränderungen entstehen. Sie schaffen eine "Gemeinsamkeit des Risikos" (Beck 1983: 69), wobei naturvermittelte Ungleichheiten neue Formen und Inhalte gesellschaftlicher Unruhe erzeugen.

6.

"Die Wehrlosigkeit des Odysseus gegenüber der Meeresbrandung klingt wie die Legitimation der Bereicherung des Reisenden am Eingeborenen. Das hat die bürgerliche Ökonomik späterhin festgehalten im Begriff des Risikos: die Möglichkeit des Untergangs soll den Profit moralisch begründen. Vom Standpunkt der entwickelten Tauschgesellschaft und ihrer Individuen aus sind die Abenteuer des Odysseus nichts als die Darstellung der Risiken, welche die Bahn zum Erfolg ausmachen. Odysseus lebt nach dem Urprinzip, das einmal die bürgerliche Gesellschaft konstituierte: Man hatte die Wahl, zu betrügen oder unterzugehen."[13]

Erzählt die Odyssee von den nur vom verschlagenen Unternehmerhelden selbst (und seinen Managern) erlittenen Nebenfolgen seiner riskanten Unternehmungen, so repräsentiert die *Risikogesellschaft* die spätere, vergesellschaftete Konstellation. Dort finden sich nicht nur risikobereite Eliten, die in Kauf nehmen, mit ihren Unternehmungen ganze Gesellschaften in Mitleidenschaft zu ziehen. Darüber hinaus transformieren sie ihre Gesellschaften zu kollektiven Risikoakteuren, die (zu großen Teilen) bereit sind, aktiv und bewusst kollektive Risiken einzugehen.

Ulrich Becks Beunruhigung durch Risiken war bald begleitet und begründet von der Frage nach ihrer Versicherbarkeit und Verantwortbarkeit. Die Nichtversicherbarkeit von atomaren Risiken galt ihm als Symptom ihrer strukturellen Nichtakzeptanz, die Behauptung einer 'organisierten Unverantwortlichkeit' als Argument, mit dem er die Legitimität ihrer Inkaufnahme bestritt.[14] Die gesellschaftliche, künstliche Erzeugung von Sicherheiten ist damit als mögliche Strategie zur Absorption der Risiken moderner, d.h. experimenteller Vergesellschaftung erkannt.

Die sozialmoralische Dimension hat er oft mit einer privaten Erzählung eines höheren SANDOZ-Managers illustriert, die ihn damals offenbar sehr beeindruckt hat.[15] Der war nach einer durch grobe Fahrlässigkeit verursachten, starken chemischen Verunrei-

---

12 Vgl. Beck 1995: 99ff.
13 Horkheimer/Adorno 1997 (1947): 80f.
14 Diese Überlegung kündigt sich zwar in den 'Folgeprobleme(n) der Modernisierung' (Beck 1982) bereits an, erscheint aber explizit erst in den 'Gegengiften' (Beck 1988: 180ff.) und wird auch zur 'Erfindung des Politischen' (Beck 1993) herangezogen.
15 Vgl. dazu auch die Hinweise in 'Die Erfindung des Politischen' (Beck 1993: 51: Anm.17).

nigung des Rheins durch Mitarbeiter seines Unternehmens in seiner Familie über längere Zeit unter starken Rechtfertigungsdruck v.a. seitens seiner Kinder geraten. Beck hat
zeitweise die Erwartung gehegt, dass solche Konflikte Lernprozesse auslösen können,
die möglicherweise zu einer Umsteuerung von Unternehmenspolitiken führen.

Die Beunruhigung durch ökologische Risiken überbot damals auch in seiner Sicht
jene durch alle bisherigen ökonomischen (Wachstumskrise), sozialen (Arbeitslosigkeit)
und politischen (Terrorismus, soziale Bewegungen) Risiken. Von der zentralstaatlichen
Steuerung her war eine angemessene und effektive Problembehandlung kaum zu erwarten. Umso mehr schien daher das aufklärerische Potenzial der (Sozial-)Wissenschaften
gefordert. Wieder einmal galt es für den Soziologen und seine Soziologie Stellung zu
beziehen, diesmal aber, dem Ernst der Lage entsprechend, mit einer Entschiedenheit,
die den Spielraum für das sonst übliche, ständige Wechseln der Beobachtungspositionen
erheblich einschränkte.

Die 'Risikogesellschaft' (Beck 1986) ist oft als Zäsur, als Beginn einer neuen Phase,
als eigentlicher Anfang des Beckschen Werks, aufgefasst worden.[16] Und das mit Gründen, die zu der hier gewählten Kontinuitätsperspektive quer stehen. Zumindest stellt die
'Risikogesellschaft' mit ihrer beispiellosen Koinzidenz von Risikoereignis (Tschernobyl,
April 1986) und Risikothematisierung den Beginn der öffentliche Wirkung des Autors
und seiner Arbeiten dar.

Zugrunde liegt dieser Zäsur Becks folgenreiche Entscheidung vor dem Spannungsverhältnis zwischen Theorie und Praxis des Sozialwissenschaftlers. Dieses Problem hatte ihn, wie wir sahen, von Anfang an begleitet und war früh zum Thema geworden. Mit
dem Text über die Risikogesellschaft entscheidet er sich für eine Praxis der Theorie, die
'die Massen' wenn schon nicht ergreift, so doch zumindest relevante Teile von ihnen
erreicht. Nun geht es um die Entwicklung einer Textgestalt, die in der Lage sein soll,
zugleich den nicht mehr angemessenen Stand der Disziplin in wesentlichen Punkten zu
überbieten *und* diesen renovierten Blick auf die Gesellschaft einer größeren interessierten Öffentlichkeit zu vermitteln. Als unerträglich und unverantwortlich zugleich erscheint Beck nun, sich noch länger mit der Produktion von Texten vor allem für Fach-
kollegInnen zu begnügen. Für eine Wissenschaft von der Gesellschaft eine geradezu
paradoxe Einschränkung, v.a. in dem Maße, wie sie inzwischen wieder vorherrscht.

Dass Ulrich Becks öffentliche Wirksamkeit damit begann, dass er 'seine' Gesellschaft
an ihre Risiken erinnerte, hatte durchaus ambivalente Effekte. Er hat sich damit –
scheinbar – zu einem jener Unruhestifter gemacht, die ihn früher mehr als Gegenstand
und Thema beschäftigt hatten. Dass ein Unruhestifter das Ruhebedürfnis einer Gesellschaft genauso stört, wie das seiner wissenschaftlchen Disziplin, die behauptet, sich mit
jener zu beschäftigen, hätte man erwarten können. Die therapiebedürftige Risikogesellschaft klammert sich an die Errungenschaften ihres sekundären Krankheitsgewinns ganz
ähnlich wie die Mainstream-Sozialforschung an die Positivitäten ihrer Modernisierungs-
und Rationalisierungsdiskurse.

Allein die Verbreitungsmedien der Gesellschaft sind ganz auf Unruhestifter aller Art
eingestellt und erwarten sie mit unkonzentrierter Ungeduld. Eine Zeitlang versuchen sie
von den scheinbaren oder wirklichen Neuigkeitseffekten, die jede Unruhe auslöst, zu
profitieren. Und so kommt ihnen das Verdienst zu, die Stichworte der Beckschen Text-

---

16 Vermutlich zusätzlich motiviert durch so erfolgreiche Arbeiten wie z.B. 'Silent Spring' (Carson
    1962).

produktion (Individualisierung, zweite Moderne, Industriemoderne, Risiko, reflexive Moderne etc.) in Form semantischen Kleingelds unter die gebildeten Leute gebracht zu haben.

Innerdisziplinär hat die Risikosemantik eine eigene Dynamik entfaltet. Untergründig ist sie mit der Unsicherheits- und der Unübersichtlichkeitsthematik verbunden. Die Behauptung gesellschaftlich verallgemeinerter Risiken, Unsicherheiten (Bonß) und Unübersichtlichkeit (Habermas) betrifft auch und sehr spezifisch die (sozial-)wissenschaftliche Praxis und ihre Resultate. Das wird am dramatischen gestiegenen Wissensverbrauch und -verschleiß ebenso deutlich wie an den Unschärfen der einzelnen wissenschaftlichen Aussagen. In der kommunikativ vernetzten Gesellschaft kann nicht einmal mehr 'Unsicherheit' mit Sicherheit behauptet werden, auch 'Unbestimmtheit' nicht, zumindest nicht mit Bestimmtheit. Das aber tangiert den Geltungsanspruch jeder wissenschaftlicher Aussage, so lange sie beansprucht, etwas Bestimmtes auszusagen.

7.

Wahrscheinlich bilden also weder die 'Risikogesellschaft' (Beck 1986) noch die 'Gegengifte' (1988) nicht die entscheidende Zäsur in den thematischen Kontinuitäten der Beckschen Arbeiten. Eher bezeichnen sie Meilensteine auf der ersten Etappe des Wegs in eine andere Moderne, der von Beunruhigungen und Risiken, ihren paradoxen wissenschaftlichen Wahrnehmungen und ihren v.a. *gesellschaftlichen* Bewältigungsversuchen geprägt ist. Erst 'Die Erfindung des Politischen' (Beck 1993) führt jenen thematischen Bogen zu Ende, der, wie wir sahen, spätestens 1982 mit den 'Folgeprobleme(n) der Modernisierung' eingesetzt hatte.

'Die Erfindung des Politischen' kann als Voraussetzung für die nun deutlich politischere Fortsetzung des Wegs in eine andere Moderne gelesen werden. Hier werden die Konzepte zur Behandlung jener neuen Phänomene und Themen entwickelt, die das Ende des kalten Systemkriegs zurückgelassen hat und die später ermöglichen sollen, die Frage 'Was ist Globalisierung?' zu beantworten.

Die Sympathie für die individuelle bürgerliche Subversion findet ihren bündigen Begriff in der 'Subpolitik', die spätere Verabschiedung des Nationalstaats (Beck 1997) wird schon vorbereitet und mit der Entdeckung der 'Bürgergesellschaft' wird erstmals ein operative politische Zielvorstellung symbolisiert. Noch fehlt freilich die direkte Konfrontation mit zwei bedeutenden, hier eigentlich einschlägigen, bis dahin aber eher gemiedenen weiten Feldern: 'Macht' und 'Ökonomie'.

Nicht zuletzt tritt schließlich Michel de Montaigne auf, der Begründer der eigenen, skeptischen Beobachterposition.

Becks Skepsis betrifft vor allem auch die eigene Disziplin, die Soziologie. In der Auseinandersetzung um ihr zeitdiagnostisches Potential in der gesellschaftliche Moderne werden ihre Defizite deutlich. Die Entpolitisierung des Fachs seit Ende der 70er Jahre hat sie allmählich in die gesellschaftspolitische Bedeutungslosigkeit und einen bis heute anhaltenden, schleichenden institutionellen Abbau geführt. Das Ende der kalten Systemkonfrontation hatte sie völlig unvorbereitet getroffen und damit alle ihre prognostischen Ansprüche gegenstandslos gemacht. Neuartigen gesellschaftlichen Phänomenen wie der massenhaften Individualisierung, der materialen Liberalisierung, den extrem wachsenden sozialen Ungleichheiten, sich verschärfenden Konflikten und neuartigen Gewaltphänomenen stand sie ohne Theorievorlauf und eher hilf- und begriffslos gegenüber.

Einig war sich die Disziplin zunächst nur in der Abwehr aller solcher neuartigen Entwicklungen. Beck selbst sucht sie mit der Unterscheidung einer Gegenmoderne, später auch in der Figur des 'hässlichen citizens' aufzufangen.

Unabhängig davon hatte sich für ihn schon seit der 'Risikogesellschaft' abgezeichnet, dass relevante Sozialtheorie zukünftig nur mehr als Theorie der Weltgesellschaft sinnvoll sein würde. Grenzüberschreitend sind nicht nur, wie früher Waren, Geschäftsreisende, Eroberer und Touristen, sondern nun auch Wert- Energie- und Informationsströme, Massen von individuellen und Verbreitungskommunikationen, aber auch sämtliche Risiken wie Waffen, Müll und Umweltgifte. Die Weltrisikogesellschaft wird sich daher über die Theorie der Globalisierung zur Kosmopolitischen Gesellschaft aufstufen.

Rekonstruiert man diese Theorieentwicklung in der ihr immanenten Konsequenz, zeichnet sich auch der Preis ab, den eine solche Horizontöffnung fordert. Mit dieser Ausweitung erhöht sich die Spannung zum handlungstheoretisch konzipierten Ausgangspunkt. Die Vermittlungsschritte vom einzelnen Individuum (als Privatperson, sozialer Akteur, Erkenntnissubjekt oder als citoyen) zur Ebene der Weltgesellschaft multiplizieren sich und bleiben nun kaum mehr überschaubar. Exemplarischen Ausdruck findet das in der Diskussion des Spannungsverhältnisses von Lokalität und Globalität. Aber es lässt sich auch dabei kaum vermeiden, dass auch das ursprüngliche Zentrum und Ausgangspunkt der Beckschen Überlegungen, das bürgerliche Privatindividuum, (in dem man durchaus den Schützschen 'gut informierten Bürger' wiedererkennen kann) undeutlich wird. Seine Spuren verlieren sich in dem Sand, den er für die Getriebe der Macht und der Ökonomie darstellt.

8.

Nur scheinbar war es eine bürgerliche Privatperson, jene oft zitierte, damals (1997) 84-jährige Dame aus Tutzing am Starnberger See, die die Becksche 'Globalisierung' angestoßen hat. Dort lebte sie seit 30 Jahren und flog dreimal im Jahr für ein paar Wochen oder Monate nach Kenia. Ihre 'Ortspolygamie' mag bei Beck jene Lawine von Vorstellungen allenfalls 'garniert' haben, aus denen sich die neue theoretische Formation der Globalisierung als neues Paradigma gebildet hat. Ausgelöst waren die neuen Vorstellungen vermutlich vielmehr durch die Konfrontationen mit der Vielzahl gänzlich verschiedener (Wissens-)Kulturen, die seine außerdeutsche und außereuropäische Lehr- und Vortragstätigkeit mit sich brachten.

Die nun sichtbar werdende 'neue weltpolitische Ökonomie' transzendiert die Idiosynkrasien westeuropäischer Individualisierung und Modernisierung. Jenseits der nationalstaatlichen Provinz tauchen nun grobkörnigere Probleme auf, wie globale Macht- und Gegenmachtmechanismen, ökonomische Strukturen sowie die Widrigkeiten einer möglichen 'Brasilianisierung'.

Auch diese Ebene war unter dem Stichwort 'Weltrisikogesellschaft' (Beck 1996 b) vorbereitet; sie war übrigens in jenen Jahren zunächst durch einen für Beck früher eher untypischen weltkapitalismuskritischen Ton gekennzeichnet (vgl. z.B. 1996 a: 9ff). Die breite Rezeption der differenzierten Literatur, aus der 'Macht und Gegenmacht im globalen Zeitalter' hervorgeht, weicht diese kritische Eindeutigkeit wieder etwas auf.

Mit der Entfernung von den liberalen Ausgangspunkten hat sich die Beschäftigung mit den Strukturen der Weltgesellschaft auch von allen spezifisch soziologischen, speziell den handlungstheoretischen Voraussetzungen freigemacht. An ihre Stelle treten nun Begriffe und Problemformeln aus der politischen Philosophie, der Sozialphilosophie, der politischen Wissenschaft, und der Ökonomie. Die 'Neue weltpolitische Ökonomie' behauptet nicht länger Soziologie zu bieten (was immer das bei einem solchen Thema heißen könnte), sondern tritt eher als politische Sachbuch-Literatur im Stil angelsächsischer Autoren wie Thurow, Rifkin und Krugmann auf, freilich ungleich komplexer in der Anlage und anspruchsvoller für die Rezeption. Ohne Rücksicht auf disziplinäre Grenzen zerlegt es das Macht-Thema in seine Elemente. Zentral sind v.a. die Kritik am methodologischen Nationalismus und der normativ anspruchsvolle Zielbegriff einer kosmopolitischen Demokratie bzw. Gesellschaft; beides Themen, die schon früher zu den Antworten auf die Frage, was Globalisierung sei, gehört hatten.

9.

Im Rückblick zeichnet sich das Bild eines liberalen Bürgers ab, den die Unruhen, Krisen und Risiken in seiner gesellschaftlichen Umwelt beunruhigen und zum Schreiben bringen. Skeptisch verfolgt er, kritischer Wissenschaftler, der er ist, die untauglichen Versuche der gesellschaftlichen Akteure, der staatlichen Institutionen, der Parteien, der sozialen Bewegungen und der Moralunternehmer, ein Gemeinwesen herzustellen und zu erhalten. Der Eindruck, dass die Akteure diese Versuche in aller Regel nur fingieren, hat ihn an die Grenzen seiner liberalen Grundüberzeugung geführt.

Solche Erfahrungen haben ihn schließlich selbst zum sozialwissenschaftlichen Unruhestifter werden lassen, doch ohne Berufung zum Politiker. Sein Ausgangspunkt scheint nach wie vor konstant: eine angemessene *Lebbarkeit* für die individuierte Privatperson unter realistisch wahrgenommenen reflexiv modernen Verhältnissen. Und das selbst dann noch, wenn die Theorie die *Sichtbarkeit* der einzelnen Individuen und ihrer Wege nicht länger gewährleisten kann.

Literatur:

Beck, U. (unter Mitarbeit von Elisabeth Gernsheim), Zu einer Theorie der Studentenunruhen in fortgeschrittenen Industriegesellschaften, KZfSS, Jg. 23,1971, S. 439-477.
Beck, U., Soziologische Normativität, KZfSS, Jg. 24, 1972, S. 201-232.
Beck, U., Objektivität und Normativität. Die Theorie-Praxis-Debatte in der modernen deutschen und amerikanischen Soziologie, Frankfurt/M. 1974.
Beck, U., Folgeprobleme der Modernisierung und die Stellung der Soziologie in der Praxis, in: Beck, U. (Hg.), Soziologie und Praxis, Sonderband 1 der Sozialen Welt, Göttingen 1982.
Beck, U., Jenseits von Stand und Klasse? Soziale Ungleichheit, gesellschaftliche Individualisierungsprozesse und die Entstehung neuer sozialer Formationen und Identitäten, in: Kreckel, R. (Hg.), Soziale Ungleichheiten, Sonderband 2 der Sozialen Welt, Göttingen 1983, S. 35-74.
Beck, U., Risikogesellschaft. Auf dem Weg in eine andere Moderne, Frankfurt/M. 1986.
Beck, U., Gegengifte. Die organisierte Unverantwortlichkeit, Frankfurt/M. 1988.

Beck, U., Die Erfindung des Politischen, Frankfurt/M. 1993.

Beck, U., FAZ-Magazin vom 9. Juni 1995, S. 35.

Beck, U., (Hg.), Kinder der Freiheit, Frankfurt/M. 1996 a.

Beck, U., Weltrisikogesellschaft, Weltöffentlichkeit und globale Subpolitik. Ökologische Fragen im Bezugsrahmen fabrizierter Unsicherheiten, in: KZfSS, Jg. 36, 1996 b, S. 119-147.

Beck, U., Was ist Globalisierung?, Frankfurt/M. 1997.

Beck, U./Bonß, W. (Hg.), Weder Sozialtechnologie noch Aufklärung, Frankfurt/M. 1989.

Beck, U./Brater, M./Daheim, H.-J., Soziologie der Arbeit und der Berufe. Grundlagen, Problemfelder, Forschungsergebnisse, Reinbek 1980.

Beck, U./Vossenkuhl, W./Ziegler, U. E., Eigenes Leben. Ausflüge in die unbekannte Gesellschaft, in der wir leben, München 1995.

Beck-Gernsheim, E., Vom 'Dasein für Andere' zum Anspruch auf ein Stück 'eigenes Leben' – Veränderungen im weiblichen Lebenszusammenhang, in: Soziale Welt, Heft 3, 1983, S. 307-341.

Carson, R., Silent Spring, Boston 2002 (1962).

Freyer, H., Theorie des gegenwärtigen Zeitalters, Stuttgart 1956.

Horkheimer, M./Adorno, T. W., Dialektik der Aufklärung, Frankfurt/M. 1997 (1947).

Lepenies, W., Sainte-Beuve. Auf der Schwelle zur Moderne, München 1997

Trilling, L., Das Ende der Aufrichtigkeit, Berlin 1983.

Reflexive Modernisierung - Theorie und Forschungsprogramm[1]

Wolfgang Bonß, Christoph Lau

I Was ist reflexive Modernisierung?

Auf den ersten Blick hat sich nichts verändert: Die Familie existiert weiter, wir leben nach wie vor in Arbeitsgesellschaften und in Nationalstaaten, und der wissenschaftlich-technische Fortschritt schreitet weiter voran. Wir glauben zu wissen, was natürlich ist und was von Menschen gemacht, wer gesund oder krank, tot oder lebendig ist. Und dennoch: Ein genauerer Blick zeigt, dass sich fast alles verändert hat, obwohl oder besser: gerade weil wir in der bekanntesten aller modernen Welten leben. Auffallend ist dabei vor allem die zunehmende Pluralität und schleichende Uneindeutigkeit der uns so vertraut erscheinenden Welt, in deren Folge immer mehr "zwar-aber"-Sätze gebildet werden können: *Zwar* leben die meisten nach wie vor in Familien, *aber* sie wählen in immer größerer Zahl zwischen verschiedenen Familienformen, zwischen Zeiten des Alleinlebens und Zeiten des Zusammenlebens. *Zwar* verdient der größte Teil der Bevölkerung seinen Lebensunterhalt durch Erwerbsarbeit und wird so in die Gesellschaft integriert. *Aber* immer mehr Menschen arbeiten unter Bedingungen hoher Flexibilität und Unsicherheit sowie außerhalb des institutionalisierten Normalarbeitsverhältnisses. *Zwar* verstehen wir uns als Bürger mehr oder weniger demokratisch verfasster Nationalstaaten. *Aber* wir werden tagtäglich damit konfrontiert, dass die Grenzen der Gesellschaft, in der wir leben, immer weniger mit diesen nationalstaatlichen Grenzen zusammenfallen.

"Zwar-aber"-Sätze häufen sich auch bei der kategorialen Erfassung der nicht-sozialen Wirklichkeit. Denn der wissenschaftlich-technische Fortschritt führt keineswegs zu mehr Eindeutigkeit – im Gegenteil. Zwar scheint klar zu sein, was als begründungsfreie, verantwortungsentlastete Natur gilt und wo der Bereich beginnt, für den wir Verantwortung tragen, den wir kontrollieren und gestalten. Aber zugleich mehren sich die Fälle, in denen die Unterscheidung zwischen Natur und Gesellschaft trotz immer größerer Messgenauigkeiten uneindeutig zu werden beginnt. Durch die Fortschritte der Gentechnologie und Medizin beispielsweise wird immer unklarer, wo die Grenzen zwischen Gesundheit und Krankheit, zwischen vormenschlichem Leben und menschlichem Leben, zwischen Leben und Tod verlaufen. Diese Entwicklung verweist auf Umbrüche in den gesellschaftlichen Selbstwahrnehmungen, Diskursen und Praxen, die in der Entwicklungsdynamik der Moderne selbst angelegt sind. Denn die kognitive und soziale Ordnung der 'einfachen' oder industriegesellschaftlichen Moderne, die durch eindeutige Unterscheidungen zwischen Tätigkeitsbereichen, Wirklichkeits- und Handlungsfeldern gekennzeichnet ist, verliert ihre selbstverständliche Prägekraft.

---

[1] Die nachfolgenden Ausführungen sind im Kontext des DFG-Sonderforschungsbereichs 536 entstanden bzw. auf diesen bezogen. Unter dem Obertitel "Reflexive Modernisierung" untersuchen die Projekte dieses SFB Phänomene der Modernisierung der Moderne in verschiedenen gesellschaftlichen Bereichen. Beteiligt an den interdisziplinären Forschungen sind neben Soziologen auch Politikwissenschaftler, Historiker, Sozialpsychologen und Philosophen der drei Münchner und der Augsburger Universität. Vgl. dazu Beck/Bonß 2002 und Beck/Lau 2003.

Die institutionelle Handlungslogik der industriegesellschaftlichen Moderne, wie sie sich seit dem 18. Jahrhundert herausbildete, war am *Prinzip des Entweder-Oder* orientiert – entweder wir oder die anderen, Organisation oder Markt, Familie oder Nicht-Familie, Arbeit oder Freizeit, Fakten oder Werte, Krieg oder Frieden. Genau dies ermöglichte die eindeutige Zuschreibung von Zuständigkeit, Kompetenz und Verantwortung. Unter den Bedingungen der reflexiven Moderne hingegen scheint das Prinzip des Entweder-Oder durch seinen Erfolg in Frage zu stehen. Es wird überlagert und zunehmend abgelöst wird durch das *Prinzip des Sowohl-als-auch,* das entscheidende Umakzentuierungen enthält: Nicht länger Wissen *oder* Nicht-Wissen, Organisation *oder* Markt, Krieg *oder* Frieden, sondern *sowohl* Wissen *als auch* Nicht-Wissen, *sowohl* Organisation *als auch* Markt, *sowohl* Krieg *als auch* Frieden, und zwar nicht selten zur selben Zeit und am gleichen Ort.

Die Erosion der eingeschliffenen Entweder-Oder-Unterscheidungen sowie die Problematisierung und Hinterfragung ihrer (häufig wissenschaftlichen) Begründungen verweisen auf eine institutionelle Grundlagenkrise mit tief greifenden Folgen. Hierdurch werden nicht nur scheinbar selbstverständliche, unverrückbare Abgrenzungen in Frage gestellt, sondern zugleich wird Platz geschaffen für eine neue Pluralität von Arbeit, Familie, Wissen und staatlicher Souveränität. Das heißt nicht, dass damit alle Grenzen und Unterscheidungen verwischt und aufgehoben werden. Dies wäre die Position der Postmoderne, die allenfalls für einige kulturelle Bereiche Geltung beanspruchen kann. Ansonsten ist eher das Gegenteil der Fall: Je unklarer die kategorialen Grenzen und je schwieriger ihre Begründung, desto notwendiger wird es, sich für eine oder mehrere neue Grenzziehungen zu entscheiden. Denn die Gestaltung von Gesellschaft verläuft über Grenzziehungen und "boundary management", und je mehr Entgrenzung, desto größer die Entscheidungszwänge. Der Pluralismus der neu gefundenen Lösungen ist offensichtlich das Resultat derartiger Entscheidungs- und Aushandlungsprozesse, in deren Folge an die Stelle eindeutiger Duale, Standardformen und Unterscheidungen komplexere, plurale Abgrenzungen treten.

Wie brauchbar und wie stabil diese pluralen und zugleich verflüssigten Abgrenzungen sind, ist eine empirisch offene Frage, deren Beantwortung nicht zuletzt vom Erfolg der Strategien unterschiedlicher Akteure abhängt. Denn den an der Logik des *Sowohl-als-auch* orientierten, reflexiven Antworten auf die institutionellen Verunsicherungen stehen mindestens ebenso viele Versuche gegenüber, die alte Logik des *Entweder-Oder* wieder her zu stellen. Den Reaktionsweisen auf die institutionelle Grundlagenkrise der Moderne ist gleichwohl gemeinsam, dass die Notwendigkeit akzeptiert wird, sich entweder zu entscheiden und neue, andere Grenzen zu ziehen oder die Beibehaltung alter institutioneller Schneidungen neu zu begründen. Mit anderen Worten: Krise und Versagen der Entweder-Oder-Logik der industriegesellschaftlichen Moderne können nicht stillschweigend hingenommen werden, da sie letztlich institutionelles Handeln und Entscheidungen lähmen. Die Anerkennung des Entscheidungszwangs im Bereich des Rechts, der Wirtschaft, der nationalen und internationalen Politik und der Wissenschaft ist die Signatur der gegenwärtigen Epoche. Entscheidungen können aber nicht mehr auf der Grundlage der alten kategorialen Ordnungsvorstellungen und (meist wissenschaftlich untermauerten) Gewissheiten getroffen werden. Sie bedürfen neuer Begründungen und Verfahren jenseits sicherer Wissensgrundlagen und eindeutig standardisierter Ordnungsvorstellungen. Die Moderne wird zunehmend gezwungen, ihre nicht-rationalen kategorialen Grundlagen als solche zu erkennen und anzuerkennen. Die Aufklärung kommt damit gleichsam zu sich selbst, wird reflexiv und politisch.

Akzeptiert man diese Diagnose, so wäre reflexive Modernisierung als ein Prozess des Grundlagenwandels zu beschreiben, der sich dadurch auszeichnet, dass die alten Lösungen nicht einfach verschwinden, sondern neben den neuen weiterbestehen, auch wenn ihre Prägekraft vielleicht, aber nicht zwangsläufig schwindet. So findet sich die alte Form der Kernfamilie neben den diversen neuen Formen des Zusammenlebens, die klassische Form des fordistischen Unternehmens neben den neuen Formen der Netzwerkorganisation, das klassische "Normalarbeitsverhältnis" neben neuen, flexibilisierten Arbeitsformen, die herkömmliche Form disziplinärer Grundlagenforschung neben diversen Formen transdisziplinärer Forschung. Gerade diese Gleichzeitigkeit von Altem und Neuem macht es so schwierig, den Wandel eindeutig zu diagnostizieren oder gar als klaren Bruch zu beschreiben. Die Veränderung geschieht zunächst unauffällig, indem das Neue neben das Alte tritt oder lange Verdrängtes nunmehr anerkannt wird. Dies ermöglicht vielen (auch in den Sozialwissenschaften), den Wandel zu leugnen und die gesellschaftliche Wirklichkeit weiterhin mit den alten Kategorien und Dispositiven zu beschreiben. Demgegenüber setzt die empirische Überprüfung faktischen Wandels im Sinne reflexiver Modernisierung voraus, auch das begriffliche Instrumentarium experimentell zu verändern, neue kategoriale Schneidungen auszuprobieren, und dies bedeutet meist auch, die ausgetretenen Pfade der Fachdisziplinen zu verlassen.

Mit der institutionellen Pluralisierung zeigt sich (nicht zum ersten Mal in der modernisierungstheoretischen Diskussion), dass Modernisierung kein US-amerikanischer onebest-way ist, dass sie nicht als linearer historischer Pfad internationaler Homogenisierung gedacht werden kann. Es gab immer schon unterschiedliche Wege in die Moderne (Therborn 1995). Reflexive Modernisierung erhöht die institutionelle Variabilität der modernen Gesellschaft. Dies geschieht – so unsere Annahme – in der Regel, ohne dass bestimmte zentrale Imperative der Moderne aufgegeben werden. Die Grundprinzipien moderner Gesellschaften, wie z.B. das Prinzip individueller Reproduktion durch Erwerbsarbeit, das Prinzip des Egalitarismus oder der rationalen Begründbarkeit von Aussagen, verlieren nicht an normativer Geltung, sondern werden im Zuge reflexiver Modernisierung in ihrem Geltungsanspruch nicht selten radikalisiert und setzen dadurch die Institutionen der industriegesellschaftlichen Moderne unter Veränderungsdruck. Gerade unter den Bedingungen gesellschaftlicher Globalisierung ergeben sich Konflikte zwischen unterschiedlichen Modernitätsvorstellungen und -werten, die eben nicht mehr allein zwischen Nationalstaaten ausgetragen werden, sondern ebenso zwischen Individuen und Gruppen, auf der transnationalen Ebene ebenso, wie auf der Ebene der Subjekte, die ihre Zugehörigkeiten neu aushandeln müssen. Die Welt wird damit zu einem Experimentierfeld, auf dem verschiedenste Kombinationen reflexiv-moderner, industriegesellschaftlicher (und auch vormoderner) institutioneller Lösungen in Konkurrenz zueinander geraten, ohne dass ein Maßstab zu ihrer Bewertung zur Verfügung stünde, dem alle zustimmen können (Beck 2002).

Auch wenn man von der Ebene globaler Heterogenität und Konkurrenz absieht, so sind die Prozesse der Verunsicherung kategorialer Unterscheidungen und institutionalisierter Standardformen keineswegs reibungslose, von Konsens getragene Vorgänge, und sie können es letztlich auch gar nicht sein. Wenn z.B. nicht klar ist, welche Schäden genmanipulierte Pflanzen bewirken können, und wenn man erst recht nicht weiß, ob und wann derartige Schäden eintreten, so handelt es sich um einen Fall prinzipiellen *Nicht-Wissens* (Wehling 2001), durch das die Institutionen mit einer Handlungs- und Entscheidungskrise konfrontiert werden. Wenn andererseits sich immer mehr Menschen als Angehörige unterschiedlicher Kulturen und Erfahrungsräume verstehen, ohne sich einem Kontext eindeutig zuordnen zu können, dann handelt es sich um einen Fall von *Uneindeutigkeit* bzw. kategorialer Ambivalenz, der nicht selten dezisionistisch entschieden wird, aber sich so dauerhaft kaum lösen lässt.

Prinzipielles *Nicht-Wissen* und prinzipielle *Uneindeutigkeit*, so unsere Behauptung, sind die zentralen Kennzeichen und Herausforderungen einer sich wandelnden Moderne, deren Bewältigung zunächst die Anerkennung von Nicht-Wissen und Uneindeutigkeit voraussetzt. Gemeint ist damit vor allem ein Bruch mit der lange geübten Praxis, derartige Unsicherheiten und Ambivalenzen als Störungen, Anomalien oder künftig zu überwindende Wissensdefizite darzustellen. Genau hier liegt auch eine entscheidende Abgrenzung gegenüber klassischen Modernisierungstheorien, die – in den Kategorien von Niklas Luhmann formuliert – eher komplexitäts- als kontingenzorientiert sind. Vor diesem Hintergrund wird die gesellschaftliche Entwicklung implizit oder explizit als ein Prozess des systematischen Komplexitätszuwachses konzeptualisiert, der seinerseits als Ende der Vieldeutigkeit und Herstellung zunehmender Eindeutigkeit erscheint. Gestützt auf die Vorstellung eines immer weiter laufenden wissenschaftlich-technischen und gesellschaftlichen Fortschritts, konnte in diesen Konzeptionen und in der dazu gehörigen gesellschaftlichen Praxis alles Abweichende und Uneindeutige marginalisiert, verdrängt oder ausgeschlossen werden. So wurde z.B. trotz des Fortbestandes und der partiellen Expansion des Handwerks das Modell des industriellen Großbetriebes und das System industrieller Beziehungen als Normalmodell für die Regulierung von Arbeit etabliert und die Erwartung formuliert, dass langfristig die industriellen Produktions- und Beschäftigungsformen alle anderen Muster an den Rand drängen würden. Auf der kognitiven Seite entsprach dabei dem Ideal der Standardisierung und institutionellen Normalisierung die Vorstellung einer bislang noch unzureichenden, aber prinzipiell zu erreichenden wissenschaftlichen Durchdringung der Welt, die irgendwann einmal alle nichtwissenschaftlichen Erfahrungsquellen obsolet werden lassen solle und optimale technische Problemlösungen ermöglichen werde. Die tatsächlichen Ungewissheiten und Unsicherheiten der industriegesellschaftlichen Moderne wurden vor diesem Hintergrund als Übergangserscheinung eines Vergesellschaftungs- und Rationalisierungsprozesses gedeutet, der zwar noch durch querstehende Traditionen gestört werde, aber zunehmend zu sich selbst komme und an dessen Ende vollständige Sicherheit und kognitive Gewissheit erwartet werden konnten.

Werden demgegenüber Nicht-Wissen und Uneindeutigkeit anerkannt, dann bietet sich ein anderes Bild gesellschaftlicher Entwicklung und es werden neue Probleme als zentral erkannt. Denn die mangelnde Eindeutigkeit beseitigt keineswegs den Entscheidungsdruck – im Gegenteil. Zwar sind Selbstblockierungen in Entscheidungsprozessen aufgrund von Uneindeutigkeit oder Verfahrensdefiziten möglich und alltäglich zu beobachten. Aber genau deshalb stellt sich die Frage, wie in einer verwissenschaftlichten Welt angesichts fehlender wissenschaftlich eindeutiger Kriterien entschieden werden kann, und wie diese Entscheidungen zu begründen und zu legitimieren sind. Hier schließt sich eine Vielzahl von Fragen an, die letztlich nur empirisch beantwortet werden können. Ausschlaggebend für gelingende Entscheidungen unter den Bedingungen reflexiver Modernisierung dürfte allerdings zweierlei sein: Zum einen, mittels welcher Verfahren die Entscheidungen zustande kommen; zum anderen, ob es gelingt, reflexive Lernfähigkeit dauerhaft zu sichern.

Ungewissheitsbasierte Entscheidungen enthalten stets eine normative Komponente, die demokratisch-partizipative Legitimationsformen nahe legt und u.U. sogar erforderlich macht. Exemplarisch diskutiert worden ist dies am Beispiel der Einführung neuer riskanter Technologien, die durch partizipative Verfahren nicht sicherer, wohl aber legitimer werden. Ein etwas anders gelagertes, aber ebenso interessantes Legitimationsvakuum scheint im Bereich transnationaler Politik zu entstehen. Hier ergibt sich das Problem, wie beispielsweise jenseits des Völkerrechts Menschenrechte in ihren unterschiedlichen kulturellen Variationen verbindlich legitimiert werden können, ohne dass über sie global abgestimmt werden kann (Beck 2002: 430ff). Ungewissheitsbasierte Entscheidungen mit normativen Komponenten lassen sich unter den Bedingungen reflexiver Modernisierung aber auch in jeder individuellen Biographie beobachten. Denn nach welchen Kriterien fällen Individuen biografische Entscheidungen, wenn gesellschaftliche Vorgaben, wie Normalbiografie und Kernfamilie nicht mehr verbindlich sind und unterschiedliche Optionen der Lebensführung zur Auswahl stehen (Bonß/Hohl/Jakob 2001; Bonß 2003)?

Die Rückkehr der Unsicherheit hat schließlich auch Folgen für das gesellschaftlich dominierende Rationalitätskonzept und das Selbstverständnis der Moderne als eines rationalen und rational optimierbaren Sozialzusammenhangs. Denn wie lassen sich nach dem Wegfall des wissenschaftlichen Geltungsmonopols und unter der Bedingung der Anerkennung anderer Rationalitäten Grenzen zu irrationalen, z.B. esoterischen Begründungsressourcen ziehen, um nicht der postmodernen Beliebigkeit von Begründungen anheim zu fallen? Rationale und dies heißt vor allem: reflexiv begründbare Lösungen sind hier nur zu erwarten, wenn es gelingt, reflexive Legitimationsformen zu entwickeln, die gleichsam als "Sicherheitsfiktionen auf Zeit" eine revidierbare, also keine "feste", sondern eine "verflüssigte" Orientierung ermöglichen und gleichzeitig die Beteiligten nicht überfordern. Dies freilich wirft eine weitere, völlig offene Frage auf: Wie lässt sich in einer derart "verflüssigten" Moderne (Bauman 2003) noch politischer Widerspruch formulieren und erfolgreich organisieren, der nicht von der Logik des Sowohl-als-auch absorbiert wird oder in einen szientistischen Gewissheitsdogmatismus zurückfällt? Hierauf eine Antwort zu finden, ist nicht einfach. Aber diese und die anderen Fragen zu stellen, ist unabweisbar, um dem veränderten Problemhorizont der Moderne unter den Bedingungen ihrer Radikalisierung und Reflexivierung gerecht zu werden.

II Integration, Inklusion, Konnektivität

Einer der Vorteile der Theorie reflexiver Modernisierung besteht darin, höchst unterschiedliche Phänomene, von der "Stammzellendebatte" über Fragen der Regulierung von Arbeit bis hin zu transnationalen Formen der Staatlichkeit und des kollektiven Gedächtnisses (Levy/Sznaider 2001) im Hinblick auf ihre gemeinsame "Wandlungslogik" zu vergleichen. Die empirischen Ergebnisse des DFG-Sonderforschungsbereichs "Reflexive Modernisierung" haben bislang (zumindest nach Einschätzung der Verfasser) ein hohes Maß deskriptiver Evidenz für die Triftigkeit der grundlegenden Thesen ergeben (vgl. Beck/Lau 2003). Die Vielfalt und Vielschichtigkeit des empirischen Forschungsfeldes führt allerdings zu einem relativ hohen Abstraktionsgrad der Theorie. Im folgenden sollen daher einige der hier skizzierten theoretischen Aussagen anhand von Beispielen erläutert werden.

Das erste Beispiel bezieht sich auf die Frage, wie eindeutig die Vergesellschaftungsstrukturen der Moderne sind, über welche Mechanismen soziale Zuordnungen hergestellt werden, und wie dementsprechend soziale Integration realisiert wird. Auch wenn die Beschreibungen im Detail differieren, so stellen sich moderne Gesellschaften in den Konzeptionen der Klassiker von Spencer über Durkheim bis hin zu Parsons als sich ausdifferenzierende Arbeitsgesellschaften dar, deren Prinzipien allmählich immer eindeutiger und konsequenter realisiert werden. Richtig ist an dieser Beschreibung, dass erst moderne Gesellschaften tatsächlich als Arbeitsgesellschaften begriffen werden können. Denn erst in der Moderne werden Arbeits- und Leistungsorientierungen zu einem vorherrschenden gesellschaftlichen Wert, und nur vor diesem Hintergrund kann Arbeit zu einer zentralen Vergesellschaftungsinstanz werden.

Zwar setzt sich dieser Umschwung in der Praxis weder problem- noch bruchlos durch. Aber mit dem Fortgang der funktionalen Differenzierung gewinnt sie im 19./20. Jahrhundert immer mehr Realitätsgehalt und bezeichnet das Normalmodell gesellschaftlicher Reproduktion und Integration. Allerdings ist dieses Normalmodell stark männlich dominiert, während Frauen eher die Rolle eines auf die Hausarbeit beschränkten 'Anhängsels' zukommt. Ungeachtet dessen sollen dem Modell nach alle Individuen ihren Lebensunterhalt marktorientiert über eine selbständige oder bezahlte Arbeit *(=Erwerbsarbeit)* sichern, wobei der soziale Status und die soziale Absicherung eng an die Erwerbsarbeit gebunden sind. Denn Konsummöglichkeiten, soziales Ansehen, berufliche Förderungen und insbesondere Rentenanwartschaften ergeben sich aus der Art und Dauer der bezahlten Arbeit, die letztlich als Dreh- und Angelpunkt der Vergesellschaftung erscheint.

Auch die Zuordnung und Zugehörigkeit zu sozialen Gruppen wird in dieser Perspektive dominant 'arbeitsfixiert' beschrieben; man unterscheidet beispielsweise zwischen "Arbeitern", "Angestellten", "Selbstständigen" und "Beamten", wobei diese Stichworte nicht nur arbeitsrechtlich von Bedeutung sind. In der Selbstwahrnehmung der Gesellschaften des 19. und 20. Jahrhunderts verweisen die durch die gesellschaftliche Organisation der Arbeit vorgegebenen Strukturierungen vielmehr auch auf unterschiedliche soziale Gruppen mit mehr oder weniger eigenständiger Gruppenkultur. Zwar müssen die verschiedenen Gruppen und Milieus nicht gleich die Gestalt von "Klassen" annehmen. Aber nicht nur bei Marx spielen sie für die soziale Schichtung eine zentrale Rolle, und die sozialen Konflikte der Moderne wurden vor diesem Hintergrund zunächst und vor allem als ökonomisch begründete Verteilungskonflikte beschrieben.

Im Unterschied zu Marx schlossen Autoren wie Durkheim, Merton oder Parsons dabei nicht aus, dass durch die Dynamik die Modernisierungsprozesses die Zugehörigkeit zu Gruppen und weiterführend: die gesellschaftliche Integration selbst gefährdet werden könne. So sah Durkheim (1992 (1893): 421ff.) als eine mögliche Entwicklungsvariante die "anomische Arbeitsteilung", in deren Folge an die Stelle eines "moralischen" ein "egoistischer" Individualismus treten könne, der auf eine weitgehende Auflösung von Gruppen- bzw. Klassensolidaritäten hinauslaufe. Ähnlich pessimistisch argumentierte Jahrzehnte später Robert Merton (1995 (1957)), der die inzwischen realisierte Individu-

48

alisierung sowohl mit schwindenden Gruppensolidaritäten als auch mit sich verschärfenden Ungleichheitsstrukturen in Beziehung setzte und fürchtete, dass die hierdurch gekennzeichnete Entwicklungsdynamik zu Anomie und Gesetzlosigkeit führen könnten.

Weder Durkheims noch Mertons Befürchtungen haben sich in der ursprünglichen Form bewahrheitet. Stattdessen hat sich eine Gemengelage jenseits der bisherigen Ausdifferenzierungs- und Determinationszusammenhänge herausgebildet. Auch wenn die ökonomisch begründeten Strukturierungen nach wie vor Bestand haben, scheinen sie angesichts des erreichten Produktivitäts- und Wohlfahrtsniveaus an sozialer Wirksamkeit und Eindeutigkeit zu verlieren. Dies bedeutet keineswegs ein "Entschwinden" (Dahrendorf 1980) oder gar ein "Ende der Arbeitsgesellschaft" (Gorz 1989) – im Gegenteil. Der Zwang zur Reproduktion der eigenen Existenz über Erwerbsarbeit nimmt eindeutig zu, und hier vor allem bei den Frauen, die sich in dieser Hinsicht den Männern angleichen. Aber die Lebensarbeitszeit sinkt nach wie vor, und das "Normalarbeitsverhältnis", also die dauerhafte Vollzeitbeschäftigung in einem Beruf und bei einem Arbeitgeber, scheint insbesondere bei den jüngeren, besser qualifizierten Arbeitskräften immer mehr zurück gedrängt zu werden, Zugleich schwinden die Unterschiede zwischen Arbeitern und Angestellten, und es spricht vieles für ein "Ende der Beschäftigung, wie wir sie kannten" (Reich 2002: 139). Gerade weil sie sich verflüssigt, lassen sich aus der Form der Erwerbsarbeit nur noch begrenzt Schlüsse auf Lebensstil und Gruppenzugehörigkeit ziehen. Stattdessen zeichnet sich eine wachsende Kontingenz der Lebensverhältnisse und eine Individualisierung von Gruppenzugehörigkeiten ab, der unter Makrogesichtspunkten eine Erosion von Großgruppen entspricht.

Bezogen auf die Thesen zur reflexiven Modernisierung lässt sich diese Entwicklung durchaus als ein Übergang vom "Entweder-Oder" zum "Sowohl-als auch" interpretieren. So nimmt die Bedeutung der Vergesellschaftung über (Erwerbs-)Arbeit einerseits zu, aber andererseits sinkt die Standardisierung der Erwerbsarbeit, und es steigen die Freiheitsgrade der individuellen Lebensgestaltung, weshalb die arbeitsgesellschaftlichen Lebensläufe buntscheckiger und vielfältiger ausfallen. Dies hat auch Folgen für die Perzeption sozialer Ungleichheit, wie sie innerhalb der Soziologie unter den Stichworten Inklusion/Exklusion zum Thema wird. Wie Rudolf Stichweh (1997: 128) festgestellt hat, geht es "bei Exklusion immer um Diskontinua, um Entweder/Oder-Entscheidungen hinsichtlich Zugehörigkeit und hinsichtlich Berechtigungen", wobei Exklusion vor allem in der sozialpolitischen Diskussion häufig im Sinne einer Total- oder zumindest einer kumulativen bzw. "multiplikatorischen Exklusion" (Schroer 2001: 34) verstanden wurde bzw. wird. Fraglich ist, ob diese Perspektive unter den Bedingungen reflexiver Modernisierung noch länger Gültigkeit beanspruchen kann. Abgesehen davon, dass es Totalexklusionen aus der Gesellschaft, streng genommen, gar nicht geben kann, spricht vieles dafür, dass die Grenzziehung zwischen "drinnen" und "draußen" eher flexibler gehandhabt wird.

Dies bedeutet keineswegs, dass Ungleichheit verschwindet. Und wie sich an den ebenso scharfen wie umfassenden Grenzziehungen insbesondere in 'totalen Institutionen' wie Gefängnis oder Militär beobachten lässt, gibt es nach wie vor kumulative und (fast) vollständige Exklusionen. Gleichwohl verändert die Ungleichheit ihre Gestalt, und es wächst die Zahl jener "Sowohl-als-auch"-Fälle, bei denen eine früher kaum denkbare Gleichzeitigkeit von Inklusion und Exklusion gegeben ist. So schützt die Zugehörigkeit zur Gruppe der Hochqualifizierten weit weniger als früher vor Arbeitslosigkeit. Auch wenn Personen ohne Bildungsabschluss nach wie vor das höchste Arbeitslosigkeitsrisiko aufweisen, so kann die Inklusion bei der Bildungselite durchaus mit einer (zumindest zeitweiligen) Exklusion auf dem Arbeitsmarkt einher gehen. Aus dem Ausbildungsabschluss allein lässt sich immer weniger auf bestimmte Positionen im Erwerbsleben schließen, und angesichts der sich rasch verändernden Anforderungsprofile am Arbeitsmarkt können sich Kriterien für eine 'erfolgreiche' Erwerbsbiographie im Zeitverlauf unversehens in Bedingungen für eine Aussteuerung aus dem Erwerbsleben verwandeln – eine Erfahrung, die nicht zuletzt die Frühverrenteten und "Überflüssigen" (Bude 1998) der neuen Arbeitsgesellschaft machen.

In dem Maße wie die Grenze zwischen erfolgreichen und gescheiterten Erwerbskarrieren unschärfer und Arbeitslosigkeit zu einer (zumindest zeitweisen) "Normalerfahrung" wird, sinkt andererseits die Wahrscheinlichkeit, dass die Ausgrenzung aus dem Arbeitsmarkt mit einer gleichzeitigen Ausgrenzung aus anderen sozialen und kulturellen Kontexten verknüpft wird. Dass von Arbeitslosen (in nicht selten zynischer Manier) ein verstärktes Engagement im ehrenamtlichen Bereich erwartet wird, ist hierfür zwar nicht unbedingt ein Beleg, zumal die soziale Absicherung bei den überflüssig Gewordenen in den letzten Jahren stetig geringer geworden ist. Aber trotz aller entsprechenden Probleme und Verengungen müssen Arbeitslose nach wie vor nicht mit einem sofortigen Absturz ins soziale Aus rechnen, und solange sie nicht zur Gruppe der Langzeitarbeitslosen gehören, reicht die soziale Absicherung in der Regel auch aus, um die bisherigen sozialen und kulturellen Einbettungen übergangsweise aufrecht zu erhalten.

Aber nicht nur bei der Exklusion, sondern auch bei der Inklusion schwinden Kumulation und Konsistenz, und hier ist die Aufweichung einstiger Grenzen noch sehr viel deutlicher nachweisbar. So ist die Zugehörigkeit zu bestimmten Berufsgruppen und erst recht die Zugehörigkeit zu übergreifenden Einheiten wie Arbeiter, Angestellte oder Beamte nicht mehr unbedingt mit bestimmten Lebensstilen verbunden. Dies nicht nur in dem Sinne, dass das Verhalten außerhalb der Erwerbsarbeit vielfältig und ganz anders sein kann als innerhalb; vielmehr steht auch die sorgsame Abgrenzung unterschiedlicher Lebensbereiche und -praxen in Frage. So waren gepiercte Bankbeamte, Polizisten mit auffallend gefärbten Haaren oder Minister mit Turnschuhen früher kaum denkbar; inzwischen erregen sie (zumindest in großstädtischen Milieus) kaum noch Aufmerksamkeit, und dies macht deutlich, dass auf den ersten Blick sich ausschließende Normalitätsstandards und Lebensmuster sich u.U. überlappen und das Ungleichzeitige gleichzeitig auftreten kann.

Die unübersehbare Entkoppelung von ökonomischer Lage, sozialem Kontext und Lebensstil lässt eine faktische Pluralisierung von Grenzen erkennen, die in dieser Form weder in der Theorie noch in der Praxis der industriegesellschaftlichen Moderne vorgesehen war. So lassen sich die Individuen nicht mehr eindeutig und auf Dauer bestimmten (Groß-)gruppen zuordnen und aus diesen heraus 'erklären'. Sie sind vielmehr in der Lage (und manchmal auch gezwungen), ihre Bezugsgruppen zu wechseln, auszudifferenzieren und/oder zu vervielfältigen. Genau deshalb müssen sie in ihren jeweiligen sozialen Einbettungen und Handlungsmöglichkeiten weit flexibler konzeptualisiert werden. Gemessen an den vergleichsweise groben Kriterien der konventionellen Schichtungsforschung werden traditionelle Standes- und Klassenunterschiede zwar nach wie vor reproduziert. Aber es stellt sich die Frage, welche Relevanz diese Unterschiede in der gesellschaftlichen Praxis noch haben. Dies um so mehr, als sie in der gesellschaftlichen Distinktionspraxis eine eher nachgeordnete Rolle spielen und die biographischen Wahlmöglichkeiten quer durch alle Schichten gewachsen sind.

Verflüssigte Berufsverläufe, 'ungewöhnliche' Karrieren und die schwindende Korrelation von (ökonomischer) Lage und (soziokulturellem) Lebensstil deuten darauf hin, dass die einstmals klar unterscheidbaren, 'typischen' Biographien von Arbeitern, Angestellten und Beamten gleichsam von den Rändern her aufgelöst werden und an Eindeutigkeit und gruppentypischer Unterscheidbarkeit verlieren. Zwar kann man darüber streiten, wie weit die Möglichkeitsspielräume der Lebensgestaltung im Einzelfall reichen – für Mittelschichtskinder sind sie sicherlich höher als für Unterschichtskinder. Aber dies ändert nichts daran, dass die Individuen bei ihren biographischen Entscheidungen nicht mehr ebenso selbstverständlichen wie schichtenspezifisch umfassenden Vorbildern und Traditionen folgen. Denn die vorgegebenen Grenzziehungen und traditionellen Prägungen treten weniger als fraglose Leitlinien und Schranken, sondern eher als *Optionen* in den Blick. Die Umstellung auf Optionen ist dabei nicht nur in der gesellschaftlichen Selbstwahrnehmung, sondern auch für die konkrete Handlungspraxis folgenreich. Insbesondere werden die Individuen hierdurch weit stärker ‚entscheidungsbelastet; sie müssen sich für einen Beruf, einen Lebensstil und ein Beziehungsmuster entscheiden, wobei sie gut beraten sind, wenn sie ihre jeweiligen Entscheidungen reversibel gestalten. Denn unter den Bedingungen sich rasch wandelnder sozialer Verhältnisse ist es problematisch, auf die Dauerhaftigkeit und Unveränderbarkeit sozialer Strukturen und Beziehungen zu setzen.

Ein Ansatz, der auf diese Verflüssigungstendenzen und stärkeren Subjektorientierungen theoretisch reagiert, ist die Netzwerkforschung, die in den letzten Jahren einen erheblichen Aufschwung erfahren hat (vgl. Straus 2002). Im Vergleich zu den klassischen 'festen' Strukturmodellen zeichnen sich Netzwerkmodelle dadurch aus, dass sie die Wirklichkeit flexibler, weniger hierarchisch und stärker aktorzentriert begreifen. Vor diesem Hintergrund lassen sich soziale Netzwerke als organisatorische Muster begreifen, die sich jenseits der Grenzen operationell geschlossener System ausbilden und im Kern mit "boundary management" (Lazega 1992) beschäftigt sind, also mit der Herstellung und Veränderung von Grenzen, aber auch von Verbindungen. Wendet man diese Form der Strukturbildung, wie bei Manuel Castells (1996), auf die Gesellschaft an, so ergibt sich das Bild einer "Network-Society" mit pluralisierten und zugleich verflüssigten Grenzziehungen. Charakteristisch für derartige Netzwerkgesellschaften sind nicht feste Zuordnungen und statische Strukturen, sondern sich verändernde Verbindungen ("Links") und dynamische Strukturationen jenseits von Markt und Hierarchie, die ihrerseits nicht auf Dauer gestellt sind, sondern eine vorüber gehende Gültigkeit haben und sich verändern können.

Das paradigmatische Beispiel für solche Strukturbildungen, an dem sich auch Castells orientiert, ist das Internet, das auf Informationsnetze, sich permanent verändernde Verkoppelungen von Informationszusammenhängen, aber auch auf eine "Persistence and Transformation of Community" (Wellman 2001) verweist. Derartige informationelle Netzstrukturen lassen sich in ihrem sozialen Kern mit den klassischen soziologischen Basiskategorien kaum erfassen. Denn es geht nicht um (dauerhafte) *Ordnung* und *Integration,* sondern um (flexible) *Verbindung* und *Erreichbarkeit.* Dies ist nicht nur ein Kennzeichen des Internet, sondern auch von Netzwerk-Gesellschaften. Im Unterschied zur einfachen ist soziale Ordnung unter den Bedingungen der reflexiven

Moderne immer nur eine Ordnung auf Zeit und bemisst sich an den Möglichkeiten, soziale Verbindungen herzustellen und Erreichbarkeit zu sichern. Soziale Verbindungen legitimieren sich hierbei nicht über gemeinsame, 'feste' Wertemuster im Sinne von Talcott Parsons, sondern ergeben sich aus den Möglichkeiten, Erreichbarkeit herzustellen, Verbindungen flexibel zu sichern und Grenzen situativ deutlich zu machen.

Was der Übergang von den alten Schlüsselkategorien *Ordnung* und *Integration* zu den neuen Stichworten *Verbindung* und *Erreichbarkeit* im Einzelnen bedeutet, ist bislang nur in Ansätzen ausgearbeitet. Einen Aspekt beleuchtet Jeremy Rifkin (2000) mit seiner These, dass sich die Ordnungsstrukturen in der modernisierten Moderne insbesondere unter der Perspektive ihrer traditionellen Arbeits- und Ökonomiefixierung nachhaltig ändern. Während in der einfachen Moderne Ordnung über das Prinzip des *Eigentums* hergestellt wurde, steht dieses Prinzip nach Rifkin in der Internet-Moderne in Frage. Illustrieren lässt sich dies an Beispielen wie dem expandierenden Leasing-Gewerbe oder den Internet-Tauschbörsen, an denen nur teilnehmen kann, wer Zugang zum Internet hat. In beiden Fällen wird die Ordnung des Systems nicht mehr unbedingt über Eigentum garantiert, sondern stellt sich eher über das Prinzip des *Zugangs* her. Wie die (juristisch wichtige) Unterscheidung zwischen Eigentum und Besitz zeigt, sind Relativierungen des Strukturierungsprinzips Eigentum keineswegs neu. Aber unter den Bedingungen der reflexiven Moderne nehmen diese Relativierungen zu, und in dem Maße, wie sich die Verfügbarkeit vom Kriterium des Eigentums weiter abkoppelt, schwindet nicht nur die Bedeutung der Arbeits- und Ökonomiefixierung, sondern zugleich werden die Möglichkeiten der Strukturbildung sowohl vielfältiger als auch ambivalenter.

Mit etwas anderen Akzentuierungen sind Zugang und Verfügbarkeit auch das Thema von John Tomlinson (1999) oder Barry Wellman (2000), die sich mit der Veralltäglichung des Computers und der Durchsetzung der mobilen Kommunikation beschäftigen. Beide beschreiben Zugang und Verfügbarkeit unter der Perspektive der *Erreichbarkeit*, die sich durch den Siegeszug des Mobiltelefons und das Internet dramatisch verändert. So wird Erreichbarkeit durch das Handy potentiell zu einem Dauerzustand, und dies hat Auswirkungen auf soziale Beziehungen und Integration gleichermaßen. Sofern soziale Beziehungen jederzeit hergestellt werden (und das völlig neue Problem entsteht, jederzeit erreichbar sein zu müssen), scheint die traditionelle Integrationsthematik durch das Thema der Verbindbarkeit ("connectivity") abgelöst zu werden. Als Fachbegriff aus der Informatik bezeichnet connectivity ursprünglich sowohl die Fähigkeit zur Vernetzung von Computern als auch die Qualität dieser Verbindung, wobei beide Aspekte zur Herstellung eines integrierten Computernetzwerkes gleichermaßen wichtig sind. Übertragen auf soziale Beziehungen stellt sich Integration somit weniger als ein (normatives) Werteproblem dar, sondern als ein solches der (technischen) Erreichbarkeit. Integriert sind diejenigen, die dauerhaft erreichbar sind (und sich dem Zwang der Erreichbarkeit auch nicht entziehen können). Diejenigen, für die dies nicht gilt, fallen hingegen aus einer Welt, zu der sie keinen Zugang haben und für die sie nicht verfügbar sind.

III Grenzkonflikte zwischen Natur und Gesellschaft

Unser zweites Beispiel bezieht sich auf die kategoriale Erfassung der nicht-sozialen Wirklichkeit. Die Unterscheidung zwischen Natur und Kultur ist für jede Gesellschaft konstitutiv. Sie teilt die Wirklichkeit auf in einen Teil, welcher der menschlichen Verantwortung und Legitimationspflicht entzogen ist ("die Natur") und einen anderen Teil, ("die Welt"), dessen Zustand als Konsequenz menschlichen Handelns betrachtet wird, der begründungs- und verantwortungspflichtig ist ("die Gesellschaft"). Erst in der Moderne wurde diese Grenze zwischen Natur und Gesellschaft mit einer Trennschärfe und Eindeutigkeit gezogen, wie es die neu entstandenen wissenschaftlichen Methoden erlaubten (Latour 1995) und erst dadurch wurde die Natur zu dem entmoralisierten Bereich neutraler Ressourcen, der nach den Maßstäben technischer und ökonomischer Rationalität gestaltet und ausgebeutet werden konnte.

Die Natur-Gesellschafts-Differenz bestimmt in unterschiedlichen Definitionsformen die Außengrenze sozialen Handelns in institutionellen Kontexten (Lau/Keller 2001). Im Bereich der Medizin z.B. bezeichnen die Duale gesund/krank, Leben/Tod, erblich/nichterblich, unterschiedliche Handlungsoptionen und -verpflichtungen gegenüber dem menschlichen Körper. Spätestens seit den 60er Jahren des letzten Jahrhunderts beginnen diese Grenzdefinitionen, die zugleich Handlungsbereiche von einander abgrenzen, unschärfer und mehrdeutiger zu werden. Bedingt durch neue wissenschaftliche Erkenntnisse und neue technische Verfahren entpuppen sich die institutionellen Unterscheidungen häufig als kontingente Setzungen innerhalb eines Kontinuums, die wissenschaftlich nicht aufrechtzuerhalten sind.

Institutionelles Entscheiden, die Zuordnung von Sachverhalten zu Handlungsroutinen, wird dadurch vor große Probleme gestellt. Wenn nicht mehr klar ist, ob ein Patient krank oder gesund, tot oder lebendig, schuldfähig oder nicht-schuldfähig ist, dann entstehen neuartige Probleme der Zurechnung, die gleichwohl entschieden werden müssen. Typischerweise gehen derartige institutionelle Krisen einher mit politisierten Konflikten zwischen unterschiedlichen Akteursgruppen, die ökonomische, wissenschaftliche, professionelle oder ethisch-weltanschauliche Interessen mit neu zu treffenden Grenzziehungen verbinden. Nicht selten verlagert sich die so entstehende Entscheidungskrise auch in andere institutionelle Felder, so etwa im Fall des "genetischen Dopings", bei dem die Unterscheidung zwischen dem natürlichen Körper und dem manipulierten Körper nicht mehr möglich ist und damit das Sportsystem vor nahezu unlösbare Zurechnungsprobleme gestellt wird (Gugutzer 2001). Wie komplex derartige Konfliktfelder sein können, zeigt sich z.B. in der aktuellen Debatte um den Beginn menschlichen Lebens (Viehöver 2003; Enquete-Kommission des Deutschen Bundestages 2002; Habermas 2001).

Die Festlegung des menschlichen Lebensbeginns ist nicht zuletzt deshalb so entscheidend, weil sie die Grundlage der Bestimmung der Rechtsfähigkeit und der Zuschreibung des Personenstatus ist. Je nachdem, wo also der Beginn des menschlichen Lebens angesetzt wird, gilt das Ungeborene als Material für die biologisch-medizinische Forschung bzw. als zu entsorgende Materie oder als schutzwürdiger menschlicher Embryo. Die intensiven Diskussionen über die Zulässigkeit therapeutischen Klonens, die Präimplantationsdiagnostik und die Stammzellentherapie haben gezeigt, dass alle Versuche eine wissenschaftlich begründete, natürliche Grenze objektiv zu bestimmen, zum Scheitern verurteilt sind. Das vorgeburtliche Leben ist ein Kontinuum. Nur nach pragmatischen Kriterien kann hier eine Zäsur vorgenommen werden.

Nun gab es auch früher Konflikte um den Zeitpunkt des Beginns menschlichen Lebens. Diese wurden allerdings noch kaum mit wissenschaftlichen Erkenntnissen, sondern unter Rekurs auf religiöse oder philosophische Argumente ausgetragen. Erst die Verwissenschaftlichung des Problems im Rahmen der Abtreibungsdebatte der 70er Jahre zerstörte die lange geglaubte Illusion einer natürlichen Grenzziehung (Viehöver 2001). Mit anderen Worten, die forcierten Bemühungen, mit wissenschaftlichen Mitteln Gewissheit über den Beginn des menschlichen Lebens (mit allen seinen rechtlichen, biologischen, forschungspolitischen, sozialen Konsequenzen) zu schaffen, führte genau zum Gegenteil: Zu mehr Ungewissheit und schließlich zur Anerkennung der Unmöglichkeit eindeutiger Gewissheit.

Wie geht die Gesetzgebung mit diesem Problem um? Da es eindeutige, objektivierbare Lösungen nicht geben kann, versucht man, verschiedene Prinzipien und Interessen gegeneinander abzuwägen und zu einem "pluralen Kompromiss" zu bringen. Dies wird schon deutlich bei der Abtreibungsgesetzgebung, bei der zwar Abtreibung grundsätzlich verboten ist, unter bestimmten Umständen aber nicht bestraft wird. In ähnlicher Form wiederholt sich diese Lösung beim Stammzellengesetz, das den Schutz menschlichen Lebens gegen das gesellschaftliche Interesse an medizinischem Fortschritt abwägt. Obwohl unterschiedliche Regulierungen der neuen Humantechniken aufgrund der rapiden wissenschaftlich-technischen Entwicklungen ein rasches Verfallsdatum haben und daher endgültige Aussagen schwierig sind, lässt sich eine weitere Tendenz ausmachen (Viehöver 2001): In unterschiedlichen Praxisfeldern (Präimplantationsdiagnostik, Klonen, verbrauchende Embryonenforschung, Schwangerschaftsabbruch) kommt es zu unterschiedlichen Definitionen des Lebensbeginns, ohne dass es noch zu grundlegenden Konflikten zwischen diesen Bereichen käme (bereichsspezifischer Pluralismus). Offen bleibt trotz dieser positiven Anerkennung pluraler Grenzziehungen, wie in künftigen Entscheidungsverfahren die Öffentlichkeit stärker einbezogen werden kann, als dies in bisherigen Entscheidungsprozessen der Fall war (Enquete-Kommission des Deutschen Bundestages, Nationaler Ethikrat).

In gänzlich anderer Weise kann das Problem öffentlicher Partizipation im Falle genmanipulierter Lebensmittel (Genfood) gelöst werden. Hier geht es in den öffentlichen Auseinandersetzungen um die Unterscheidung zwischen natürlichen und "unnatürlichen" pflanzlichen und tierischen Bestandteilen von Lebensmitteln. Den gentechnisch veränderten Pflanzen werden gesundheitliche Risiken zugeschrieben, die sich auf ihren Verzehr, aber auch auf die nicht-intendierten ökologischen Folgen ihrer Freisetzung beziehen. Diese Gefahren sind zu einem großen Teil hypothetisch und wissenschaftlich umstritten. Dennoch herrscht (zumindest in Europa) eine weitgehende Ablehnung von Genfood in der Bevölkerung vor, die durch prinzipielle kulturelle Vorbehalte gegenüber unnatürlichen Lebensmitteln begründet wird.

Anders als in dem oben skizzierten Fall des Lebensbeginns besteht hier allerdings die Möglichkeit, die Konsumenten von Genfood selbst zwischen Genfood und "natürlichen Lebensmitteln" wählen zu lassen. Dies setzt die Kennzeichnung von genetisch manipulierten Nahrungsmitteln voraus, um so die Trennung zwischen manipulierter und nicht-manipulierter Nahrung zu ermöglichen. Unabhängig von Konsens oder Dissens wissenschaftlicher Experten kann über die Kennzeichnung die administrativ verordnete Grenze zwischen Natur und Gesellschaft für die Individuen verhaltenswirksam werden.

Allerdings trifft diese Regelung auf grundsätzliche technische Schwierigkeiten. So kann es beim Transport gentechnisch veränderter Lebensmittel (z.B. Sojamehl) zu Verunreinigungen der gentechnikfreien Stoffe kommen. Ähnliche Vermischungen können durch Pollenflug zwischen benachbarten Feldern entstehen, so dass absolute Freiheit von Verunreinigungen kaum mehr realistisch ist. Bei der europäischen Regulierungsdebatte ging es dementsprechend auch nicht mehr um die völlige Trennung von veränderten und nicht-veränderten Stoffen, sondern lediglich um den erlaubten Prozentsatz der Verunreinigung mit transgenem Pflanzenmaterial. Hier wird die Vermischung faktisch anerkannt und die Problematik der Unterscheidung zwischen Natur und Gesellschaft verwandelt sich in die Problematik von Grenzwerten.

Grenzwerte (Beck 1986) markieren die Grenze zwischen einem gesundheitlich noch zuträglich und einem riskanten Zustand von Natur. Sie unterscheiden damit zwischen einer noch "natürlichen" Natur und einer kontaminierten, verschmutzten, vergifteten Natur. Grenzwerte sind soziale Konstruktionen. Trotz wissenschaftlicher Begründung sind sie nicht zuletzt das Ergebnis politisch-ökonomischer Aushandlungsprozesse und nationaler Sicherheitstraditionen. Dies zeigt sich vor allem auf der internationalen Ebene, die durch große Diversität der jeweiligen Grenzwerte gekennzeichnet ist. Auf dieser Ebene findet auch der Hauptkonflikt um die Aufhebung der Kennzeichnungspflicht statt. Die amerikanische Industrie und die Regierung der USA verfolgen mit Hilfe verschiedener Strategien (Export transgenen Saatguts, Patentierung, Hilfslieferungen in Krisengebiete) das Ziel, die technische Unmöglichkeit der Trennung zwischen manipulierten und nicht-manipulierten Stoffen durchzusetzen.

Allerdings kann die Grenzwertlösung auch in eine weiterführende Krise geraten, nämlich dann, wenn es aus messtechnischen Gründen unmöglich wird, Produkte weiterverarbeiteter transgener Pflanzen von nicht manipulierten Produkten zu unterscheiden. Gegen diese Form der Grenzauflösung lässt sich nur ein lückenloser Herkunftsnachweis ins Feld führen – gleichsam eine historisch-dokumentarische Reinigung der Welt von allen Hybriden und Mischphänomenen. Der Fall transgener Pflanzenzucht ist deshalb besonders instruktiv, weil er zeigt, dass hinter dem institutionellen Zwang zu trennscharfen Natur-Gesellschafts-Unterscheidungen nicht nur praktische Notwendigkeiten, sondern auch grundlegende traditionell geprägte und lebensweltlich verankerte Naturbegriffe stehen können.

Die skizzierten Fälle sind Beispiele für eine Vielzahl höchst unterschiedlicher Phänomene der Entgrenzung gegenüber der inneren Natur (Körper) und der äußeren Natur (Umwelt). Ein wichtiger Bereich von "Grenzkonflikten" bezieht sich z.B. auf die für die Sicherheitslogik der industriegesellschaftlichen Moderne fundamentale Unterscheidung von Risiko (Gesellschaft) und Gefahr (Natur), die immer schwieriger zu treffen ist (Gefahren zweiter Ordnung). Weitere Bereiche betreffen die fundamentale Bestimmung des Menschen als gesellschaftlichem Wesen (z.B. Lebensbeginn) oder die Naturalisierung genuin sozialer Sachverhalte, wie z.B. die Geschlechterordnung oder die Festlegung von Staatsbürgerrechten. Die Debatten um die biologischen Grundlagen der Intelligenz sind hier ebenso zu nennen wie die Medikalisierung sozialer Eigenschaften. Bei nahezu allen wichtigen Umweltkonflikten (wie z.B. die Debatte um den anthropogenen Klimawandel oder die BSE-Krise) stehen Entgrenzungsphänomene und die bislang defizitären institutionellen Reaktionsweisen im Mittelpunkt der Auseinandersetzungen.

Parallel zu dieser Politisierung der Naturabgrenzungen kommt es zu wichtigen Veränderungen der Wissensordnung moderner Gesellschaften (Lau/Böschen 2003). In dem Maße, in dem die Wissenschaft immer weniger in der Lage ist, Uneindeutigkeit der genannten Art in Eindeutigkeit zu überführen und neue Erkenntnisse nicht zu mehr Gewissheit führen, sondern zur Produktion von mehr Nicht-Wissen, beginnt sie ihr Schiedsrichtermonopol zu verlieren. Neben wissenschaftliche Ergebnisse als Grundlage von Grenzentscheidungen treten ethische und pragmatische Kriterien, das Wissen von Laien und partizipatorische Einflüsse. In vielen Fällen erzeugt der wissenschaftliche Erkenntnisfortschritt geradezu die Grenzverwischungen und kognitiven Unsicherheiten, wie etwa im Fall der Pluralisierung von Todeskriterien oder im Hinblick auf die ökologischen Spätfolgen gentechnischer Pflanzenzüchtung.

Auch wenn die Wissenschaft ihre zentrale Rolle im gesellschaftlichen System der Produktion und Bewertung von Wissen nicht verliert (Weingart 2001), kommt es dennoch zur Infragestellung und teilweisen Umverlagerung institutioneller Grenzen. Dies betrifft die Unterscheidungen zwischen wissenschaftlichen und nicht-wissenschaftlichen Wissensproduzenten, zwischen Wissen und Nicht-Wissen, zwischen wissenschaftlichem Wissen und anderen Formen des Wissens, Experten und Laien und schließlich eine fundamental mit der Entstehung der modernen Wissenschaft verbundene Natur-Gesellschafts-Dichotomie, die Unterscheidung von Fakten und Werten. Die sich hier abzeichnenden Entgrenzungen bedeuten keineswegs eine schlichte Aufhebung der Unterschiede zwischen verschiedenen Wissensformen; sie zwingen vielmehr, im Gegenteil, zu Herausbildung neuer Abgrenzungen. Den sich verändernden Strukturen der Naturabgrenzungen in der reflexiven Moderne entsprechen also ebenfalls komplexere Sowohl-als-auch -Strukturen der institutionalisierten Wissensordnung einer sich entwickelnden Wissensgesellschaft.

IV Fragen der empirischen Überprüfung

Wie alle Gesellschaftstheorien ist auch die Theorie der reflexiven Modernisierung eine unabgeschlossene Konzeption, die offene Fragen enthält, empirischer Überprüfungen bedarf und damit rechnen muss, in Teilen oder vielleicht sogar zur Gänze falsifiziert zu werden. Und sie bleibt auch nur so lange seriös, wie sie sich Falsifikationsversuchen aussetzt und empirische Prüfkriterien angibt, anhand derer diskursiv entscheidbar wird, ob eine bestimmte Situation und/oder Sozialformation als "reflexiv" oder eher als "einfach" modern zu charakterisieren ist. Allerdings können derartige Prüfkriterien kaum eindeutig im Sinne der empirisch-analytischen Wissenschaftstheorie sein. Dies bedeutet keineswegs eine Absage an begriffliche Schärfe und definitorische Klarheit. Aber für die Geltungsbegründung reichen die Maßstäbe der konventionellen Forschung und des identifizierenden Denkens nicht aus. So sind die Konzepte der Validität und Reliabilität anders zu fassen (vgl. Flick 1995: 240ff.), und zugleich ist immer mit einer 'doppelten Hypothesenstruktur' zu arbeiten.

'Doppelte Hypothesenstruktur' bedeutet in diesem Zusammenhang, dass angesichts der Ambivalenz der sozialen Wirklichkeit von vornherein mit (mindestens) zwei Lesarten zur gesellschaftlichen Strukturierung gearbeitet wird. Denn sowohl die gesellschaftlichen Strukturierungen als auch die jeweiligen Handlungsmuster sind in der Regel nicht eindeutig, sondern lassen sich doppelt interpretieren: Zum einen aus der Perspektive der 'einfachen' Moderne, deren Eindeutigkeitsorientierungen zwar in Frage stehen, aber keineswegs völlig obsolet sind; zum anderen aus der Perspektive des Konzepts der 'reflexiven' Moderne mit seiner Grunddiagnose der Uneindeutigkeit und des Nicht-Wissens. So sagt die Tatsache, dass jemand in einem instabilen Beschäftigungsverhältnis arbeitet, für sich noch gar nichts aus. Denn die instabile Beschäftigung kann als vorübergehender Zustand oder als Normalfall wahrgenommen werden und sie kann in der Erwerbsbiographie tatsächlich eine Ausnahme bleiben oder auf neue Formen des Arbeitens im Sinne der reflexiven Moderne verweisen. Welche der beiden Lesarten angemessener ist, lässt sich erst nach einer entsprechenden Kontextanalyse und prozessualen Validierung entscheiden, und diese wiederum darf sich nicht nur auf einen Fall beziehen, sondern muss eine hinreichend große Zahl von Vergleichs- und Ergänzungsfällen berücksichtigen.

Ungeachtet dieser interpretatorischen Offenheit weist die Theorie der reflexiven Modernisierung aber auch spezifische Selektivitäten und thematische Fokussierungen auf. Von ihrem Erkenntnisinteresse her interessiert sie sich keineswegs für alle Probleme gesellschaftlicher Entwicklung, sondern vor allem für Phänomene und Prozesse, die den kategorialen Rahmen der einfachen Moderne sprengen und mit deren Konzepten kaum zureichend bewältigt werden können. Wenn sich die Theorie der reflexiven Modernisierung vor allem für Grenzziehungs- und Uneindeutigkeitsprobleme interessiert, so behauptet sie hiermit nicht, dass es unter den Bedingungen der reflexiven Moderne keine Knappheits- und Verteilungsprobleme mehr gibt – im Gegenteil. So zeigen die aktuellen Diskussionen über Renten- und Gesundheitsreform, dass angesichts demographischer Verschiebungen und fehlender Wachstumsimpulse erhebliche "neue" Verteilungsprobleme entstehen, die sich vergleichsweise eindeutig definieren lassen. Zwar können derartige Probleme durch "reflexive" Entwicklungen zusätzlich verschärft werden – dies ist beispielsweise dann der Fall, wenn bei der Gesundheitsreform zugleich über die unscharf gewordene Grenze zwischen "gesund" und "krank" diskutiert wird. Aber hierdurch wird keineswegs der gesamte Problemkomplex zu einem "reflexiven", und Knappheits- und Verteilungsprobleme bleiben auch unter diesen Bedingungen Verteilungsprobleme. Gleichwohl bleibt fest zu halten, dass letztere nicht im Zentrum des Interesses der Theorie reflexiver Modernisierung stehen, die, so gesehen, vielleicht nicht immer die politisch aktuellsten, wohl aber systematisch drängende Probleme behandelt, die wichtig sind, weil sie in der Logik der einfachen Moderne kaum sinnvoll bearbeitet werden können.

Umstritten ist freilich, ob sich die Theorie der reflexiven Modernisierung mit ihrer Konzentration auf Grenzziehungs- und Uneindeutigkeitsprobleme tatsächlich auf Kernfragen der gesellschaftlichen Entwicklung bezieht, und hieran entzünden sich auch die Standardeinwände gegen die Theorie und das Forschungsprogramm. Die verschiedenen Einwände lassen sich letztlich in drei Gruppen unterteilen: Zum einen gibt es jene, die Phänomene reflexiver Modernisierung grundsätzlich bestreiten (z.B. Friedrichs 1998). So wird darauf hingewiesen, dass sich die quantitative Verteilung von Familienformen ebenso wenig geändert habe wie das schichtspezifische Heiratsverhalten und die Mehrheit der Beschäftigten unverändert in Normalarbeitsverhältnissen arbeite, also vollzeitbeschäftigt sei. Auch wenn man sich im Einzelfall insbesondere unter Rekurs auf Panel-Untersuchungen darüber streiten kann, ob diese Behauptungen stimmen, so wird hiermit allerdings weniger die Existenz reflexiver Phänomene in Frage gestellt, sondern eher deren quantitative Verteilung und Bedeutung. Ganz abgesehen davon, dass veränderte Strukturierungsformen nicht erst dann empirisch relevant werden, wenn sie eine bestimmte quantitative Verbreitung erreicht haben, so hat die Theorie reflexiver Modernisierung freilich weder behauptet, dass nur noch eine Minderheit vollzeitbeschäftigt sei noch, dass sich die Beziehungsform "Familie" noch, dass sich die Beziehungsform "Familie" schlicht auflöse. Behauptet wird vielmehr, dass die klassische Familienform in Gestalt der monogamen Kleinfamilie nur eine von verschiedenen Varianten ist (die inzwischen auch gesellschaftlich mehr oder weniger anerkannt sind), und dass hier die Wahlmöglichkeiten innerhalb der einzelnen Biographien zugenommen haben. Ebenso wird eine Zunahme der Wahlmöglichkeiten bei den Arbeitsformen behauptet, die weit differenzierter als mit der klassischen Zweiteilung "Vollzeit/Teilzeit" zu beschreiben sind, und dies lässt sich unter empirischen Gesichtspunkten ebenso wenig bestreiten, wie die Tatsache, dass die Vervielfältigung der Formen und die Praxis eines "Sowohl-als-auch" eine wachsende Rolle spielt.

Genau umgekehrt akzentuiert ist demgegenüber der Einwand, dass Phänomene der Uneindeutigkeit und Entgrenzung keineswegs neu seien, sondern dass es sie in modernen Gesellschaften schon immer gegeben habe. Sie seien letztlich ein konstitutiver Bestandteil der Moderne, weshalb die Orientierungen am Prinzip des "Entweder-Oder" und die darauf bezogenen Eindeutigkeitsfixierungen eher auf ideologische Selbstmissverständnisse verweisen. Zwar hat die Theorie reflexiver Modernisierung hier manchmal insofern Anlass zu Missverständnissen gegeben, als sie in ihren frühen Fassungen den Strukturwandel der Moderne vor allem unter der Perspektive der Entwicklungen in der zweiten Hälfte des 20. Jahrhunderts beschrieb. Aber ungeachtet dementsprechender zeitlicher Verkürzungen trifft der Hinweis auf die konstitutive Ambivalenz der Moderne nicht wirklich. Denn die Ambivalenz und Uneindeutigkeit, die in der Tat schon im 18. Jahrhundert zu beobachten ist und in der Frühromantik erstmals systematisch zum Thema gemacht wurde, erschien in der gesellschaftlichen Selbstthematisierung lange Zeit als ein Ärgernis, das es zu beseitigen galt (vgl. Bauman 1992). Dass Uneindeutigkeiten *anerkannt* und in breitenwirksamer Form zur Grundlage des eigenen Handeln werden, ist demgegenüber ein vergleichsweise neues Phänomen, das erst in der zweiten Hälfte des 20. Jahrhunderts an Bedeutung gewinnt.

Fraglich bleibt allerdings, wie diese Akzentverschiebung zu interpretieren ist, und dies leitet über zum dritten Standardeinwand. Ergibt sich aus den Grenzverschiebungen und Uneindeutigkeiten tatsächlich die Notwendigkeit, die Logik des "Entweder-Oder" zu verlassen und zur Logik des "Sowohl-als-auch" über zu gehen? Oder verweisen sie eher auf vorübergehende kognitive und/oder institutionelle Krisen und damit auf Übergangsprobleme, die letztlich an der Durchsetzung der Logik des "Entweder-Oder" nichts ändern werden? Dies ist eine vorab nicht entscheidbare Frage, die empirische Forschungen unter kognitiven wie institutionellen Gesichtspunkten notwendig macht. Aus der Perspektive der Theorie reflexiver Modernisierung ergibt sich hier jedoch eine eindeutige These. Auch wenn die Modernen des 21. Jahrhunderts mit Knappheits- und Risikoproblemen gleichermaßen zu kämpfen haben wird, so bleibt festzustellen, dass in vielen Fällen Verteilungsfragen durch Uneindeutigkeiten verändert werden und die Logik des "Entweder-Oder" nicht nur ausdifferenziert, sondern zugleich unterlaufen wird. Darüber hinaus scheint die Erfahrung von Pluralisierungen die Legitimation der Eindeutigkeit irreversibel zu schädigen und entsprechende diskursive Sperrklinkeneffekte zu erzeugen. Denn die Erfahrung, dass es viele Möglichkeiten des Arbeitens und Zusammenlebens gibt und Abgrenzungen nicht unveränderlich sind, sondern sich perspektivisch verändern und anders entschieden werden können, hat zur Folge, dass Lebensformen und Probleme nicht mehr unter Perspektiven der Herstellung sachlicher Eindeutigkeit gesehen werden, sondern normativ und politisch definiert und beurteilt werden und offensichtlich auch gar nicht anders begriffen werden können.

Literatur:

Bauman, Z., Moderne und Ambivalenz. Das Ende der Eindeutigkeit, Hamburg 1992.
Bauman, Z., Flüchtige Moderne, Frankfurt 2003.
Beck, U., Risikogesellschaft, Frankfurt a.M. 1986.
Beck, U., Macht und Gegenmacht im globalen Zeitalter, Frankfurt a.M. 2002.
Beck, U./Bonß, W. (Hrsg.), Die Modernisierung der Moderne, Frankfurt a.M. 2002.
Beck, U./Lau, Ch. (Hrsg.), Entgrenzung und Entscheidung, Frankfurt a.M. 2003.
Bonß, W./Hohl, J./Jakob, A., Die Konstruktion von Sicherheit in der reflexiven Moderne, in: Beck, U./Bonß, W. (Hrsg.), Die Modernisierung der Moderne, Frankfurt a.M. 2001, S. 147-160.
Bonß, W./Esser, F./Hohl, J./Pelizäus-Hoffmeister, H./Zinn, J., Biographische Sicherheit – Perspektiven und Fragmente, in: Beck, U./Lau, Ch. (Hrsg.), Entgrenzung und Entscheidung, Frankfurt a.M. 2003.
Bude, H., Die Überflüssigen als transversale Kategorie, in: Berger, P./Vester, M. (Hrsg.), Alte Ungleichheiten / Neue Spaltungen, Opladen 1998, S. 363-382.
Castells, M., The Rise of the Network-Society, Malden/Oxford 1996.
Dahrendorf, R., Im Entschwinden der Arbeitsgesellschaft, in: Merkur, Jg. 34, 1980, S. 794-803.
Durkheim, E., Über soziale Arbeitsteilung. Studie über die Organisation höherer Gesellschaften. Mit einer Einleitung von Niklas Luhmann und einem Nachwort von Michael Schmid, Frankfurt a.M. 1992.
Enquete-Kommission des Deutschen Bundestages "Recht und Ethik in der modernen Medizin", Abschlußbericht, Berlin 2002 (BT-Drs.14/9020).
Flick, U., Qualitative Forschung, Reinbek 1995.
Friedrichs, J. (Hrsg.), Die Individualisierungsthese, Opladen 1998.
Gorz, A., Kritik der ökonomischen Vernunft. Sinnfragen am Ende der Arbeitsgesellschaft, Berlin 1989.
Gugutzer, R., Die Fiktion des Natürlichen. Sportdoping in der reflexiven Moderne, in: Soziale Welt, H.2, 2001, S. 219-238.
Habermas, J., Die Zukunft der menschlichen Natur, Frankfurt a.M. 2001.
Latour, B., Wir sind nie modern gewesen, Berlin 1995.
Lau, C./Böschen, S., Wissensgesellschaft und reflexive Modernisierung, in: Böschen, S./ Schulz-Schaeffer (Hrsg.), Theorien der Wissensgesellschaft, Opladen 2003.
Lau, C./Keller, R., Vergesellschaftung oder Naturalisierung – Grenzkonflikte zwischen Natur und Gesellschaft, in: Beck, U./Bonß, W. (Hrsg), Die Modernisierung der Moderne, Frankfurt 2001, S. 82-95.
Lazega, E., The Micropolitics of Knowledge: Communication and Indirect Control in Workgroups, New York 1992.
Levy, D./Sznaider, N., Erinnerung im globalen Zeitalter. Der Holocaust, Frankfurt 2001.
Merton, R., Sozialstruktur und Anomie (1957), in: Meja, V/Stehr, N. (Hrsg.), Soziologische Theorie und soziale Struktur, Berlin 1995, S. 127-186.

Reich, R. B., The Future of Success. Wie wir morgen arbeiten werden, München/Zürich 2002.

Rifkin, J., Access – Das Verschwinden des Eigentums, Frankfurt 2000.

Schroer, M., Die im Dunkeln sieht man doch. Inklusion, Exklusion und die Entdeckung der Überflüssigen, in: Mittelweg 36, 5/2001, S. 33-46.

Sennett, R., Der flexible Mensch. Die Kultur des neuen Kapitalismus, Berlin 1998.

Stichweh, R., Inklusion/Exklusion, funktionale Differenzierung und die Theorie der Weltgesellschaft, in: Soziale Systeme 3, 1997, S. 123-136.

Straus, F., Netzwerkanalysen. Gemeindepsychologische Perspektiven für Forschung und Praxis, Wiesbaden 2002.

Therborn, G., Routes to/through modernity, in: Featherstone, M./Lash, S./Robertson, R. (Eds.), Global Modernities, London 1995, S. 124-139.

Tomlinson, J., Globalization and Culture, Cambridge 1999.

Viehöver, W., Der Fötus als Trickster, Augsburg 2001, unveröffentlichtes Manuskript.

Viehöver, W., Die Stammzelle als Totem der post-säkularen Moderne und die gesellschaftliche Re-Definition des Lebensbeginns, Arbeitspapier, Augsburg 2003.

Wehling, P., Jenseits des Wissens? Wissenschaftliches Nicht-Wissen aus soziologischer Perspektive, in: Zeitschrift für Soziologie 30, 2001, S. 465-484.

Weingart, P., Die Stunde der Wahrheit? Weilerswist 2001.

Wellman, B., Changing Connectivity: A Future History of Y2.03K, Sociological Research Online, 4 (4), 2000 (= http://www.socresonline.org.uk/4/4/wellman.html).

Wellman, B., The Persistence and Transformation of Community: From Neighbourhood Groups to Social Networks. Report to the Law Commission of Canada, Toronto 2001 (= http://www.chass.utoronto.ca/~wellman/publications/lawcomm/lawcomm7.htm).

Selbstreflexion als wissenschaftliche Urteilskraft, Reflexivität als soziales Potential.
Notizen zu Ansätzen kritischer Theorie[1]

Regina Becker-Schmidt

1. Fragestellung

In seinem Buch "Macht und Gegenmacht im globalen Zeitalter. Neue weltpolitische Ökonomie" macht Ulrich Beck einen gewagten Schritt: Er läutet eine "Neue Kritische Theorie" in kosmopolitischer Absicht ein. (Beck 2003: 19) Hat man seine ideen- und facettenreiche Schrift gelesen, so fragt man sich, über welche alte Kritische Theorie er hinaus will. Auf Jürgen Habermas bezieht er sich des öfteren, aber auf die Frankfurter Schule – sprich: auf Theodor W. Adorno und Max Horkheimer – nur ein einziges Mal, und zwar in einer Fußnote. Und da ist zu lesen: "Die Auseinandersetzung mit den Autoren der Kritischen Theorie ist ein eigenes Unternehmen, das hier nicht geleistet werden kann und will." (Beck 2003: 405) Das ist zunächst einmal legitim, da es Beck in dem zitierten Werk um eine Thematik geht, die von den Begründern der Kritischen Theorie explizit nicht behandelt worden ist: Globalisierung. Und dennoch ist für Adorno und Horkheimer ein Begriff zentral, auf den sich auch Beck in seinen Analysen der ersten wie der zweiten Moderne, die er als globales Zeitalter begreift, immer aufs Neue beruft: Es ist "Reflexivität".

Wenn Beck im Ernst das Erbe der Kritischen Theorie antreten will, dann kann das nicht nur bedeuten, neue Themen in Angriff zu nehmen. Das tut Beck in einer produktiven Weise, wie man das nur von wenigen anderen in der deutschen Soziologe der Gegenwart sagen kann. Und von diesem Verdienst soll auch kein Jota abgestrichen werden. Adorno und Horkheimer nahmen sicherlich nicht alle Dimensionen gesellschaftlicher Entwicklung zur Kenntnis, die sich schon zu ihrer Zeit als Tendenzen abzeichneten: die zunehmende Überformung von Gesellschaft und Wissenschaft durch Technologie, die Informatisierung der sozialen Welt, die postmoderne Infragestellung von "Subjekt" und "Objekt" sowie der großen Erzählungen über Geschichtsverläufe, die Umzentrierung von kulturellen, politischen und ökonomischen Kräftefeldern jenseits der westlichen Hemisphäre und neue soziale Bewegungen. Und wo sie die Verschränkung von Politik, Wirtschaft, Wissenschaft und Technik wahrnahmen, warfen sie in manchen Fällen auf solche Zusammenhänge eher Schlaglichter, als dass sie ausgeführte Analysen vorgelegt hätten. Insofern hat Beck recht, wenn er nach sozialwissenschaftlichen Ansätzen sucht, die gesellschaftlichen Veränderungen in zeitgemäßerer Weise Rechnung tragen und auch aktuelle, noch offene Prozesse in den Blick nehmen. Und dennoch setzten Horkheimer und Adorno erkenntnistheoretische und methodische Maßstäbe für Gesellschaftskritik und wissenschaftliche Selbstkritik, an denen abzuarbeiten sich meiner Meinung nach auch heute noch lohnt. Reflexivität in dieser doppelten Bedeutung wurde nach dem Faschismus für sie zu einem kategorischen Imperativ, und an diesem Impera-

1   Ich danke Dietmar Becker für seine Anregungen in den vielen Diskussionen während der Entstehung dieses Textes und Gudrun Axeli Knapp für die sorgfältige Durchsicht seiner Endfassung und ihre produktiven Korrekturvorschläge.

tiv muss Beck sich messen lassen, ehe er sich legitimer Weise das große "K" verleihen kann. Dabei ist auch umgekehrt zu beachten: es gilt in die Kritische Theorie aufzunehmen, wo Beck über die Frankfurter Schule hinausgeht.

In der vergleichenden Betrachtung zwischen dem Reflexionsbegriff der Frankfurter Schule und Becks Theorie der reflexiven Modernisierung werde ich in zwei Schritten vorgehen. Ich werde zunächst die Position von Adorno und Horkheimer nachzeichnen und mich dann Becks Vorstellungen von der zweiten Moderne zuwenden. Schon in seinem Buch "Risikogesellschaft. Auf dem Weg in eine andere Gesellschaft" von 1986 nimmt er für sich in Anspruch, nicht einfach das Schreckenspanorama einer sich selbst gefährdenden Zivilisation nachzuzeichnen, sondern die Risiken des Fortschritts, die zu leugnen seiner Meinung nach zynisch wäre, soziologisch zu begreifen und einschätzbar zu machen. Der gleiche Impuls liegt seiner aktuellen Problemstellung zugrunde, die danach fragt, was Globalisierung bedeutet. Ich möchte in einer eher methodischen als ausführlich-inhaltlichen Beschäftigung mit beiden Thematiken herausfinden, was Reflexivität bei Beck im Kontrast zu /in Übereinstimmung mit den Begründern der Kritischen Theorie meint. Drei Aspekte sollen dabei im Zentrum der Auseinandersetzung stehen, die nur analytisch, aber nicht der Sache nach von einander zu trennen sind: Zum ersten soll es um die subjekttheoretische Dimension von Reflexivität gehen, die alle betrifft, die gesellschaftlichen Veränderungen unterworfen sind. Denn ob eine Gesellschaft reflexiv ist, d. h. ob die in ihr steckenden Krisen und Konfliktherde erkannt und angegangen werden können, hängt von der Urteilskraft derer ab, die in ihr denken und handeln. In sofern stehen Reflexivität und Selbstreflexivität in einem Verweisungszusammenhang. Zum zweiten ist nach der Reichweite von Sozialkritik zu fragen, die sich aus dem wissenschaftlichen Anspruch auf Diagnosefähigkeit ergibt. Und zum dritten steht die historische Tiefenschärfe von Analysen zur Debatte; denn ohne kritisches Geschichtsbewusstsein bleiben Zeit-Diagnosen blind im Rückbezug auf Vergangenheit und im Vorgriff auf Zukunft. Wie Horkheimer und Adorno so verpflichtet sich auch Beck auf einen kategorischen Imperativ im Umgang mit Wissen. Nachdem er Brechts Ausspruch zitiert hat, dass im 20. Jahrhundert ein Gedicht zu einem Verbrechen geworden sei, weil es ein Schweigen über so viele Untaten einschließe, betont er, dass nach dieser Epoche auch für die Forschung "der böse, wütende, grundsätzlich falsche Satz: «Wer Menschheit sagt, will betrügen», zur methodischen Leitfrage nach den unbeabsichtigten Nebenfolgen des kosmopolitischen Regimes vor seiner Verwirklichung gemacht werden" muss. (Beck 2003: 407)

Alle Fragen werden – angesichts androhzentrischer Verzerrungen in Wissenschaft und Gesellschaft – aus einer feministischen Perspektive gestellt, die nicht auf das Gebiet "Geschlechterforschung" zu beschränken ist.

2. Selbstreflexivität als kategorischer Imperativ bei Horkheimer und Adorno

Der Nationalsozialismus mit seiner blinden Zerstörungswut, die vor Völkermord und kriegerischer Massenvernichtung nicht halt machte, war für Horkheimer und Adorno kein Zivilisationsbruch im Sinne eines singulären Ereignisses, dem sich nach dem Untergang des manifesten Faschismus mit einem glatten Neuanfang begegnen ließe. Er war für sie ein Kulminationspunkt in der Zerfallsgeschichte der bürgerlichen Gesellschaft, die eine historische Vorzeit hat und deren Ende nicht abzusehen ist, solange die weit zurückliegenden Verstrickungen im Dunkel bleiben, welche die Durchsetzung liberaler Gesellschaftskonzepte immer wieder behinderten. Auf den Antisemitismus als Signum des antidemokratischen, menschenfeindlichen Schreckens bezogen, schreiben sie:"Wenn einem der Zivilisation so tief innewohnenden Leiden sein Recht auf Erkenntnis nicht wird, vermag es auch der einzelne in der Erkenntnis nicht zu beschwichtigen, wäre er auch so gutwillig wie nur das Opfer selbst." (Horkheimer/Adorno 1947: 202). Was also Not tut, ist Aufklärung. Aber an das Selbstbewusstsein der bürgerlichen Vernunft lässt sich nicht mehr naiv anknüpfen. In deren Fortschrittsgläubigkeit und in deren Praktiken der Naturbeherrschung, die Herrschaft von Menschen über Menschen einschließt, waren immer schon undurchschaute Keime von Destruktivität und Momente wahnhafter Projektion eingeschrieben. (Horkheimer/Adorno 1947: 213) Nur eine unnachgiebige kritische Reflexion von Aufklärungsschüben, in denen emanzipatorische Impulse durch blinden Instrumentalismus gebrochen wurden, könnte den Weg zu einer Auseinandersetzung mit dem dritten Reich, seiner Vorgeschichte und seiner Nachhaltigkeit bahnen. Das ist der Hintergrund für die Anstrengung der beiden Sozialphilosophen, eine selbstreflexive Wissenschaft und Forschung im Deutschland der Nachkriegszeit aufzubauen. Sie sollte Forschungsmaterialien erarbeiten und damit Einsichten zur Verfügung stellen, die helfen konnten, eine Erziehung zur Mündigkeit anzuleiten.

Im Lehr- und Forschungsprogramm der Frankfurter Schule um 1950 und danach hatte Selbstreflexivität vor allem drei Adressaten: zum einen die Bevölkerung, die in ihrem Alltag durch angepasstes oder eigenständiges Verhalten das soziale Klima in einer Gesellschaft und damit auch die eigenen Lebensbedingungen mit zu verantworten hat. Da Irrationalität in den sozialen Verhältnissen und deren ideologisch-affirmative Begründung durch die herrschenden Eliten schwer zu durchschauen sind, bedarf die Bevölkerung einer Öffentlichkeit, die der Meinungsmanipulation im Sinne von Machtinteressen entgegenwirkt. Von der Möglichkeit, Einsicht in problematische gesellschaftliche Konstellationen und deren Entstehung zu gewinnen, hängt die Chance ab, ob die Bevölkerung an der Organisation sozial verträglicher Verhältnisse mit Bewusstsein und Urteilsfähigkeit teilhaben kann oder nicht. Zum zweiten ist es Sache der Intellektuellen und Wissenschaftler, vorurteilsfrei und unparteilich Anteilnahme an den gesellschaftlichen Entwicklungen zu nehmen. Dabei gilt es nicht nur, nach objektiv-rationalen Kriterien für deren Beurteilung zu suchen, sondern sich auch mit der eigenen Anfälligkeit für Konformismus und Korrumpierbarkeit selbstkritisch auseinander zu setzen. Erst unter dieser Voraussetzung können Intellektuelle etwas zu einer aufklärenden Meinungsbildung beitragen. Vor allem von Sozialwissenschaftlern und Philosophen, die von ihrer akademischen Position her zur Objektivierung von persönlichen Sichtweisen und eigennützigen sozialen Optionen verpflichtet sind, ist eigentlich eine solche Haltung zu erwarten. Horkheimer und Adorno wussten jedoch, dass nach der weitreichenden Eingliederung der deutschen Wissenschaft in den Nationalsozialismus darauf kein Verlass sein konnte. Auch die Wissenschaftler würden eine Erziehung zur Mündigkeit brauchen. Ausbildung und Forschung sollten Diskussionen stimulieren und Sachkenntnisse befördern, die zum vorurteilsfreien Umgang mit alten und neuen gesellschaftlichen Problemlagen notwendig sind. Bei Alex Demirovic ist nachzulesen:"Objektivierung ist – und Horkheimer greift mit diesem Argument implizit auf die *Dialektik der Aufklärung* zurück – eine intellektuelle, historisch gebotene Aktivität des Abstandnehmens, die ein emanzipatorisches Potential entfaltet, wenn sie begreift, dass sie als Erkenntnis ein Moment der erkannten Gesellschaft ist." (Demirovic 1999: 373)

Es gibt einen dritten Adressaten – aber bei dem ist am wenigsten mit einer Rückbesinnung zu rechnen, in der Intentionen, Denkformen, Zwecke und Folgen des eigenen Handelns auf ihre gesellschaftliche Verantwortbarkeit und Verträglichkeit hin überprüft würden. Es sind die Machteliten, die an ihren Herrschaftspositionen festhalten wollen, um weiterhin Einfluss auf politische, ökonomische und soziokulturelle Entwicklungen zu ihren Gunsten nehmen zu können.

Unter der stillschweigenden Prämisse der Machteliten (und auch breiter Kreise der Bevölkerung), der wirtschaftliche Aufschwung in der BRD hinge davon ab, so weiter zu machen wie vor dem Faschismus, nur mit ausgefeilteren ökonomischen und wissenschaftlich-technischen Mitteln, wurden im Nachkriegsdeutschland die in Gang gesetzten Entwicklungsprozesse in einer Weise als alternativlose Notwendigkeiten proklamiert, als gälte es, eherne Naturgesetze zu befolgen. Gesellschaft etablierte sich weiterhin als "zweite Natur", die man in ihrer Struktur und Organisation als gegeben hinzunehmen hat. (Adorno 1966: 345f.) Diese Mystifikation aufzubrechen, ist Intention "kritischer Theorie". (Adorno 1966: 195) Sie muss die ganze gesellschaftliche Sphäre, in der sie sich bewegt, negieren und doch immanent zeigen, wie sie geschichtlich in der Entfaltung von Rationalität und Ichprinzip so geworden ist, wie sie in Erscheinung tritt. Das geht nur, wenn die herrschenden Verhältnisse nicht harmonisiert, sondern im Medium negativer Dialektik durchsichtig gemacht werden. Deren Diagnosen können darum nicht unmittelbar positiv sein, sondern im besten Falle widersprüchlich. Und wenn nach Veränderungsmöglichkeiten Ausschau gehalten wird, dann ist gleichzeitig das, was Alternativen im Wege steht, beim Namen zu nennen.

Dem Ziel, durch Aufklärung individuelle Selbstbestimmung und die politische Partizipation der Bevölkerung an der Gestaltung sozialer Entwicklungen zu unterstützen, stehen Anpassungszwänge im Weg. Die Menschen sind so eingespannt in die Wechselfälle des unkalkulierbaren Arbeitsmarktes, so voll beschäftigt damit herauszufinden, was zu tun ihnen die Institutionen der Bürokratie und Kulturindustrie vorgeben, dass die einzelnen gar nicht mehr dazu kommen, sich Entscheidungen "in einer schmerzhaften inneren Dialektik von Gewissen, Selbsterhaltung und Trieben abzuringen." (Horkheimer/Adorno 1947: 239) Die Individuen drohen in der "verwalteten Welt" mehr und mehr zu bloßen "Verkehrsknotenpunkten der Tendenzen des Allgemeinen" gemacht zu werden. (Horkheimer/Adorno 1947: 184) Den Autoren der Dialektik der Aufklärung geht es um die Wechselverhältnisse zwischen gesellschaftlichen Verhaltensnormierungen und der psychischen Strukturierung der ihnen ausgesetzten Einzelnen. Bleiben Spielräume für Eigensinn und Widerstand, oder werden die Chancen für Selbstbestimmung unter Anpassungsdruck weitgehend aufgesogen? Nach einer solchen Dialektik von innerer und äußerer Vergesellschaftung ist auch bei Beck zu fragen; denn Individualisierung erscheint bei ihm als (selbst)reflexive Form der Eingliederung der Einzelnen ins Soziale.

Wissenschaft ist in ihrer Möglichkeit, sich selbst zum Gegenstand der Reflexion zu machen, nicht nur von außen, von ihren Verwendungszusammenhängen her bedroht, sondern auch immanent. Sie ist auf Sprache und Begrifflichkeit angewiesen, die Selbstreflexivität sowohl zu stimulieren als auch zu blockieren vermögen. In Sprache und Begrifflichkeit kann etwas in vermittelter Weise zum Ausdruck kommen, aber gleichzeitig können Rhetoriken auch Ideologisches und Fiktionales als unverfälschte Wirklichkeit ausgeben. Deshalb ist Erkenntnis vom Medium ihrer Vermittlung nicht abzulösen. Selbstreflexivität wird durch einen blinden Flecken im Erkenntnisprozess gestört, der etwas mit dem konstruktiven Charakter von Begriffen zu tun hat. Das Subjekt leitet sein Philosophieren mit einem Denkakt ein, indem es sich mit Hilfe eines kategorialen Konstrukts einen ersten Zugang zu seinem Untersuchungsgegenstand verschafft. Adorno kennzeichnet in der *Negativen Dialektik* diese Art der Objektivation, die nicht in erster Linie auf Sachhaltigkeit beruht, sondern auf einer subjektiven Setzung, als idealistisches Moment. Es steckt notwendigerweise in jedem Begriff und verzerrt den Blick auf Subjekt-Objekt-Verhältnisse, solange dieser spezifische subjektiv-apriorische Zugriff aufs Objekts nicht transparent gemacht wird. Das sei näher erläutert. Das Erkenntnissubjekt kreiert aus sich heraus Kategorien, um sich einen Zugang zu einem Phänomen zu eröffnen, das "auf den Begriff gebracht" werden soll. Das denkende Subjekt muss mit einer solchen kategorialen Setzung anfangen, weil es das, was es erforschen will, in seiner aus Einzelelementen zusammengesetzten Totalität noch nicht kennen kann. Was als erste Konkretion erscheint, ist noch ganz abstrakt, weil sie keinen Kontext hat. Der wird erst durch alle anderen Elemente gestiftet, die ebenfalls zum Begriff der Sache gehören. Im Zuge der vorgängigen Hilfskonstruktion schafft sich das Erkenntnissubjekt ein positives Gegenüber. Positiv ist dieses Gegenüber insofern, als es qua Setzung *bestimmt* ist. Diese Bestimmung ist jedoch in Frage zu stellen, d.h. zu negieren, sobald sich ihr Stellenwert durch die anderen, neu dazukommenden Elemente verändert. Adorno schreibt: " Kein Positives ist in der Philosophie zu erlangen, das mit ihrer Konstruktion identisch wäre. Im Prozess von Entmythologisierung muss Positives negiert werden, bis in die instrumentelle Vernunft hinein, welche Entmythologisierung besorgt." (Adorno 1966: 146) "Positives negieren" heißt bei Adorno nicht nur, die anfängliche Setzung durch Weiterungen zu differenzieren und damit auch zu relativieren. Es meint darüber hinaus, die subjektive Willkür im apriorischen Denkakt zurückzunehmen. Begriffliche Konstruktionen überschreiten ihren idealistischen Bannkreis nur, wenn im Nachvollzug ihrer Genese eingeholt wird, wovon in ihrem Entstehungsprozess abgesehen wurde. In diesem Sinne sind Genesis und Geltung von Wissen rückbezüglich. Erst in der Entfaltung der Denkfigur zum Inbegriff aller ihr zugehörigen Einzelmomente lässt sich demonstrieren, was an ihr ungenügend oder widersprüchlich ist und was abgespalten wurde. Das gilt insbesondere für identitätslogische Konstruktionen: "Die Identität ist das vom Subjekt gesetzte, insofern von außen herangebrachte. Sie immanent zu kritisieren heißt darum, paradox genug, sie von außen kritisieren. Das Subjekt muss am Nicht-Identischen wieder gutmachen, was es daran verübt hat. Dadurch wird es frei vom Schein seines absoluten Ansichseins. Er seinerseits ist Produkt des identifizierenden Denkens, das, je mehr es eine Sache zum bloßen Exempel seiner Art oder Gattung entwertet, desto mehr wähnt, es als solches ohne subjektiven Zusatz zu haben." (Adorno 1966: 147)

An dieser Einsicht Adornos, die Identitätsdenken als Deckbild herrschender Dichotomien entziffert, ist nicht nur Philosophie, sondern jede Wissenschaft zu messen, die sich Polarisierungen wie Subjekt/Objekt, Geist/Körper, Natur/Kultur, Individuum/ Gesellschaft, Besonderes/Allgemeinem bedient. (Adorno 1969: 160) Für Adorno ist Identitätslogik nicht nur eine wissenschaftliche Denkform, die Dinge auf das ihnen Gemeinsame reduziert und alles Besondere von ihnen abzieht, indem sie Zusammengesetztes und Heterologes auf einen Nenner bringt. Vor allem in den Sozialwissenschaften geht sie als Mittel, soziale Ungleichheit auszublenden, in gesellschaftliche Praxis ein. Erkenntnis, die sich über ihre Genese und Geltung Rechenschaft ablegt, ist "ein Moment der erkannten Gesellschaft." Aus dieser Prämisse zieht Adorno den folgenden Schluss: Erkenntniskritik legt die objektiven und subjektiven Grundlagen und die sozialen Folgen von problematischen Denkformen offen und ist insofern Gesellschaftskritik. Und umgekehrt ist Kritik an der Gesellschaft Erkenntniskritik, weil sie die konstitutive Bedeutung von verzerrten Bewusstseinsformen für verkehrte soziale Verhältnisse zu Tage fördert. (Adorno 1969: 158) Diese sozialphilosophische Erkenntnis ist die Leitidee für das Verständnis wissenschaftlicher Selbstreflexivität in der Kritischen Theorie.

Feministische Erkenntnistheorie hat hier weitergedacht. Nicht nur, weil sie die Kette der Dichotomien um die hierarchisierte Polarisierung von "Frausein" und "Mannsein" erweitert und damit das Phänomen der Frauendiskriminierung in den Blick gerückt hat. Sie setzt auch subjekttheoretisch einen Akzent, der über die Kritische Theorie hinausgeht. Die Herrschaftslogik, die Adorno an der instrumentellen Rationalität eines identitätslogischen Denkens festmacht, hat ein Subjekt, das markiert ist: durch Geschlechtszugehörigkeit, Ethnizität und Klassenstatus. (Haraway 1995) Zur Selbstreflexivität in der Wissenschaft gehört also die Berücksichtigung, dass solche Markierungen Denkprozesse verzerren. Besonders in den Schriften von Donna Haraway wird Wissenskritik unter diesem Aspekt zur Kritik von androhzentrischer Macht. (Haraway 1995) Eine sich selbst bewusste Wissenschaft, die nicht nur nach ihrer Verwertbarkeit auf dem Markt fragt, reflektiert die wissenschaftsimmanenten epistemologischen Problematiken in der Wahrheitsfindung ebenso wie die Organisationsformen, Ziele und sozialen Folgen ihrer Theorie und Empirie. Beides ist integraler Bestandteil wissenschaftlicher Metatheorie. An diesen Positionen wird Beck in seinen Selbstansprüchen zu messen sein.

Zum Programm des Frankfurter Instituts für Sozialforschung unter der Leitung von Horkheimer und später auch Adorno gehörte unabdingbar die Analyse von Geschichtsprozessen. Ohne ein kritisches Geschichtsbewusstsein war nach ihrer Einschätzung die Gefahr der Perpetuierung von Herrschaft oder gar die Wiederkehr barbarischer Zustände inmitten zivilisatorischer Verhältnisse nicht zu bannen. Und auch in dieser Perspektive waren sie sich darüber einig, dass sich nach dem Nationalsozialismus an keine Position der europäischen Aufklärung mehr naiv anknüpfen ließ. Unmittelbar Positives gab es aus dem Schutthaufen des zweiten Weltkrieges nicht herauszuklauben. Wer etwas aus der Vergangenheit ausgraben will, muss alle Schichten im Gedächtnis behalten, die auf der Suche nach Verschüttetem zu durchstoßen sind. (Benjamin 1981: 400) Und wenn der Ausgräber etwas findet, so sind es Fragmente, die nicht Auskunft geben über ihre ehemalige Gestalt, sondern über die Wucht der Zerstörung und die Last des Vergessens, die sich in den Überlagerungen ausdrücken, welche den Torso verbergen. An Torsi heften sich – davon hat Rilke gewusst – Imaginationen von Erneuerung. (Rilke 1982: 313) Aber solche Hoffnungen in die Gegenwärtigkeit einbringen zu können würde heißen, genau die Stellen in den aktuellen Konstellationen zu finden, die als passfähig gelten könnten.

Selbstreflexivität als kritisches Geschichtsbewusstsein sollte den Blick dafür schärfen, wo alte Herrschaftslogiken und Machtstrategien sich in neuen Konfigurationen verstecken. Sie lebt nicht von einem unmittelbaren Primat der Theorie – Erinnern heißt, an Erfahrungen anknüpfen, so schmerzhaft das Negative im Gedächtnis und so fragil die Besinnung auf geglückte Momente in Geschichte und Lebensgeschichte auch sein mögen. Adorno bezieht sich nicht naiv auf den Begriff der Erfahrung. Er weiß um deren Zwiespältigkeit: "Zu visieren wäre die Wechselwirkung zwischen Theorie und Erfahrung. Unvermeidlich dabei der Zirkel: keine Erfahrung, die nicht vermittelt wäre durch – oft unartikulierte – Konstruktion, keine Konstruktion, die nicht sofern sie etwas taugt, in Erfahrung fundiert ist und sich an ihr misst." (Adorno 1972: 186)

Selbstreflexivität, die solchen Kriterien stand hält, könnte helfen zu unterscheiden, wo wir es bei Katastrophen mit "nicht-intendierten Nebenfolgen" und "Kontingenzen" zu tun haben oder mit in Kauf genommenen bzw. falsch kalkulierten Risiken.

3. Risikogesellschaft, reflexive Modernisierung und Globalisierung bei Ulrich Beck

In den Schriften von Ulrich Beck ist nicht leicht auszumachen, was der kritische Gehalt von Reflexivität ist. Der Begriff wird auf Bewusstseinsakte angewandt, und kann dort ebenso reflektorisches Reagieren wie reflektiertes Verhalten bedeuten. (Beck 1986: 211; Beck/Bonß/Lau 2001: 23) Es taucht im Zusammenhang mit objektiven Entwicklungen auf – z. B. in der Rede von der"reflexiven Modernisierung" – und kann dort Rekursivität oder Selbstbezüglichkeit meinen: Krisen treten in Erscheinung und das zeigt Handlungsbedarf an, dem Folge geleistet wird. (Beck 1986: 106) Ob Agenten und Agenturen gesellschaftlicher Planung bei Fehlentwicklungen kurzschlüssig Kurskorrekturen ansteuern oder aus Einsicht und Verantwortlichkeit nach Lösungsmöglichkeiten für soziale Konflikte suchen: beides scheint bei Beck gleichermaßen selbstreflexiv zu sein. (Beck 1993: 52) In wissenschaftlichen Kontexten wird der Begriff von ihm ebenso auf die Abschätzung von Folgen wissenschaftlich-technischer Produktion bezogen wie auf die Kalkulation von Erfolgschancen durch Strategien eines Fallibilismus, welche die Idee "Aufklärung" in das Schattenreich überholter Träume von Wahrheitsfindung verbannen. (Beck 1986: 254 ff.; 270ff.). Was Adorno und Horkheimer als Rückfall von Aufklärung in Mythologie kennzeichneten, nennt Beck "Rationalisierung der Rationalisierung". Die irrationalen Momente, welche die Vertreter der Kritischen Theorie im Nachvollzug der Genese von Wissenschaft aufdeckten, gehen in seiner ernüchternden Betrachtung der forcierten Entwicklung instrumenteller Vernunft unter. (Beck 1991: 40; 254 ff.) Kaum Anwendung findet der Begriff "Reflexivität" bei Beck auf Anstrengungen, gesellschaftliche Verdeckungszusammenhänge mit der Zielsetzung transparent zu machen, eine weniger verstellte soziale Wahrnehmung als Voraussetzung für kritisches Urteilsvermögens zu ermöglichen. Das hat – wie sich an seiner Analyse von Geschlechterbeziehungen erweisen wird – Konsequenzen für inhaltliche Aussagen. Erkenntnistheoretische Implikationen in wissenschaftlichen Konstruktion werden von Beck kaum berührt. Was ist also das zeitdiagnostisch-kritische Potential in seinen Thesen von der reflexiven Moderne?

Beck erläutert die theoretischen Prämissen, die seiner Vorstellung von der "Risikogesellschaft" zugrunde liegen, in zwei Argumentationslinien, die er zusammenführt: Die erste These von der Individualisierung der Menschen im post-industriellen Zeitalter wird zu der zweiten These vom Übergang der industriellen Gesellschaft in die Risikogesellschaft in Verbindung gesetzt. (Beck 1986) Mit Hilfe dieser beiden Thesen grenzt Beck die Industriegesellschaft, die er einer Phase "einfacher" Modernisierung zurechnet, von der Risikogesellschaft ab, in der sich die "reflexive" Modernisierung vollzieht.

In seiner Individualisierungsthese zeigt Beck auf, an welchen sozialen Phänomenen sich der Umwandlungsprozess von der Industriegesellschaft zur Risikogesellschaft im Alltagsleben ablesen lässt, und welche Folgen diese historische Bruchsituation für moderne Lebensformen zeitigt. Aufgerufen wird ein komplexer Vorgang, in dem sich traditionelle Existenzweisen auflösen: "Soziale Klassen und Schichten, Kleinfamilien mit ihren in sie eingelassenen 'Normalbiographien' von Männern und Frauen, die Normierungen der Berufsarbeit u.s.w." (Beck 1986: 251) Beck macht darauf aufmerksam, dass die Vorstellung von der Industriegesellschaft als einer Erscheinungsform der Moderne darüber hinwegtäuscht, dass feudale Elemente in ihr fortexistierten. Deswegen spricht er von einer "halbierten Moderne". In der reflexiven Modernisierung lösen sich seiner Meinung nach diese Relikte weitgehend auf. Die Dimensionen, die bei Beck den Prozess der"Individualisierung" kennzeichnen, wurden in den Gesellschaftstheorien von Marx bis Weber bereits vorgedacht. Beck schließt hier an: "Modernisierung führt nicht nur zu Herausbildung einer zentralisierten Staatsgewalt, zu Kapitalkonzentration und zu einem immer feinkörnigeren Geflecht von Arbeitsteilungen und Marktbeziehungen, zu Mobilität. Massenkonsum u.s.w., sondern eben auch − und damit sind wir bei einem allgemeinen Modell − zu einer dreifachen «Individualisierung»: *Herauslösung* aus historisch vorgegebenen Sozialformen und -bindungen im Sinne traditionaler Herrschafts- und Versorgungszusammenhänge («Freisetzungsdimension»), *Verlust von traditionalen Sicherheiten* im Hinblick auf Handlungswissen, Glauben und leitenden Normen («Entzauberungsdimension») und − womit die Bedeutung des Begriffs gleichsam in ihr Gegenteil verkehrt wird − eine *neue Art der sozialen Einbindung* («Kontroll- bzw. Reintegrationsdimension»)." (Beck 1986: 206)

Neu an Becks Verständnis von Individualisierung im Sinne von Freisetzung ist der Versuch, in einem − wie er sagt − "ahistorischen Modell" zwischen " (objektiver) Lebenslage und (subjektivem) Bewusstsein (Identität, Personwerdung) zu differenzieren." (Beck 1986)

Gegenüber der Kritischen Theorie wirkt dieser Ansatz zunächst innovativ, weil er den ständigen Entscheidungszwang, unter dem jene Menschen der "zweiten Moderne" stehen, die anstreben, ihre Existenz durch eigene Arbeit zu sichern, aus deren Handlungsperspektive anvisiert. Damit bekommt Reflexivität bei ihm eine spezifische Bedeutung: Auch wenn die individuellen Handlungsspielräume objektiv immer kleiner werden, so gelangt doch die Einsicht in die Notwendigkeit, sich sozialen Flexibilisierungsschüben durch wachsende Handlungs- und Entscheidungskompetenz gewachsen zeigen zu müssen, ins allgemeine gesellschaftliche Bewusstsein. Becks Charakterisierung des freigesetzten Individuums als "Planungsbüro in Bezug auf den eigenen Lebenslauf, seine Fähigkeiten, Orientierungen, Partnerschaften" (Beck 1986: 59) unterscheidet sich bei genauerem Hinsehen jedoch nicht wesentlich von dem Satz aus der *Dialektik der Aufklärung,* die Einzelnen würden "zu Verkehrsknotenpunkten der Tendenzen des Allgemeinen." Der quasibürokratische Akt von Entscheidungen wird zwar bei Beck von den Individuen selbst vollzogen und nicht einfach über sie verhängt. Aber selbstreflexiv im Sinne einer rationalen Abwägung zwischen eignen Interessen und objektiven Nötigungen agieren die individualisierten Individuen nicht: "So wird gerade die individuelle Privatexistenz immer nachdrücklicher und offensichtlicher von Verhältnissen und Bedingungen abhängig, die sich ihrem Zugriff vollständig entziehen. Parallel entstehen Konflikt-, Risiko- und Problemlagen, die sich ihrem Ursprung und Zuschnitt nach gegen jede individuelle Bearbeitung sperren. (...) Individualisierung greift also gerade unter gesellschaftlichen Rahmenbedingungen, die eine individuelle verselbständigte Existenzführung weniger denn je zulassen." (Beck 1986: 211). Unter dem Gesichtspunkt der Institutionalisierung von Biographiemustern erweist sich paradoxerweise Individualisierung als ihr Gegenteil: als Entindividualisierung. Beck diskutiert diese Seite der neuen Vergesellschaftungsform nicht weiter. Ihr wird mit einer Setzung begegnet: Trotz der durchgängigen Standardisierung und Regulierung von Biografiemustern soll das Individuum die Optionen für seinen Lebenslaufs innerhalb eines Spektrums ausdifferenzierter "Individuallagen" wählen können. Das ist ein Widerspruch in sich. Ist dies für Beck eine Einsicht, die als "ein Moment erkannter Gesellschaft" zu werten ist? Dazu würde gehören, den Unstimmigkeiten sowohl in den gesellschaftlichen Rahmenbedingungen sozialen Handelns als auch in den subjektiven Reaktionen auf sie soziologisch und sozialpsychologisch nachzugehen. Das tut Beck m. E. jedoch nicht tiefgreifend genug. Sozialpsychologisch konstatiert er ein Oberflächenphänomen: "Die Konsequenz ist, dass die Menschen immer nachdrücklicher in das Labyrinth der Selbstverunsicherung, Selbstbefragung und Selbstvergewisserung hineingeraten. Der (unendliche) Regress der Fragen: «bin ich wirklich glücklich?»,«bin ich wirklich selbsterfüllt», «wer ist das eigentlich, der hier 'ich' sagt und fragt?» führt zu immer neuen Antworten – Moden, die in vielfältiger Weise in Märkte für Experten, Industrien und Religionsbewegungen umgemünzt werden." (Beck 1994: 55). Es soll hier nicht in Frage gestellt werden, dass solche Selbstzweifel bei Menschen weit verbreitet sind, die sie sich leisten können, weil sie sich nicht mit dem Problem herumschlagen müssen, wie die unmittelbare Existenz gesichert werden kann. Aber Beck lässt außer Acht, was die Kehrseite dieses beständigen Hungers nach einem «ausgefüllten Leben» ist, der ungesättigt bleibt und deshalb auf die vielen Ersatzangebote wie auf Suchtmittel reagiert. Folgt man Adorno und Horkheimer, dann dürfen enttäuschte Hoffnungen und der Bruch zwischen Innen und Außen unter dem Druck derartiger psychischer Versagungen nicht zu Bewusstsein kommen, weil die Einsicht in die scheinbar selbstverschuldete Hilflosigkeit schmerzhaft ist. So entsteht die Gefahr, dass die Hintergründe der Situation, die Selbstzweifel auslösen, auf jene projiziert werden, denen man kein Glück und keine Hilfe gönnt, weil sie noch machtloser sind als man selbst. Verhärtung, Aggressivität und Vermeidung von Reflexionen, die Gedanken auch dann nicht abschneiden, wenn sie wehtun, sind zu befürchten, wenn scheinheilige Heiler "Selbstbesinnung" ankurbeln.[2] Beck belässt es bei einer einfachen Spiegelung: Auf jeden Einzelnen werden die Flexibilisierungszwänge als Aufforderung zurückgeworfen, so zu tun, als könnte er "ein eigenes Leben" führen." (Beck/Beck- Gernsheim 1994: 12) Die Befolgung dieser Maxime wird stillschweigend vorausgesetzt. Widerstand wird nicht antizipiert.

Die These von der durchgängigen Standardisierung der Biografiemuster bei gleichzeitiger Nötigung, sie ständig an veränderte Bedingungen anzupassen, macht auf Formen widersprüchlicher Lebensweisen aufmerksam, die sich der polarisierenden Sichtweise "Autonomie oder Anomie" nicht fügen. Beck und Elisabeth Beck- Gernsheim geben den neuen "Mischformen" den Namen "Bastelbiografien". (Beck/Beck- Gernsheim 1993) Es sei hier dahin gestellt, ob diese Bezeichnung dem sozialen Sachverhalt, den er bezeichnet soll, gerecht wird – schließlich ist es kein Freizeitvergnügen, in der ständigen Spannung zwischen gesellschaftlichem Zwang und individueller Selbstverantwor-

---

2   Vgl. hierzu: Horkheimer/Adorno 1947: 203ff.; 230 ff.

tung zu existieren. Bedenklich ist vielmehr, dass gravierende objektive Differenzen in den Ausgangsbedingungen von Lebensplanungen unterbelichtet bleiben. Beck thematisiert weder, dass die Biografiemuster von Genusgruppen nicht in gleicher Weise standardisiert sind, dass Frauen und Männer nicht in gleichem Maße mit Diskontinuitäten konfrontiert sind – Doppelbelastung durch Hausarbeit und Berufsarbeit samt allen Konsequenzen für Lebenslaufmuster betrifft nur Frauen. Noch findet Erwähnung, welchen Stigmatisierungen diejenigen ausgesetzt sind, denen aus objektiven Gründen die Selbsterhaltung aus eigener Kraft nicht gelingen kann. Dabei geraten, weil marktvermittelte Arbeit knapper wird, immer mehr Menschen – nach Becks Meinung unabhängig von sozialen Klassenlagen und Bildungsmilieus – in die Situation, von wohlfahrtsstaatlichen Leistungen abhängig zu werden. Die Diagnose, dass der Individualisierungsschub vom Ende der Vollbeschäftigung begleitet wird, ist sicherlich richtig. Aber zwei Konfliktdimensionen werden von Beck beiseite geschoben. Zum einen verteilt sich das Risiko der Langzeitarbeitslosigkeit und der Existenzgefährdung nicht gleichmäßig auf alle sozialen Gruppen: Es ist gesellschaftlich kanalisiert durch Geschlechtszugehörigkeit, durch einen milieubedingten Ausschluss von Bildungs- und Ausbildungsmöglichkeiten und durch beschleunigte Generationswechsel, die angesichts des schnellen Veraltens von Qualifikationen im Zuge neuer technologischer Berufsanforderungen immer gravierender wird. Zum zweiten hält Beck für die Lösung des Problems, dass der Arbeitsmarkt wachsenden Personenkreisen nicht mehr offen steht, problematische Vorschläge bereit. Ich denke an sein Konzept der "Bürgerarbeit". (Beck 1997: 6ff.) Jenseits des formalen Arbeitsmarktes sollen jenen Frauen und Männern, die sonst von Sozialhilfe leben müssten, Tätigkeiten im Dienste der Öffentlichkeit (z.B. Reinigungs- und Putzarbeiten, einfache Hilfsleistungen) für ein minimales Entgeld angeboten werden. Unausgesprochen bleibt, dass vor allem an Frauenarbeit zu denken ist, wenn scheinbar geschlechtsneutral von Bürgerarbeit die Rede ist. Beck stellt sich vor, dass durch Maßnahmen, in denen unterstützungsbedürftigen Menschen Arbeiten zugeteilt werden, die sonst keiner zu machen bereit ist, ihnen das Gefühl gegeben wird, etwas Nützliches für die Allgemeinheit zu tun. (Siehe hierzu: Notz 2002) Verträgt es sich mit den Ansprüchen einer selbstreflexiven Sozialwissenschaft, im Auftrag von Politikberatung Bürger und Bürgerinnen zweiter Klasse zu schaffen?

Werfen wir einen Blick auf die methodologische Problematik der Individualisierungsthese. Hier knüpfe ich nicht nur an die Kritische Theorie an, sondern ebenso an eine feministische Wissenschaftskritik, die zwischen Androzentrismus und der Vorliebe für raum-zeitlich nicht situierte Betrachtungsweisen einen Zusammenhang herstellt. (Haraway 1995: 229) Beck bezeichnet seine Konstruktion "Individualisierung" als "ahistorisches Modell". Es erscheint mir paradox, einen geschichtlichen Wandlungsprozess erfassen zu wollen, ohne ihn in raum-zeitliche Koordinaten einzurücken, die Übergängen und Brüchen Rechnung tragen. Mit solch einem Unterfangen begibt sich Beck in die Gefahr, gesellschaftliche Ungleichzeitigkeiten und Tendenzen, die zwar in ihren Ausfaltungen noch nicht klar erkennbar, in ihrer Wirksamkeit jedoch bereits spürbar sind, aus der Betrachtung auszublenden. Gesellschaftliche Entwicklungen, in denen ungleichartige und asynchrone soziale Strömungen aufeinanderstoßen, vollziehen sich in einer Dialektik von Kontinuität und Diskontinuität. Angesichts solcher historischen Verwerfungen bekommen Periodisierungen der Moderne, die aufgrund kategorialer Vorentscheidungen klar gegeneinander abgegrenzt werden, etwas willkürliches. Die formal festgelegten Zäsuren trennen, was ineinander verschränkt ist: Altes setzt sich in veränderten Form im Neuen fort, weil seine Wirkmächtigkeit noch nicht gebrochen ist; und die Aufmerksamkeit für Manifestes lenkt ab von den gesellschaftlichen Kräften, die sich in ihrer Latenz unbemerkt entfalten. Der Wunsch, eindeutige Verhältnisse zu schaffen und Elemente in einer Entwicklung, die nicht ins Bild passen, der Vergangenheit zuzuschlagen, um auf "Neues" fokussieren zu können, ist wohl der Vater des Gedankens, eine "reflexive" gegen eine "einfache" Modernisierung auszuspielen. So können Brüche als geschichtlich bereits vollzogen postuliert werden, wo sozialer Wandel noch im Fluss ist. Für Beck gehört zum Beispiel die Erosion traditioneller Geschlechterordnungen zu einer zentralen Veränderung, welche die zweite Moderne als reflexive ausweist. "Als wichtigster Teil des neuen Individualisierungsschubs ist die Geschlechterevolution zu beobachten, die auf eine Veränderung der Binnenbeziehungen der Familie wie auf eine Auflösung der geschlechtsspezifischen Arbeitsteilung diesseits und jenseits des Arbeitsmarkts verweist." (Beck/Bonß/Lau 2001: 23.) Die feministische Geschlechterforschung hat in zahlreichen Untersuchungen belegen können, dass diese Aussage empirisch nicht haltbar ist: Frauen haben auf dem Arbeitsmarkt nach wie vor nicht die gleichen Chancen wie Männer; geschlechtsbasierte Segregation im Beschäftigungssystem ist nicht verschwunden; häusliche Arbeitsteilung in Paarbeziehungen zuungunsten von Frauen besteht fort, und die Familie hat sich keineswegs einfach aufgelöst, sondern sich in verschiedene private Lebensformen ausdifferenziert.[3] Eine ganze, von Wissenschaftlerinnen in Gang gebrachte Forschungsrichtung wird hier einfach ignoriert.

Der Vorwurf, dass Beck Konfliktherde ausblendet, die mit den strukturellen Veränderungen der Industriegesellschaft nicht verschwunden sind, und dass er das tut, um bestimmte Gewichtungen vornehmen zu können, ist nicht neu. Ich komme auf diese Einwände zurück. Mir geht es an dieser Stelle um ein bestimmtes erkenntnistheoretisches Problem. Für Adorno war die Forderung zentral, dass Konstruktionen, mit denen man wissenschaftlich arbeitet, daraufhin zu überprüfen sind, ob in die formale Kategorienbildung subjektiv-apriorische Setzungen eingehen, die sich im Gang der Forschung als nicht tragfähig erweisen. Sozialkonstruktivistinnen haben ebenfalls darauf bestanden, dass die Prinzipien, nach denen soziale Sachverhalte entworfen werden, transparent zu machen und für Korrekturen offen zu halten sind. (Haraway 1995: 226 ff.) Was seine Individualisierungsthese angeht, so lässt Beck im Umgang mit Aussagen, Fakten und Begrifflichkeiten epistemologische Sorgfalt vermissen. Er will Umstrukturierungen im Bewusstsein untersuchen, geht dabei aber von Prämissen aus, die historisch nicht haltbar sind. Er meint; die Verunsicherungen durch den Wegfall von traditionalen Orientierungen führe zu Identitätsverlusten. Störungen personaler Identität sind aber nicht erst in der postindustriellen Ära an der Tagesordnung – schon Shakespeare hat sie in seinem "Hamlet" als Charakteristikum des modernen Menschen in Szene gesetzt. Und Freud wusste, warum er den Begriff "Identität" im Zeitalter bürgerlicher Verhältnisse nicht benutzte. Die Individuen dieser Kultur waren bereits für ihn durch Leistungsdruck und kulturell erzwungenen Triebverzicht in sich zerrissen. Zweifellos verschärfen sich mit steigendem Flexibilisierungsdruck Existenzängste und Orientierungslosigkeit, aber der Verweis auf Identitätskrisen ist zu allgemein, um solche Erscheinungen in ihrer historischen Spezifizität einfangen zu können.

---

3   Siehe hierzu u.a.: Knapp 1993; Becker-Schmidt 1999; Gildemeister/Robert 1999; Aulenbacher 2001; Born/Krüger 2001; Rerrich 2002; Siegel 1993; Wetterer 2003.

Beck ignoriert historische Ungleichzeitigkeiten im Geschlechterverhältnis, um eine Revolutionierung von Geschlechterbeziehungen postulieren zu können. Das hat inhaltliche Konsequenzen. Mit der Einschätzung, Reflexivität sei eindeutiges Kennzeichen der zweiten Moderne, macht er sich blind gegen gesellschaftliche Konstellationen, in denen Antiquiertheiten im Geschlechterverhältnis trotz neuer Rationalisierungsschübe nicht aufgelöst wurden. Und wo das Bewusstsein der Individuen Zerreißproben ausgesetzt ist, die tatsächlich eine neue Qualität haben, sieht er nicht. Ihm entgehen die Gegenläufigkeiten in den verschiedenen Erfahrungswelten von Frauen und Männern, in denen gendering- Prozesse sich lockern, andererseits aber institutionell reaktiviert werden. Das verursacht ungewohnte Verunsicherungen auf der Suche nach geschlechtlicher Selbstgewissheit. Angelika Wetterer hat dieses Phänomen aufgeschlüsselt. (Wetterer 2003) Einerseits produzieren Institutionen des Arbeitsmarktes und des Beschäftigungssystems durch Rekurs auf die Kategorie "Geschlecht" fortlaufend Segregationslinien, welche im Alltagsleben die Existenz von Geschlechterdifferenzen zu bestätigen scheinen; anderseits gewinnen Frauen und Männer der jüngeren Generation in der Ausbildung, in der Freizeit, im sexuellen Umgang miteinander den Eindruck, sie seien gleichwertig und gleichberechtigt. Unter dem Einfluss hierarchischer Geschlechterarrangements in den benannten Institutionen, in denen Frauen Diskriminierungs- und Männer Privilegierungserfahrungen machen, werden die in Frage gestellten Weiblichkeits- und Männlichkeitsklischees jedoch im Laufe der Biographie immer wieder regeneriert und aufs Neue internalisiert. Dieser Kreislauf, der im Alltagsbewusstsein nicht durchschaut werden kann, weil die institutionellen Strategien im Umgang mit Geschlechterstereotypien nicht offen zutage liegen, ist einerseits schwer auszuheben, löst jedoch andererseits in den Individuen Irritationen aus. Die Inkohärenz in der sozialen Wirklichkeit schlägt sich in psychischen Dissonanzen nieder, ohne dass ein solches Wechselverhältnis unmittelbar einsichtig wird. Wetterer schreibt: "...wir haben es mit einem Bruch zutun, der mitten durch die Individuen selbst hindurch geht: Ihr Wissen und ihr Tun passen nicht mehr so recht zusammen, und das, was sie tun, hat Effekte, die ihnen fremd erscheinen und über die sich doch umso weniger reden oder gar – im Konfliktfall – verhandeln lässt, je erkennbarer sie dem zuwiderlaufen, was sich im Horizont des alltäglichen Differenzwissens über den Unterschied der Geschlechter anerkannter Weise sagen lässt. Es gibt Ungleichzeitigkeiten nicht nur zwischen Individuen und den Verhältnissen, mit denen sie sich herumzuschlagen haben. Die Ungleichzeitigkeiten stecken auch in den Individuen selbst." (Wetterer 2003: 291f.)

Zur Modernisierung der Moderne gehört für Beck eine neue Logik: die Logik der Risikoverteilung. In der Industriegesellschaft sei davon ausgegangen worden, dass sie sich durch eine Logik der Reichtumsverteilung kennzeichnen lasse. Sicherlich hat Beck dahingehend recht, dass sich soziale Konflikte im Konkurrenzkapitalismus aus der ungleichen Distribution des erwirtschafteten Sozialprodukts ergaben. Ein solches Gesellschaftsbild gehört für Beck der Vergangenheit an. Das Konzepts der Reichtumsverteilung – so Beck – erschien deswegen in Zeiten des Klassenkampfes so einleuchtend, weil soziale Ungleichheit greifbar war: sie wurde in der Diskrepanz zwischen Reichtum und Armut, Macht und Ohnmacht offensichtlich.[4] " Transparenz gibt es in der Risikoge-

---

4   Ich gehe hier darüber hinweg, dass die These von der "Sichtbarkeit" kapitalistischer Eigentumsverhältnisse in dieser Schlichtheit nicht überzeugt. Es sind gerade die Verdeckungszusammenhänge in den arbeitsmarktvermittelten Tauschbeziehungen und in der Organisation der industriellen

sellschaft nicht mehr. Das Sichtbare gerät in den Schatten unsichtbarer Gefährdungen. Was sich der Wahrnehmbarkeit entzieht, fällt nicht mehr zusammen mit dem Unwirklichen, kann sogar einen erhöhten Grad von Gefährdungswirklichkeit besitzen. (...).Die Welt des Sichtbaren oder Überflusses verdunkelt sich unter der Übermacht der Risiken." (Beck 1986: 59) Beck denkt an die Entwicklungen der chemischen Industrie, der Reaktortechnologie, der Mikroelektronik und der Gentechnologie. Die Risiken, die diese Phänomene bergen, setzen die Logik der Reichtumsverteilung auf einer globalen Ebene nicht außer Kraft – "dies lehrt das Überlagern und Aufschaukeln von Klassen und Risikolagen in der dritten Welt, aber nicht weniger das Denken und Handeln in den reichen Industrieländern." (Beck 1986: 60) Das Ende der Industriegesellschaft bedeutet also nicht das Ende disparitärer Distribution. Beides – Reichtum und Risiken – werden ungleich verteilt. Beck siedelt jedoch die zugestandene Kontinuität in der Diskontinuität auf der Ebene des Weltgeschehens an und lenkt damit vom Fortbestand sozialer Ungleichheitslagen innerhalb der "reichen" Gesellschaften ab. Angesichts der allgegenwärtigen Gefährdungen spricht er von einer "Zivilisationsverelendung". (Beck 1986: 67ff.) Da fallen für ihn die sozialen Disparitäten *innerhalb* der westlichen Gesellschaften scheinbar nicht mehr so ins Gewicht. Diese Sichtweise ist auf heftige Kritik gestoßen. Jürgen Ritsert hat den Finger darauf gelegt, welche Konsequenzen es für gegenwärtige Gesellschaftsanalysen hat, wenn die kapitalistische Entwicklungslogik, die ihre Dynamik im Industriezeitalter entfaltet, sie aber nicht auf diese Epoche beschränkt, in ihrer aktuellen Bedeutung unterschätzt wird. (Ritsert 1998) Oskar Negt hat den enthistorisierenden und neutralisierenden Charakter des Begriffs "zweite Moderne" deutlich gemacht, der seiner Meinung nach als Substanzbegriff eine Potentialität suggeriert, welche inhaltliche Bestimmtheit erst in genauen Strukturanalysen gewinnen könnte. (Negt 1999) Und Johannes Weiss hat die Modellierung einer "zweiten Moderne" als Resultat einer verkürzten und partikularistischen sozialwissenschaftlichen Betrachtungsweise zurückgewiesen. (Weiss 1998) Brigitte Aulenbacher, auf die ich mich hier beziehe, hat diese Kritiken unter modernisierungstheoretischen Aspekten systematisiert und unter feministischen Gesichtspunkten präzisiert. (Aulenbacher 2001) Es sei noch einmal betont: Beck hat mit seiner Verknüpfung von Globalisierung und der Entwicklung von Einzelgesellschaften Wichtiges und Richtiges in die nationale und internationale Diskussion eingebracht: Das Ausmaß der gesellschaftlichen Krisen ist angewachsen, und die potentiellen Gefährdungen der Menschheit sind nicht mehr lokal begrenzbar und nicht mehr mit Mitteln sozialstaatlicher Politik unter Kontrolle zu halten. Lokale Risiken werden zu globalen, und globale Störungen lösen Wellen aus, die sich in lokalen Konstellationen bemerkbar machen. Es bedarf neuer internationaler Formen des politischen Aushandelns von ökonomischen und soziokulturellen Problemlösungen, der Bildung einer transnationalen Regierungsgewalt, regierungsunabhängiger Organisationen, die Kontrolle ausüben können, und einer kosmopolitischen sozialen Bewegung, die für eine Kultur wechselseitiger Anerkennung sorgt. Doch auch die Visionen, die Beck in Hinblick auf eine Weltgesellschaft unter den Bedingungen einer verwandelten politischen Ökonomie entwirft, sind dazu angetan, Widerstand zu provozieren. Darauf komme ich zurück.

Produktion, die charakteristisch für die bürgerlich-kapitalistische Gesellschaft sind. Das ist zum Beispiel am Fetischkapitel in der Marxschen Kapitalanalyse nachzulesen.

Es gibt einen Punkt in Becks Analyse der "zweiten Moderne", der in gewisser Weise über die Frankfurter Schule hinausgeht – zumindest in der Beschreibung. Das ist die zunehmende Verflechtung von Gesellschaftsentwicklung und technologisch-wissenschaftlicher Progression in der Produktion von vermarktbarem Wissen. Wissenschaft erhält durch die zunehmende Merkantilisierung und politische Inanspruchnahme als Beratungsinstanz ein Janusgesicht: Sie ist einerseits Promotor in der Produktion neuer Risiken; und auf der anderen Seite wird ihr die Kompetenz zugewiesen, Risiken in Schranken zu halten und Lösungen für sie zu finden. (Beck 1986: 254) Gleichzeitig dichtet sich Wissenschaft gegenüber öffentlichen Einspruchs- und Eingriffsmöglichkeiten mit dem Hinweis darauf ab, dem nichtwissenschaftlichen Publikum fehle es an Expertenwissen. Zum anderen versagt die wissenschaftsimmanente Kontrolle: die Einzelwissenschaften und die interdisziplinären Forschergruppen entziehen sich der inhaltlichen Diskussion ihrer Forschungsergebnisse mehr und mehr durch Rückzug auf immer subtiler werdende methodologische Falsifikationsstrategien. Beck bezeichnet das als Fallibilismus. Dieser Prozess verändert die Selbstreflexivität der Wissenschaft. In Frage zu stellen sind jetzt nicht mehr nur ihre Produkte, Mängel und Folgeprobleme, sondern der akademische Zweifel erfasst jetzt auch deren immanente Grundlagen."So wird beides :Wahrheits- und Aufklärungsanspruch entzaubert." (Beck 1986) Becks Diagnose ist hellsichtig – aber bei der subtilen Deskription der Entzauberungsprozesse gerät er selbst in deren Sog. Er ratifiziert diese allgemeine Entwicklung, indem er wissenschaftliche Gegenkräfte nicht zur Kenntnis nimmt und nicht zur Kenntnis bringt. Schon 1986 gab es Stimmen wie die von Günther Anders, Joseph Weizenbaum, Evelyn Fox Keller, Terry Winograd, Donna Haraway, Sandra Harding, Bruno Latour – um nur einige zu nennen. Die Zahl der Vertreter und Vertreterinnen einer selbstreflexiven, interdisziplinär ausgerichteten Wissenschaft ist größer geworden. Diese kritische Minderheit stellt sicherlich keine Gegenmacht dar, sie ist aber auch keine quantité négligeable. Es gibt Allianzen zwischen feministischen Wissenschaftlerinnen und kritischen Wissenschaftlern,[5] die an Selbstreflexivität festhalten und die methodischen Tricks offen legen, von denen der Fallibilismus lebt, den Beck so anschaulich nachzeichnet. Beck sieht, wie notwendig es ist, neben der globalen Expansion einer Ökonomie alten Stils und der um sich greifenden Umweltzerstörung eine globale Technologieentwicklung zu stoppen, die wissenschaftliche Erkenntnisse für militärische Zwecke, für die Vermarktung neuer pharmakologischer Wirkstoffe und für eine genetische Qualitätskontrolle der Menschen missbraucht. (Beck 2003: 319) Aber er setzt nicht auf eine fachkundige Aufklärung, welche die forschungslogisch angreifbaren Praktiken der Wissenschaft ans Licht bringt, die deren Ergebnisse verzerren und Täuschungsmanöver tarnen. Wenn aber die Verfilzung von unzulänglicher Theoriebildung, wirklichkeitsfremden Laborsimulationen, zynischen Verwertungsinteressen und androhzentrischem Größenwahn nicht entzaubert wird, dann helfen auch Becks Visionen von globaler Politik und transnationaler Ermächtigung nicht, die im Namen von Wissenschaft angezettelten Katastrophen zu verhindern. Gerade mit Blick auf die Gentechnologie, die Beck besonders beschäftigt, haben Natur- und Sozialwissenschaftlerinnen nicht nur epistemologische Kurzschlüsse, sondern auch bedrohliche irrationale Männerphantasien freigelegt. Für Haraway ist die Genetik ein Musterbeispiel dafür, wie mittels Machtrhetoriken "das Leben insgesamt"

---

5   Siehe hierzu den Aufsatzband über den Kongress "The Boundaries of Humanity. Humans, Animals, Machines", Sheehan/Sossna 1991.

semiologisch zu einer universellen Einheit zusammengezogen wird, um technisch einen Genpool herstellen zu können, der von sogenannten schadhaften Genen bereinigt ist. (Haraway 2001: 601 ff.) Evely Fox Keller hat gezeigt, wie sich in genetischen Diskursen naturwissenschaftliche und sozialwissenschaftliche Ideologeme wechselseitig abstützen, um Egoismus als progressives Moment der Evolution und eines "naturgemäßen" gesellschaftlichen Verdrängungswettbewerbs zu legitimieren. In Dawkins Rede vom "egoistischen Gen" wird das "survival of the fittest"- Theorem, das dem biologischen Überlebenskampf unterlegt wird, auf das sozial durchsetzungsfähige Individuum projiziert, und vice versa wird das Bild des konkurrenzfähigen Mannes auf das Gen zurückgespiegelt. (Fox Keller 1991: 85ff.) Die Behauptungen, was schadhafte Gene sind, reichen bei den Hardlinern des Genom-Projektes von solchen, die angeblich für Homosexualität zuständig sind, bis zu anderen, die für Alkoholmissbrauch verantwortlich gemacht werden. Das bedeutet, dass Kriterien der sozialen Ausgrenzung zum Vorwand für eine biologische Auslese gemacht werden. (Nelkin 1993) An der Gen-Forschung lässt sich auch exemplarisch zeigen, auf welche unzulässige Weise durch Extrapolation von Bekanntem auf Unbekanntes geschlossen wird, und wie – Klonen ist hierfür ein Beispiel – auf solchen fragwürdigen "Grundlagen" experimentell Mögliches ohne Rücksicht auf Folgen, die sich erst im Nachhinein herausstellen können, in die Realität umgesetzt wird. (Becker-Schmidt 2002) Regine Kollek hat in der Analyse von Aussagen, in denen Gentechnologen die Ziele ihrer Forschung darlegen, herausgearbeitet, von welchen irrationalen Motiven sie angetrieben werden: In den Metaphoriken, in denen sie reden, kommt der uralte männliche Traum zum Vorschein, wie der liebe Gott unabhängig vom weiblichen Geschlecht Leben erzeugen zu können. (Kollek 1996)

4. Schlussbetrachtung

Ich will mit einer kursorischen Überlegung zu Becks Konzept von einer neuen weltpolitischen Ökonomie schließen. Bei der Lektüre seines Buches "Macht und Gegenmacht im globalen Zeitalter" gewann ich den Eindruck, dass Beck zwar kosmopolitische Ziele in bester Absicht verfolgt. Wenn er "Menschheit" sagt, will er nicht belügen. Aber sein gesamtes begriffliches Inventar – "Macht und Gegenmacht", "Machiavellismus", "Rationalität", "globale Individualisierung", "praktisch gelebtes Weltbürgertum" u.s.w. – besteht aus einem Vokabular, das der Tradition eines europäischen Politikverständnisses entstammt. Die Belange von Ländern, die in ihrer Abhängigkeit von den global players gar keine Chance haben, am Machtspiel zu partizipieren, lassen sich im Rahmen einer solchen Nomenklatur kaum angemessen zum Ausdruck bringen. Die Frage nach den Verlierern der Globalisierung geht unter angesichts des Raumes, den die zahlreichen Strategievorschläge einnehmen, wie durch weltweite Vernetzung und international-pluralistische Kontrollinstanzen nationale Unanhängigkeit für jene Gesellschaften zurückerobert werden kann, die bereits auf dem Weltmarkt vertreten sind. Eurozentristisch ist seine Vorstellung, es genüge, wechselseitig den Anderen als Anderen zu respektieren, um eine kosmopolitische Kultur aufzubauen. Er fragt nicht, wer auf der Weltbühne noch gar als Anderer wahrgenommen worden ist. Ihn kümmert wenig, ob Menschen aus unterdrückten Kontinenten nach Kolonialismus und Postkolonialismus den ehemaligen Exploiteuren überhaupt über den Weg zu trauen vermögen. Angesichts der weltumspannenden Ausweitung eines entwickelten neoliberalen Kapitalismus kommen keine Bedenken in ihm auf, ob nicht das Machtgefälle zwischen politisch-ökonomisch potenten Ländern und abhängigen Regionen so groß ist, dass zwischen so ungleichen Parteien wechselseitige Anerkennung auf der Grundlage von Gleichberechtigung höchst unwahrscheinlich ist. Auch aktuelle hegemoniale Eingriffe in die Welt(un)ordnung, die unter Rückgriff auf westliche "Werte" legitimiert werden, bringen Beck nicht zu der Überlegung, ob die anderen Anderen uns akzeptieren können, ehe wir nicht die gewaltsamen Übergriffe in Vergangenheit und Gegenwart – bis in unseren Sprachgebrauch hinein – aufgearbeitet haben. Die Moderne nach westlichem Muster ist von Anbeginn mit der Diskrepanz zwischen den demokratischen Ansprüchen der europäischen Aufklärung und der realen Unterdrückung von nicht-bürgerlichen Klassen, Frauen, fremden Kulturen und Kolonien belastet. Die Menschenrechte, deren Erklärung ein unverzichtbarer historischer Fortschritt war, wurden in und außerhalb Europas nur partikular eingelöst. Diese Vorgeschichte der jetzigen Moderne, die sich anschickt, die Welt zu erobern, ist – wie Enrique Dussel in seiner Analyse geopolitischer Mythenbildung klar macht – bis heute von der Seite derer, die sie zu verantworten hat, nicht angemessen behandelt worden. In seinem Aufsatz "Beyond Eurocentrism. The World System and the Limits of Modernity" (Dussel 1998) vertritt er die These, dass die Tendenz der europäischen Zentren, sich für den Nabel der zivilisierten Welt und für die Ursprungsquelle der Moderne zu halten, immer noch einem Exklusivitätsparadigma aufsitzt, das den Blick auf die Weltgeschichte trübt. Auch Beck bricht diese Sichtweise nicht auf.

Beck beruft sich gerne auf Kant, den aufgeklärten Verfechter einer kosmopolitischen Idee – aber schon der wusste, dass die Suche nach dem "ewigen Frieden" den Weg durch Aporien gehen muss. Und das nicht nur aus dem anthropologischen Grund, dass der Mensch ein gesellig- ungeselliges Wesen ist, sondern weil ein solches Unterfangen solange paradox ist, wie es unter den Bedingungen von Unfrieden "in Angriff" genommen werden muss. Kosmopolitische Politik lässt sich Kant zufolge nicht ohne Zwang durchsetzen, solange der Weltfrieden nicht als menschliche Notwendigkeit erscheint, sondern als Pflicht oder bloßer Zweck. (Kant 1964: 203; 231) Unfrieden hat sich seit Kant weltweit ausgebreitet. So können wir nicht alte Utopien ausgraben, um sie als Orientierung zu verwenden, ohne alle Schichten mitzubedenken, die sie begraben haben. Die Überlagerungen zu thematisieren, hieße Historisierung der Gegenwart. Auch die Kritische Theorie war nicht frei von Eurozentrismus, aber sie gab doch Denkanstöße, wie aus ihm herauszukommen sei, nämlich durch Selbstkritik in einer historischen Tiefendimension. Würde negative Dialektik ernst genommen, dann müsste Geschichtsbewusstsein im Zeitalter der Globalisierung heißen, nicht mit Hilfe formaler Gegenentwürfe in eine Utopie – das Positive – zu springen, sondern jene Verhältnisse in aller Schärfe zu analysieren, die so sind, dass es verständlicher Weise Kräfte gibt, die an einer gerechteren Gestaltung der Welt gar kein Interesse haben. Beck meint negative Dialektik durch die Halbierung von Reflexivität überwinden zu können: Er will der nationalen Axiomatik mit negativer Kritik begegnen, den kosmopolitischen Visionen dagegen mit positiver Bewertung. (Beck 2003: 402) Dieses Negativ-Positiv-Schema leuchtet nicht ein, denn kosmopolitische Ideen können durchaus mit einem imperialen Gestus auftreten, und der Versuch, Nationalstaatlichkeit aller erst zu erwerben, kann unter nachkolonialen Bedingungen für manche Regionen ein für sie als notwendig empfundener Schritt in die Unabhängigkeit sein. Den Anderen als gleichberechtigten Anderen zu akzeptieren, würde heißen, über solche geschichtlich ungleichen Bedürfnisse, so falsch sie in unseren Augen auch sein mögen, nicht einfach hinwegzugehen. Die getrennten Analyseschritte, in denen Negatives und Positives der Globalisierung nicht in ihren Wechselbeziehungen gedacht werden, lassen sich wohl kaum zu einer Kritischen Theorie zusammenaddieren, in der dialektisches Denken verankert ist.

Literatur:

Adorno, T. W., Negative Dialektik, Frankfurt a.M. 1966.
Adorno, T. W., Zu Subjekt und Objekt, in: Stichworte. Kritische Modelle 2, Frankfurt a. M. 1969, S.151-168.
Adorno, T. W., Zum Verhältnis von Soziologie und Psychologie, in: Gesammelte Schriften 8, Soziologische Schriften 1, Frankfurt a. M. 1972, S.42-85.
Aulenbacher, B., Die "zweite Moderne" ein herrenloses Konstrukt – Reichweite und Grenzen modernisierungstheoretischer Zeitdiagnosen, in: Knapp, G. A./Wetterer, A. (Hrsg.), Soziale Verortung der Geschlechter. Gesellschaftstheorie und Kritik I, Münster 2001, S.188-224.
Beck, U., Jenseits von Stand und Klasse?, in: Kreckel, R. (Hrsg.), Soziale Ungleichheiten. Soziale Welt, Sonderband 2, Göttingen 1983, S. 35-74.
Beck, U., Risikogesellschaft. Auf dem Weg in eine andere Moderne, Frankfurt a. M. 1986.
Beck, U., Der Konflikt der zwei Modernen. In: Zapf, W. (Hrsg.), Die Modernisierung moderner Gesellschaften, Verhandlungen des 25. Deutschen Soziologentages in Frankfurt am Main 1990, Frankfurt/New York 1991, S. 40-53.
Beck, U., Die Erfindung des Politischen. Zu einer Theorie reflexiver Modernisierung, Frankfurt a. M. 1993.
Beck, U., Jenseits von Stand und Klasse? In: Beck, U./Beck-Gernsheim, E. (Hrsg.), Riskante Freiheiten, Frankfurt a. M. 1994.
Beck, U., Was ist Globalisierung?, Frankfurt a. M. 1997.
Beck, U., Macht und Gegenmacht im globalen Zeitalter. Neue weltpolitische Ökonomie, Frankfurt a. M. 2003.
Beck, U./Beck-Gernsheim, E., Nicht Autonomie, sondern Bastelbiographie, in: Zeitschrift für Soziologie, Heft 3, Juli 1993, S. 178-187.
Beck, U./Beck-Gernsheim, E., Individualisierung in modernen Gesellschaften – Perspektiven und Kontroversen in einer subjektorientierten Soziologie, in: Beck, U./Beck- Gernsheim, E. (Hrsg.), Riskante Freiheiten, Frankfurt a. M. 1994, S.10-19.
Beck, U./Bonß, W./Lau, C., Theorien reflexiver Modernisierung – Fragestellungen, Hypothesen, Forschungsstrategien, in: Beck, U./Bonß, W. (Hrsg.), Die Modernisierung der Moderne, Frankfurt a. M. 2001, S.11-59.
Becker-Schmidt, R., "Individualisierung": Vergesellschaftungsform ohne Gesellschaft? Feministische Ideologiekritik an einer These von Ulrich Beck, in: Lenk, W./Rumpf, M./Hieber, L. (Hrsg.), Kritische Theorie und politischer Eingriff, Hannover 1999.
Becker-Schmidt, R., Matrix und Junggesellenmaschine – Identitätslogik in naturwissenschaftlichen Diskursen, in: Kuhlmann, E./Kollek, R. (Hrsg.), Konfigurationen des

Menschen. Biowissenschaften als Are a der Geschlechterpolitik, Opladen 2002, S. 79-94.

Beer, U., Geschlecht, Struktur, Geschichte. Soziale Konstituierung des Geschlechterverhältnisses, Frankfurt a. M/New York 1990.

Benjamin, W., Ausgraben und Erinnern, in: Gesammelte Schriften Band IV 1, Frankfurt a. M. 1981.

Benjamin, W., Geschichtsphilosophische Thesen, in: Illuminationen, Frankfurt a. M. 1955.

Born, C./Krüger, H., Individualisierung und Verflechtung, Geschlecht und Generation im deutschen Lebenslaufregime, Weinheim/München 2001.

Demirovic, A., Der nonkonformistische Intellektuelle. Die Entwicklung der Kritischen Theorie zur Frankfurter Schule, Frankfurt a. M. 1999.

Dussel, E., Beyond Eurocentrism. The World System and the Limits of Modernity, in: Jameson, F./Miyoshi, M. (Hrsg.), The Cultures of Globalization, Durham/London 1998, S.3-31.

Fox Keller, E., Language and Ideology in Evolutionary Theory: Reading Cultural Norms into Natural Laws, in: Sheehan, J. J./Sosna, M. (Hrsg.), The Boundaries of Humanity. Humans, Animals, Machines. Berkeley, Los Angeles/Oxford 1991, S. 85-102.

Gildemeister, R./Robert, G., Vergeschlechtlichung – Entgrenzung – Revergeschlechtlichung. Geschlechtsdifferenzierende Arbeitsteilung zwischen Rationalisierung der Arbeitswelt und 'postindustriellem Haushaltssektor', in: Honnegger, C./Hradil, S./Traxler, F. (Hrsg.), Grenzenlose Gesellschaft? Verhandlungen des 29. Kongresses der Deutschen Gesellschaft für Soziologie in Freiburg i. Brsg., Opladen 1999, S. 110- 126.

Haraway, D., Situiertes Wissen. Die Wissenschaftsfrage im Feminismus und das Privileg einer partialen Perspektive, in: Scheich, E. (Hrsg.), Vermittelte Weiblichkeit. Feministische Wissenschafts- und Gesellschaftstheorie, Hamburg 1995, S. 217-248.

Haraway, D., Genfetischismus, in: Das Argument. Zeitschrift für Philosophie und Sozialwissenschaften, 4. Jahrgang 4/5, 2001, S.601- 614.

Horkheimer, M., Memorandum über das Instituts für Sozialforschung an der Universität Frankfurt a. M. 1950 (zitiert nach Demirovic 1999: 373).

Horkheimer, M./Adorno, T. W., Dialektik der Aufklärung. Philosophische Fragmente, Amsterdam 1947.

Horkheimer, M./Adorno, T. W., Familie, in: Soziologische Exkurse. Frankfurter Beiträge zur Soziologie, Bd. 4, Frankfurt a.M.1956, S. 116-132.

Kant, I., Zum ewigen Frieden. Ein philosophischer Entwurf, in: Schriften zur Anthropologie, Geschichtsphilosophie, Politik und Pädagogik. Werke in sechs Bänden, Band VI, Darmstadt, S. 195-251.

Knapp, G. A., Segregation in Bewegung. Einige Überlegungen zum "gendering" von Arbeit und Arbeitsvermögen, in: Hausen, K./Krell, G. (Hrsg.), Frauenerwerbsarbeit. Forschungen zu Geschichte und Gegenwart, München 1993.

Kollek, R., Metapher, Strukturbilder, Mythen – Zur symbolischen Bedeutung des genoms, in: Trallori, L.N. (Hrsg.), Die Eroberung des Lebens, Wien 1996, S. 137-153.

Negt, O., Globalisierung und das Problem menschlicher Risiken. Ideologiekritische Anmerkungen zu den Modernisierungstheorien von Ulrich Beck und Anthony Giddens, in: Realitätsverleugnung durch Wissenschaft. Die Illusion der neuen Freiheit. Kritische Interventionen 3, Hannover 1999, S. 11-51.

Nelkin, D., Die gesellschaftliche Sprengkraft genetischer Informationen, in: Kevles, D. j./Hood, L. (Hrsg,): Der Supercode. Die genetische Karte des Menschen, München 1993, S. 195-219.

Notz, G., New Visions – Old Roles; The so-called Third Sector, "Citizen Work" and Other Concepts: Their Impact on Gendered Division of Labor. (Referring to Industrialized Countries), in: Becker-Schmidt, R. (Hrsg.), Gender and Work in Transation. Globalization in Western, Middle and Eastern Europe, Opladen 2002.

Rerrich, M. S., Von der Utopie der partnerschaftlichen Gleichverteilung zur Realität der Globalisierung im Haushalt, in: Gather, C./Geissler, B./Rerrich, M. S. (Hrsg.), Weltmarkt Privathaushalt. Bezahlte Hausarbeit im globalen Wandel, Münster 2002, S. 16-29.

Rilke, R. M., Archaischer Torso Apollos, in: Werke Band I 1, Frankfurt a. M. 1982.

Ritsert, J., Soziale Klassen, Münster 1998.

Siegel, T., Das ist nur rational. Ein Essay zur Logik der sozialen Rationalisierung, in: Reese, D., u.a. (Hrsg.), Rationale Beziehungen? Geschlechterverhältnisse im Rationalisierungsprozess, Frankfurt a. M. 1993, S. 363-396.

Weiss, J., Die zweite Moderne – eine neue Suhrkamp-Edition, in: Soziologische Revue, 21, 1998, S. 415-426.

Wetterer, A., Rhetorische Modernisierung: Das Verschwinden der Ungleichheit aus dem zeitgenössischen Differenzwissen, in: Knapp, G. A./Wetterer, A. (Hrsg.), Achsen der Differenz. Gesellschaftstheorie und feministische Kritik II, Münster 2003, S. 286-317.

Weyand, J., Adornos Kritische Theorie, Lüneburg 1999.

Reflexivity and Singularity

Scott Lash

In this contribution, I want to focus on Ulrich Beck's idea of 'reflexivity'. I want informally to talk of the way in which I have related to a changing notion of this amazingly fertile idea. The bulk of this contribution is a sort of social-philosophical reflection on the meta-theoretical assumptions of reflexivity. The argument is that reflexive modernization involves a notion of the subject that is characterised by 'singularity'. It is that the transcendental and universalist subject of simple modernization is displaced by the more immanent and singular subject of reflexive modernization. I make this argument partly through a discussion of the 'monadological' assumptions of reflexivity. Then I turn to Beck's more recent work on 'cosmopolitanism', and the contrast of a cosmopolitan Europe with an implicitly imperial America. In this model European collective subjectivity follows from the singularity and difference of reflexivity. In contrast American collective subjectivity may be atomistic, homogenous and indeed 'universalist'.

Ulrich Beck has two main theories of reflexivity that have underscored his work for the past two decades. These underpin the still very important notion of reflexive modernization. The first has to do with individual choice, with subjects who make certain choices in reflexive modernity. In contrast these choices were made for them in simple modernity. That is there is choice, there is necessary freedom in reflexive modernity in all sorts of areas in which there is necessity in simple modernity: from the family, to labour markets. In reflexive modernity we are to a far greater extern risk-takes than in simple modernity. Choice, in this sense, always involves risk. Here is Beck's risk thesis and individualisation thesis come together. The idea of a reflexive individual has to do with a certain *Innerlichkeit*, a certain depth of the subject. Such an idea of the individual is much different than rational choice theory. Beck does not at all assume instrumental rationality on the part of the individual, as does rational choice theory. The second notion of reflexivity Ulrich Beck has always understood more in terms of reflex. This second type of reflexivity is a property of society or institutions. It is a property indeed of systems, is more on the surface like a reflex. Reflexive-modern institutions and societies diverge from those in simple modernity in their self-referentiality. Simple modern (SM) institutions are characteristically externally determined. They are mechanistic in contrast to the vitalism of reflexive modernity (RM). SM institutions are mechanistic more a Darwinist than a Newtonian sense – hence the various functionalisms, from Spencer to Parsons. It is this increase in individual autonomy and institutional self-reference that leads also to the characteristic 'unintended consequences' of reflexive modernity. Both individuals and society engage in risk-taking. It is interesting briefly to contrast Max Weber and Beck on this. Weber's *Verantwortlichkeitsethik* (ethics of responsibility) also has a very central place for unintended consequences. Ulrich of course is also concerned with responsibility especially in books like *Gegengift*, whose subtitle is 'organized irresponsibility'. But Weber's focus is much more on the responsibility and not being headstrong in regard to unintended consequences. Beck's is on the boldness of risk-taking itself. Hence say England's Tony Blair in his boldness is much more uncomfortable with Weber than with Beck.

Nonetheless we have in Beck two theories of reflexivity. What I want to argue is that these two theories do not stand in contradiction, but that they come together in assumptions of intensity, singularity and difference. Before I turn to this, let me say a little bit here about my own developments as a sociological theorist in relation to Beck and the idea of reflexivity. I encountered Ulrich when I was already forty years old as a Humboldt Stipendiat in Berlin, just after the publication of *Risikogesellschaft*. I was always I think much more Marxist than Ulrich. I had been in Althusser's and Poulantzas's seminars and indeed Foucault's lectures at the College de France in 1975 as a PhD student. I did and I continue to do political economy. I've never engaged politics per se as much as Ulrich. I've engaged much more with the economy and culture. By the early 1980s I had become, it seems permanently seduced by post-structuralism: always more with Deleuze and Lyotard of *Discours, figure* than with Derrida, Barthes and Lacan. So I was already very much formed as a scholar when I encountered. Ulrich. John Urry's and my *End of Organized Capitalism* was already in press, though not yet published when Ulrich and I met in 1987. This book has made a major impression in the Anglo-Saxon world five years previous to the English language publication of *Risk Society*. Risk Society has gone on to become possibly the most influential book in British sociology in the past fifteen years. Yet when I met Ulrich I had already written the article that was to form the foundation of my *Sociology of Postmodernism*. This article understood postmodernism in terms of a culture characterised by *Entdifferenzierung*. So when I met Ulrich the two main logics of what continue to be my theory of social change fragmentation (in *The End of Organized Capitalism*) and *Entdifferenzierung* were already, though just, there. My early and continuing debt to the work of Gilles Deleuze is shared of course by Bruno Latour. Equally my notion of de-differentiation is close to the shift from subject-object to quasi-objects and quasi-subjects in Michel Serres and Latour. Both have a lot in common with Deleuze's movement-image and Bergson's matter-image.

The first words Ulrich Beck said to me in a long-distance phone call were *Reflexive Modernisierung*. He said it with this amazing conviction and good humour. My initial reaction was a bit opportunistic. It looked like a good way out of the debates between modernism and postmodernism at the time. And it was. In *Reflexive Modernisierung*, published by Ulrich, Anthony Giddens and I in 1994, I was clearly the odd guy out: the mole. Indeed I am relieved today when people refer to the position as Beck and Giddens and not me along with them. In terms of globalization and geo-politics, I am much closer to Hardt and Negri's *Empire* than to the two distinguished sociologists. As a 'Deleuzo-marxist' since the early to mid 1980s I welcomed the publication of *Empire* in 2000. The ideas of intensity, singularity and difference I will develop here have a strong relation to that sort of perspective. All the same, and especially in this context, my intellectual debts to Ulrich are considerable. In *Reflexive Modernisierung* I was critical of Beck and Giddens for a subject-object idea of reflexivity, which overly stressed the cognitive dimension. In contrast I suggested a more aesthetic idea of reflexivity and modernity. I was championing say Adorno's idea of negation through the aesthetic. In this sense Giddens and Beck as well as Habermas would come closer to Adorno's idea of identity-thinking. For Adorno critique was the disruption of identity-thinking, partly through the aesthetic. Implicitly I was arguing that the subject-object assumptions Beck and Giddens and also Habermas were associated with a sort of very sophisticated neo-positivism, to which I counter-posed what I called 'hermeneutic' reflexivity. Yet at the same time Beck's work seemed to constitute a paradigm shift away from such neo-positivism. His ideas of unintended consequences and system-reflexivity take him away from do take him away from the register of identity into what is much more a problematique of difference. I will address this further below.

My contribution to *Reflexive Modernization* was written in 1992-93. Ten years later the idea of reflexivity, from Beck has remained with me. But it has changed vastly. And I think this change brings me back closer to Ulrich's original intentions. In 2001 I wrote an introduction to the Beck's *Individualization* that was modified for the *Theory, Culture and Society* issue on reflexive modernization. Here there is a paradigm-shift in my use of reflexivity: it is understood as non-linearity. Now reflexive modernity becomes complex modernity. And reflexivity becomes the non-linearity of complexity. This non-linearity is then self-causation. So simple modernity features external and thus linear causation. And reflexive (complex) modernity features self- and thus non-linear causation. Self-causation is at the same time internal causation. And in this sense if simple modernity is a regime of extensity then reflexive modernity is a regime of intensity. Thus I am no longer trying to contrast a hermeneutic or aesthetic reflexivity to a cognitivism and neo-positivism. But instead the assumption is that in reflexive modernity the positivist/hermeneutic (or phenomenological) counter-position no longer makes sense. When reflexivity becomes self-organization then we go beyond phenomenology and positivism. We see that the counter-position of positivism and hermeneutics is a property of simple modernity. It is a continuation of the Newton versus Romanticist dualism. The only difference is that with sociological positivism Darwin had intervened and biology took on mechanistic colours. What happened was that mechanism turned into functionalism. The point is that in reflexive modernity this dualism is overcome, though not in any Hegelian sense resolved. It is overcome in self-organisation, a principle that becomes prominent in science, social science and the like. Beck also wants to separate himself from Hegel and Adorno and depth hermeneutics in his distinction of reflexivity from reflection. In contrast to phenomenological reflection that deals with meaning, reflexivity is *operational*. It is, not so much the self reflecting on self, but the self in the process of operating on the self: the self in the process of self-modification. Thus, in simple modernity we contrast positivism's causation with hermeneutics' meaning. In reflexive modernity we get neither cause nor meaning but instead operation. This operationality is not the instrumentalism of Newtonian simple modernity. This reading of reflexivity – which comes much closer to what Beck says he meant – puts the notion much more in the universe of Bruno Latour and Niklas Luhmann than that of Tony Giddens and Jürgen Habermas. This attests to the concept's continuing relevance.

Non-linearity, and complexity, in the natural and social sciences have a close connection with vitalism (Lebensphilosophie). The two most prominent vitalist figures are Friedrich Nietzsche and Henri Bergson. Ilya Prigogine, whose work influenced Risikogesellschaft was very much influenced by Bergson. At issue is Prigogine's understanding of complexity, non-linearity and irreversible time in thermodymanics. Among sociologists, Simmel was influenced by Bergson and Nietzsche. Simmel's description of the *Übermensch* is very much as reflexive Mensch. Now vitalism and non-linearity operate in a world of *intensity*. Here intensity is not the opposite of blandness. It stands in opposition instead to *extensity*. In this sense simple modernity is extensive while reflexive modernity is intensive. Reflexivity means always a sort of inward flexion. Simple modernity may be 'flexive', but Second Modernity is re-flexive. It is the inward flexion, which makes for the self-organisation of reflexive modernity: for the self-organisation of individualised subjects – and for that matter of objects – in the second modernity. Objects that were extensive in simple modernity become intensive. This is a further convergence between Beck and Latour. Classical and simple-modern subjects are timeless and space-less: they are not self-organizing because they do not change. The classical subject is a being, the reflexive subject a becoming. The subject of simple modernity only becomes the reflexive subject when he/she becomes Latour's and Michel Serres' quasi-subject. The classical subject as fixed being only becomes reflexive and self-modifying becoming as he/she descends into the world as a quasi-subject. The same is true of the object. The classical object of simple modernity is a mechanical object. It too is a being, but a caused and externally modified being. In reflexive modernity objects too become self-organising. As such they partly ascend from as it were below the world, here they were hypostatised into the world. Thus we have Serres/Latour's quasi-objects. These quasi-objects as self-organising: they are no longer primarily extensive but intensive.

At the root of this intensity is some notion of mind; self-organizing systems and quasi-objects partake of mind. When subjects descend from the timeless and space-less ether of the classical subject into the friction-filled world of Second Modernity, they come to partake of matter. The classical (simple-modern) subject as pure mind and the classical, simple-modern object as pure matter are superseded. The reflexive subject becomes matter-mind, and the intensive object mind-matter. At stake at the same time is the transition from manufacturing capitalism to information society. Ulrich Beck's idea of reflexivity gives us a theory of the information society. This is because information is intensive in the same sense as manufacturing is extensive. Information is light because it is intensive. This is not 'living' exactly 'on thin air' as Charles Leadbeater says, but it is living a lot more lightly. The origins of this are in Descartes and his distinction between *res extensa* and *res cogitans*. Res extensa here is mechanical: it is pure matter. Res cogitans is pure mind. Mind here for Descartes is 'monadological'. Cartesian res extensa is mechanical, it is atomistic. Res cogitans is spiritual, it is monadological. The mechanical atom stands in contrast to the spiritual and vital monad. In atomism fundamental being is atoms and beings are built from atoms. Atoms are identities: they are equivalents. Thus pure oxygen is comprised of identical atoms. If fundamental being is the monad, then empirical beings are built from monads. But the monad as simple substance is not identity: it is difference. Every monad is different from every other. The atom is mechanically and externally caused: the monad is self-organising. The atom is unchanging. It lives in the world – as Prigogine noted of reversible time. The monad is constantly changing. It is not a being, but a becoming. Every monad is different from every other because it lives an irreversible time. Atoms do not have memories. Monads do. Atoms are not path dependent as are monads. Monads whether quasi-subjects or quasi-objects – whether reflexive subject or intensive objects – have traces. These traces constitute their difference. Their difference from any other monad, and their difference form themselves at any given point in time. Thus the subject of reflexive modernity is different.

This stands in contrast to the universalist subject of simple modernity, and its assumptions of timelessness and spacelessness. We are back to Bruno Latour's theory of quasi-subjects and quasi-objects. His thesis of 'we were never modern' – where subjects and objects always really were 'quas'i – is thus only conceivable in an age of reflexive modernity. The difference between Latour and Beck is what Latour along with Spinoza, Leibniz, Bergson and Deleuze – takes as ontology (i.e. we were 'always' like this), Beck takes as *sociology*, meaning we are only like this in reflexive modernity.

If we take Descartes a step further, res cogitans becomes something like the opposite of res extensa. Res cogitans becomes res *intensiva*. Res cogitans was monadological. This is important because, as we saw, monads are reflexive. Reflexive modernity is somehow monadological. Information for Gregory Bateson is comprised of difference. If there is no difference, there is no information. Information is not formless. It is inwardly turned form. It is reflexive form. In the manufacturing society form is volumetric: it is less information than it is 'ex-formation'. Exformation is in principle based on identity and underscores the commodity, the homogeneity of the commodity. Information is self-organising form. It is form as difference. Simple modernity is a subject-object order. Here the universal, timeless-spaceless subject subsumed and encountered the particular, object. The subject caused, although it did not self-cause as it did not change. The particular object was caused. In reflexive modernity, the previously hyperstatised subject is no longer universal: it descends into the world as a singularity. The particular, previously hypostatised object ascends into the world and becomes a singularity. The subject and objects are reconstituted not a identity but as difference. The age of reflexive modernity is the age of difference. The universal subject has no name. It is the abstract 'I'. The singular subject has a name. It is not a common name (noun) like 'man', but a proper noun (name) like say Abraham, or Adam.

The subject in reflexive modernity (RM) is involved in a double movement from the subject in simple modernity (SM). The simple modern subject as individual in social life is determined. The SM subject is determined on the one hand by institutions. On the other hand he/she is determined as an instrumentally rational individual. Free choice on the market is hardly freedom. Kant understood this instrumental subject in terms of what he called 'empirical reason'. This for Kant was the subject of necessity. The realm of freedom on the other hand was the realm of 'pure practical reason'. This freedom was freedom from having to be instrumentally rational. Possessive individualism, what comes under the heading of 'free choice' in the neo-liberal sense is thus just another form of necessity. In reflexive modernity the subject is also free to reject such possessive individualism. The RM subject in Kant's sense is a rule finder and not a rule follower. Here again the subject becomes singular.

We have had a brief look at the social-philosophical assumptions of Beck's theory of reflexivity. Focus has been on the shift from a realm of universalism to one of the singular and of difference. In this the self-organizing reflexive subject is difference just as the informational object is difference as we shift from an age of simple to reflexive modernity. We have tried to identify the cosmology, the metaphysics, and the ontology of difference underling reflexive modernity. We recall that this is not Beck's ontology. As a sociologist, his ontology is not of interest. Beck and the sociologist is not ontologically musical in the sense that Max Weber described himself not to be not 'religiously musical'.

This social ontology of RM would seem very much to inform the theory of 'cosmopolitanism' that Beck has recently developed. At least in the English-speaking world this idea is a new departure and represents a rejuvenation of his thinking. Beck's idea of cosmopolitanism is rooted in the above-described cosmology of singularity and difference that subtends the idea of reflexive modernity. This stands in contrast to other leading ideas of cosmopolitanism such as David Held's. Held's idea, it seems to me, is a creative amalgam of Habermas and the 'Third Way'. In it Habermas' ideal speech situation is perhaps more as it was conceived some fifteen to twenty years ago rather than in Habermas' more recent ideas of *Verfasssungspatriotismus* (constitutional patriotism). Theories like Held's are rooted in a universalism of a much more transcendental subject rather than the singularity and difference of Beck's much more contingent subject. Beck's subject might seem to have more in common with Charles Baudelaire's self-image of having been cast adrift as the flotsam and jetsam on the flow, the rapids that constitute the modern.

This shift from Held's universal to Beck's singular is that it is transferred to the sphere of collective subjects, those collective subjects that are states. At stake here are international and trans-national geopolitics. We arrive at rather polar opposite world-pictures in geopolitics in these two points of view. For Beck we think of states as singularities: we understand states and nations in their difference. In Held's discursive will-formation universalism states lose their qualities as singularities. Discursive will formation on this view will lead to a democratic global civil society for all states. Although there is a universalist instance, a transcendental, though discursively generated through discursive argument, it seems to have a particular outcome. This is an outcome that pays much less attention to the singularity of states, of nations, or of difference. Such ideas of discursive will formation are then tied to 'the Third Way'. Now the outcome is tied also normally also to liberal ideas about markets. It is tied surely to certain types of surely well meaning human-rights discourse. Such discourse is often not so strong on cultural rights in the sense of the above-suggested right to difference. Held's sort of cosmopolitanism tends to make one think in terms of a relatively homogenous world order. It is not difficult to mobilise such a framework to justify military intervention. This neo-liberal universalism and indeed atomism (in the sense of assumptions of homogeneity) is different from neo-conservatism. It is more connected to an ethical neo-politics that one might associate with New Labour in the UK. Yet there is a certain convergence with the writers in *Foreign Affairs* such as Robert Kagan. Kagan, of the Carnegie Endowment for international Peace and his colleague William Kristol, together head up the Project for the New American Century. They are authors of a the influential article 'Towards a Neo-Reaganite Foreign Policy' published in *Foreign Affairs* in 1996. This is an argument for breaking with the *Realpolitik* of Henry Kissinger and George Bush père that was based on the recognition of the power blocs and the rights of states. Kristol and Kagan argued that – after 1989 – the United States need no longer subscribe to such a geo-politics. But that a new more aggressive unilateralist and properly imperial international relations was possible. Kagan followed this up with his much more recent *Of Paradise and Power: America and Europe in the New World Order*. At stake in this is the now much trumpeted contrast of American Hobbesians versus European Kantians:

or American Martians versus European and (womanly) Venetians. It seems to me that Beck's theory of cosmopolitanism is at least implicitly in this context European, and thus Kantian. I do realize that many in this volume will disagree with me on this. It is also true that Ulrich's work on cosmopolitanism could be interpreted in other ways. Nonetheless in comparison with Kagan and even Held Beck does seem to be the Kantian. The Kant essay of course that Kagan is referring to, is *Perpetual Peace: A Philosophical Sketch*. Kant wrote this essay in 1795 at the age of seventy-one, well into his 'critical' period. Yet Kagan refers to the Kantian position as 'post-modern' in contrast to America's modernist Hobbesians. What Kagan seems to mean by post-modern Kantianism is that nations are understood in terms of what we described above as difference. We know from for example Leo Strauss' *Natural Right and History* that Hobbes was a Galilean and a very strong atomist. Hence there is a very strong idea of universal and particular in Hobbes and assumptions of homogeneity. Now post-critical Kant is of course a Newtonian and an atomist in his epistemology. In his ethics and aesthetics things are more complex. But we also know that the pre-critical Kant was Leibnizian and a monadologist. Indeed sociologist Georg Simmel wrote his PhD thesis on pre-critical Kant's physical monadology. In this (and every) monadology there is a monist cosmology of the singularity that was only later ruptured into universal and particular. The point is that Kagan gives an implicitly monadological reading of Kant here. What we are looking at is Europe as a chain of singularities, as a combinatoire of differences. On this view each nation is a reflexive, self-organising singular entity. On this view there are a set of implicit treaties between these singularities. These implicit treaties also are based on some sort of idea of unintended consequences if they are broken. The singular is buffeted on the winds, the stream of temporality. The universal, the transcendental is not. The transcendental presumes it can have perpetual security. The singular forms connectivities for peace, in the knowledge that it is awash in a sea of insecurity.

This contribution is surely not arguing for the confederal against a federal Europe. Neither do I think is Beck. I do not mean explicitly treaties between states. What I am getting at is an idea of Europe that corresponds a bit more to Japanese economist Masahiko Aoki's idea of *The Firm as a Nexus of Treaties*. These are not literal treaties, though at stake are certain structured transactions between the various parts of the firm. Here we see the firm not as Hobbesian hierarchy, but as a horizontal nexus of treaties. This is not hierarchy but involves flexibility in the best sense of the word. Here parts of the firm become reflexive self-organising components, whose difference is guaranteed in regard to these transactional relations. In this model of the firm each these entities is also somehow design-intensive, somehow a laboratory. On this model somehow this nexus of singularities reflexively and together is making the firm into what it is becoming. Now in place of the firm, think Europe. This is Europe as not postmodernist so much as post-*fordist*. Again the key is that each nation is a finite singularity, a monad, a self-organising intensive system. In this we have the displacement of reflexivity onto the collective. At issue is what the *Ursoziologe* Gabriel Tarde in *his* monadology called the 'collective brain'. Similarly for Beck this is Europe as reflexive and cosmopolitan.

So we have Europe as a nexus of treaties, a nexus of connected and of intelligent difference, latticed into communication. Each nation here is more than just reflexive, or self-organising. Niklas Luhmann gives us a theory of self-organising systems. But these are 'operationally closed'. Unlike Luhmann's systems at stake here are operationally open systems, working through connectivities, through also mutual relations of intelligence and affect. This seems to be the Kantian and reflexively self-designing Europe, based on an ontology of difference, that Kagan deplores and Beck seems to applaud. This is the basis of cosmopolitanism. The traditional atomistic assumptions of human rights from simple modernity are necessary, but they certainly are not sufficient. Human rights are attached to atomised subjects, to identical subjects. In reflexive modernity the age of difference, we are no longer – pace Held and Kagan – primarily dealing with universal subjects and an atomised *peuple*, but with reflexive and self-organising multitudes. This it seems is at the core of cosmopolitanism. At issue are cultural rights: rights that are subsequent to T.H. Marshall's famous triumvirate of legal, political and social rights of citizenship. Marshall gives us equal rights before the law, the right to vote and hold office and rights to a decent standard of living. Each of these attached to atomised subjects, to homogenous entities of the Rousseauan peuple. Cultural rights – rights to difference – is from a new and more recent age of reflexive moderntiy. Here rights holders are singular subjects. At stake are right to difference.

I have never written in a *Festschrift* before. I suppose that the *Schriften* in *Festschriften* are gifts. The Anglo-Saxon world is not as generous as central Europe. I suppose what I wanted to do in this piece as I guess a gift for Ulrich was point to some meta-theoretical assumptions that underlay the theory of reflexivity and connect it with his more recent concept of cosmopolitanism. I have argued that the connection is to be found in the notion of singularity. I have argued that reflexivity presumes a singular subject, as does cosmopolitanism. Both go beyond the simple-modern juxtaposition of universal and particular, and its associated atomism. Opposed to the determined and Hobbesian-Cartesian atom is Leibniz's monad. All monads are different from all others. Yet at issue are not Leibniz' eternal and 'windowless' monads, but the monads of the aforementioned Gabriel Tarde which are contingent and make connections. Beck's reflexive individuals and societies are like Tarde's monads. Sub-politics is self-organising or it isn't at all. Sociology has come full circle after some 130 years from Tarde to Beck. One last point. When you speak sociology, religion (for better, or usually, for worse) is never that far away – whether it is positivist paradise, people's opiate, capitalist spirit or primitive forms. The origins of the philosophical and sociological idea of singularity and the monad are also, it seems, religious. The monad seems the source of Baruch Spinoza's particular take on Judaism, for which he was abjected by his contemporaneous rabbis. Gottfried Wilhelm von Leibniz spent two years in Spinoza's vicinity in Amsterdam, emerging with his own Kaballistic Christianity. Here God is not the universal but the singular. He has a name: Jahweh. Not the universal but the singular is primordial. The primordial is not to be perceived: it may be experienced. It is approached not through perception, but through apperception. At stake here is a religion, and perhaps not a theology, with one single substance: *res cogitans* is everywhere. Everything is reflexive. Everything is primarily not extensive but intensive. Everywhere are singularities, and in each singularity is comprised a combinatory of relations, a world, from the point of view of that particular monad. It is not difficult to understand the horror with which Spinoza's immanent religiosity was greeted. This immanent religiosity comes back in sociology in reflexive modernity. It emerges for example in Bruno Latour's *Iconoclash*. Sociologists do not need to be rocket scientists to see in it an elective affinity, less with Protestantism than with Latour's Catholicism. In more than fifteen years of friendship, I have never spoken to Ulrich Beck about religion. I do not know even whether his background is Catholic or Protestant. I somehow suspect Protestant. I suspect a lot more strongly that Ulrich, like the vast majority of Europeans (and not Americans) is quite thoroughly secular. Beck, unlike Latour as I mentioned, does not have an ontology. Nor I would imagine a religion. Beck however does, I am convinced, believes in sociology. For him the singularity, I have spoken of in this chapter, was not always, but is part and parcel of reflexive modernity. Ulrich is quite self-reflexively a man of his times. Ulrich and his work have been and continue to be in this sense both singular and cosmopolitan.

Assembling around SARS: Technology, Body Heat, and Political Fever in Risk Society

Aihwa Ong

Risk and Reflexivity

"Risk society" has become one of the great terms in modern sociology (Beck 1992). In a creative re-situating of Weber's rational action in the late twentieth century, Ulrich Beck explores technology as the central dynamic of contemporary social forms and uncertain future.

We live in a society where new knowledge not only produces unpredictability it also seeks to convert the unpredictable into calculable risks. Such "reflexivity" by institutions, experts, and individuals, Beck argues, contains the seeds of self-endangerment, since the solutions produce a variety of social and ethical outcomes for the way we live now.

For Beck, such reflexive modernization is about a particular historical conjuncture, contribu-ting a very powerful formulation to the study of contemporary forms of globalization. Reflexive modernization induces institutional crises, and "is tantamount then to the prognosis of difficult-to-resolve value conflicts on the foundations of the future" (Beck/Giddens/Lash 1994). Whatever comes after modernization – Beck makes tantalizing suggestions about subpolitics – involves specifically the reform and rationalization of modern forms of life. As an anthropologist, I find the concept of reflexivity compelling, and a useful tool for investigating emerging social forms and ways of ruling and living. It seems necessary however, to separate reflexivity – the conversion of uncertainty into manageable risks and their unpredictable effects on biological and social life – from reflexive modernization as a stage in globalization. A broad category of modernization does not seem adequate to capturing the particular repetition, replication, but also the hybridity and combinability of social forms that are significant today. Furthermore, the idea of reflexivity as a unifying logic cannot accommodate the specific dynamism of social phenomena and events associated with globalization. Clearly, a non-structural approach is needed that attends to the specificity of combinations, interactions, sites, and effects of technological change.

This paper suggests an approach at the mid-range level that can attend to the fluidity, contradictory and heterogeneous social forms and interactions associated with the spread of technology and risks. I propose a form of inquiry that examines globalization as a problem-space in which it is possible to investigate questions that concern the formation and transformation of the forms and values of biological and social life. With Stephen Collier (forthcoming), I suggest the term global *assemblage*, or a mobilization of significant connections among diverse elements that have open-ended effects on the meanings of individual and social life. In an interpretation of complexity theory, the focus on assemblage reveals how actors – including social analysts – define and respond to a problem by assembling diverse resources in a contingent and provisional manner, with varying effects on emerging forms of modern ways of living.[1] The concept of reflexivity – basically a process of problematization – also suggests that the analyst stays close to reflexive practices and the specific assemblages of technology, politics and ethics that articulate shifts in global forces, without needing to use such cases to make epochal claims.

Assembling around SARS

Technological innovations often create "new areas of unpredictability...by the very attempts that seek to control them."[2] This view is now widely shared by ordinary observers and people around the world. Even before September 11, 2003 ratcheted up fears of global risks, the world has been rocked by spreading violence, financial crises, and an array of devastating viruses and diseases, from HIV and Ebola.[3] The migration of infectious diseases makes us keenly aware that we are enmeshed in the same global ecology, but responses to health threats have been highly fragmented and uneven, and not along a united global front. In other words, there has been neither singular determination nor single logic in the ways technology and politics have sought to solve global problems. Instead, the multiplicity, variety and even contradictory efforts have produced a range of ethical dilemmas and consequences for the meaning and value of different categories of human life. For instance, particular assemblages of biomedical techniques, drug companies and political practices have emerged to combat the spread of the HIV virus, with highly variable effects on patients in rich and poor countries. While gay activism in Western democracies has made drugs widely accessible to the majority of HIV patients, poor patients in African countries must become part of a therapeutic network in order to receive treatment (Nguyen forthcoming). The recent outbreak of a new lethal airborne disease SARS – Severe Acute Respiratory Syndrome – allows us to explore, at its emergence, the assemblage of technology, politics and ethics in combating the disease, especially in East Asia, where it originated. The specific assemblage of institutions and actors to combat SARS is an instance of how to control the latest global disease, but also has potent effects on modern human value in sickness and in health. My questions will be: a) What kinds of diverse elements have been gathered to tackle the SARS crisis? What scientific and administrative practices are put into circulation? b) How do these technical norms and instruments configure a space of calculation that exceeds national borders? c) Within this techno-ecological zone, how do individuals and populations become subject to rational risk calculation?

Bruno Latour remarks that techno-scientific attempts at predictability depend on the expansion of networks among centers of calculation (Latour 1987). Immediate responses to the SARS virus called into being an assemblage of institutions, governments and ethics mobilized "at a distance" (Latour 1987: 172, 222-228). Health authorities in Asian cities, global health institutions converged to put into play an array of medical, quarantine, and administrative practices, thus constituting a network of common calculation regardless of national borders.

---

1   In a sense, this formulation is a transformation of complexity theory as anthropological problems. For complexity theory, see Prigogine/Stengers 1984.
2   Beck/Giddens/Lash 1994: vii.
3   For an important study of migrating diseases, see Garrett 1994.

The epicenter of the SARS virus is Guangdong Province, South China where human beings have long lived in close proximity to farmed wild life. As the disease spread, new and unexpected connections were forged between hospitals and doctors in Hong Kong, other Asian cities, and institutions such as the World Health Organization (WHO) and the Center for Disease Control in Atlanta. Researchers in Toronto and Atlanta traced the genome of the SARS virus. Doctors in Asian and American cities also compete to develop a diagnostic kit and potential vaccine. Hong Kong researchers traced the origin of the virus to farmed wild animals, which are part of the Chinese cuisine. As a result of the close links between Hong Kong and the mainland, authorities have decided to set up a new center for disease control in South China. Through new and unexpected connections forged between diverse centers and actors, crucial information and resources can be mobilized on a large scale and at a distance, shaping a specific institutional matrix for containing a health outbreak that menaces the world community.

A Techno-Ecological Zone

An assemblage of technology, institutions, and actors also defines its own space, or an organization of spaces that are brought into relation with each other. The infectious disease has into play new relations between nominally SARS-free and SARS-affected spaces that mimic ecological principles of stability and instability.[4] First, the spread of public-health and infection-control norms link different political spaces into a zone of technological regulation.[5] The SARS assemblage of medical expertise and politics not only gathers knowledge, it also circulates technical norms and practices that come to define a common techno-ecological zone of risk intervention and containment. Early on, hospitals and doctors in Asian cities and in Toronto (to which the virus had spread) shared information about the disease, and began to adopt a new regime of health security measures such as wearing masks, gown, and monitoring temperature. In Singapore, changes in hospital care have been far-reaching. Separate hospitals, isolation wards and rooms have been established. Minimal contacts are allowed between patients and visitors. Doctors check their temperatures twice daily, don "space-suit" gowns, work in separate teams on different shifts, and limit contact outside work.[6] Outside the hospital, daily temperature-checks are standard for taxi-drivers, school children (twice-daily), and those entering buildings. Taken together, these new practices exceed those adopted for dealing with AIDS, and have been adopted by other SARS-affected sites, constituting a new global regime of infection control.

It is clear that security depends on the scientific ability to spread global norms and instruments. Thus, an early obstacle to effective containment of SARS was the inability of Chinese doctors in Guangdong Province – the epicenter of the virus – to disclose medical information, or to provide it in such a fashion that health experts can trace and

---

4   Here, I argue that the ecological-industrial fusion works both ways in that technological innovations not only damage the environment, as Beck claims, but the former also mimics ecological principles. See Beck in: Beck/Giddens/Lash 1994: 51.

5   Andrew Barry (2001: 25) has argued that the circulation of technological instruments gives rise to "technological zones" defined by shared technical norms and regulation.

6   See, for instance, Prystay/Heinzl/Greene, SARS Produces Major changes in Hospital Care, The Wall Street Journal, May 7, 2003, B1: 7.

reconstruct the cluster-networks through which the disease spread like wildfire[7] As a result of international criticisms, Chinese authorities were enrolled into effective circuits for control of SARS. They adopted more consistent forms of record-keeping, information-sharing, institutional networking. New strict public health measures have been taken to combat unsanitary health practices in public places. In addition, individuals suspected of having been exposed the virus are put under various forms of home quarantine (see below). Thus, the technological response to the SARS threat has depended on the mobilization of institutional networks, and the spreading of techno-scientific practices so that various sites can be brought into line with global standards of sanitary practices and infection-control.

In any assemblage of significant relationships, there are stronger and weaker links, and some lines are more firmly connected than others. For example, a rapid connection between Vietnamese hospitals and the WHO officials produced the earliest successful control of the disease. The antiquated Chinese health system is belatedly pulled into this network linking centers of calculation. As a result, slow and limited response to the SARS outbreak in China, and the reluctance to involve in wider networks of health control, has allowed the disease to spread to different parts of the country. The Chinese response to the outbreak seems to have been dominated by the need to limit information in order to prevent social instability, rather than by an attitude that the conversion of uncertainty into calculable risk can bring things under control. Furthermore, they chose to limit medical information and isolate health institutions rather than to share knowledge or form relations with outside centers that seek to establish a common network of calculation. In short, effectiveness in containing risk, as in the case of Vietnam, depends on being linked to technical and administrative networks that link far-flung sites into order to combat the crisis.

Monitoring Body Heat

The techno-ecological zone is both defined by the spread of technical norms that regulate its borders, and also driven by ecological principles for regulating order on the edge of turbulence. New external lines of exclusion parallel internal lines exclusions. Technologies of risk calculation include the monitoring of population flow and mixing. From March to June, 2003 a WHO travel advisory warned travelers not to visit SARS-affected places – China, Hong Kong, Singapore, Taiwan and Toronto – thus immediately creating a region of contamination to be protected from global travelers. Within this region, populations are variously coded for administrative control – travelers from SARS-affected sites, travelers with fevers, SARS patients, health workers, SARS-exposed individuals, and persons living in SARS-condemned buildings.

The scanning of body heat becomes a device for regulating population flows across political and health borders. At airports and border checkpoints, nurses wearing masks and goggles greet arriving passengers in order to check their temperature and fill out

---

7   SARS is believed to have first spread from its epicenter in Guangdong when a stricken doctor went to Hong Kong, checked into the Hotel Metropole where he unwittingly infected a cluster of guests. These departed for destinations in Vietnam, Singapore, Toronto, and Taipei, from where infected individuals carried the virus to other global destinations. Health investigators thus sought health and travel records in order to trace the cluster-pattern of SARS transmission through contact and travel networks.

health forms. Very early in the outbreak, Singaporean authorities converted a military security operation into a thermal imaging camera that can pick out the temperature of arrivals. Normal exposed skin temperatures in the mid-90s (Fahrenheit) register as lime green, while feverish temperatures of 99.5 (or 37.5 Celsius) and above glow bright red. Travelers who show red on the screen are pulled aside and given a more conventional health check. Other Asian sites for monitoring the health of arriving travelers have since adopted the fever-sensing camera. Visitors arriving in Taiwan and Thailand from contagious regions are required to stay in isolation for ten days in designated hotels. In short, through the use of an array of medical and monitoring instruments, combined with quarantine, health sovereignty is asserted at border checkpoints, where body heat and body origin can be grounds for being turned back or thrown into quarantine. This device is yet another instance of unexpected connections – between military technology, health-scanning, and bio-political regulation – that emerged in organized responses to the SARS threat. The very fast and unobtrusive operation of the device – almost a form of hidden surveillance -, has not raised any ethical or legal challenges in these sites, but it has not been adopted for use in the United States since infrared imaging of home without warrant has been outlawed. Toronto, which is the only city outside Asia to be severely affected by the virus, is considering installing the camera to spot travelers with fever. A recent meeting of the ten-member Southeast Asian nations (ASEAN) decided that it is mandatory for all countries to undertake pre-departure screening at border-checkpoints. Countries like Malaysia and Thailand for a while did without scanners altogether; they simply banned visitors coming from SARS-affected regions.

The fever-sensing camera to keep out traveling SARS suspects is allied quarantine that enforces limits on citizens. Infection-control measures adopted from Beijing to Singapore include the temporary closing of schools, targeted restaurants and markets, the setting up of second offices, and frequent use of teleconferencing in place of face-to-face business activities. SARS patients, their families, and other individuals with association to the disease come under special administrative control. In Singapore, the health minister claims authorities are battling only with "the thermometer and quarantine"[8] but police and legal power back the enforcement methods. Outside the hospitals, heavy-handed techniques, including police officials unable to communicate with the language of SARS suspects, initially generated resentment and non-compliance among some individuals. This prompted authorities to impose heavy fines and imprisonment on SARS suspects if they break their ten-day home quarantines. Surveillance cameras are fitted inside and outside quarantined homes to make sure suspects do not venture out. Cell phones are used to check their presence and movements. Those who stray are tagged with electronic bracelets. Electronic wristbands were already in use to keep track of recovering drug addicts, and it has now been pressed into service to keep SARS suspects under continual control. Recently, the government offered a subsidized beach resort for quarantined individuals that allow visits by family members. These drastic measures have been hailed as key to the success of the city in limiting the number of SARS cases, compared to other Asian cities.

People in Hong Kong, who have long viewed Singapore as a rival city, take pride in the belief that their city is more freewheeling and "democratic". But as the Hong Kong

---

8   Bradsher, From the province of China, tracing crafty germ's spread, The New York Times, April 27, 2003: 19.

suffered setbacks in its infection control, citizens complain that their own government are behaving too much like a Western democracy and thus losing the momentum in halting the progress of the disease. Critics of the government point out that both Asian cities started out with one highly infectious person, but the death toll from SARS in Singapore has been around 200, compared to over 1,500 in Hong Kong. Early in the outbreak, for instance, SARS wards were open to visitors who then spread the disease in the community. Subsequently, entire buildings have to be quarantined. Inadequate supplies of masks, gowns, and other instruments plagued hospitals.

Indeed, the slow government response, and spreading SARS fears have shifted the attention of democracy advocates away from earlier protests over a new anti-sedition law to broad support for new internal security laws.[9] Legislators support calls for quarantine crackdowns, more surprise checks and more prosecutions of quarantine breakers. Police have broader powers to gather SARS-related information on family and personal contacts without a warrant, placing the data in a special computer database. Some democratic leaders want the police to round up family members of SARS patients and send them to remote camps. People who have associations with SARS victims are widely discriminated against, including by relatives, friends, and employers. In Taiwan as well, there is also mounting hysteria over the containment of the disease. The virus spread to the island a bit later than elsewhere, and the authorities, again taking pride in their "democratic" ways, are experiencing difficulty in containing the epidemic in hospitals. But as the disease continues to spread, there is mounting anger against individuals suspected of having been SARS-exposed for breaking the quarantine. In China, even more sweeping, Mao-era methods have been revived to combat SARS. Communist systems of surveillance – including neighborhood committees, work units, and village governments – have been re-empowered to enforce quarantines on people suspected of having contact with SARS patients, to teach sanitary methods to the public, and to keep travelers out of SARS-infected areas. A "people's war" has been declared against this disease, though there have been protests against its heavy-handed manner. Villagers have demonstrated against SARS-hospitals being located in their communities. Recently, the Chinese Supreme Court passed a legislation to impose severe penalties – ten years in jail or execution – for individuals who impede efforts to fight the virus.[10] Also, under the cover of SARS control, arrests have been made of civilian and religious groups framed as enemies of the state.

Thus, a new ethical space of problematization – health threat, economic health, and curbs on civil liberty – has opened up in relation to SARS, creating new regimes of living. On the one hand, people in Asian cities want leaders who are more rational and effective in administering bio-political problems and risks. They want bureaucrats to be able to anticipate and plan for risks, to incorporate risk management in their repertoire of administrative responsibility. They want to be linked to global forms of scientific and administrative analysis, norms, and practices in protecting the well-being of citizens. On the other, the there is growing feeling even among demo-cratic advocates in Asia that compromises must be made on human rights in order to contain and combat the infectious disease. SARS is now compared to weapons of mass destruction, since the health

---

9   Bradsher, To broad support, Hong Kong police take on an expanded role in Fighting SARS, The New York Times, April 25, 2003: 10.
10   Hsieh, Chine to execute willful SARS spreaders, The Straits Times (Singapore), May 16, 2003.

threat has dramatically reduced business and tourist travel to Asian countries, and decimated a wide spectrum of other industries. The irony then, is that draconian measures formerly viewed as violations of civil rights are now as considered necessary for handling a mass health threat to the population at large.

Feverish Pitch

The SARS outbreak is merely one recent example of the endless risks that keep many on the edge, in a state of perpetual, low-grade confusion. Beck has claimed that in a risk society, "...ultimately, *no one* can know about risks, so long as to know means to have consciously experienced. This fundamental theoretical trait of risk consciousness is of *anthropological* importance. ...Dangerous, hostile substances lie concealed behind the harmless facades. Everything must be viewed with a double gaze, and can only be correctly understood and judged through this doubling" (Beck 1992: 72). However, the anthropological consequences of risk society lie not only in speculative interpretations of hidden reality. Rather, the concrete human dilemmas emanating from rational calculations include the profusion of different regimes of human worth, thus raising the moral stakes of anthropological problems. The profusion of risks on the one hand, and the adoption of global calculative forms on the other, intersects in producing particulate ecologies of bio-medical belonging. In other words, the specific assemblage of technology and politics around the SARS virus has stirred up ethical and political conditions to a feverish pitch?

My brief comments above suggest the figure of an assemblage, not structure, to grasp the varied, fluid, and paradoxical conditions of contemporary life, where technology begets risks, and risk calculations beget new risks in other domains. The SARS case shows how global forms – immunology, genome research, hospital care, and public health measures – are brought into alignment with a variety of political actors in response to the health crisis. This contingent mix of technology, politics and norms constitute a particular ecological milieu where health and administrative practices define new ways of ruling and living.

First, concerns with security and securitization have added a whole new dimension to state sovereignty and civil rights. On the one hand, in a region where economies are traditionally dependent upon global links and flows, authorities began to more rigidly control borders. Whereas in the past, the chief concern was to keep out poor migrants or terrorists, today the threat is any traveler with feverish bodies. Such actions have created political tensions between say Malaysia and Hong Kong, threatening to disrupt trade relations long beneficial to both countries. Health sovereignty seems to have overshadowed the old sovereignty of open economy. On the other hand, SARS has persuaded Asian governments to collaborate more fully with the WHO, allowing it to regulate the ways each country manages health threats. A WHO representative in each nation will have the authority to take emergency action against future disease outbreaks. WHO teams (recruiting doctors from around the world) will check on the effectiveness of local controls of outbreaks, and draw on unofficial information in making assessments.[11] Closer links between WHO and SARS-affected sites mean that Asian public health practices are brought closer to global norms. Furthermore, whole new global health

---

11   Altman, WHO Expected to Gain Broader Powers, The New York Times, May 28, 2003, 11.

network has emerged out of the SARS assemblage of institutions and actors to form the core of a new international monitoring system to scan the world for other infectious diseases.

Second, the adoption of new infection control practices has rather unexpectedly given new political legitimacy to authoritarian measures. The SARS outbreak has changed many areas of everyday living – public and personal sanitation, intimacy, social interactions, use of public places, traveling, working, and leisure – in many global sites. The felt threat to individual lives are reinforced by vivid accounts of how patients fatally infect family members, the heroic work of nurses, doctors and researchers who become infected and sometimes die from SARS despite rigorous infection-controls. Large-scale quarantine measures that condemn SARS-infected housing estates, open-air markets, and other public spaces fed into public fears of a disease as invisible and pervasive as the air we breath.

People begin to learn new ways of dressing, socializing, working, leisure and traveling, and to avoid certain categories of SARS suspects who have their own travails. Thus, besides suffering from the emotional toil of these new regimes, people are haunted by the psychological fear of this way of life as the "new normal" of the future. There is a ground swell of support for draconian security actions, not only to ensure public health, but also the health of the economy. Anti-SARS measures are further justified in Singapore, where the state-controlled press seeks to distinguish the draconian methods from the sweeping "authoritarian" label imposed by the Western media on Asian governments. The legitimation for anti-SARS techniques is that they save lives, compared to the earlier, ineffectual efforts in China, another so-called "authoritarian" country.[12]

Even in Hong Kong, a special economic zone that is trying to maintain civil liberty against political pressures from Beijing, popular dissatisfaction with the "authoritarian" leaders have focused on their initial ineffective responses to the SARS outbreak. A former legislator blames the authorities for not responding quickly to the epidemic, despite recent experiences with repeated outbreaks of the avian flu (also traceable to Guangdong province). She calls on the authorities to have a sense of accountability, and to set up a monitoring system in order to anticipate future health crises.[13] A number of websites, including *sosick.org* has emerged as a forum for SARS-related stories, carrying complaints about bureaucrats who are both money-obsessed and ill-equip to deal with modern technological problems. Although protests continue over the passing of a new national security law, under the SARS-cover of the need for sweeping police power, the joint fears of the fever and continuing damage to the economy created an extremely dark mood, combined with an overwhelming desire for the technological efficacy that can secure the well-being of populations. In other words, a demand for the kind of systematic bio-political regulation that is still incomplete in many Asian nations.

There is a kind of irony in that the SARS-inspired debates about government in Asian countries have focused on the inefficiency of the authorities, their heavy-handed practices, but not on those authoritarian measures that curtail civil rights. Indeed, there

---

12 Jacob, Draconian? Singapore is just doing what it needs to fight SARS, The Straits Times (Singapore), may 3, 2003.
13 Loh, Next time, act quickly and decisively, The South China Morning Post (Hong Kong), March 28, 2003.

seems to be surging public demands for active trust in expert systems becoming allied to political practices normally not tole-rated in democratic countries or in normal times. But the SARS crisis raises the question of what is normal in a world of endemic, fast-spreading risks, when an ecological sense of security comes into play? This trust in technology, and rational administrative measures in infection control is supported as well by a psychological battle against fear and the emotional toll of the virus on individuals, society, and the economy. The very normality of calculated risk-taking has changed ethics, putting into circulation regimes of living that make compromises with the technologies of risk and security. Enmeshed in a techno-ecology to combat SARS and future plagues, people seek physical and psychological security in the conjoining of biomedical and administrative rationality. In Asian cities, there has been a dramatic shift in expectations of government, from promoting freewheeling wealth accumulation to technological capacities in sustaining health sovereignty. As a specific assemblage of technology, politics, and actors, SARS case is one kind of problem-solving in relation to a major risk, but its varied effects cannot be said to represent the political and ethical forms associated with risk confrontation everywhere. Indeed, we are in the era of immense risks born of technology itself – a proliferation of cyber- and bio-terrors or errors[14] – that will be combated by a variety of contingent assemblages with diverse outcomes for modern individual, social, and political life. The risk in a global structural claim is that we may anticipate the wrong kind of risk that can be calculated and controlled, averting global disaster.

References:

Barry, A., Political Machines: Governing a Technological Society, London 2001.

Beck, U., Risk Society: Towards a New Modernity, London 1992.

Beck, U./Giddens, A./Lash, S., Reflexive Modernization: Politics, Tradition and Aesthetics in the Modern Social Order, Stanford 1994.

Collier, S. J./Ong, A., Global Assemblages, Anthropological Problems, in: Ong, A./Collier, S. J. (Ed.), Global Assemblages: Technology, Politics and Ethics as Anthropological Problems, New York (forthcoming).

Garrett, L., The Coming Plague: Newly Emerging Diseases in a World out of Balance, New York 1994.

Latour, L., Science in Action, Cambridge, Ma, 1987.

Nguyen, V., Antiretrovirals, Biomedical Globalism and Therapeutic Economy, in: Ong, A./Collier, S. J. (Eds.), Global Assemblages: Technology, Politics and Ethics as Anthropological Problems, New York (forthcoming).

Prigogine, I./Stengers, I., Order out of Chaos, New York 1984.

Rees, M., Our Final Hour, New York 2003.

14　For a recent, chilling warning, see Rees 2003.

Risks and Mobilities

John Urry

Every now and then a new way of thinking about the social world occurs. And once that happens it is difficult to imagine how sociology had managed without that new way of thinking. It seems so obvious. Further it is often difficult to see why it had taken so long to get to that way of thinking; once 'discovered' it is hard to imagine what all the fuss was about. The new theory or concept or method can rapidly becomes part of the academic furniture, one of the props that supports or holds up sociological thinking. The distinctiveness of the innovation may thus be hard to see even just a few years later. It is normalised, part of the intellectual furniture that makes possible some understanding of the extraordinarily opaque and hard to fathom social world.

It is also often difficult to convey how problematic it is to generate productive new ways of thinking. Indeed most innovations have a very short shelf life; they never survive more than a few outings within various books, articles and papers. Like new start up companies new ways of thinking die rather rapidly and the author's innovation remains at best a small footnote in the history of their discipline. Not that those small footnotes are unimportant since building on the 'small footnotes' of others is how all disciplines make even faltering progress.

Intermittently however something more than a small footnote does occur and the new way of thinking becomes part of the furniture. Indeed to become part of the furniture is the best measure of success and scholarly achievement. Within sociology there are relatively few such bits of furniture. This is in part because the social world is so opaque, social systems are incredibly open, and there are extraordinarily diverse processes affecting human practices moving through time and across space.

Ulrich Beck's concept of *risk society* is one such innovation that has become part of the furniture of modern sociology, an innovation nicely simple to grasp but which conveys an illuminating argument that deals with how the results of social activities powerfully and unpredictably move through time and space. Beck argues that there is an epochal shift from industrial to risk societies. The former were based upon industry and social class, upon welfare states and upon the distribution of various *goods* organised and distributed through the state, especially of good health, extensive education and equitable forms of social welfare. These were organised societies, or what Scott Lash and I termed 'organised capitalism' with a national community of fate and large-scale political movements especially based upon industrial class divisions that fought over the distribution of these various 'goods'. In especially the post-war period in Western Europe there was a welfare state settlement in such industrial societies based upon achieving a reasonably fair if still unequal distribution of such goods.

By contrast risk society is based on the importance of bads. Risk societies involve the distribution of bads that flow within and across various territories and are not confined within the borders of a single society. Nuclear radiation is a key example of this. The risks of nuclear radiation are 'de-territorialised'. They cannot be confined into any specific space nor into any current sector of time. Such risks thus cannot be insured against. They are uncontrolled and the consequences incalculable. The unpredictable consequences of mobile radiation stemming from nuclear energy and weapons will last into the unimaginable future. These risks have resulted from corporations, states, scientists and technologists treating the world as a laboratory. These risks are thus not simply physical effects although they have profound physical consequences. Such risks are difficult to see or even more broadly to sense and yet they can enter and transform the body from within; they are not external to humans. This concept of the risk society of Beck was a revelation, providing for sociology a way of speaking of the physical world and of its risks that brought in many new topics. In effect it enabled people to speak of things, in a way to 'see' things that they had been trying to speak of and to see, but where the concepts had been chronically lacking.

The notion of risk society puts onto the sociological agenda the nature of the physical world and of the need to create a sociology of-and-with the environment. No longer is it possible to believe that there is a pure sociology confined and limited to exploring the social in-and-of itself. The distinction of society and nature dissolves. The thesis of risk society brings out that most important phenomena within the world are social-and-physical, such as global warming, extreme weather events, global health risks, biological warfare, terrorism, worldwide automobility, nuclear accidents and so on. None of these are purely social nor indeed physical. Risk society brings out how people's lives are structured not through social processes alone such as the distribution of goods in a welfare state society. Rather major aspects of human welfare stem from the mobility and potential impact of these 'person-made' risks. So people's lives we have come to understand are affected by the global spread of AIDS or by global warming or by the ubiquitous spreading of the motorcar or by acid rain and so on. Welfare is a matter of mobile bads as well as of goods.

Risk society also highlights the importance of human bodies within sociological analysis. In going about their lives humans sensuously encounter other people and physical realities. There are different senses –indeed sensescapes – that organise how social arrangements are structured and persist. Moreover, some such realities can in effect get inside the body. In the case of nuclear radiation generated by the 1985 explosion at the Chernobyl nuclear power plant (in what is now the Ukraine) people right across northern Europe had their lives transformed by something that could not be sensed directly. Only experts with specialised recording equipment could monitor such direct exposure, while some effects of Chernobyl are still being generated as children are born today with multiple deformities resulting from the 1985 explosion. The naked senses are insufficient – so humans have to depend upon experts and systems of expertise to monitor whether they are subject to risks that may get 'inside' their bodies. Bodies are subject to expert intrusions, as with the monitoring of HIV/AIDS, as risks pass in and through humans. And this in turn generates complex relationships between expert knowledge and lay forms of knowledge and especially with how the latter are in a 'risk-expert' society often treated as inferior, subordinate and replaceable by expertise.

Third, these risks know no boundaries. Rich and poor people, rich and poor countries are all subject to the nuclear radiation that emanated from Chernobyl. Such radiation does not stop at national borders nor at the homes of the rich, although there are huge inequalities in the distribution of expert resources that offset the unintended consequences of such risks.

This risk society results from the changing nature of science. Once upon a time science was confined to the laboratory - a spatially and temporally confined site of 'science'. Although there are examples of science escaping – most famously in Mary Shelley's story of the monster created by Frankenstein – mostly this did not happen. But nuclear energy and weapons change this equation. Suddenly the whole earth is the laboratory – the monster has escaped and risks are now intensely mobile, flowing in, through, over and under national and indeed other borders. The mobility of GM (genetically modified) crops shows the difficulties of limiting the location and impact of testing GM crops within a confined area (in so-called field trials). Modern science increasingly treats the whole world as its laboratory and this spreads risks across the globe; there is not so much a risk society as a global risk cultures or systems. This argument about the 'borderlessness' and mobilities of the risk society has profound implications for sociology. Beck has especially shown the nature and limitations of what he calls 'methodological nationalism'. What does this mean and what is wrong with methodological nationalism?

Sociology has been historically concerned with the analysis of societies, with each society being based upon distinct national state (or nation-state). There is a system of nation-states and sociologists study their particular society defined in national state terms. The nation-state provides the container of society and hence the boundary for sociological study. Moreover sociologists tended to generalise from 'their' particular society to describe how 'society' in general is organised. Especially American sociology developed in this way, presuming that all societies were more or less like that of the USA, just poorer! It was perfectly possible to study that particular society and then to generalise, as though all, or at least most, other societies (at least those that mattered!) were much the same, or at least becoming much the same. This led to debate as to the general characteristics of order or of conflict within 'society' based upon the distinct US pattern. Order and conflict theories were to be 'tested' within the US and it was presumed that these conclusions could then be generalised to all societies or at least to all rich industrial societies. It is not hard now to see many problems in this but for decades it was simply how sociology worked; it was a taken-for-granted way of doing sociology.

However, we now know that societies do differ a lot. The US and Scandinavian societies both have high levels of economic wealth. But the former has never had a welfare state while the latter countries have continued with a substantial welfare state (many 'goods' to distribute). So it is wrong to generalise from any particular society as though that tells one about even all rich societies.

Further it also clearly wrong to presume that all societies are an evolutionary scheme and that each will develop towards the 'western model' (even if there were such a single western model). Beck and others have helped to subvert any sense of a single evolutionary scale of the development of society from the less to the more developed. Indeed, global transformations represent a meta-change that makes us develop new concepts to displace what Beck calls *zombie* concepts. Zombie concepts are those that were appropriate to the period of methodological nationalism. They are inappropriate to the contemporary period. Overall Beck seeks to capture how late twentieth century societies underwent an epochal shift. But he rejects the idea that this is a move from the modern to the post-modern. These are all 'modern' societies; there is not a moving beyond the modern to its opposite. There is a *second modernity*. The first modernity was 'nation-state centred', the latter is 'non-nation-state centred'. In the latter the indissoluble link of society and nation-state is broken with the emergence of a logic of *flows* or mobilities including those of risks. In such a situation modernity is radicalised subjecting itself to reflexive processes. Second or reflexive mo-dernisation disenchants and dissolves its own taken-for-granted foundations. The normal family, career and life history have all to be reassessed and renegotiated. The notion in Talcott Parsons' writings that each so-ciety is a closed and self-equilibrating system dissolves, albeit at uneven speed and im-pact. This second modernity can be seen in a banal cosmopolitanism comparable with the banal nationalism characteristic of the first modernity (shown in waving national flags). Banal cosmopolitanism is to be seen in the huge array of foodstuffs and cuisines routinely available in most towns and cities across the world. It is possible with enough money to 'eat the world'. What others have viewed as a 'post-modern eclecticism' is not anti-the modern but a rather a new reflexivity about that modernity, as cuisines (and most other cultural practices of course) are mobilised, assembled, compared, juxtaposed and reassembled out of diverse components from multiple places from around the world.

Thus a new system is emergent in which everyday practices involve exceptional lev-els of cosmopolitan interdependence. This transforms people and places from within, especially with the proliferation of many new and extensive *transnational*, mobile forms of life. Empirically the most extensive is the overseas Chinese, a transnational 'mobile' society with tens of millions of members around the world. This is a powerful society; it is simply that its members do not live within a single territory. We thus need ways of understanding transnational 'societies' that have nothing to do with a single nation-state acting as its container. In comprehending this world of multiple mobilities, Beck distin-guishes between globalism and globalisation. *Globalism* involves the idea of the world market, of the virtues of neo-liberal capitalist growth, and of the need for capital, prod-ucts and people to move often at dizzying speed across a relatively borderless world. And this is what many business and other writers mean by globalisation. They argue that globalism generated much economic growth over the past two decades, especially since Reagan and Thatcher inspired the general 'deregulation' of markets in the 1980s. Many of course object to this neo-liberal globalism but Beck emphasises how opposi-tion will not be able to resurrect the power of the nation-state, to immobilise the world, since that institution and its powers stem from the first not the second modernity.

Perhaps though there is one remaining nation-state that we cannot avoid noticing and that is the US that deploys globalism in its national interests. Indeed the US is a very peculiar society. In some ways it is the best *and* the worst of societies but certainly one unlike anywhere else. It possesses the most powerful state machinery at least as it looks outwards and certainly since September 11th as it seeks to bend the global order to its own, narrow, national interests. For most of the world's population what is most signifi-cant is American national society and its specific attempt to move globalist relationships worldwide (drums of oil *and* democracy *and* Disney as one might say) and how to chal-lenge such an American hegemony. September 11th demonstrates one such resistance, 'asymmetric threats', wars increasingly fought between hugely unequal powers but with the apparently weak sometimes able to inflict blows on the apparently powerful. Hence the desire to kill Americans, the 'first' in the world order, in order to make them last. In-deed the mightier the power, the greater the relative violence that can be inflicted. The

US national state cannot be defeated in conventional warfare but the ultimate 'weapon of the weak' is the combat suicide, to kill and to be killed and to spread the fear of killing throughout the society.

By contrast with globalism, *globalisation* is the multidimensional process of change that has irreversibly transformed the social world and of the place of states within that world. Globalisation involves the proliferation of multiple cultures (as with cuisines from around the world), the growth of many transnational forms of life, the emergence of various non-state political actors (from Amnesty to the World Trade Organisation), the paradoxical generation of global protest movements (such as the WTO), the hesitant formation of international states (like the EU), and the general processes of cosmopolitan interdependence. Globalisation in this sense is the UN as opposed to the US. Roughly speaking Beck argues that globalism is bad (or at least very problematic in its neo-liberal face), globalisation is good and is the only even vaguely progressive show in town. There is simply no way of turning the clock back to a world of sovereign nation-states. That world has been lost in the second modernity. We have to go with the grain of contemporary globalisation. In terms of contemporary politics one can see this as a conflict between the US and the UN: the US represents globalism, the UN a hesitant and flawed globalisation/cosmopolitanism. These two visions of the second modernity haunt contemporary life, each vying to control and regulate an increasingly turbulent new world. One reason for this turbulence is that both globalism and globalisation are associated with increased mobile *individualisation*. In the first modernity there was a clear social structure, with many overlapping and intersecting institutions that formed or structured people's lives. People's experiences were contained, ordered and regulated. Family life, work life, school life and so on took place within the boundaries of each society that possessed a clear and constraining social structure. Such a social structure was based on distinct and regulated social roles. And sociology for most of the last century sought to describe and analyse such social structures that mostly held people in place. Sociology investigated social roles and how they fitted together to form enduring social structures.

But in the second modernity (at least in the rich countries of 'north') these structures have partially dissolved especially because of various global, mobile processes. These force people's experiences to be more individualised. Lives are disembedded from family, households, careers and so on. Social roles are less clearly determined by an overarching social structure. There is a radicalisation of individuals, forced by social and cultural change to live more variably, flexibly and fluidly. Beck shows how globalisation coerces people to be less role-centred. Their lives involve extensive negotiation and dialogue where people have themselves to accept responsibility for their actions as they try to work them out with others.

We might describe this shift as that from relatively fixed *social roles* in the first modernity to relatively mobile *social networks* in the second. It seems that social life has moved from being based upon 'little boxes', where there was strong, overlapping membership of different social groups, to a system of 'networks' where connections are spatially dispersed and membership of a network does not necessarily overlap other networks. In many rich countries geographical proximity no longer simply shapes social relationships. The average distances between where people live in networks has substantially increased so networks are more spread out and less coherent with fewer overlapping multiple affiliations; people's residences and activities are more widely distributed spatially; and when people do meet face-to-face this often involves travel across longer distances. German research show how this pattern of life characterises young people's experiences since mobility, networks and communication play a prominent role in how young people organize their everyday lives. Moreover, extensive *weak* ties of acquaintanceship and informational flows are particularly significant to many social processes. Such weak ties connect people to a realm of outside worlds, providing a bridge other than that provided by close friends and family. Networks thus overlap and inter-connect with other networks, thus producing the strange phenomenon of 'it is a small world'. People who believe that they are strangers find through conversation (face-to-face or on the internet) that they are connected along a quite short chain of acquaintanceship.

Moreover, it seems that social class based on occupational roles is no longer the key element in the structuring of social inequality. Indeed poverty is no longer a characteristic of those within the working class, even being something many people now intermittently experience, including young middle class people undergoing higher education! But much more importantly globalism has resulted in quite extraordinary levels of worldwide inequality. The richest 300 people have the same income as the poorest 3 billion worldwide; this has little to do with inter-class differences within each society. Moreover, some of the major movements of change have little to do with social class, even that responsible for the most stunning transformation of the past two decades, the dramatic and unpredicted bringing down of the Soviet Empire by various rights-based social networks. Thus the world of a second modernity is a world of unbelievable contradictions and contrasts. Amongst many effects of globalism is the generation of 'wild zones' across the former USSR, sub-Saharan Africa, the Balkans, Central America, central Asia and parts of the Middle East. These zones are places of absence, of gaps, of lack. Such zones possess weak states with very limited infrastructures, no monopoly of the means of coercion, barely functioning economies often dependent upon commodifying illegal materials, an imploded social structure and a relatively limited set of connections to the global order.

But there are also wild zones closer to home, adjacent to the 'super-modern castles' or 'citadels' that are next to scenes from *Apocalypse Now*, as with the World Trade Centre in New York with thousand of beggars living in the subway below. Class as occupational role hardly captures such shimmering inequality of wild and safe zones. Moreover, the time-space edges of safe and wild zones in the social world increasingly come into strange and dangerous new juxtapositions with risks from people, substances, images, Kalashnikovs, deadly viruses, slipping under, over and through the safe gates, eliminating the structures that kept them apart. Through money laundering, the drug trade, urban crime, asylum seeking, arms trading, people smuggling, slave trading, and urban terrorism, the spaces of the wild and the safe are chaotically juxtaposed, time-space being 'curved' into new complex configurations. September 11th demonstrated how those from the wild zones could rise out of that zone and strike upward at the vertical city. Harvey Molotch has suggested that we have recently shifted from risk societies to 'frisk societies', as almost everyone is locatable, monitorable and surveilled within a kind of global panopticon.

The new world of cosmopolitan interdependence involves intense networked proximities. As 'smart bombs', 'shock and awe' and 'network-centric warfare' are night and day on our TV screens; we are brought closer to events unfolding thousands of miles away. It is impossible not to part of a world of distant proximities with 1 billion TV screens and soon to be 1 billion internet users worldwide. With a presencing of multiple and often unwanted 'others' the whole world is brought into one's home, office, car, airport lounge and so on. We are networked, wired in. There is a world of distant proximities, a world that is turbulent, uncertain, ambiguous, contradictory and dynamic. Indeed the second modernity involves many turbulent, out-of-control processes, systemic unintended side-effects. Various commentators have tried to capture this turbulence: Giddens describes modern social life as being like a driverless out-of-control 'juggernaut'; Bauman talks of a speeded-up 'liquid modernity'; Hardt and Negri suggest that nation-state sovereignty is replaced by a single system of power, of 'empire'; and Beck describes boomerang effects, that corporations or western science and technology or the American state generate consequences that will return to haunt them. With the mobile nature of risks across the world, the generators of schemes also suffer the consequences. There are complex systems where everyone is both inside and outside, suffering the unintended consequences of the juggernaut, the boomerang that returns to slice off the head of its thrower. In such turbulence there is no longer a domestic order purified and separate from what is beyond the domestic. Social events are both inside and outside simultaneously, like a mobius strip.

Turbulence can be seen in the way that events are irreducibly unpredictable, as with September 11 or the collapse of the Soviet Empire. With the latter changes occurred overnight although the Soviet system had seemed so resolutely in place. Everything appeared unchanging. There was an apparently fixed social structure found throughout most societies of Eastern Europe. And yet that social structure crumbled away, like sand running through one's fingers. There was an avalanche, an explosive change, a dynamic that goes out of control, to use some of Beck's terms. Indeed in many processes in the second modernity there is a regressive uncertainty so that the more we know, the more uncertainty grows, illustrating the workings of complexity. In the case of BSE in Britain, the attempts to limit uncertainty by providing new information had the very opposite effect. The information designed to re-establish equilibrium, resulted in movement away from equilibrium. And this sad story of British beef unpredictably spread across much of Europe in ways that beef producers elsewhere were unable to control. There was an irresistible contagion.

Thus Beck's exemplary investigations of global risks and mobile cosmopolitanism highlight the implausibility of the sociology of the first modernity based on the trilogy of nation-state/social structure/role. We need to go beyond these zombie concepts to initiate new terms appropriate for the second modernity, a turbulent world analysable various authors including myself increasingly argue through the prism of complexity theory. The systemic non-linear relationships of global complexity transcend most conventional divides of social science and promote analyses of 'mobile connections'. Thus, the very large number of elements makes global systems unpredictable and lacking any finalised 'order'. There is only order 'on the edge of chaos'. Complexity repudiates the dichotomies of determinism and chance, as well as nature and society, being and becoming, stasis and change. Systems do not exhibit and sustain unchanging structural stability. Complexity elaborate how there is order *and* disorder within all physical and social phenomena. Such elements of any system interact over multiple time-spaces. They are irreversibly drawn towards various 'attractors' that exercise a kind of gravity-effect. Interactions are complex, rich and non-linear involving multiple negative and especially positive feedback loops with ineluctable patterns of increasing returns and path-dependence. The elements within any such system operate under conditions that are far from equilibrium, partly because each element only responds to 'local' sources of information. But elements at one location have significant time-space distanciated effects elsewhere through multiple connections and mobile trajectories. There is a profound disproportionality of 'causes' and 'effects'. Such systems possess a history which irreversibly evolves and where past events are never 'forgotten'. Points of bifurcation are reached when a system branches, as many have argued about September 11th.

The nature of 'social order' is problematised by complexity theses. In the cybernetically-influenced writings of Talcott Parsons, there is a hierarchy of values and norms that works through each society at all levels, a clear notion of social equilibrium, and strong negative feedback or steering mechanisms that can rapidly and effectively restore order. But the implication of complexity is that there never is such a clear and effective set of processes and indeed processes to restore order almost always engender further unforeseen consequences, often of a kind that take the society away from ordered equilibrium through positive feedback. Moreover, Talcott Parsons and the classical sociological tradition little considered the mobile patterning of social life which problematises the fixed, given and static notions of social order. Ordering one might say is always achieved 'on the move'. It is also never simply the outcome of *social* processes. As John Law argues the notion that social ordering is, indeed simply social also disappears, since the social is materially heterogeneous: talk, bodies, texts, machines, architectures, risks. Thus criss-crossing 'societies' are many systems in complex interconnections with their environments, there are many chaotic effects time-space distanciated from where they originate, there are positive as well as negative feedback mechanisms that mean that order and chaos are always intertwined, there are self-organising global networks and global fluids moving systems far from equilibrium, and there is never a social order accounted for by purified social processes. Such complexity-thinking enables the transcendence of determinism versus free will, especially through seeing material worlds in the second modernity as unpredictable, unstable, sensitive to initial conditions, irreversible and rarely 'societally' organised.

Complexity brings out how what Zygmunt Bauman terms 'liquid modernity' is unpredictable *and* irreversible, full of unexpected and irreversible time-space movements away from equilibrium. The brilliant concept of risk society pointed to this nearly a couple of decades ago. It told us, as Louis Althusser said, 'dig here', and the digging has been immensely productive and fruitful as that notion has become part of the sociological furniture. I have suggested that further digging is necessary in order to make the concept of risk less societal and more mobile and complex within a world on the edge of chaos, unpredictable yet irreversible, fearful and violent, disorderly but not simply anarchic.

Individualisierung als Integration

Peter A. Berger

> "Das Zeitalter des 'eigenen Lebens' kann nicht
> mehr durch vorgegebene Normen, Werte und
> Hierarchien definiert und integriert werden."
> (Beck 2001: 6)

Wohl nur wenige sozialwissenschaftliche Zeitdiagnosen haben in den letzten beiden Jahrzehnten so viel Aufmerksamkeit erfahren und sind zugleich so umstritten geblieben wie die von Ulrich Beck im Jahre 1983 erstmals formulierte und seither vielfältig variierte These der *Individualisierung* von Lebenslagen, Lebensformen und Lebenswegen in fortgeschrittenen Gesellschaften (Beck 1983; 1986; Beck/Beck-Gernsheim 1994). Lediglich das Konzept *Globalisierung* scheint sich einer ähnlichen Beliebtheit zu erfreuen und ähnlich umstritten zu sein. Während Globalisierung freilich in erster Linie auf die weltweite Intensivierung und Beschleunigung von Kapital- und Informationsströmen verweist und aus der Alltagsperspektive nicht zuletzt wegen der weitausgreifenden räumlichen Bezüge eher abstrakt bleibt[1], scheint Individualisierung allein schon wegen des Bezugs auf "die Individuen" dem Alltag näher zu sein -- und auch deshalb den Zeitgeist in besonderem Maße zu treffen.

Trotz ganz unterschiedlicher räumlicher Bezüge ist beiden Konzepten freilich eines gemeinsam: Beide scheinen die "alte" soziologische Frage nach *dem Sozialen*, nach bindenden Kräften oder "Ligaturen" (Dahrendorf 1992), nach der sozialen, meist nationalgesellschaftlich gedachten *Integration* angesichts intensivierter, weltweiter Geld-, Waren- und Informationsströme und nach der Möglichkeit *sozialen Handelns* angesichts einer voranschreitenden Selbst-Bezüglichkeit der Individuen neu und schärfer zu stellen. Gemeinsam ist beiden Konzepten allerdings auch, dass sie für vielfältige Deutungen offen sind. Und weil Individualisierung oftmals direkt in der alltäglichen Lebensführung spürbar wird, scheint für sie in besonderem Maße zu gelten: Je länger über Individualisierung diskutiert und bisweilen auch heftig gestritten wird, desto undeutlicher werden die Konturen dieses Konzepts -- und desto leichter beginnen allfällige Missverständnisse ihr "eigenes Leben" zu entwickeln.

Nun ist es vor dem Hintergrund der immer noch weiter anschwellenden Literatur zu "Individualisierung" wohl kaum möglich, in einem kurzen Beitrag alle vorkommenden -- und schon gar nicht: alle denkbaren -- Missverständnisse anzusprechen oder gar zu klären.[2] Aber vielleicht können die folgenden Bemerkungen mithelfen, einige nach meinen Beobachtungen besonders häufige und hartnäckige Fehldeutungen in Zukunft zu vermeiden. Zu den wichtigsten und besonders verbreiteten Missverständnissen zähle ich

---

1 Aus der mittlerweile kaum mehr überschaubaren Literatur zu *Globalisierung* einige aktuelle deutschsprachige Beispiele: Beck 1997; 1998a,b; 2002; Castells 2002/2003 (vgl. dazu: Berger/Kahlert 2003); Deutscher Bundestag 2002; Dürrschmidt 2002; Hardt/Negri. 2002; Giddens 2001; Hutton/Giddens 2001; Klein 2001; Martin/Schumann 1999; Reich 1996; Safranski 2003; Sassen 2000; Schroedter 2002.

2 Hier nur eine zweifellos unvollständige Aufstellung einschlägiger Monographien und Sammelbände zu *Individualisierung*: Berger 1996; Beck 1997; Beck/Sopp 1997; Ecarius 1996; Friedrichs 1998; Goebel/Clermont 1997; Junge 2002; Kippele 1998; Kron 2000; Schimank 2002.

hier, dass Individualisierung etwas fundamental *Neues* ist (I.), dass sie, weil sie den Zusammenhalt von Gesellschaften bedrohe, hauptsächlich *negativ* zu bewerten ist (II.), und dass Individualisierung ein *"individuelles"* oder *"individualistisches"* Phänomen ist (III.). Im Zentrum wird dabei die *These* stehen, dass "Individualisierung" keineswegs mit Notwendigkeit in eine Gesellschaft von "Egozentrikern" und "Egoisten" hineinführen muss, sondern im Gegenteil sogar zu einer *erhöhten sozialen Sensibilität* und damit auch zur gesellschaftlichen *Integration* beitragen kann.

I.

Das erste Missverständnis – Individualisierung ist etwas fundamental *Neues* – mag trivial erscheinen. Aber angesichts der großen Popularität der Individualisierungsthese in Wissenschaft und Öffentlichkeit muss von Zeit zu Zeit – und gerade auch in einer Festschrift – doch gesagt werden, dass Ulrich Beck *nicht* der "Erfinder" von Individualisierung ist, obwohl er freilich diesem Konzept in den 1980er Jahren eine spezifische und besonders in der deutschen Soziologie intensiv diskutierte Fassung gegeben hat. Dass Individualisierung in einem allgemeinen und zunächst noch unscharfen Sinne keine Erscheinung oder "Erfindung" der 80er und 90er Jahre des 20. Jahrhunderts ist, lehrt ein kurzer Blick zurück in die *Geschichte* der soziologischen Auseinandersetzungen mit den Folgen gesellschaftlicher Modernisierung – wobei im Sinne der von Ulrich Beck vorgeschlagenen Unterscheidung zwischen einer "ersten" oder "einfachen" und einer "zweiten" oder "reflexiven" Moderne (vgl. Beck 1986; Beck 1993; Beck/Giddens/Lash 1996; Beck/Bonß 2001) bei den frühen Soziologen begreiflicherweise Konsequenzen der *ersten* oder industriegesellschaftlichen "Modernisierung" im Vordergrund standen.

So hat beispielsweise Georg Simmel (1992 [1908]) in seiner "Soziologie" im Jahre 1908 festgehalten, dass die fortschreitende Arbeitsteilung – oder, wie man heute eher sagen würde, die zunehmende "funktionale Differenzierung" – zu einer stärker ausgeprägten *"Individualität"* im Denken und Verhalten der Menschen führe. Zugrunde lag dieser Diagnose die Vorstellung von der *"Kreuzung sozialer Kreise"*, nach der wir in modernen Gesellschaften andauernd mit Erwartungen und Ansprüchen der unterschiedlichsten Bezugsgruppen und aus den verschiedensten gesellschaftlichen Teilbereichen (heute: "Systemen") konfrontiert sind. Mit dem steigenden Modernitätsgrad einer Gesellschaft wächst dann auch die *Vielfalt* von Bezugs- oder Orientierungspunkten, an denen wir unser Handeln ausrichten können und die wir berücksichtigen müssen. Damit werden aber zugleich die jeweiligen Schnittpunkte dieser Bezüge, Anforderungen und Erwartungsmuster *einzigartiger* oder "individueller", traditionelle Bindungen werden lockerer und *neue* Beziehungen können, auch über größere Entfernungen hinweg, leichter geknüpft werden – womit im übrigen schon bei Simmel eine bislang eher wenig beachtete, "untergründige" Beziehung zwischen Individualisierung *und* Globalisierung angedeutet wird (vgl. bes. Simmel 2001 [1900]).

Ähnlich hatte auch Ferdinand Tönnies (1972 [1887]) in "Gemeinschaft und Gesellschaft" die Konsequenzen der "ersten" Modernisierung gesehen: Ohne dass er das Wort explizit verwendet hätte, erschien ihm Individualisierung als ein durch die abstrakt-sachlichen Zwänge der "Gesellschaft" (vor allem: Markt und Recht) vorangetriebenes *Herauslösen* der Individuen aus "ursprünglichen" Sozialgebilden bzw. "Gemeinschaften" des "Ortes" und der "Abstammung", die Tönnies noch weitgehend in Kategorien einer "natürlichen" Sittlichkeit dachte. Auch er sah dabei neue Arten der gesellschaftlichen "Verbindung" entstehen und bewertete – trotz unüberhörbarer kulturpessimistischer Untertöne – das Herauslösen deshalb *nicht* ausschließlich als etwas Negatives.

Deutlich skeptischer beurteilte allerdings Emile Durkheim (1977 [1893]) in seiner "Teilung der sozialen Arbeit" Prozesse der Individualisierung und ihre denkbaren Folgen: Ähnlich vielen seiner Zeitgenossen ging auch er davon aus, dass die zunehmende Arbeits- und Funktionsteilung in modernen Gesellschaften zu mehr "Individualität" führe. Zugleich befürchtete er jedoch, dass dadurch das gemeinsame *"Kollektivbewusstsein"*, also die für ihn unabdingbare, "moralische" oder wertmäßige Grundlage für den Zusammenhalt einer Gesellschaft, geschwächt werden könnte. Eine Furcht, die später Talcott Parsons dazu führte, kollektiv geteilte Werte und allgemeinverbindliche Normen zu den Grundlagen sozialer Integration zu erklären, und die bis heute in vielen soziologischen Diskussionen über soziale Integration (vgl. z.B. Heitmeyer 1997a; 1997b) oder in den immer wieder mal anschwellenden, öffentlichen Debatten über den – angeblichen – "Werteverfall" u.ä. mitschwingt.

Nun könnte man den Ursprüngen der Individualisierungsdiskussion, die, wie schon diese wenigen Beispiele zeigen, gleichzeitig immer auch eine *Integrationsdiskussion* war und ist, in einer ausführlicheren Auseinandersetzung mit der Geschichte des soziologischen Denkens sicherlich noch weiter nachspüren (vgl. z.B. Kippele 1998; Junge 2002). Und man könnte dann etwa feststellen, dass sich bereits bei Karl Marx und Friedrich Engels, für die ja der heraufziehende Kapitalismus "alles Stehende und Ständische verdampft", oder bei Max Weber, für den "Modernisierung" vor allem auch mit der Ausbreitung einer spezifisch "individualistischen" Berufs- und Arbeitsethik einherging, zumindest ein *implizites* Nachdenken über Individualisierung und ihre Konsequenzen finden lässt. Deutlich wird aber auch ohne eingehendere Exegese, in welchem Maße die Zeitgenossen der vorletzten Jahrhundertwende (also Tönnies, Simmel, Weber und Durkheim) unter dem nachhaltigen Eindruck eines rapiden sozialen Wandels von *geschlossenen*, in weiten Teilen noch feudal-ständischen, zu *offenen* Gesellschaften standen – wobei "offene" Gesellschaften hier heißen soll: *Soziale und regionale Mobilität* ist in einem viel größerem Umfang als in feudal-ständisch geprägten, traditionalen Gesellschaftsformen *möglich*, zugelassen und insbesondere als Arbeitsmarktmobilität auch *gefordert*.

Mit der im Kontext der Individualisierungsdiskussion besonders wichtigen Beobachtung *hoher und wachsender Mobilität* in modernen Industriegesellschaften, die mit Blick auf die USA schon Karl Marx (1982 [1852]) zu der Vermutung veranlasste, dass in den "Vereinigten Staaten, wo zwar schon Klassen bestehen, aber sich noch nicht fixiert haben, sondern in beständigem Flusse fortwährend ihre Bestandteile wechseln und aneinander abtreten", der Übergang von der "Klasse-an-sich" zur "Klasse-für-sich" wohl schwieriger sei, setzte freilich auch jenseits solcher klassentheoretischer Fragen bald ein verstärktes Nachdenken über die *individuellen und sozialen Konsequenzen* hoher Mobilität und Beweglichkeit ein. Und zwar zunächst schwergewichtig in den USA, die ja als Prototyp einer Einwanderungsgesellschaft und als hochmobil galten und gelten: So schrieb etwa Robert E. Park (1928) in den 1920er Jahren, dass der von ihm so benannte *"marginal man"* aufgrund seiner Migrations- und Mobilitätserfahrungen desorientiert zwischen verschiedenen Kulturen stünde. In seinem Bewusstsein würden sich konfligierende Normen und Erwartungen treffen und mischen, so dass ein *"unstable character"* produziert werde – eine Gefahr, wie sie beispielsweise Richard Sennett (1998) auch an der Wende ins 21. Jahrhundert heraufziehen sieht.

Eine ähnliche, aber nicht so pessimistische Argumentation findet sich zur gleichen Zeit bei Pitrim A. Sorokin (1959 [1927]: 394; 539ff.), wenn dieser moderne Gesellschaften mit einem *"mad 'merry-go-round'"*, einem "verrückten Karussell" also, vergleicht. In der Tradition von Simmel und Durkheim verknüpfte er dabei mit der steigenden Mobilität auch Tendenzen zur – so wörtlich – *"individualization"*: Da ein Individuum in modernen und mobilen Gesellschaften *verschiedenen* sozialen Gruppen angehört und sich auch leichter von einer Position in eine andere bewegen kann – Sorokin spricht hier sehr anschaulich von *"boxes"*, also von "Schachteln", in die Menschen "einsortiert" werden bzw. zwischen denen sie sich bewegen –, sei Solidarität der Menschen nicht mehr auf die Angehörigen einer "box" beschränkt, sondern beziehe sich zugleich auch auf die vielen anderen Individuen, die sich in anderen "Schachteln" befinden. Bei hoher oder steigender Beweglichkeit der Individuen könne demzufolge auch nicht mehr einfach aus den Eigenschaften der "boxes" bzw. der jeweiligen sozialen Positionen auf die Eigenschaften von Personen geschlossen werden – und die Menschen seien gezwungen, sich darauf einzustellen, die jeweils anderen als *individuelle* Persönlichkeiten ernst zu nehmen.

Wie diese knappen Bemerkungen zeigen, war damit schon bei den Gründervätern der Soziologie in Europa wie in den USA ein Thema in die Welt gesetzt, das das sozialwissenschaftliche Denken bis heute nicht mehr loslassen sollte: Nämlich die Frage, wie denn vor dem Hintergrund einer immer weiter voran schreitenden "Arbeitsteilung" bzw. Differenzierung, einer alles durchdringenden Rationalisierung, Verwissenschaftlichung und "Entzauberung" der Welt, einer immer nachhaltigeren Loslösung von "natürlichen" Vorgaben und Zwängen und einer sich damit intensivierenden "Individualisierung" der *Zusammenhalt einer Gesellschaft* überhaupt noch sicher gestellt werden könne. Anders formuliert: Wie denn *"das Soziale"*, wie Gesellschaft *und* Gemeinschaft möglich seien angesichts einer steigenden Vielfalt von Lebens- und Interessenlagen, von Lebenswegen und Biographien, von Bedürfnissen, Motiven, Handlungsorientierungen, Einstellungen und Weltbildern – und das alles in einer immer "komplexer" werdenden Welt, in der "traditionale" Vorgaben ebenso verschwimmen wie "natürliche" Grenzen.

II.

So weit ich sehe, wurden nun in der soziologischen, aber auch in der politikwissenschaftlichen oder der philosophischen Ideengeschichte zur Behandlung von Fragen nach der *"Integration"* von Gesellschaften bevorzugt zwei Konzeptionen angeboten: Nämlich – *erstens* – die gerade erwähnte und die Soziologie eigentlich bis heute beherrschende Vorstellung einer *sozialen Integration durch geteilte Werte und gemeinsame Normen*, die ja nicht nur in der Soziologie von Talcott Parsons, sondern etwa auch in der Sozialphilosophie von Jürgen Habermas eine prominente Stellung einnimmt. Und – *zweitens* – die Vorstellung, dass *Macht und Herrschaft* die soziale Integration einer Gesellschaft herzustellen und zu sichern hätten: Eine Konzeption, die letztlich bis auf Thomas Hobbes zurückgeht und deshalb vorzugsweise in politikwissenschaftlichen Ansätzen zu finden ist, sich aber z.B. auch in den Arbeiten von Michel Foucault zeigt. Ich werde demgegenüber versuchen, einen *dritten*, auf den ersten Blick allerdings *paradox* erscheinenden Integrationsmodus zu skizzieren, nämlich: *Integration durch Individualisierung*.

Deutlich soll dabei werden, dass Individualisierung nicht nur als *Risiko*, wie in der "klassischen" soziologischen Tradition mit ihrer Betonung norm- und wertvermittelter bzw. macht- und herrschaftsbedingter Integrationsmodi, sondern gleichermaßen als *Chance* begriffen werden kann. Bezogen auf die Unterscheidung zwischen "einfacher" und "reflexiver" Moderne kann dies dann auch so verstanden werden, dass in der "ersten" Moderne die Risiken und Gefahren von Individualisierung im Vordergrund standen, während in der "zweiten" Moderne und im Sinne einer Logik des *"und"* (vgl. bes. Beck 1993) beides, also sowohl Risiken wie auch Chancen, in den Blick kommt.

Im Hintergrund *pessimistischer* Deutungen, denen Individualisierungsprozesse schwergewichtig als "Risiko" und als "Gefahr" erscheinen, steht aus einer sozialstrukturanalytischen Perspektive die Vorstellung, dass ein in modernen Gesellschaften häufiger "Verlust von Statusgewissheit" – so eine Formulierung des deutschen Soziologen Heinz Kluth im Jahre 1957 – für die Konsistenz und Stabilität der persönlichen wie der sozialen *Identität* ungünstig sei. In diesem Sinne vermuteten beispielsweise Peter L. Berger und Thomas Luckmann (Berger/Luckmann 1980 [1964]: 148ff.) nur wenige Jahre später, dass es in solchen Situationen zu einer *"Unter-Bestimmung"* von Identität komme, da durch die mit inter- wie intragenerationeller Mobilität verbundenen Milieuveränderungen oftmals eine Diskontinuität oder gar eine "Spaltung zwischen vergangener und gegenwärtiger Identität" einträte. Solche und ähnliche Befürchtungen haben in der amerikanischen Soziologie insbesondere in den 50er und 60er Jahren zu vielen Forschungen über die *"psycho-sozialen" Belastungen und "Kosten" sozialer Mobilität* geführt. Gemäß der pessimistischen Deutungsvariante wurde dabei meist davon ausgegangen, dass gravierende oder häufige Statuswechsel vorzugsweise zu *Orientierungsschwierigkeiten, Mobilitätsstress* und *Identitätskrisen* führen.

Trotz einer Vielzahl von Untersuchungen gab und gibt es freilich bislang *keine* eindeutigen empirischen Bestätigungen für diese Vermutungen. Und auch eigene Analysen zum Mobilitätsgeschehen in Westdeutschland haben gezeigt, dass die Zusammenhänge zwischen beruflicher *Mobilität* und Aspekten der subjektiv empfundenen *Lebensqualität* mit Blick auf pessimistische oder optimistische Deutungen keineswegs klar sind (vgl. Berger 1996): Während nämlich beispielsweise Menschen, die in der zweiten Hälfte der 80er Jahre einen beruflichen Abstieg hinnehmen mussten (ca. 5% der westdeutschen Erwerbstätigen), wenig überraschend mit ihrem Leben relativ unzufrieden sind, gilt dies erstaunlicherweise auch für Männer und Frauen, die als "Aufsteiger" gelten können (ca. 10%). Deutlich zufriedener sind demgegenüber aber nicht nur diejenigen, die in der gleichen Zeit keine Veränderung ihrer beruflichen Stellung erlebt haben (knapp 60%), sondern auch jenes Viertel, die man als *"Unstetige"* bezeichnen könnte, weil sich bei ihnen zwar häufige Statuswechsel finden, diese sich jedoch nicht zu Ab- oder Aufstiegsprozessen zusammenfügen. Bei allen (auch methodischen) Problemen, die mit solchen Analysen verbunden sein mögen, weisen sie doch nachdrücklich darauf hin, dass soziale Mobilität, die hier als ein *zentraler Teilprozess* von Individualisierung verstanden wird, keineswegs durchgängig mit "Mobilitätsstress" oder mit Unzufriedenheit einhergehen muss (vgl. z.B. auch: Schneider 2002) – weshalb eben durchaus auch optimistischere Deutungen möglich sind.

Die *optimistische* Lesart verweist gegenüber den Gefahren von "Mobilitätsstress" und Identitätskrisen und gegenüber den Risiken der Isolation oder des "Rückzugs ins Private" auf *Emanzipations- und Autonomiegewinne* der aus traditionalen Beschränkun-

110

gen und engen Milieugrenzen freigesetzten Individuen, hebt also insbesondere den *Zuwachs an Freiheiten und Wahlmöglichkeiten* sowie die *Chancen des Erfahrungsgewinns* hervor. Eher optimistische Deutungen finden sich dementsprechend auch des öfteren bei *Modernisierungstheoretikern* der 1960er und 1970er Jahre, so z.B. bei Karl W. Deutsch (1979 [1961]: 329f.) im Jahre 1961: "Soziale Mobilisierung" – so seine Umschreibung für Individualisierung – "ist ein Name, der einem umfassenden Wandlungsprozess gegeben wurde, den wesentliche Teile der Bevölkerung von Ländern durchmachen, die auf dem Wege von traditionellen zu modernen Lebensformen sind. Dieser Begriff umklammert eine ganze Anzahl engerer Teilprozesse, wie zum Beispiel Wohnsitzwechsel, Berufswechsel, Änderung der sozialen Umgebung und der Sphäre des Nachbarlichen, von Institutionen, Rollen und Handlungsweisen. Er umfasst darüber hinaus Wandlungen der Erfahrungen und Erwartungen und damit der persönlichen Erinnerungen, Gewohnheiten und Bedürfnisse, einschließlich dem Verlangen nach neuen Vorbildern der Gruppenbildung und neuen Bildern des Selbstverständnisses der einzelnen. ... Soziale Mobilisierung kann... als ein Prozess definiert werden, bei dem größere Ballungen alter sozialer, wirtschaftlicher und psychologischer Bindungen aufgerissen und zerbrochen werden und wo die Menschen für neue Formen der Vergesellschaftung und des Verhaltens aufgeschlossen werden." Für Deutsch impliziert diese Vorstellung von *Modernisierung* damit auch "zwei verschiedene prozessuale Etappen", nämlich "1. die Stufe des Herausgerissenwerdens aus alten Umgebungen, Gewohnheiten und Bindungen; und 2. das Hineinführen mobilisierter Bevölkerungsteile in relativ stabile neue Formen der Gruppierung, Organisation und Verpflichtung" – und genau diese zweite "Etappe" kommt in den Blick, wenn Individualisierung im Sinne der "einfachen" Moderne nicht nur als Risiko, sondern unter dem Vorzeichen einer "reflexiven" Moderne zugleich als *Chance* verstanden wird.

Die Rede vom *"Hineinführen"* mobiler Personen in neue Gruppenbindungen verweist mithin auf Chancen von sozialer Mobilität und Individualisierung, die man in Form eines *Mobilitätszirkels* etwa folgendermaßen skizzieren kann (vgl. Berger 1996; Turner 1984): Bewegungen von einzelnen Menschen (oder auch von Gruppen) in neue Gegenden, Berufspositionen oder Gemeinschaften erhöhen die Wahrscheinlichkeit von Kontakten zwischen den Mitgliedern unterschiedlicher Subpopulationen, Gruppen oder sozialer Milieus. Dies zwingt insbesondere die *"mover"*, also die mobilen Personen, sich mit anderen Kommunikations- und Verhaltensstilen, mit unterschiedlichen Einstellungen und Werthaltungen auseinanderzusetzen und sollte zu mehr *Empathie* für die Wünsche und Motive anderer, wenigstens aber zu einer wachsenden *Toleranz* gegenüber "abweichenden" Formen der Lebensführung, anderen Verhaltensweisen und Wertorientierungen führen (vgl. Berger 2000) – eine Vermutung, die David Lerner (1979 [1961]) schon in den frühen 1960er Jahre in seiner Theorie der "Modernisierung des Lebensstils" formulierte. Zugleich nimmt mit der Zunahme von Mobilität die Homogenität von Subpopulationen oder Milieus in einer Gesellschaft weiter ab, Gruppengrenzen werden in der Folge leichter überwindbar und ein sich selbst verstärkender Kreislauf einer, wie ich es hier nennen möchte, *mobilitätsbedingten Integration* kann in Gang kommen.

Mit Blick auf diesen hier hypothetisch skizzierten Mobilitätszirkel, der zusammen mit der Intensivierung massenmedialer Informationsströme soziale Integration fördern kann, ist noch kurz auch auf ein weiteres, vor allem in der Diskussion um *Individualisierung, soziale Mobilität und (Chancen-)Ungleichheiten* immer wieder auftauchendes

Missverständnis einzugehen: Geht es um die (Veränderungen von) ungleichen Chancen des Zugangs zu privilegierten sozialen Positionen, ist es zweifellos notwendig, Änderungen in den Größenverhältnissen von Herkunfts- und Zielkategorien angemessen zu berücksichtigen (vgl. z.B. Berger 2001). Das versuchen ja auch jene Mobilitätsstudien, die ihre Aussagen über die "Offenheit" von Gesellschaften im internationalen oder historischen Vergleich auf sog. *"relative Mobilitätsraten"* stützen (z.B. Erikson/Goldthorpe 1992). So wichtig dies nun für die Beurteilung von Chancenungleichheiten ist, so problematisch ist eine Konzentration auf "relative" Mobilitätsraten freilich dann, wenn es um die im Kontext von Individualisierung besonders relevanten *Mobilitätserfahrungen*, also um das jeweils "eigene Erleben" des Verlassens von Herkunfts- und des Eintretens in neue Zielmilieus, geht: Aus der Sicht mobiler Personen ist es nämlich gleichgültig, ob sie "nur" wegen struktureller Verschiebungen, etwa aufgrund des allgemeinen Trends zur Dienstleistungsgesellschaft, mobil sein konnten oder mussten, oder ob sie – im Sinne des Konzepts "relativer" Chancen – "echte" Mobilität vollzogen haben (vgl. Abbot/Payne 1990). Individuelle Erfahrungen des "Herauslösens", die sich zu einer kollektiven (Generations-)Erfahrung der "Öffnung des sozialen Raumes" verdichten können (vgl. z.B. Vester 2001), spiegeln sich deshalb besser in *"absoluten Mobilitätsraten"* wider, denn nur diese erfassen *alle* mobilen Personen – und damit all diejenigen, die den Risiken und Chancen einer mobilitätsbedingten Individualisierung ausgesetzt sind (vgl. Berger 1995; 1996).

Umgekehrt bedeutet dies allerdings auch, dass mobilitätsbedingte Individualisierung zwar durchaus *weit verbreitet* sein kann, gleichzeitig jedoch die Muster von Chancenungleichheiten weitgehend *konstant* bleiben können. Und genau dies scheint in der Bundesrepublik Deutschland seit den 1970er Jahren passiert zu sein: Die Bildungsexpansion und die beschleunigte Entwicklung zur Dienstleistungsgesellschaft haben einerseits vielen jungen Menschen (und insbesondere den Frauen) die *Erfahrung* von sozialer Mobilität, häufig sogar von sozialem Aufstieg vermittelt (was sich in bis in die 1980er Jahre hinein steigenden Raten *absoluter* Mobilität ausdrückt; vgl. Berger 1996) und in diesem Sinne zu mehr oder weniger deutlichen "Brüchen" mit den Herkunftsmilieus beigetragen. Andererseits hat sich aber, wie viele Untersuchungen und jüngst auch die PISA-Studien zeigen, zumindest mit Blick auf die soziale Herkunft im gleichen Zeitraum am Muster *relativer* Chancenungleichheiten *wenig bis nichts* geändert[3]. Manche Kritiken der Individualisierungsthese, die ihr eine Vernachlässigung fortbestehender (Chancen-)Ungleichheiten oder gar einen "ideologisch" verzerrten Blick auf die Wirklichkeit vorwerfen (vgl. z.B. Geißler 1996; Mayer/Blossfeld 1990), beruhen damit auf einer *Verwechslung* der Perspektiven: Denn während aus dem Blickwinkel von Ungleichheitsforschern nur das als "echte" Mobilität "zählt", was nach aufwändigen statistischen Berechnungen als "relative" Mobilität "übrig" bleibt, ist unter dem Gesichtspunkt der mobilitätsbedingten Individualisierung *jedes* Verlassen des Herkunftsmilieus erfahrungsrelevant. Individualisierung und das Fortbestehen sozialer Ungleichheiten "auf hohem Niveau" (Berger 2002) schließen sich daher gerade *nicht* aus, sondern bei-

---

3 Eine kleine Auswahl aus der Literatur zu *ungleichen Bildungs- und Mobilitätschancen* in Deutschland und im internationalen wie historischen Vergleich: Allmendinger 1989; Baumert 2002; Baumert 2001; Erikson/Goldthorpe 1992; Hall 1997; Hartmann 1996; 1998; Henz 1996; Henz/Maas 1995; Mayer 1991; Mayer/Solga 1994; Müller 2001; Schimpl-Neimanns 2000.

des kann durchaus zusammen auftreten – und auch dies kann als ein Kennzeichen einer "reflexiven" Moderne betrachtet werden.

III.

Als Bestandteil von "erster" wie "zweiter" Moderne steht *Individualisierung* nun keineswegs alleine. Vielmehr ist sie strukturell eingebettet und vielfach verschlungen in andere "modernisierende" Prozesse wie die der *Differenzierung*, der *Rationalisierung* und der *Domestizierung* (vgl. van der Loo/van Reijen 1997). Zugleich ist sie, wie schon deutlich geworden sein sollte, genauso *ambivalent und widersprüchlich* wie andere Grunddimensionen der Modernisierung: *Differenzierung* etwa geht einher mit einer erweiterten Autonomie gesellschaftlicher Teilbereiche oder Subsysteme, die dadurch – gewissermaßen "ohne Rücksicht auf Verluste" – ihre jeweilige Leistungsfähigkeit zum Teil immens steigern können. Freilich nimmt damit der Koordinierungsbedarf zu, Abstimmungsbemühungen und Austauschbeziehungen erstrecken sich unter dem Vorzeichen von "Globalisierung" über weitere Räume bzw. auf längere Zeiten und sind daher mühsamer herzustellen und aufrechtzuerhalten. Zudem wird der Prozess der *Rationalisierung* im kulturellen Bereich intensiviert, so dass Ideen, Symbole und Zeichen, aber auch Normen und Werte einer zunehmenden Generalisierung und Vereinheitlichung unterliegen. Dadurch verbreitet sich zwar ihr Anwendungsbereich, sie werden jedoch auch anfälliger für neue Missverständnisse und abweichende Interpretationen und so in ihrer vorherrschende Weltbilder und Hierarchien stützenden Verbindlichkeit beeinträchtigt. Dies ist der Aspekt, der Emile Durkheim eine "Schwächung des Kollektivbewusstseins" und eine Zunahme von "Anomie", also von Normlosigkeit und Orientierungsdefiziten, befürchten ließ, und der von Ulrich Beck (1986) im Anschluss an Max Weber als Prozess der *"Entzauberung"* traditioneller Glaubenssysteme und Weltbilder ebenfalls mit Individualisierung in Verbindung gebracht wird.

Die *Domestizierung* der (innern und äußeren) Natur als weitere Modernisierungsdimension ist ebenfalls ambivalent: Sie löst uns zwar aus unmittelbaren Abhängigkeiten von unserer inneren und von der äußeren Natur heraus, führt uns jedoch in neue, technisch vermittelte Zwänge hinein. Zugleich erhöht die technische "Zähmung" der Natur die Anforderungen an unsere Selbstdisziplin – zum Beispiel auch und gerade dann, wenn wir, erneut unter dem Vorzeichen einer "reflexiven" Moderne, die "ungewollten", ökologischen Nebenfolgen der industriegesellschaftlichen Produktionsweise unter Kontrolle bringen wollen. Die Vervielfältigung von Rollenanforderungen, die vor allem mit strukturellen Differenzierungen und Rationalisierungsprozessen in Zusammenhang steht, führt schließlich nicht nur zu einer Pluralisierung in den Formen der Lebensführung und bei den Lebensstilen. Darüber hinaus treibt sie – nach dem Muster der von Georg Simmel herausgearbeiteten, immer weiter ausgreifenden "Kreuzung sozialer Kreise" – *Individualisierungsprozesse*, die damit als eine weitere Hauptdimension der Modernisierung betrachtet werden können, scheinbar unaufhaltsam voran. Dabei können sich jedoch, entsprechend dem eben skizzierten "Mobilitätszirkel", nicht nur neue Kontakte und "Einbindungen" herausbilden. Vielmehr können, gerade auch im Sinne einer "reflexiven" Moderne, zugleich *neue Abhängigkeiten*, etwa von wohlfahrtsstaatlichen Organisationen, Institutionen und von "anonymen" Märkten, entstehen.

Genau solche "Abhängigkeiten" hatte übrigens Ulrich Beck (1983: 41) im Sinn, als er vor 20 Jahren in der ersten Fassung seiner Individualisierungsthese schrieb: "Mit dem

Eintritt in den Arbeitsmarkt (...) sind immer wieder aufs neue Individualisierungsschübe relativ zu Familien-, Nachbarschafts-, Kollegen-, Berufs- und Betriebsbindungen sowie zu Bindungen an eine bestimmte regionale Kultur, Tradition und Landschaft verbunden." Diese arbeitsmarktinduzierten Schübe der Individualisierung führen schließlich, so Beck weiter, "der Tendenz nach zur Auflösung ungleichheitsrelevanter ('ständisch' gefärbter, 'klassenkultureller') lebensweltlicher Gemeinsamkeiten." Wichtig ist mir hier vor allem – und damit komme ich zu einem *dritten*, nach meinem Eindruck besonders häufigen Missverständnis –, dass in dieser Formulierung, die ganz im Einklang mit älteren Denkern den Aspekt des "Herauslösens" betont, "Individualisierung" sehr klar als gesellschaftliches *"Strukturphänomen"* begriffen wird – und nicht etwa "nur" als Ausdruck eines Wertewandels hin zu mehr "individualistischen" Orientierungen an "Selbstverwirklichung" oder am eigenen Wohlergehen.

Deshalb geht eine Kritik der Individualisierungsthese, wie sie etwa von Wolfgang Jagodzinski und Markus Klein (1998) vorgetragen wurde, ziemlich weit an der Sache vorbei: Von diesen Kritikern, die hier stellvertretend für viele ähnlich gelagerte Einwände stehen, wird zwar zunächst eine Fülle von scheinbar präzisen, aber zugleich fast tautologischen Definitionen von "Individualismus" aufgeboten – z.B. "Eine Person wird dann und nur dann individualistisch genannt, wenn sie individualistischen Werten anhängt." (Jagodzinski/Klein 1998: 19) Dann wird aber, nach Kritik der verschiedenen, aber alle nach dem gleichen Schema aufgebauten Definitionen, u.a. folgende Schlussfolgerung angeboten: "Dass heute mehr Vielfalt und weniger Standardisierung zu herrschen scheint als früher, muss seinen Grund nicht darin haben, dass Menschen heute individualistischer sind als früher, sondern schlicht und einfach darin, dass einzelne Handlungsalternativen weniger kostenträchtig geworden sind oder die besonderen Anreize anderer Alternativen weggefallen sind und dass sich infolgedessen die Erwartungsnutzen verschiedener Alternativen aneinander angeglichen haben. Verändert hätte sich mithin die Handlungssituation oder die Opportunitätsstruktur, nicht aber irgendwelche Eigenschaften von Personen." (Jagodzinski/Klein 1998: 28f.)

Genau dies wird aber – "schlicht und einfach" – in der Beckschen Individualisierungsthese, wie ich sie gerade zitiert habe, behauptet: Nämlich, dass sich im Gefolge von Wohlstandssteigerungen und anderen Niveauverschiebungen (Stichwort: *"Fahrstuhleffekt"*) einerseits, von wachsender (absoluter) Mobilität und einer größeren Vielfalt von Lebenswegen andererseits die Handlungssituationen, die Restriktionen und Optionen für viele Menschen geändert haben – und dass eben dies es ihnen *erleichtert*, sie aber zugleich dazu *zwingt*, sich zwischen verschiedenen Möglichkeiten, zwischen unterschiedlichen Lebensformen und Lebenswegen zu entscheiden. *Individualisierung* gilt hier eben nicht als Ausdruck eines Wandels von personengebundenen Werten und Einstellungen hin zu mehr "individualistischen" oder gar "egozentrischen" bzw. "egoistischen" Orientierungen oder Werthaltungen. Vielmehr wird der diagnostizierte *Individualisierungsschub* in der westdeutschen Nachkriegsgeschichte von Ulrich Beck unmittelbar in Zusammenhang gebracht mit *gesellschaftsstrukturellen Veränderungen*, also insbesondere mit der dem Ausbau des Wohlfahrtsstaates und der allgemeinen Wohlstandssteigerung der 1950er und 1960er Jahre ("Vollkasko-Individualisierung"), der Bildungsexpansion der 1960er und 1970er Jahre sowie mit Arbeitsmarkt-Deregulierungen seit den 1980er Jahren und den damit einhergehenden, erhöhten Anforderungen an berufliche Mobilität und Flexibilität ("Risiko-Individualisierung"). Dadurch würden, so eine weitere Schlussfolgerung, die beispielsweise der Gerhard Schulze (1992) in seiner "Erlebnisgesellschaft" zieht, für viele Menschen eindeutige Handlungsbeschränkungen zugunsten *neuer Handlungsmöglichkeiten* (Optionen) in den Hintergrund treten, was sie dann in zunehmendem Maße dazu zwingt, über verschiedene Möglichkeiten, über unterschiedliche Lebensformen, Lebensstilen und Lebenswegen nachzudenken und sich zwischen ihnen zu entscheiden.

IV.

Bis hierher habe ich mich nun mit verschiedenen Interpretationen von Individualisierung beschäftigt und dabei versucht, einigen nach meiner Beobachtung häufigen Missverständnissen entgegenzutreten: Folgt man meiner Argumentation, so ist Individualisierung – *erstens* – keine "neue" Erscheinung, sondern sie gehört neben anderen Entwicklungen wie z.B. Differenzierung, Rationalisierung und Domestizierung zu den fundamentalen und längerfristigen Prozessen der "ersten" Moderne – was selbstverständlich nicht ausschließt, dass ein solcher Prozess mal langsamer, mal schneller verläuft. Es ist – *zweitens* – nicht sinnvoll, Individualisierung ausschließlich mit negativ bewerteten Erscheinungen wie Desintegration, Vereinzelung oder gar "Egoismus" in Verbindung zu bringen. Vielmehr stehen den Individualisierungsrisiken, die man etwa auch in Identitätskrisen und Orientierungsproblemen sehen kann, unter dem Gesichtspunkt einer "reflexiven" Moderne gleichzeitig Chancen des Lernens, der Toleranz und damit der Integration *durch* Individualisierung gegenüber. *Drittens* schließlich sollte – auch wenn dies möglicherweise ebenfalls paradox klingt – Individualisierung nicht als etwas "Subjektives" oder "Individuelles", etwa im Sinne "individualistischer" oder gar "egoistischer" Einstellungen und Werthaltungen, betrachtet werden, sondern besser als ein *strukturelles Phänomen*, das in Abhängigkeit von gesellschaftlichen Grundstrukturen und langfristigen Veränderungen von "Opportunitäten" und Optionen durchaus unterschiedliche Ausprägungen und Intensitäten annehmen kann.

Dies will ich noch kurz anhand eines Beispiels aus der *Lebenslaufforschung* illustrieren. Aus der Perspektive der Lebenslaufforschung kann "Individualisierung" etwa als Frage nach der Standardisierung – oder besser: Entstandardisierung – von Lebenslaufmustern und damit auch als Frage nach "typischen", mehr oder weniger allgemein "verbindlichen" Zeitpunkten von Statusübergängen im Lebenslauf umformuliert werden (vgl. Berger 1996). *Entstandardisierung* bedeutet dann, dass immer weniger Menschen einen bestimmten Statusübergang – beispielsweise die Aufnahme einer Erwerbstätigkeit nach Abschluss der Berufsausbildung – im selben, eng begrenzten Altersabschnitt vollziehen. Was damit gemeint ist, kann man auf der Grundlage von Ergebnissen aus dem Berliner Max-Planck-Institut für Bildungsforschung ganz gut am Beispiel des *Alters bei der ersten Heirat* bzw. *bei der Geburt eines ersten Kindes* in West- und Ostdeutschland demonstrieren (vgl. Mayer 1995a; 1995b). So findet man in *Westdeutschland* beim Übergang zu den jüngeren Geburtskohorten bei Männern, aber insbesondere bei Frauen nicht nur ein höheres Erstheirats- und Erstgeburtsalter, sondern mit Blick auf das "typische" Alter, in dem diese Lebensereignisse stattfinden, zugleich eine deutlich *größere Streuung* bzw. eine *geringere Standardisierung*: Während in Westdeutschland von den in den 1930er und 1940er Jahren geborenen Frauen die Hälfte im Altersabschnitt von 20 bis 25 Jahren, also innerhalb von nur 5 Jahren, das erste Mal geheiratet hat (ein Viertel hat noch früher, das andere Viertel später eine erste Ehe geschlossen), hat sich bei den seit Mitte der 1950er Jahre geborenen westdeutschen Frauen diese Altersspanne auf 22 bis 35 Jahre, mithin auf 13 Jahre, vergrößert. Ähnliches gilt, wenn auch etwas zeitverschoben, für das Alter bei der Geburt eines ersten Kindes – wobei sich beide Entwicklungen schwergewichtig auf die steigende Teilhabe von Frauen an höherqualifizierenden, d.h. in der Regel längeren Bildungsgängen zurückführen lassen und sich ähnliche, wenngleich nicht so deutlich ausgeprägte Tendenzen der Entstandardisierung im Familiengründungsprozesse auch auf Seiten der Männer finden lassen.

Im Kontrast dazu standen allerdings die Verhältnisse in der *einstigen DDR*: Dort kann man, wiederum insbesondere bei den Frauen und begünstigt durch die Besonderheiten der Familienpolitik und die Eigenarten der Wohnungsversorgung in der DDR, für die gleichen Geburtsjahrgänge eine besonders hohe und im historischen Verlauf weitgehend konstante zeitliche *Konzentration* dieser Lebensereignisse auf nur wenige Jahre um das 22. Lebensjahr herum feststellen. Das Heirats- und Geburtenverhalten entsprach damit in zeitlicher Hinsicht in der DDR noch gegen Ende der 1980er Jahre einem hochstandardisierten Muster, wie es sich in Westdeutschland in den 1950er und den frühen 1960er Jahren zeigte, sich dann aber zunehmend auflöste.

Solche und ähnliche Forschungsergebnisse weisen darauf hin, dass in Westdeutschland – und mittlerweile auch in Ostdeutschland – der Übergang in den Erwachsenenstatus nicht nur mit Blick auf die Aufnahme der Erwerbstätigkeit, sondern auch im Hinblick auf die Familiengründung den Charakter einer lebenszeitlich eng begrenzten "Zäsur" *verloren* hat. Wie in den USA, wo Marlis Buchmann (1989) ganz ähnliche Erscheinungen gefunden hat, erscheint dieser Übergang statt dessen vor allem bei den Absolventen tertiärer Ausbildungsgänge immer öfter als *zeitlich gedehnte "Passage"*, die sich immer öfter über ein ganzes Jahrzehnt hin erstrecken, dabei eine große Vielfalt an Verlaufsformen annehmen und insofern als "entstandardisiert" und "individualisiert" bezeichnet werden kann.

Aus dem hier gewählten Blickwinkel, der sich auf Prozesse sozialer Mobilität und auf Lebensverläufe richtet, kann man solche Tendenzen zur *Entstandardisierung* von Lebensereignissen und Statusübergängen, wie sie sich nicht nur im Prozess der Familiengründungen, sondern auch im Erwerbsverlauf (vgl. Berger/Sopp 1992) oder beim Übergang in den Ruhestand beobachten lassen (vgl. Guillemard 1991), als Anzeichen eines Übergangs von einem vergleichsweise rigiden, industriegesellschaftlichen zu einem deutlich flexibleren, *"post-industriellen" Lebenslaufregime* interpretieren – dies wäre dann ein weiteres Indiz für den Übergang von einer "ersten" in eine "zweite" Moderne: Einstmals relativ starre "Altersgrenzen" und lebenszeitliche Fixierungen von Ereignissen bzw. Statusübergängen, wie sie noch im "einfach" modernen Lebenslaufregime institutionalisiert waren (vgl. Kohli 1985), werden dabei in vielen Bereichen unschärfer und verlieren an Verbindlichkeit, neue Zwischenstationen kommen hinzu – wie z.B. die heute bei den Jüngeren ja "selbstverständlich" gewordene Phase eines längeren Zusammenlebens ohne Trauschein –, und die individuellen Lebensläufe bzw. Biographien müssen immer öfter aus einzelnen Abschnitten "zusammengebastelt" werden (vgl. Hitzler/Honer 1994).

Man kann diesen Übergang zu "post-industriellen" und stärker "individualisierten" Lebenslaufmustern vielleicht ganz gut mithilfe der metaphorischen Gegenüberstellung eines "Eisenbahnmodells" und eines "Automodells" von Lebensläufen umschreiben (vgl. Berger 1996): Im *Eisenbahnmodell* sind bestimmte Ein-, Um- und Ausstiegsstationen sowie die Fortbewegungsgeschwindigkeiten und die Streckenführung vorgegeben, es gelten weitgehend feste Fahrpläne und das Aussteigen während der Fahrt ist "aus guten Gründen" verboten. Demgegenüber gewährt das *Automodell* eine deutlich größere Flexibilität im Hinblick auf die Wahl von Abfahrtszeitpunkten, Streckenführungen, Fortbewegungsgeschwindigkeiten, erlaubt uns Pausen und lässt auch Umwege durch reizvolle Landschaften zu. Während man sich jedoch in der gemäß dem "Hierarchie-Modell" sozialer Integration von "Zentralen" gesteuerten Eisenbahn auch mal in Ruhe zurücklehnen und sich darauf verlassen kann oder wenigstens darauf verlassen können sollte, dass andere sichere Wege gebahnt haben und – im Sinne des "Wert-Modells" sozialer Integration – die Züge verantwortungsvoll führen, beansprucht das Autofahren bekanntlich die *volle Aufmerksamkeit* des jeweiligen Fahrers oder der jeweiligen Fahrerin. Die Risiken dieser Fortbewegungsart sind deshalb auch höher – und "Pannen" oder "Unfälle" werden meist dem oder der Einzelnen direkt zugerechnet.

Individualisierung bringt nach dem Automodell, das eher dem Modell der "mobilitätsbedingten Integration" entspricht, dann auch eine *größere individuelle Verantwortlichkeit* und *höhere Anforderungen* an die individuellen Kompetenzen mit sich, denn nun muss man oder frau sich möglichst vorher über die Streckenführung informieren, sie oder er muss selbst steuern, die Geschwindigkeit den Verkehrs- und Straßenverhältnissen anpassen und damit rechnen, dass unübersichtliche Situationen auftauchen – und all dies sind Dinge, die, wie jeder Autofahrer und jede Autofahrerin weiß, eine hohe Selbstdisziplin verlangen. Und schließlich muss man dabei zugleich immer darauf achten, was die anderen tun, denn es sind ja meistens auch noch andere auf derselben Stecke unterwegs – daran wird erneut deutlich, dass Individualisierung eben *kein* "individualistisches" Phänomen ist.

So gewendet, erfordern eine geringere Standardisierung von Lebensläufen und höhere Mobilität als zentrale Bestandteile von Individualisierung dann aber nicht nur die *Fähigkeit zur Selbstkontrolle und zur Selbststeuerung*, sondern gleichermaßen auch eine *hohe soziale Sensibilität* und ein *gesteigertes Maß an "Empathie"*: So kann, um nochmals kurz zum Beispiel des Familiengründungsverhaltens zurückzukehren, man(n) oder frau heute eben nicht mehr mit der gleichen Wahrscheinlichkeit wie noch vor drei oder vier Jahrzehnten damit rechnen, dass sein oder ihr in etwa gleichaltriges Gegenüber sich in einer ähnlichen Lebenssituation befindet, also beispielsweise ebenfalls berufstätig und/oder verheiratet ist. Viel häufiger dürften dagegen Situationen geworden sein, in denen der jeweilige Status des oder der Anderen erst aus nicht immer eindeutigen Signalen erschlossen oder vorsichtig erfragt werden muss – und genau dies setzt in der Regel *Einfühlungsvermögen und Kommunikationsfähigkeiten* voraus. Dass es dabei zu Missverständnissen kommt, gehört zu den Grundlagen von Kommunikation – und genau dies kann, weil Missverständnisse ja immer wieder weitere Kommunikationen anstoßen (vgl. Luhmann 1984), ebenfalls zur Integration beitragen.

V.

Zusammenfassend erscheint damit Individualisierung in mehrfacher Hinsicht als ein *"paradoxer" Modus sozialer Integration*: Wie die metaphorische Gegenüberstellung von Eisenbahn- und Automodell zeigt, schließen sich "klassische" bzw. "einfach" moderne, wert- oder herrschaftsvermittelte Formen sozialer Integration einerseits, "reflexiv" moderne, mobilitäts- oder bewegungsbedingte Integrationsmodi andererseits keineswegs aus. So wie auch passionierte Autofahrer den Regeln der Straßeverkehrsordnung unterliegen und manchmal durchaus die Annehmlichkeiten einer "fremdgesteuerten" Eisenbahnreise genießen können und wollen, so scheinen sich auch unter dem Vorzeichen von Individualisierung viele Menschen nach wie vor darauf zu verlassen – und auch verlassen zu wollen –, dass andere die "Weichen" richtig stellen, dies auch verantwortungsbewusst tun und sich dabei auch an "allgemeinverbindliche" Normen halten. *Integration durch Individualisierung* ist deshalb auch *keine* Fundamentalalternative zu Integration durch Herrschaft oder geteilte Werte, sondern eine Integrationsform, die in der "zweiten" Moderne zu den "einfachen" Integrationsformen der "ersten" Moderne *hinzutritt*, sie überlagert und ergänzt, dabei freilich auch mit ihnen in Konkurrenz treten kann.

Individualisierung in diesem Sinne ist auch *nicht* wirklich "neu", sondern schon in den Grundlagen der "ersten" Moderne verankert. "Neu" scheint, dass unter dem Vorzeichen der "reflexiven" Moderne nicht nur, wie bei den soziologischen Klassikern, die *Risiken des "Herauslösens"*, sondern gleichermaßen auch die *Chancen neuer "Einbettungen"* in den Blick kommen – und das paradoxe daran ist, dass beides *zugleich*, beispielsweise auch in verschiedenen Phasen und/oder unterschiedlichen Teilsträngen desselben Lebenslaufs, auftreten kann, "Individualisierungserfahrungen" also genauso weit verbreitet sein können, wie die Erfahrungen fortbestehender oder neu entstehender "Ligaturen" oder Bindungen. Sinnvoll scheint es mir vor diesem Hintergrund auch, zwischen einer eher *individuellen* und eine mehr *kollektiven* Ebene der Konsequenzen von Mobilität und Individualisierung zu unterscheiden (vgl. Berger 1996) – und dadurch vielleicht einige Missverständnisse zu vermeiden: Auf der *individuellen* Ebene können Individualisierungs*chancen* danach in der zunehmenden *Vielfalt* von Erfahrungen, in Möglichkeiten des Lernens und der Selbstverwirklichung gesehen werden; *Risiken* liegen im Bereich von Statusunsicherheiten und Orientierungsproblemen bis hin zu Identitätskrisen. Als *kollektive* oder strukturelle Konsequenzen von Individualisierung können dann – *pessimistisch* gewendet und ganz in der Tradition Durkheims – *Desintegration* und Anomie angeführt werden. Eine mehr *optimistische* Variante würde dagegen, entsprechend dem skizzierten "Mobilitätszirkel", auf mobilitätsbedingte *Chancen der Integration* und eine Steigerung der gesellschaftlichen Flexibilität verweisen – also gerade die Möglichkeit einer Integration *durch* Individualisierung hervorheben.

Paradox ist ferner, dass Individualisierung zwar zunächst auf "das Individuum" bezogen scheint und deshalb von vielen als etwas *"Individualistisches"* wahrgenommen wird. Als ein Haupttrend von Modernisierung ist und bleibt sie jedoch *strukturell* verwoben mit weiteren Modernisierungstrends wie z.B. Differenzierung, Rationalisierung und Domestizierung. Und wie die anderen Modernisierungsdimensionen auch, unterliegt sie einem *"doppelten Steigerungsverhältnis"*: Modernisierung und Individualisierung sind eben keine "Null-Summen-Spiele", bei der etwa Gewinnen an Freiheit immer nur Verluste an Sicherheit gegenüberstehen. Vielmehr heißt Individualisierung ja auch, dass neue, andersartige *Abhängigkeiten* – etwa von Systemen wohlfahrtsstaatlicher Sicherungen – oder *Wahlzwänge* – etwa zwischen verschiedenen, massenmedial vermittelten "life style"-Vorgaben – entstehen können. Damit hinaus zielt die Individualisierungsthese sowohl in der Fassung, die ihr Ulrich Beck gegeben hat, als auch in der auf Mobilität und Lebenslaufmuster verweisenden Fassung, die ich hier in bewusster Einengung skizziert habe, zugleich auf Veränderungen in den Gelegenheits- oder Opportunitätstrukturen. Insofern ist Individualisierung bei aller Betonung individueller Wahl-möglichkeiten und Optionen ein *Strukturphänomen* und kann *nicht* auf Wandlungen personengebundener Eigenschaften wie Werthaltungen und Einstellungen reduziert werden.

Zum Schluss sei ein allerletztes, eher epistemologisches Missverständnis wenigstens noch kurz erwähnt: Individualisierung ist entgegen dem, was man in den Massenme-dien, aber auch von Studierenden der Soziologie immer wieder hören oder lesen kann, *keine* – irgendwie "geheimnisvolle" – Ursache für alles und jedes. Ähnlich der Globali-sierung und ähnlich dem zitierten Konzept der "sozialen Mobilisierung" ist sie vielmehr ein *Sammelbegriff*, unter den viele Einzelerscheinungen und Entwicklungstendenzen von Gesellschaften im Übergang in die "zweite" Moderne zusammengezogen werden können – und es ist deshalb auch müßig, nach einer möglichst genauen oder engen "De-finition" von Individualisierung zu suchen. Eben diese Eigenschaft macht "Individuali-sierung" deutungsoffen, anfällig für Missverständnisse *und* anschlussfähig für vielfälti-ge sozialwissenschaftliche Forschungen. Und vielleicht ist genau das das – paradoxe – *"Geheimnis"* der Individualisierungsthese: Obwohl sie wie kaum eine andere These in der Nachkriegsgeschichte der deutschen Soziologie heftig kritisiert, oftmals als "pure Ideologie" verdächtigt und immer wieder auf den Prüfstand der empirischen Forschung gestellt wurde und wird, hat sie ihr "eigenes Leben" entwickelt und dabei zweifellos auch ihren Teil zur Integration der deutschen Soziologie beigetragen. Wie das mit Kin-dern, die ihr "eigenes Leben" führen, freilich manchmal so ist, wird und muss nicht al-les, was sie so tun oder lassen, ihren Vätern und Müttern auch gefallen.

Literatur:

Abbott, P./Payne, G., Women's Social Mobility: The Conventional Wisdom Reconsid-ered, in: Payne, G./Abbott, P. (Hg.), The Social Mobility of Women, Basingstoke 1990, S. 12-24.
Allmendinger, J., Career mobility dynamics, Berlin 1989.
Baumert, J./Artelt, C./Klieme, E./Neubrand, M./Prenzel, M./Schiefele, U./Schneider, W./Tillmann, K.-J./Weiß, Manfred (Hg.), Pisa 2000 – Die Länder der Bundesrepublik Deutschland im Vergleich, Opladen 2002.
Baumert, J./Klieme, E./Neubrand, M./Prenzel, M./Schiefele, U./Schneider, W./Stanat, P./Tillmann, K.-J./Weiß, M. (Hg.), Pisa 2000. Basiskompetenzen von Schülerinnen und Schülern im internationalen Vergleich, Opladen 2001.
Beck, U., Jenseits von Stand und Klasse? Soziale Ungleichheiten, gesellschaftliche In-dividualisierungsprozesse und die Entstehung neuer sozialer Formationen und Identi-täten, in: Kreckel, R. (Hg.), Soziale Ungleichheiten, Soziale Welt: Sonderband 2, Göttingen 1983, S. 35-74.
Beck, U., Risikogesellschaft. Auf dem Weg in eine andere Moderne, Frankfurt 1986.
Beck, U., Die Erfindung des Politischen. Zu einer Theorie reflexiver Modernisierung, Frankfurt 1993.
Beck, U., Was ist Globalisierung?, Frankfurt 1997.

Beck, U., Das Zeitalter des 'eigenen Lebens'. Individualisierung als 'paradoxe Sozialstruktur' und andere offene Fragen, in: Aus Politik und Zeitgeschichte. Beilage zur Wochenzeitung Das Parlament, B 29/2001, S. 3-6.

Beck, U., Macht und Gegenmacht im globalen Zeitalter, Frankfurt 2002.

Beck, U. (Hg.), Kinder der Freiheit, Frankfurt 1997.

Beck, U. (Hg.), Perspektiven der Weltgesellschaft, Frankfurt 1998a.

Beck, U. (Hg.), Politik der Globalisierung, Frankfurt 1998b.

Beck, U./Beck-Gernsheim, E. (Hg.), Riskante Freiheiten, Frankfurt 1994.

Beck, U./Bonß, W. (Hg.), Die Modernisierung der Moderne, Frankfurt 2001.

Beck, U./Giddens, A./Lash, S., Reflexive Modernisierung. Eine Kontroverse, Frankfurt 1996.

Beck, U./Sopp, P.M. (Hg.), Individualisierung und Integration. Neue Konfliktlinien oder neuer Integrationsmodus?, Opladen 1997.

Berger, P.A., Mobilität, Verlaufsvielfalt und Individualisierung, in: Berger, P.A./Sopp, P. (Hg.), Sozialstruktur und Lebenslauf, Opladen 1995, S. 65-83.

Berger, P.A., Individualisierung. Statusunsicherheit und Erfahrungsvielfalt, Opladen 1996.

Berger, P.A., Individualisierung und Toleranz, in: Wendel, H.J./Bernard, W./Bizeul, Y. (Hg.), Toleranz im Wandel. Rostocker Studien zur Kulturwissenschaft 4, Rostock 2000, S. 1-38.

Berger, P.A., Stichwort 'Soziale Mobilität', in: Schäfers, B./Zapf, W. (Hg.), Handwörterbuch zur Gesellschaft Deutschlands, 2. erweiterte und aktualisierte Auflage, Opladen 2001, S. 595-604.

Berger, P.A., Soziale Unterschiede auf hohem Niveau. Jenseits von Schichten und Klassen? Alte und neue Ungleichheiten in einer wohlhabenden Gesellschaft, in: Frankfurter Rundschau, Jg. 58, Nr. 269, 19. November 2002, S. 24.

Berger, P.A./Hradil, S. (Hg.), Lebenslagen, Lebensläufe, Lebensstile, Sonderband 7 der Sozialen Welt, Göttingen 1990.

Berger, P.A./Kahlert, H., Alles 'vernetzt'? Sozialstruktur und Identität in der 'schönen neuen Welt' des informationellen Kapitalismus, in: Soziologische Revue 2003 [im Druck]

Berger, P.A./Konietzka, D. (Hg.), Die Erwerbsgesellschaft, Opladen 2001.

Berger, P.A./Sopp, P., Bewegtere Zeiten? Zur Differenzierung von Erwerbsverlaufsmustern in Westdeutschland, in: Zeitschrift für Soziologie, Jg. 21, 1992, S. 166-185.

Berger, P.A./Vester, M. (Hg.), Alte Ungleichheiten – Neue Spaltungen, Opladen.

Berger, P.L./Luckmann, T., Soziale Mobilität und persönliche Identität, in: Luckmann, T., Lebenswelt und Gesellschaft, Paderborn, 1980 [1964], S. 142-160.

Buchmann, M., Die Dynamik von Standardisierung und Individualisierung im Lebenslauf, in: Weymann, A. (Hg.), Handlungsspielräume. Untersuchungen zur Individualisierung und Institutionalisierung von Lebensläufen in der Moderne, Stuttgart 1989, S. 90-104.

Castells, M., Das Informationszeitalter, Bd. 1-3, Opladen 2002/2003.

Dahrendorf, R., Der moderne soziale Konflikt. Essay zur Politik der Freiheit, München 1992.

Deutsch, K.W., Soziale Mobilisierung und politische Entwicklung, in: Zapf, W. (Hg.), Theorien des sozialen Wandels, Königstein 1979 [1961], S. 329-350.

Deutscher Bundestag (Hg.), Schlussbericht der Enquete-Kommission "Globalisierung der Weltwirtschaft", Opladen 2002.

Durkheim, E., Über die Teilung der sozialen Arbeit, Frankfurt 1977 [1893].

Dürrschmidt, J., Globalisierung, Bielefeld 2002.

Ecarius, J., Individualisierung und soziale Reproduktion im Lebensverlauf, Opladen 1996.

Erikson, R. C./Goldthorpe, J. H., The Constant Flux, Oxford 1992.

Friedrichs, J. (Hg.), Die Individualisierungs-These, Opladen 1998.

Geißler, R., Kein Abschied von Klasse und Schicht. Ideologische Gefahren der deutschen Sozialstrukturanalyse, in: KZfSS, Jg. 48, 1996, S. 319-338.

Giddens, A., Entfesselte Welt. Wie die Globalisierung unser Leben verändert, Frankfurt 2001.

Goebel, J./Clermont, C., Die Tugend der Orientierungslosigkeit, Berlin 1997.

Guillemard, A.-M., Die Destandardisierung des Lebenslaufs in den europäischen Wohlfahrtsstaaten", in: Zeitschrift für Sozialreform, Jg. 37, 1991, S. 620-639.

Hall, A., Abbau sozialer Barrieren? Zur Entwicklung der Muster sozialer Mobilität in Westdeutschland, in: Müller, W. (Hg.): Soziale Ungleichheit. Neue Befunde zu Strukturen, Bewußtsein und Politik, Opladen 1997, S. 111-135.

Hardt, M./Negri, A., Empire. Die neue Weltordnung, Frankfurt/New York 2002.

Hartmann, M., Topmanager – Die Rekrutierung einer Elite, Frankfurt 1996.

Hartmann, M., Die soziale Rekrutierung der deutschen Wirtschaftselite im europäischen Vergleich, in: Berger, P.A./Vester, M. (Hg.), 1998, S. 171-188.

Heitmeyer, W. (Hg.), Was treibt die Gesellschaft auseinander?, Frankfurt 1997a.

Heitmeyer, W. (Hg.), Was hält die Gesellschaft zusammen?, Frankfurt 1997b.

Henz, U., Intergenerationale Mobilität. Methodische und empirische Untersuchungen, Berlin 1996.

Henz, U./Maas, I., Chancengleichheit durch die Bildungsexpansion?, in: KZfSS, Jg. 47, 1995, S. 605-633.

Hitzler, R./Honer, A., Bastelexistenz. Über subjektive Konsequenzen der Individualisierung, in: Beck/Beck-Gernsheim (Hg.), 1994, S. 307-315.

Hutton, W./Giddens, A. (Hg.), Die Zukunft des globalen Kapitalismus, Frankfurt/New York 2001.

Jagodzinski, W./Klein, M., Individualisierungskonzepte aus individualistischer Perspektive. Ein erster Versuch, in das Dickicht des Individualisierungskonzepts einzudringen, in: Friedrichs, J. (Hg.), 1998, S. 13-32.

Junge, M., Individualisierung, Frankfurt/New York 2002.

Kippele, F., Was heißt Individualisierung? Die Antworten soziologischer Klassiker, Opladen 1998.

Klein, N., No Logo! Der Kampf der Global Players um Marktmacht, München 2001.

Kluth, H., Sozialprestige und sozialer Status, Stuttgart 1957.

Kohli, M., Institutionalisierung des Lebenslaufs. Historische Befunde und theoretische Argumente, in: KZfSS, Jg. 37, 1985, S. 1-29.

Kron, T. (Hg.), Individualisierung und soziologische Theorie, Opladen 2000.

Lerner, D., Die Modernisierung des Lebensstils: eine Theorie, in: Zapf, W. (Hg.): Theorien des sozialen Wandels, Königstein, 1979 [1961], S. 362-381.

Luhmann, N., Soziale Systeme, Frankfurt 1984.

Martin, H.-P./Schumann, H., Die Globalisierungsfalle. Der Angriff auf Demokratie und Wohlstand, Reinbek 1999.

Marx, K., Der 18te Brumaire des Louis Napoleon, in: MEW, Bd. 4, Berlin (DDR), 1982, S. 111ff..

Mayer, K.U., Berufliche Mobilität von Frauen in der Bundesrepublik Deutschland, in: Mayer, K.U./Allmendinger, J./Huinink, J. (Hg.), Vom Regen in die Traufe. Frauen zwischen Beruf und Familie Frauen, Frankfurt./New York 1991, S. 57-90.

Mayer, K.U., Gesellschaftlicher Wandel, Kohortenungleichheit und Lebensverläufe, in: Berger, P.A./Sopp, P. (Hg.), 1995a, S. 27-47.

Mayer, K.U., Familie im Wandel in Ost und West am Beispiel Deutschlands (Ms.), 1995b.

Mayer, K.U./Blossfeld, H.-P., Die gesellschaftliche Konstruktion sozialer Ungleichheit im Lebensverlauf, in: Berger, P.A./Hradil, S. (Hg.), 1990, S. 297-318.

Mayer, K.U./Solga, H., Mobilität und Legitimität. Zum Vergleich der Chancenstrukturen in der alten DDR und der alten BRD oder: Haben Mobilitätschancen zu Stabilität und Zusammenbruch der DDR beigetragen?, in: KZfSS, Jg. 46, 1994, S. 193-208.

Müller, K., Globalisierung, Frankfurt/New York 2002.

Müller, W., Zum Verhältnis von Bildung und Beruf in Deutschland, in: Berger/Konietzka (Hg.), 2001, S. 29-64.

Park, R.E., Human migration and marginal man, in: American Journal of Scoiology, Vol. 33, 1928, S. 881-893.

Rademacher, C./Schroer, M./Wiechens, P. (Hrsg.), Spiel ohne Grenzen? Ambivalenzen der Globalisierung, Opladen.

Reich, R.R., Die neue Weltwirtschaft. Das Ende der nationalen Ökonomie, Frankfurt 1996.

Safranski, R., Wie viel Globalisierung verträgt der Mensch?, München/Wien 2003.

Sassen, S., Machtbeben. Wohin führt die Globalisierung, Stuttgart/München 2000.

Schimank, U., Das zwiespältige Individuum. Zum Person-Gesellschaft-Arrangement der Moderne, Opladen 2002.

Schimpl-Neimanns, B., Soziale Herkunft und Bildungsbeteiligung, in: KZfSS, Jg. 51, 2000, S. 636-669.

Schneider, N.F./Limmer, R./Ruckdeschel, K., Mobil, flexibel, gebunden. Familie und Beruf in der mobilen Gesellschaft, Frankfurt/New York 2002.

Schroedter, T., Globalisierung, Stuttgart 2002.

Schulze, G., Die Erlebnisgesellschaft, Frankfurt/New York 1992.

Sennett, R., Der flexible Mensch. Die Kultur des neuen Kapitalismus, Berlin 1998.

Simmel, G., Soziologie. Untersuchung über die Formen der Vergesellschaftung (= G. Simmel: Gesamtausgabe Band 11), Frankfurt 1992 [1908].

Simmel, G., Philosophie des Geldes, Frankfurt 2001 [1900].

Sorokin, P. A., Social mobility, New York 1959 [1927].

Tönnies, F., Gemeinschaft und Gesellschaft, Darmstadt 1972 [1887].

Turner, J.H., Societal stratification. A theoretical analysis, New York 1984.

Van der Loo, H./van Reijen, W., Modernisierung. Projekt und Paradox, Frankfurt 1997.

Vester, M./Oertzen, P. von/Geiling, H./Hermann, T./Müller, D., Soziale Milieus im gesellschaftlichen Strukturwandel, Köln 2001.

Individualisierungsfolgen.
Einige wissenssoziologische Anmerkungen zur Theorie reflexiver Modernisierung

Ronald Hitzler, Michaela Pfadenhauer

I.

Analysiert man im (trauten) Beisammensein mit Ulrich Beck die 'Lage der deutschen Soziologie', dann sind es vor allem zwei Einwände, die er über kurz oder lang gegen das Fach und seine Vertreter hierzulande geltend macht: Das 'sture' Beharren auf überkommenen Themenstellungen zum einen und das 'provinzielle' Verharren in deutsch(sprachig)en Debatten zum anderen. Wenn wir uns hier nun dem Phänomen der Individualisierung (auch) aus der (Theorie- und Forschungs-)Perspektive der hermeneutischen Wissenssoziologie nähern, dann lenken wir den Verdacht, den wir insgeheim schon immer gehegt haben, nämlich: dass er – unausgesprochen – uns meint oder jedenfalls mit-meint, nunmehr auch öffentlich auf uns.

Zum einen können wir nicht beschönigen, dass die Diagnose 'grassierende Individualisierung' (auch wenn ihr lebenspraktisch anhaltend hohe Aktualität bescheinigt werden darf), ein 'alter Hut' ist – wurde sie vom Jubilar doch bereits in den frühen 80er Jahren des letzten Jahrhunderts gestellt. Zum anderen treibt uns gewiss kein nationaler Chauvinismus, wenn wir konstatieren, dass die Theoriebildung dessen, was heute unter dem Etikett 'hermeneutische Wissenssoziologie'[1] firmiert, wesentlich im deutschen Sprachraum zu verorten ist – auch wenn ihr Grundstein durch Alfred Schütz und seine Schüler Thomas Luckmann und Peter L. Berger an der New School for Social Research in New York gelegt worden ist und viele deutsch(sprachig)e Wissenssoziologen auch heutzutage international intensiv vernetzt und vor allem in vielerlei Kooperationen mit US-amerikanischen Kollegen eingebunden sind.

Wohl wissend also, dass wir damit willfährig den Beckschen Verdacht auf mangelnde Originalität und urständige Provinzialität erhärten, gilt unser Interesse beharrlich den aus Individualisierungsprozessen resultierenden Problemen der individuellen Lebensbewältigung, für deren adäquate wissenschaftliche Erfassung und Durchdringung uns das Verharren in der Perspektive einer hermeneutischen Wissenssoziologie auch im Hinblick auf die perennierende Arbeit an einer Theorie 'reflexive Modernisierung'[2] nicht

---

1   Vgl. sozusagen 'programmatisch' dazu Schütz/Luckmann 1979: 293ff; im weiteren Berger/Luckmann 1969 und Soeffner 1989; für einen Überblick die Beiträge in Hitzler/Reichertz/Schröer 1999 sowie bereits in Schröer 1994.

2   Die Theorie reflexiver Modernisierung resultiert bekanntlich aus einer doppelten Kritik: aus der Kritik am Mythos einer immer weiter – sozusagen linear – fortschreitenden technisch-industriellen Entwicklung funktional ausdifferenzierter moderner Gesellschaften einerseits und aus der Kritik am Gegenmythos einer in ihren zivilisatorischen Potentialen erschöpften, ideologisch ausgelaugten Postmoderne andererseits. Reflexive Modernisierung meint demgegenüber eben das Kumulieren, das Aufbrechen, aber auch das Ent-Decken und Sichtbarmachen nichtintendierter (und oft nicht bzw. kaum beachteter) Nebenfolgen des bisherigen Modernisierungsprozesses in (jedenfalls prinzipiell) all seinen Facetten. Das Etikett 'reflexiv' verweist dabei darauf, dass es insbesondere um eine neue 'Qualität' von Nebenfolgen geht, nämlich um solche, die die Voraussetzungen und Grundlagen unterschiedlicher Entwicklungsbereiche und -linien des Modernisierungsprozesses selber tangieren, irritieren und/oder unterminieren (vgl. dazu z.B. die Beiträge in Beck/Bonß 2001, vgl. aber natürlich auch Beck/Giddens/Lash 1996).

nur als sachdienlich und zweckmäßig, sondern als epistemologisch und methodologisch-methodisch kaum verzichtbar erscheinen will:

Im Rahmen dieser Arbeit an einer Theorie reflexiver Modernisierung, und speziell im Hinblick auf die – mit dem von dieser Theorie beobachteten "Meta-Wandel der Moderne" (Beck/Bonß 2001: 13) einhergehenden – Pluralisierung von Wirklichkeitskonstruktionen und Individualisierung von Lebensvollzügen – kommt einer Wissenssoziologie im hier von uns intendierten Verstande zumindest eine wichtige Funktion zu: die Funktion, nicht 'nur' Zwischenträger und Übersetzer zu sein zwischen den vielfältigen Welt-Ansichten auf der unüberschaubaren Palette eines radikalisierten Pluralismus (d.h. die multiplen, weder aufeinander reduzierbaren noch durcheinander ersetzbaren Perspektiven zu explizieren und zu transportieren), sondern auch die disziplinäre Aufmerksamkeit immer wieder auf die 'reflexive' Relevanz dieser Aufgabe hin zu lenken.

Anders als (in) genuin 'besserwisserische(n)' Soziologien – sowohl gesellschaftskritischer als auch sozialtechnokratischer Provenienz – geht es (in) der hermeneutischen Wissenssoziologie 'lediglich' darum, das soziale Miteinander zu beobachten, zu beschreiben, zu reflektieren, zu analysieren und – Idealerweise eben unabhängig von Fremd- und von Eigeninteressen – zu kommentieren. Wissenssoziologen wollen – sozusagen programmatisch – tatsächlich "nicht länger beanspruchen, wie mit den Augen Gottes das Soziale zu durchschauen und es entsprechend kontrollierbar zu machen" (Beck/Bonß 2001: 14). D.h., sie haben keine andere 'Wahrheit', als alle anderen auch. Aber als Wissenssoziologen reflektieren sie, dass alle Wahrheiten relativ sind.[3] Und eben diese Grundhaltung erscheint uns als vielleicht nicht hinreichende, jedenfalls aber als unabdingbare analytische Voraussetzung dafür, das Erleben (und Bewältigen) eines Phänomens wie 'Individualisierung' überhaupt hinlänglich angemessen erfassen zu können.[4]

II.

Das, was wir, im wesentlichen ausgelöst durch Ulrich Becks (1983 erschienenen und mittlerweile zum einschlägigen Klassiker avancierten) Aufsatz "Jenseits von Stand und Klasse?", unter dem Etikett 'Individualisierung' diskutieren, muss zunächst einmal in der Tradition soziologischer Ungleichheitsforschung begriffen werden (vgl. dazu auch Wohlrab-Saar 1997). Das Konzept 'Individualisierung' modelliert sozialstrukturelle Bedingungen des Lebens am Übergang zu einer (zunächst einmal 'irgendwie') anderen Moderne,

---

3 Aus Sicht einer hermeneutischen Wissenssoziologie kommt es deshalb wesentlich darauf an, zu verstehen, wie Bedeutungen entstehen und fortbestehen, wann und warum sie 'objektiv' genannt werden können, und wie sich Menschen die gesellschaftlich 'objektivierten' Bedeutungen wiederum deutend aneignen, daraus ihre je 'subjektiven' Sinnhaftigkeiten herausbrechen – und damit wiederum an der Konstruktion der 'objektiven Wirklichkeit' mitwirken. Der genuin wissenssoziologische 'Blick' resultiert ja aus einer Attitüde des methodischen Zweifels daran, dass die Dinge, um die es je geht, so sind, wie sie zu sein scheinen (vgl. dazu Berger/Kellner 1984). Diese Attitüde fungiert also "als eine Art Abführmittel gegen das Grundsätzliche" (Soeffner 1982: 44).

4 Es geht dabei um die Idee, dass jede Idee von der Welt, den Menschen und ihren Dingen eben eine Idee ist, und dass es zu jeder Idee eben auch andere, alternative, antagonistische Ideen gibt, und dass das Beharren auf einer Idee weniger dem Erkennen der dieser Idee als inhärent geglaubten Wahrheit geschuldet ist, als allen möglichen anderen, 'erklärbaren' Gründen und Umständen. 'Erklärbar' sind die jeweiligen Beharrungsgründe und -umstände aber nicht etwa im strengen, kausaltheoretischen Sinne, sondern im Sinne einer aus dem Verstehen des menschlichen Handelns heraus erwachsenden 'plausiblen Erläuterung'. Also auch das, was Wissenssoziologen als erklärbare und erklärende Gründe und Umstände 'erklären', ist keine 'Wahrheit', sondern lediglich ein mehr oder weniger "reicher, scharfsinniger, tiefgründiger, ästhetisch befriedigender" (Bauman 2000: 305) Deutungsvorschlag.

deren empirische Reichweite zwar anhaltend umstritten ist, deren prinzipielle Relevanz für eine hinlänglich angemessene Rekonstruktion unserer Gegenwartsgesellschaft aber immer weniger bezweifelt wird (vgl. dazu z.B. Friedrichs 1998; vgl. für einen Überblick auch Junge 2002).

Der Wandel, in dem sich dabei allmählich – zum Teil inmitten andauernder traditionaler Vergemeinschaftungen und überkommener sozial-moralischer Milieus – ein Anspruch und ein Zwang zum eigenen Leben herausbildet, wird dementsprechend als 'Individualisierungsprozess' bezeichnet. Entstanden ist dieser Prozess in unserem Kulturkreis zwar bereits im Zusammenhang damit, dass im Europa des hohen Mittelalters die christliche Weltordnung fragwürdig zu werden begann und schließlich in einem über Jahrhunderte sich hinziehenden Prozess zerfallen ist (vgl. die Beiträge in Heller 1986, vgl. dazu z.B. auch Soeffner 1992a und Berger/Luckmann 1995). Und als Konsequenz daraus konnte unter jenen spezifischen strukturellen Bedingungen, wie sie für moderne Gesellschaften kennzeichnend sind, der Mensch sich allmählich seiner Individualität sozusagen 'kulturell' bewusst werden.[5] Aber erst zur Gegenwart hin hat der Individualisierungsprozess quantitativ und qualitativ jenes historisch einmalige Ausmaß erreicht, zwischenzeitlich sozusagen 'jedermann' erfasst zu haben.

'Erklärt' wird diese Entwicklung in der einschlägigen Literatur im wesentlichen als funktionale Konsequenz sozialstruktureller Veränderungen moderner Gesellschaften, vor allem nach und seit dem Zweiten Weltkrieg (vgl. z.B. die Beiträge in Beck/Beck-Gernsheim 1994, in Beck/Sopp 1997 sowie in Beck 1997a). Thematisiert werden dabei die Auflösung von Normalarbeitszeitverhältnissen, die Expansion hoher formaler Bildungsabschlüsse und die damit einhergehende Bildungszertifikatsentwertung, die politische Durchsetzung heterogener Emanzipationsinteressen und dabei insbesondere des Anspruchs von Frauen auf, wie Elisabeth Beck-Gernsheim (1983) schreibt, "ein Stück eigenes Leben", die Problematisierung der Kinderaufzucht, die Verrechtlichung immer weiterer Lebensbereiche usw. (vgl. zu einer Vielzahl von Facetten z.B. Beck 1995a). Als Effekte des Individualisierungsprozesses erscheinen dementsprechend Phänomene wie Verlust von normativen Verlässlichkeiten und Verzicht auf dauerhafte Bindungen, mentale Freisetzung aus verinnerlichten Rollen, erhöhte horizontale und vertikale Mobilität, Sinnverlagerung aus der beruflichen in die Privatsphäre, Auflösung 'feudaler' Beziehungsreste, und vieles andere mehr.

III.

Individualisierung ist also zunächst einmal als eine sozial-strukturelle Kategorie und nicht als eine sozial-psychologische Bestimmung der modernen Existenz zu begreifen, als ein Handlungsrahmen und nicht als eine Handlungsform des modernen Menschen (vgl. Hitzler/Honer 1996). Die Individualisierungstheorie an sich ist dementsprechend weit we-

---

5   Wesentlich für die subjektive Erfahrung in modernen Gesellschaften ist, dass die Sinnhorizonte der verschiedenen Institutionen und der (von ihnen bestimmten) sozialen Rollen keine überzeugend zusammenhängenden, dem einzelnen subjektiv einleuchtenden Sinnzusammenhänge (mehr) bilden (vgl. dazu Berger/Berger/Kellner 1975, Berger/Luckmann 1995). Luckmann (1979: 598) konstatiert dementsprechend, dass "in modernen Gesellschaften aufgrund bestimmter struktureller Veränderungen – im Verhältnis des einzelnen zu funktional spezialisierten sozialen Institutionen und zur säkularisierten gesellschaftlichen Ordnung überhaupt – die Produktion persönlicher Identität weit mehr in eigener Regie geschieht (wenn auch vielleicht nicht immer 'erfolgreich') als in anderen Gesellschaften".

niger eine zeitgenössische Fortschreibung herkömmlicher Individualitätskonzepte[6], als vielmehr eine Reflexion der Unzulänglichkeit soziologischer Ungleichheitsmodelle im Hinblick auf eine adäquate Erklärung aktueller sozialer Zustände und Prozesse (vgl. Beck 1995c). Denn die überkommenen soziologischen Ungleichheitsmodellierungen, denen zufolge das Gefüge bestimmter 'Großgruppen'-Lagen und 'Großgruppen'-Relationen als prägend für gesellschaftliche Vollzugsformen, Ordnungsmuster und Chancenzuweisungen insgesamt anzusehen ist, scheinen erlebte Ungleichheiten nicht mehr 'adäquat' zu erfassen. Unter einschlägig ausgewiesenen Forscherinnen und Forschern wird deshalb bereits seit längerem intensiv über die Notwendigkeit einer Neubestimmung ungleichheitsindizierender Lebensweisen in spät- bzw. postindustriell verfassten Gesellschaften diskutiert. Konkreter ausgedrückt geht es dabei um die Frage der Reformulierung, Anpassung, Ergänzung oder Ersetzung herkömmlicher Konzepte sozialer Ungleichheit bzw. – in Beckschem Duktus – um die Vermeidung von von ihm so genannter "Zombie-Kategorien" (Beck in Beck/Willms 2000: 16ff), also um die Frage, ob Klassen-, Schicht- und auch die neueren Milieu-Modelle (nach wie vor) geeignet sind, solche zunehmend als lebenspraktisch relevant erachteten Distinktionsmodi wie Geschlecht, Elternschaft, Alter, Aussehen, wie kulturelle Präferenzen, räumliche Segmentierungen, ethnische Identitäten, aber auch wie Zugänge zu und Nutzungsweisen von Informationen – und vieles andere mehr – zu erfassen und adäquat abzubilden.

Sozialstrukturanalytiker und Ungleichheitsforscher wie Stefan Hradil, Peter A. Berger, Reinhard Kreckel, Hans-Peter Müller, Martin Kohli u.a. arbeiten deshalb mit Nachdruck daran, diese 'neue Unübersichtlichkeit' gesellschaftlicher Pluralisierungsphänomene vor allem im Rückgriff auf Ordnungs-Konzepte wie Lebenslagen, Lebensläufe und Lebensstile zu restrukturieren (vgl. v.a. Berger/Hradil 1990).[7] Unbeschadet dessen bestehen anhaltend Forschungsbedarfe unter Individualisierungsaspekten – z.B. im Hinblick auf Ursachen, Begleiterscheinungen und Folgewirkungen des Endes der Dominanz industrieller Produktionsweisen, auf Chancen und Risiken neuer (Bio- und Informations-)Technologien, auf Konsequenzen der Auflösung geschichteter Milieukonfigurationen, auf 'lebensweltliche' Auswirkungen der Globalisierung (z.B. durch internationale und interkulturelle Differenzen, durch Kapitaltransfers, durch Migrationsprozesse) sowie generell auf vielfältige vertikale und horizontale Mobilitätseffekte.

Denn schwerlich lässt sich übersehen, dass dort, wo die traditionellen direkten Verteilungskämpfe an Bedeutung verlieren oder hochgradig ritualisiert sind (wie üblicherweise die Tarifverhandlungen zwischen Gewerkschaften und Arbeitgebern), andere, indirektere, unreguliertere Verteilungskämpfe aller Art um materielle Güter, um Weltdeutungen, um Kollektiv-Identitäten, um Lebensgewohnheiten und -qualitäten, um soziale Räume, Zeiten und Ressourcen, um Gestaltungschancen, um Grundsatz- und Detailfragen ausgetragen werden, die sich kaum noch und immer weniger mit dem überkommenen klassifikatorischen Analyse-Raster von links und rechts, von progressiv und konservativ, von revolutionär und reaktionär, usw. fassen lassen (vgl. Beck 1993: 229ff). Gemeint sind damit Vertei-

---

6   Vgl. exemplarisch für dieses Missverständnis: Kippele 1998, aber auch Jagodzinski/Klein 1998.

7   Weiterzuentwickeln sind dementsprechend, wie von Beck immer wieder (z.B Beck 2001; 2002: 54ff.) angemahnt, eben neue Designs der Erfassung von Ungleichheiten, neue Klassifizierungsschemata und Konzepte sozusagen 'postmoderner Sozialpositionierungen', neue Methoden der Diagnose und Prognose sozialen Wandels usw. (vgl. dazu auch Urry 2003).Verzeitlichung von Ungleichheitslagen, Relationen von Zentren und Peripherien, Antagonismen von Inklusion und Exklusion und dergleichen mehr spielen bei diesem Projekt eine wesentliche analytische Rolle.

lungskämpfe wie etwa solche zwischen den Geschlechtern und Generationen, zwischen Ossis und Wessis, zwischen Einheimischen und Zugezogenen, zwischen Autofahrern, Radfahrern und Fußgängern, zwischen Rauchern und Nichtrauchern, zwischen Menschen mit Kindern und Menschen ohne Kinder usw., kurz: Alltagsquerelen, wie sie Symptomatischerweise eben die erlebten sozialen Ungleichheiten markieren.

IV.

Insbesondere der von Beck in die Diskussion gebrachte Begriff der "Vollkasko-Individualisierung" (vgl. z.B. Beck 1993: 160; 1995a: 35) impliziert – nicht nur, aber insbesondere – solche erlebten Ungleichheiten, die als "Individuallagen", laut Lutz Leisering (1997: 143) "wesentlich sozialstaatlich konstituiert sind" nämlich: durch (relativ) hohen Wohlstand und (relative) soziale Sicherheit. Durchgesetzt hat sich dieser – von existentiell entschieden riskanteren Formen der 'Freisetzung' unter anderen gesellschaftlichen Bedingungen zu unterscheidende – Individualisierungstypus[8] nahezu 'idealtypisch' in sogenannten Sozialstaaten seit den 60er Jahren des vergangenen Jahrhunderts. Er korreliert nicht unwesentlich mit Umständen, die Beck (1986) unter dem Etikett der "Risikogesellschaft" beschrieben hat. Demnach resultieren (bzw. besser: resultierten bis vor kurzem) die symptomatischen Existenzprobleme in Gesellschaften dieses Typs wesentlich aus einer Überfluss- und Überschussproduktion: ökologische Risiken aus der hypertrophen Industriemoderne, Geschmackspräferenzen aus dem bildungsgesättigten Kulturrelativismus, Sinnfragen aus dem postmodernen Überangebot an Waren und Weltdeutungen, usw.

Die Rede von der Vollkasko-Individualisierung impliziert, dass einerseits die (quasi-) feudalen Restbestände (in) der liberalen Wohlfahrtsgesellschaft aufgelöst werden – Restbestände, wie sie sich z.B. in Religions- und ethnischen Gemeinschaften, in Klassen- und Ständemilieus, in Kommunal- und Regionalkontexten, in Verwandtschafts- und Nachbarschaftsnetzen, in herkömmlichen Ehen und Kleinfamilien usw. finden; genauer: dass die Bedeutung dieser traditionellen Sinngebungs- und Normsetzungsinstanzen für die Regulierung des individuellen Lebensvollzugs abnimmt. D.h., wir beobachten eine Art Sklerotisierung dieser sozusagen gemeinschaftsförmigen Meso-Institutionen, in denen Herrschaftsverhältnisse noch mehr oder weniger personal geprägt sind (vgl. dazu auch wieder Berger/Luckmann 1995).

Vollkasko-Individualisierung impliziert aber auch, dass andererseits die normierende Bedeutung generalisierter Rahmenbedingungen wie Erwerbsarbeitsmarkt, Subventionswesen, Waren-, Dienstleistungs-, Informations- und Unterhaltungsangebot, Rechtsgleichheit, Bildungswesen, soziales Sicherungssystem usw. für die Regulierung des individuellen Lebensvollzugs zunimmt. D.h., wir beobachten eine Art säkularisierter Struktur-Monadisierung durch sozusagen gesellschaftsförmige Makro-Institutionen, in denen Herrschaftsverhältnisse mehr oder weniger entpersonalisiert, abstrahiert, formalisiert sind. Anders ausgedrückt: Die 'Entbindung' und 'Ausbettung' des Einzelnen aus quasi-feudalen Abhängigkeiten geht bei der Vollkasko-Individualisierung 'Hand in Hand' mit seiner 'Wiedereinbindung' und 'Wiedereinbettung' in die Abhängigkeit von Sozialstaatsstrukturen (vgl. dazu Giddens 1991), denn diese teilen ihm – bürokratisch mehr oder minder 'blind' gegen-

---

8   Beck (1993: 160) spricht u.a. von einer der Vollkasko-Individualisierung gegenüberstehenden "Armuts-Individualisierung".- – allerdings identifiziert er in den meisten seiner einschlägigen Texte die Voraussetzungen für Individualisierung schlechthin mit sozialstaatlichen Rahmenbedingungen (besonders explizit z.B. in Beck 1995c).

über dem Einzelfall – seine je entstehenden ebenso wie seine je verbleibenden Lebenschancen zu.

Vollkasko-Individualisierung meint also jene Art Individualisierung, bei der die mit der Freisetzung der Menschen aus überkommenen sozialmoralischen 'Gemeinschafts'-Bindungen einhergehenden existentiellen Risiken aufgefangen bzw. abgefedert werden durch Abhängigkeiten, die im Zusammenspiel von marktförmigen Optionen und bürokratischen Ligaturen entstehen. Konkreter: Zusammen mit dem Arbeitsmarkt wirkt gerade der Sozialstaat als Basis und als Motor der Vollkasko-Individualisierung (vgl. dazu Leisering 1998): Belohnt mit Zertifikaten, Chancen und Ressourcen werden individuelle, mit Mobilität und Flexibilität gepaarte Bildungs- und Wettbewerbsbereitschaft. Problematisch werden dagegen Bodenständigkeit, soziale Verankerungen, emotionale Bindungen, moralische Vorbehalte, Zögerlichkeit, Unentschiedenheit usw. (vgl. Sennett 1998, vgl. aber eben auch Beck 2000).

Vereinfacht gesagt meint die Rede von (Vollkasko-)Individualisierung heute folglich eine sozialstrukturell (mehr oder weniger gut) 'erklärbare', existentielle Situation, in der das Leben wesentlich geprägt ist durch eine Vielzahl von Entscheidungsmöglichkeiten, aber auch von Entscheidungsnotwendigkeiten. Das moderne Individuum ist jedenfalls prinzipiell freigesetzt aus herkömmlichen Milieubindungen, aber auch aus Milieufürsorglichkeiten. Es ist sozusagen 'direkt' an die Gesamtgesellschaft, insbesondere an deren ökonomische, politische, juristische Institutionen angekoppelt. Und die Komplexität dieser modernen Gesellschaftlichkeit selber produziert eben vielfältige Defizite des generell postulierten Ordnungsanspruchs. Infolgedessen macht das Individuum, nachgerade unausweichlich, Erfahrungen nicht nur von Ungleichheit, sondern auch von Ungerechtigkeit, denn immer mehr soziale Ungleichheiten bzw. deren Konsequenzen werden in modernen Gesellschaften als 'ungerecht' empfunden, da moderne Gesellschaftsordnungen eben wesentlich über die Ideale von Freiheit und Gleichheit legitimiert sind.

Potentiell alles, was diese Ideale erkennbar tangiert, erscheint dem damit konfrontierten Individuum konsequenterweise denn auch als ungerecht. Somit bewirkt gerade das in modernen Gesellschaften erfolgreich installierte Ideal der Gerechtigkeit tendenziell die Problematisierung jeglicher Form von sozialer Ungleichheit. Die Idee der Gerechtigkeit macht aus Ungleichheiten sozusagen jederzeit entzündbare Konfliktstoffe und generalisiert die soziale Auseinandersetzung um Ressourcen und Lebenschancen. Das wiederum irritiert die kulturell geregelten Gewohnheiten des Umgangs miteinander und bewirkt, dass tendenziell immer mehr Individuen die dergestalt tradierten gesellschaftlichen Verkehrsformen in Frage stellen. Denn grosso modo scheint Vieles darauf hinzudeuten, dass sozialstaatliche Rahmenbedingungen wie Verrechtlichung, ausgebaute soziale und medizinische Dienstleistungen, sozialpolitische Versorgung usw. die alltäglichen Handlungsmöglichkeiten des sogenannten Durchschnittsmenschen eher steigern als verhindern (vgl. dazu z.B. Vobruba 1992, Rauschenbach 1994, Beck 1995b; 1997b, Leisering 1997, Wohlrab-Sahr 1997), während soziale Krisen, zivilisatorische Umbrüche und kulturelle Umbauten die 'normalen' Leute eher auf die Vollzüge des praktisch Notwendigen zurückwerfen, als dass sie massenhaft deren kreatives Potential freisetzen (vgl. dazu z.B. Brock 1994, Heitmeyer 1994, Kühnel 1994, Geißler 1996).

Andersherum betrachtet allerdings stellt sich der Prozess der Modernisierung dem Individuum selber als komplexes und dauerhaftes Handlungsproblem dar (vgl. Hitzler

128

1999b). Genauer gesagt: Die Individuen erfahren 'Modernisierung' in Form multipler Handlungsprobleme.

In der Theoriesprache des Konzepts reflexiver Modernisierung (vgl. Beck/Giddens/ Lash 1996) ausgedrückt heißt das, dass die Emanzipation des Individuums aus Abhängigkeit und Unmündigkeit als jenem zentralen 'Projekt der Moderne', das ein Zusammenleben von freien und gleichen Menschen ermöglichen sollte, nunmehr, unter den Bedingungen sozialstaatlich beförderter Individualisierung, Konsequenzen zeitigt, die seine ideologischen Voraussetzungen selber in Frage stellen bzw. in Zweifel ziehen: die Begegnung zwischen von ihren tradierten moralischen Oktroys 'befreiten' und – jedenfalls formalrechtlich und formalpolitisch – zunehmend 'gleichen' Individuen erfolgt für jeden einzelnen dieser Akteure 'rationalerweise' auf der Basis wechselseitiger Ignoranz und wechselseitigen Misstrauens und befördert somit bei vielen Betroffenen – sozusagen als Bewältigungs-Fantasie – die Sehnsucht nach eben dem, dessen Negation diese Entwicklung ursprünglich ermöglicht hat: nach Sicherheit im Zusammenleben, welche aus dem 'Vertrauen ins Unhinterfragte' erwächst (vgl. dazu bereits Parsons 1974).

V.

Eine – kulturell 'lauter' werdende – 'Antwort' auf diesen Bedarf scheinen nun neue, strukturell hochgradig labile Formen der Vergemeinschaftung zu geben: Formen der Vergemeinschaftung jenseits sowohl traditional verselbstständlichter Gemeinschaftlichkeit als auch jenseits ideologisch dauerreflektierter Genossenschaftlichkeit. Der entscheidende Unterschied dieser neuartigen Vergemeinschaftungsformen gegenüber herkömmlichen Gesellungsformen besteht darin, dass die Teilhabe an ihnen eben nicht mit jenen je typischen Verpflichtungen einher geht, welche üblicherweise aus dem Verweis auf Traditionen oder auf ähnliche soziale Lagen resultieren. Außerdem unterscheidet sich diese Art der Kollektivierung von überkommenen bzw. eingelebten Gemeinschaftsformen vor allem dadurch, dass sie typischerweise nicht in irgendeinem grundsätzlichen Sinne in- oder exkludierend sind, d.h. dass sie nicht – jedenfalls nicht a priori – bestimmte Menschen ein- oder ausschließen (vgl. Hitzler/Pfadenhauer 1998b; 2003). Insbesondere wird man in diese Art von Gemeinschaften nicht hineingeboren und auch nicht sozusagen selbstverständlich hineinsozialisiert. Vielmehr entscheidet sich der Einzelne eben freiwillig dazu, sich zeitweilig einzubinden in eine (mehr oder weniger professionell) vor-organisierte Interessengruppierung (vgl. Pfadenhauer 2000).

Versucht man nun also, dieses Prinzip einer nicht gegen Individualisierung konzipierten, sondern durch Individualisierung evozierten Form von Vergemeinschaftung zu spezifizieren, dann stößt man empirisch relativ rasch auf das, was wir als "posttraditionale Gemeinschaften" zu bezeichnen vorgeschlagen haben (vgl. Hitzler 1998; 1999a; Hitzler/Pfadenhauer 1998a; 2003). In so verstandenen posttraditionalen Gemeinschaften folgt, und damit schließen wir uns der Deutung von Zygmunt Bauman (1995: 354) an, gemeinsames Handeln der sich vergemeinschaftenden Individuen "nicht geteilten Interessen, es erzeugt sie. Genauer gesagt: sich dem Handeln anzuschließen, ist alles, was es zu teilen gibt."

Mundanphänomenologisch gesprochen, d.h. also: die je subjektive Perspektive des sich vergemeinschaftenden Individuums strukturell rekonstruierend, erscheint posttraditionale Vergemeinschaftung als Entwicklung eines – als Idealerweise 'reziprok' unterstellten – Wir-Bewusstseins. D.h., das Verhältnis zu einem, zu mehreren, zu vielen anderen konstituiert sich im Akt der Vergemeinschaftung und in der Fortdauer der Gemeinschaft zumindest in Abgrenzung zu einem, zu mehreren oder zu vielen 'Dritten', ja zugespitzt: in Ausgrenzung dieses oder dieser 'Dritten' aus dieser Wir-Beziehung. Diese Form der Vergemeinschaftung resultiert aus dem Wunsch nach oder zumindest aus der Akzeptanz einer gemeinsamen 'Außenseite'. Posttraditionale Gemeinschaften resultieren also eben nicht aus sozusagen naturwüchsiger Solidarität (z.B. basierend auf vorgängig geteilten Lebenslagen), sondern aus einer Art erkannter 'Komplizenschaft' gegenüber dem bzw. den 'Dritten'.

Die 'Dritten', das kann die Gesellschaft schlechthin sein, in der das Individuum lebt und die es erlebt als 'Dickicht' relativ undurchschaubarer, ja teilweise unerklärlicher sozialer Umstände und Gegebenheiten. Das heißt: Nicht vor und nicht nach, sondern innerhalb der Vollzugsroutinen moderner Gesellschaftlichkeit entstehen, sozusagen kontingent, die Bedingungen für das, was wir als 'posttraditionale Vergemeinschaftung' bezeichnen können – und zwar eben nicht als konstellative soziale Zwangsläufigkeit, sondern infolge der Entdeckung gemeinsamer, gegenüber anderen spezifizierbarer Interessen.

Posttraditionale Gemeinschaften repräsentieren mithin je bestimmte Ideen des Lebensvollzugs. Sie existieren tatsächlich erkennbar nur durch den Glauben der Mitglieder und der Beobachter an ihre Existenz; sie besitzen nur Autorität, weil ihnen und solange ihnen Autorität zugestanden wird, denn sie verfügen typischerweise eben nicht über genügend institutionell verankerte Sanktionspotentiale zur Durchsetzung der in ihnen je akzeptierten Weltsicht. Ihre Macht gründet nicht auf Zwang und Verpflichtung, sondern auf Verführung zur Mitgliedschaft. Auch wenn Zugehörigkeit zu ihnen "in den Augenblicken ihrer Verdichtung ... eine buchstäblich atemberaubende Intensität erreichen" kann (Bauman 1995: 20), bieten solche Gemeinschaften doch nur in den seltensten Fällen und nur für die wenigsten ihrer Mitglieder wirklich dauerhafte und dauerhaft verlässliche Deutungsschemata, Ordnungsmuster und Handlungsanweisungen.

Dementsprechend labil ist typischerweise denn auch die Kohäsionskraft solcher posttraditionaler Vergemeinschaftungen: Sie konstituieren sich in der (teilweise lediglich punktuellen) Konvergenz von Neigungen, Vorlieben und Leidenschaften und manifestieren sich im relativen Konsens von je als 'richtig' angesehenen Verhaltensweisen, Attribuierungen, Codes, Signalen, Emblemen, Zeremonien, Attitüden, Wissensbeständen, Relevanzen, Kompetenzen (vgl. Material dazu nochmals Hitzler/Pfadenhauer 1998b; Hitzler/Bucher/Niederbacher 2001). Diese posttraditionalen Gemeinschaftsbildungen sind wesentlich dadurch gekennzeichnet, dass sich individualisierte Akteure, als "Bastler nicht nur des eigenen Lebens, sondern auch von Netzwerken" (Beck in Beck/Willms 2000: 94), genau dann und insoweit – freiwillig und zeitweilig – in sie einbinden bzw. auf sie einlassen, wenn und als die 'Wertigkeiten' in diesen Gemeinschaften ihren Bedürfnissen nach einem bestimmten distinktiven Lebensstil entsprechen, diese Bedürfnisse unterstützen und sie (bis auf weiteres) 'beheimaten'.

Dass posttraditionale Gemeinschaften dergestalt als Gesinnungsgenossenschaften individualisierter Individuen fungieren, hat zur – weniger intendierten als beiläufigen, aber eben faktischen – Folge, dass sie zwar 'nach innen' eine eher labile soziale Ordnung (aus-)bilden, dass sie aber 'nach außen' (also gegenüber allen Nicht-Dazugehörigen) unbeschadet dessen als aufmerksamkeitsevozierendes Organ wirken (können) der Verstärkung und Stabilisierung eines spezifischen (Durchsetzungs-)Interesses, eben jenes für das individualisierte Individuum symptomatischen Interesses, möglichst (nur noch) das zu tun, was man eben selber tun will. Jede posttraditionale Gemeinschaft ist mithin in dem Sinne politisch, als sie aus irgendeiner bzw. aus jeder beliebigen individuellen Neigung ein – teils mehr, teils weniger Aufmerksamkeit erregendes und 'Zuwendung' einforderndes – öffentliches Anliegen macht (vgl. exemplarisch Hitzler/Pfadenhauer 1999).

Konstatieren lässt sich dementsprechend eine zunehmende, kulturell verselbständlichte Verbreitung von Selbstbewusstsein, von Selbstgewissheit, von Durchsetzungswillen – und das heißt natürlich auch: von Bornierung, von Anmaßung, von Dreistigkeit bei 'jedermann', gleich welchen Alters und welcher Positionierung im sozialen Raum. Im Rekurs auf Peter Gross (1994) können wir von einer tendenziell allumfassenden Optionalisierung sprechen, d.h. von einer ideologischen Emanzipation praktischer Verfügbarkeiten gegenüber jedweder Tabuisierung des Erdenklichen. Anders ausgedrückt: Wir alle bekommen (ständig) mit, was alles 'geht'. Und wo könnte noch eine Instanz sein, und wie wollte sie sich legitimieren, die uns ernsthaft daran hindern könnte, bei dem, was 'geht', mitzugehen, und das, was prinzipiell möglich ist, auch uns selber zu ermöglichen – wenn also nun doch tatsächlich (endlich) jeder von uns (nur noch) tun will, was ihm gefällt, und wenn dazu hin jeder will, dass andere tun, was er will, dass sie tun – und das heißt in der Regel, dass sie das tun, was mit dem, was ihm gefällt, zumindest nicht konfligiert, dann sind vermutlich nicht intendierte, aber gravierende Konsequenzen für die Ordnung unseres künftigen Zusammenlebens zu gewärtigen (vgl. dazu auch Gross/Hitzler 2003).

VI.

Weniger zeitdiagnostisch denn wissenssoziologisch (re-)formuliert: Unser (hinlänglich) gewohnheitsmäßiges Zusammenleben gelingt vor allem deshalb und insofern, als wir Wissensvorräte – und vor allem in sozialen Wissensvorräten transportierte Gewissheiten – teilen (und das impliziert im Weiteren: auch einige uns auferlegte Normen akzeptieren). Diese, die soziale Ver-Teilung von Wissen übergreifende, Teilung des Wissens steht, soweit wir das zu rekonstruieren vermögen, in archaischen Gesellschaften außer Frage, denn in diesen "stellen sich die 'jedermann' auferlegten Probleme jedermann auch in wesentlich gleichen Auffassungsperspektiven und Relevanzzusammenhängen dar" (Schütz/Luckmann 1979: 372). Und auch in traditionalen Gesellschaften sind die konsensuellen Gewissheiten typischerweise nur wenig problematisiert, da sie sich 'unter normalen Umständen' (hinlänglich plausibel) in einem unstreitigen Ordnungsgebot begründen (lassen). In modernen Gesellschaften hingegen tritt Wissen, korrelierend in der Regel mit sozialen Ungleichheiten, eben in sozial differenzierten 'Versionen' auf.[9]

Daraus resultiert vor allem, dass die Relevanzstrukturen verschiedener Gesellschaftsmitglieder nur noch sehr bedingt und vorläufig die gleichen sind.[10] Hinzu kommt, dass sich im Zusammenhang mit der fortschreitenden Arbeitsteilung die Proportionen der allgemein

---

9   Diese manifestieren sich z.B. in divergenten Sprach- und Sprechmilieus (vgl. dazu Luckmann 1989, Knoblauch 1995; 1996). Weil Menschen in einen historischen Interaktionsraum hineingeboren werden, ist das sprachlich repräsentierte System von sozialen Kategorien und Typisierungen für sie zwar ein "sozio-historisches A priori" (Luckmann 1980: 127; vgl. dazu auch Soeffner 1989: 12f.). Allerdings müssen die vorgängigen Typisierungen möglicher Situationen bzw. Situationsdefinitionen und situationsgerechten (Rollen-)Handelns zwangsläufig wieder subjektiv mit Sinn versehen werden.

10 Manche Elemente des gesellschaftlichen Wissensvorrats sind für alle Mitglieder der Gesellschaft, andere dagegen nur für spezifische Typen von Akteuren, für bestimmte Rollenträger, relevant. Diesen Akteuren ist objektiviertes Wissen, d.h. Wissen, das in den allgemein als 'relevant' approbierten Wissensvorrat einer Gesellschaft eingegangen ist, darüber zugänglich, welche typischen Mittel sich in einer typischen Situation zum Erreichen eines bestimmten Ziels eignen. Die Anwendung dieses Wissens wird sozial mittels positiver und negativer Sanktionen nahegelegt.

bekannten Bedeutungen und die der jeweils nur von Experten gewussten Sachverhalte zueinander verschieben: Die Sonderwissensbestände nehmen zu, werden immer stärker spezialisiert und entfernen sich zunehmend vom Allgemeinwissen (vgl. dazu auch Pfadenhauer 1999). Daraus folgt, dass sich die Zusammenhänge auflösen zwischen dem, was jedermann weiß, und dem, was eben nur relativ wenige wissen.

Kurz: Die Teilhabe an einem besonders einfachen, wohlgeordneten, in sich stimmigen und auf wenigen grundsätzlichen Gewissheiten basierenden Wissensvorrat schlägt sich auch in relativ stark übereinstimmenden subjektiven Lebenswelten nieder, während die Teilhabe an komplexen, also sehr unterschiedlich verteilten, heterogenen und mit konkurrierenden Gewissheitsannahmen durchsetzten Wissensvorräten eben auch deutlich divergente Lebenswelten nach sich zieht.[11]

Wenn schließlich, wie Schütz und Luckmann (1979: 378) schreiben, "im Grenzfall, der Bereich des gemeinsamen Wissens und der gemeinsamen Relevanzen unter einen kritischen Punkt zusammenschrumpft, ist Kommunikation innerhalb der Gesellschaft kaum noch möglich. Es bilden sich 'Gesellschaften innerhalb der Gesellschaft' heraus". Dies wiederum ist eine für die immer wieder postulierte Notwendigkeit einer ethnologischen Gesinnung des Soziologen gegenüber der eigenen Kultur (vgl. aktuell dazu Hirschauer/Amann 1997, vgl. dazu auch Hitzler 1999b) ausgesprochen bedeutsame Erkenntnis, denn sie besagt eben, dass unter solchen Bedingungen für jede Gruppierung, für jedes Kollektiv, auch innerhalb einer Gesellschaft, andere Arten von Wissen und vor allem andere Hierarchien von Wissensarten relevant sind bzw. zumindest relevant sein können (methodologisch-methodisch grundlegend dazu nach wie vor Honer 1993).

Dieser Befund lässt sich vor dem Hintergrund unserer hier lediglich skizzierten Überlegungen noch stärker pointieren: Nicht nur bilden sich 'Gesellschaften' – bzw. (posttraditionale) Gemeinschaften – innerhalb der Gesellschaft heraus, sondern deren je spezifische, in der Regel auf ein 'Thema' hin fokussierte bzw. organisierte Sonder-Wissensbestände reichen typischerweise auch durchaus nicht mehr hin, um daraus hinlänglich dauerhaft verlässliche Konzepte der individuellen Lebensbewältigung abzuleiten. Die sozialen Akteure sind unter den Bedingungen einer solchen in Partialinteressensgemeinschaften zerfallenden Gesellschaft – unter den Bedingungen also der Re-Kollektivierung individualisierter Individuen – mehr oder minder ständig dazu gezwungen, ihren je eigenen, biographisch erwachsenen und situativ gesetzten Relevanzstrukturen angemessene 'Anleihen' zu machen bei heterogenen, ja bei zum Teil antagonistischen sozialen Wissensbeständen und daraus eben ihre ihnen tauglichen, sozusagen individualisierten Wissensvorräte zusammenzubasteln.[12]

---

11 Damit dürfte auch deutlich werden, dass die insbesondere von Anne Honer (vgl. bereits 1985) im dezidierten Anschluss an Benita Luckmann (1978) initiierte 'Entdeckung' von kleinen sozialen Lebens-Welten in der programmatischen Tradition der Lebensweltanalyse von Alfred Schütz, d.h. von Korrelaten des subjektiven Erlebens der Wirklichkeit in Teil- bzw. Teilzeit-Kulturen, keineswegs nur wissens- und kultursoziologische oder gar 'nur' protosoziologische Bedeutung hat, sondern dass diese 'Entdeckung' für eine Neuformulierung der Problemstellungen einer Allgemeinen Soziologie unter Individualisierungsbedingungen schlechthin hochgradig relevant ist (vgl. dazu auch Hitzler 1997).

12 Diese Rede von 'individualisierten Wissensvorräten' schließt also an an die Rekonstruktion subjektiver und sozialer Wissensvorräte in den 'Strukturen der Lebenswelt' (Schütz/Luckmann 1979): Soziale Wissensvorräte setzen sich 'logisch' – in mannigfaltigen, vielstufigen, komplexen und in der Regel langdauernden Habitualisierungs-, Typisierungs-, Institutionalisierungs- und Sedimentierungsprozessen – zusammen aus subjektiven Wissensbestandteilen. Empirisch aber ist der größte Teil unserer je subjektiven Wissensvorräte aus sozialen Wissensvorräten übernommenes und

Während in der bisherigen Moderne also die Partizipation an bestimmten sozialen Wissensvorräten unter hinlänglich typischen Umständen typische Lösungen für typische soziale Lagen konventionell sowohl einigermaßen verbindlich als auch hinlänglich verlässlich nahegelegt hat, erscheint das (Über-)Leben unter Individualisierungsbedingungen im Beckschen Sinne (verstanden also als im Prozess reflexiver Modernisierung sich verändernder Handlungsrahmen) Symptomatischerweise eben nicht mehr als dergestalt konventionalisiert – sondern eben vielmehr als individualisiert. D.h., die sozial vorrätigen 'Bastel-Anleitungen' lassen sich immer weniger problemlos auf die Probleme der individuellen Existenz applizieren und die gesellschaftlichen 'Regie-Anweisungen' vermögen die Selbstverwirklichungssolisten nicht mehr berechenbar zu organisieren.

Und angesichts dessen kann eben auch niemand mehr damit rechnen, andere im moralisierenden Verweis auf 'übergeordnete Gesichtspunkte' in die Pflicht nehmen zu können. Wer andere dazu bringen will, etwas zu tun, was nicht sie ohnehin als ihr Wollen bzw. ihrem Wollen entsprechend begreifen, muss sie gewaltsam zwingen – oder eben: verführen (vgl. Hitzler 1999a).

All das irritiert überkommene Gewohnheiten des Umgangs der Menschen miteinander und bewirkt, dass die sozialen Verkehrsformen prinzipiell neu ausgehandelt werden müssen. D.h., die Gesellschaft, in der wir leben, erscheint uns als wesentlich gekennzeichnet durch eine Vielzahl kleiner, im alltäglichen Umgang aber sozusagen permanenter Querelen, Schikanen und Kompromisse, die sich zwangsläufig im Aufeinandertreffen und Aneinanderreiben kulturell vielfältiger Orientierungsmöglichkeiten und individueller Relevanzsysteme ergeben. Immer neue, begrenzte Sinn-Konflikte brechen auf, immer neue instabile Deutungs-Koalitionen lösen einander ab. Denn all die in allen möglichen 'Soziotopen' sich entwickelnden habituellen Eigen- und Besonderheiten, die speziellen Praktiken und Riten, die identitätsstiftenden Emblematiken und Symboliken, die Relevanzsysteme und Wissensbestände, die Deutungsschemata und Distinktionsmarkierungen (vgl. dazu auch Soeffner 1992b) – sie sind die 'Stoffe' der existentiellen Strategien von uns gemeinen Existenzbastlern, die wir – mitten im "Meta-Wandel der Moderne" (Beck/Bonß 2001: 13) alle 'eigentlich' nichts anders wollten und wollen als eben das zu tun, was wir tun wollen – und die wir uns dergestalt, wie Franz Liebl (2000: 13) schreibt, "im Zuge der Individualisierung auf(gelöst haben) in ein Heer von durchschnittlichen Abweichlern".

Literatur:

Bauman, Z., Ansichten der Postmoderne, Hamburg 1995.
Bauman, Z., Vom Nutzen der Soziologie, Frankfurt a.M. 2000.
Beck, U., Jenseits von Stand und Klasse?, in: Kreckel, R. (Hrsg.), Soziale Ungleichheiten, Sonderband 2 der Zeitschrift 'Soziale Welt', Göttingen 1983.
Beck, U., Risikogesellschaft, Frankfurt a.M. 1986.
Beck, U., Die Erfindung des Politischen, Frankfurt a.M.1993.
Beck, U., Eigenes Leben, in: Beck, U., u.a., Eigenes Leben, München 1995a, S. 9-174.

---

abgeleitetes, also nicht etwa evidentes, sondern geglaubtes Wissen. Und wir brechen aus den uns – auf welche Art und Weise und warum auch immer – je zuhandenen sozialen Wissensvorräten 'schon immer' das heraus, was wir – warum auch immer – als zum (Über-)Leben notwendig bzw. geeignet erachten.

Beck, U., Vom Verschwinden der Solidarität, in: Beck, U., Die feindlose Demokratie, Stuttgart 1995b, S. 31-41.

Beck, U., Die "Individualisierungsdebatte", in: Schäfers, B. (Hrsg.), Soziologie in Deutschland, Opladen 1995c, S. 185-198.

Beck, U. (Hrsg.), Kinder der Freiheit, Frankfurt a.M. 1997a.

Beck, U., Die uneindeutige Sozialstruktur, in: Beck, U./Sopp, P. (Hrsg.), Individualisierung und Integration, Opladen 1997b, S. 183-198.

Beck, U., Wohin führt der Weg, der mit dem Ende der Vollbeschäftigungsgesellschaft beginnt?, in: Beck, U. (Hrsg.), Die Zukunft von Arbeit und Demokratie, Frankfurt a.M. 2000, S. 7-66.

Beck, U., Das Zeitalter des "eigenen Lebens". Individualisierung als "paradoxe Sozialstruktur" und andere offene Fragen, in: Aus Politik und Zeitgeschichte B 29/2001, S. 3-6.

Beck, U., Macht und Gegenmacht im globalen Zeitalter. Neue weltpolitische Ökonomie, Frankfurt a.M. 2002.

Beck, U./Beck-Gernsheim, E. (Hrsg.), Riskante Freiheiten, Frankfurt a.M. 1994.

Beck, U./Bonß, W. (Hrsg.), Modernisierung der Moderne, Frankfurt a.M. 2001.

Beck, U./Giddens, A./Lash, S., Reflexive Modernisierung, Frankfurt a.M. 1996.

Beck, U./Sopp, P. (Hrsg.), Individualisierung und Integration, Opladen 1997.

Beck, U./Willms, J., Freiheit oder Kapitalismus. Ulrich Beck im Gespräch mit Johannes Willms, Frankfurt a.M. 2000.

Beck-Gernsheim, E., Vom 'Dasein für andere' zum Anspruch auf ein Stück 'eigenes Leben', in: Soziale Welt, 1983 (3), S. 307-340.

Berger, P. A./Hradil, S. (Hrsg.), Lebenslagen, Lebensläufe, Lebensstile, Sonderband 7 von 'Soziale Welt', Göttingen 1990.

Berger, P. L./Berger, B./Kellner, H., Das Unbehagen in der Modernität, Frankfurt a.M./New York 1975.

Berger, P. L./Kellner, H., Für eine neue Soziologie, Frankfurt a.M. 1984.

Berger, P. L./Luckmann, T., Die gesellschaftliche Konstruktion der Wirklichkeit, Frankfurt a.M. 1969.

Berger, P. L./Luckmann, T., Modernität, Pluralismus und Sinnkrise. Die Orientierung des modernen Menschen, Gütersloh 1995.

Brock, D., Rückkehr der Klassengesellschaft?, in: Beck, U./Beck-Gernsheim, E. (Hrsg.), Riskante Freiheiten, Frankfurt a.M. 1994, S. 61-73.

Friedrichs, J., Die Individualisierungs-These, in: Fiedrichs, J. (Hrsg.), Die Individualisierungsthese, Opladen 1998, S. 23-36.

Geißler, R., Kein Abschied von Klasse und Schicht, in: KZfSS, 1996 (3), S. 319-338.

Giddens, A., Modernity and Self-Identity, Cambridge 1991.

Gross, P., Die Multioptionsgesellschaft, Frankfurt a.M. 1994.

Gross, P./Hitzler, R., Wir Terroristen, in: Hitzler, R./Reichertz, J. (Hrsg.), Irritierte Ordnung, Konstanz 2003.

Heitmeyer, W., Entsicherungen, in: Beck, U./Beck-Gernsheim, E. (Hrsg.), Riskante Freiheiten, Frankfurt a.M., 1994, S. 376-401.

Heller, T. C. (Hrsg.), Reconstructing Individualism, Stanford, Cal. 1986.

Hirschauer, S./Amann, K. (Hrsg.), Die Befremdung der eigenen Kultur, Frankfurt a.M. 1997.

Hitzler, R., Perspektivenwechsel, in: Soziologie (Mitteilungsblatt der DGS), 1997 (4), S. 5-18.

Hitzler, R., Posttraditionale Vergemeinschaftung. Über neue Formen der Sozialbindung, in: Berliner Debatte INITIAL, 1998 (1), S. 81-98.

Hitzler, R., Verführung statt Verpflichtung, in: Honegger, C./Hradil, S./Traxler, F. (Hrsg.), Grenzenlose Gesellschaft?, Teil 1, Opladen 1999a, S. 223-233.

Hitzler, R., Welten erkunden, in: Soziale Welt, 1999b (4), S. 473-482.

Hitzler, R./Bucher, T./Niederbacher, A., Leben in Szenen, Opladen 2001.

Hitzler, R./Honer, A., Individualisierung als Handlungsrahmen, in: Archiv für Wissenschaft und Praxis der sozialen Arbeit, 1996 (2), S. 153-162.

Hitzler, R./Pfadenhauer, M., Eine posttraditionale Gemeinschaft, in: Hillebrandt, F./Kneer, G./Kraemer, K. (Hrsg.), Verlust der Sicherheit?, Opladen 1998a, S. 83-102.

Hitzler, R./Pfadenhauer, M., "Let your body take control!" Zur ethnographischen Kulturanalyse der Techno-Szene, in: Bohnsack, R./Marotzki, W., Biographieforschung und Kulturanalyse, Opladen 1998b, S. 75-92.

Hitzler, R./Pfadenhauer, M., "We are one different family". Techno als Exempel der 'anderen' Politik, in: Beck, U./Hajer, M./Kesselring, S. (Hrsg.), Der unscharfe Ort der Politik, Opladen 1999, S. 45-61.

Hitzler, R./Pfadenhauer, M., Die Macher und ihre Freunde. Schließungsprozeduren in der Techno-Party-Szene, in: Hitzler, R./Hornbostel, S./Mohr, C. (Hrsg.), Elitenmacht, Opladen 2003.

Hitzler, R./Reichertz, J./Schröer, N. (Hrsg.), Hermeneutische Wissenssoziologie. Standpunkte der Theorie der Interpretation, Konstanz 1999.

Honer, A., Beschreibung einer Lebenswelt, in: Zeitschrift für Soziologie, 1985 (2), S. 131-139.

Honer, A., Lebensweltliche Ethnographie, Opladen 1993.

Jagodzinski, W./Klein, M., Individualisierungskonzepte aus individualistischer Perspektive, in: Friedrichs, J. (Hrsg.), Die Individualisierungs-These, Opladen 1998, S. 13-32.

Junge, M., Individualisierung, Frankfurt a.M./New York 2002.

Kippele, F., Was heißt Individualisierung?, Opladen 1998.

Knoblauch, H., Kommunikationskultur, Berlin/New York 1995.

Knoblauch, H. (Hrsg.), Kommunikative Lebenswelten, Konstanz 1996.

Kühnel, W., Entstehungszusammenhänge von Gewalt bei Jugendlichen im Osten Deutschlands, in: Beck, U./Beck-Gernsheim, E. (Hrsg.), Riskante Freiheiten, Frankfurt a.M. 1994, S. 402-420.

Leisering, L., Individualisierung und 'sekundäre Institutionen', in: Beck, U./Sopp, P. (Hrsg.), Individualisierung und Integration, Opladen 1997, S. 143-160.

Leisering, L., Sozialstaat und Individualisierung, in: Friedrichs, J. (Hrsg.), Die Individualisierungs-These, Opladen 1998, S. 65-78.

Liebl, F., Der Schock des Neuen, München 2000.

Luckmann, B., The Small Life-Worlds of Modern Man, in: Luckmann, T. (Hrsg.), Phenomenology and Sociology, Harmondsworth 1978, S. 275-290.

Luckmann, T., Gibt es ein Jenseits zum Rollenverhalten?, in: Marquardt, O. (Hrsg.), Identität. München 1979, S. 596-599.

Luckmann, T., Persönliche Identität als evolutionäres und historisches Problem, in: Luckmann, T., Lebenswelt und Gesellschaft, Paderborn 1980, S. 123-141.

Luckmann, T., Kultur und Kommunikation, in: Haller, M./Hoffmann-Nowottny, H.-J./ Zapf, W. (Hrsg.), Kultur und Gesellschaft, Frankfurt a.M./New York 1989, S. 33-45.

Parsons, T., Religion in Postindustrial America, in: Social Research 1974, S. 193-225.

Pfadenhauer, M., Rollenkompetenz. Träger, Spieler und Professionelle als Akteure für die hermeneutische Wissenssoziologie, Konstanz 1999, S. 267-285.

Pfadenhauer, M., Spielerisches Unternehmertum. Zur Professionalität von Event-Produzenten in der Techno-Szene, in: Gebhardt, W./Hitzler, R./Pfadenhauer, M. (Hrsg.), Events, Opladen 2000, S. 98-114.

Rauschenbach, T., Inszenierte Solidarität, in: Beck, U./Beck-Gernsheim, E. (Hrsg.), Riskante Freiheiten, Frankfurt a.M. 1994, S. 89-111.

Schröer, N. (Hrsg.), Interpretative Sozialforschung. Auf dem Weg zu einer hermeneutischen Wissenssoziologie, Opladen 1994.

Schütz, A./Luckmann, T., Strukturen der Lebenswelt, Band 1, Frankfurt a.M. 1979.

Sennett, R., Der flexible Mensch, Berlin 1998.

Soeffner, H.-G., Prämissen einer sozialwissenschaftlichen Hermeneutik, in: Soeffner, H.-G., (Hrsg.), Beiträge zu einer empirischen Sprachsoziologie, Tübingen 1982, S. 9-48.

Soeffner, H.-G., Alltagsverstand und Wissenschaft, in: Soeffner, H.-G., Auslegung des Alltags – Der Alltag der Auslegung, Frankfurt a.M. 1989, S. 10-50.

Soeffner, H.-G., Luther – Der Weg von der Kollektivität des Glaubens zu einem lutherisch-protestantischen Individualitätstypus, in: Soeffner, H.-G., Die Ordnung der Rituale, Frankfurt a.M. 1992a, S. 20-75.

Soeffner, H.-G., Stil und Silisierung, in: Soeffner, H.-G., Die Ordnung der Rituale. Frankfurt a.M. 1992b, S. 76-101.

Urry, J.,: Soziologie im 21. Jahrhundert, Frankfurt a.M. 2003.

Vobruba, G., Autonomiegewinne, in: Soziale Welt 1992 (2), S. 168-181.

Wohlrab-Sahr, M., Individualisierung: Differenzierungsprozeß und Zurechnungsmodus, in: Beck, U./Sopp, P. (Hrsg.), Individualisierung und Integration, Opladen 1997, S. 23-36.

The Art of Engagement

Maarten Hajer

Introduction: Whither (sub)politics?

It occurred sometime in the early 1990s. As part of the growing recognition of the importance of his work, politicians sought to contact Ulrich Beck. One day Rudolf Scharping, at that time leader of the German social-democratic party SPD, signalled he wanted to meet Beck. As Beck did not want to come down to Munich, Scharping went up the hill to meet Beck in his favourite cow-meadow overlooking Lake Starnberg. Sitting in two battered cane-chairs they discussed the world while Scharping vigorously tried to light a cigarette but remained unable to figure out where the wind was coming from. Social-democracy remains an urban ideology. For Scharping the mystery was the wind direction, but most we wondered what the leader of the opposition got out of the exchange. Would he now see 'risk society' as an electoral winner? Would the SPD, with its 'Kohlenpfennig'-culture and IG Metall-connection, be able to move beyond *Klasse und Schicht* (class and estate)? Would the notion of a second modernity come out to be helpful (another round, presumably with new chances)?

The meeting was only the first of a row. Sociology was hip. In the late 1990s Ulrich Beck and Tony Giddens jointly met with Gerhard Schröder and Tony Blair for a carefully mediated meeting to promote the new social-democratic strategy of both leaders of Cabinet: 'Die Neue Mitte' or the 'Third Way'. The new sociology of reflexive modernization had found its way into the corridors of power. Irony abound here of course. After all, what happened to the ideas of 'subpolitics', the 'centre-less politics' or the dynamics of modernization via unintended consequences that marked Beck's ascent to influence? If politics had many different manifestations and occurred at sites and places that many did not even consider to be the object of political research why meet up with the centre? If conditions of life were shaped by decisions made in other – formally non-political – spheres then presumably meeting with the new intellectuals surely was a case of 'symbolic politics? After all, Beck himself had suggested that politicians would take to symbolic politics to at least *suggest* they are in charge in a situation in which they are obviously not. Yet in this light a search for practices of a new, diverse and non-traditional politics surely seemed more opportune then a meeting with prime ministers?

Another reading of the staged meeting of minds is of course that this was part of a knowledge transfer. In the initial formulations in *Risikogesellschaft* (Beck 1986) and subsequently in his *Erfindung des Politischen* (Beck 1993), Beck had argued for more, institutional secured, possibilities for participation for all those active in subpolitical spheres. If only leading politicians would be convinced that their future was in the distribution of power and the diffusion of decision-making authority to levels were people could actually oversee the choices, then this was only positive.

After all, the concept of subpolitics not only pointed at the changing locus of decision making on the conditions of life. Rereading those early formulations, one also notices an clearly formulated normative idea of politics that suggested that such decisions should be governed by some mechanism of collective decision making. Beck conceived of that new politics not as a masterminding from the centre, but much more in terms of diffusion of political powers to various quasi-autonomous spheres of life and the creation of new possibilities to act upon the political nature of all sorts of decentralised decisions.

So were the stars of the global sociological firmament co-opted by the nation state-based establishments? It seems that we have to answer this in the positive. But the more positive reading would be to interpret it as an interesting form of political *engagement* on part of two leading academics. Even if it was no longer meaningful to see the role of intellectual as speaking truth to power, it presumably still made sense to share sociological insights with those in charge of the national policy making machine of some of the strongest economies in the world. What is more, trying to facilitate a meaningful translation of insights into a new socially just and ecologically sound political programme is a courageous and praiseworthy endeavour.

Much has changed since initial formulations in *Risk Society* and *The Reinvention of Politics*. And these changes have their consequences for the Beckian model of politics and the sort of political engagement we need. More in particular we can distinguish two other forms of engagement that elaborate on the implicit normative idea of a more diffused notion of politics.

The problem of participatory politics

Writing at a time at which many sociologists still put their cards on the 'new social movements' Beck's subpolitics suggested a different orientation. In *Risk Society* Beck suggested a much more divers socio-political response that also comprised things like enhancing and utilizing the moral and reflexive capacity of professionals and patients and argued for extended legal rights to participate in decision making so as to find an institutional form for the various subpolitical processes. In *'Die Erfindung'* Beck promoted the dialogues of the 'round table' as a way out of the crusty corporatist arrangements that had dominated industrial society (Beck 1993).

Beck most certainly widened the scope of the debate but the question is if all the participatory solutions could really carry the burden of his hopes. To many people participation still has a pretty positive ring. It was, and to many still is, a 'set' solution. An indicator is the number of last chapters of books on environmental politics that are devoted to 'ecological democracy', ecological enlightenment, discursive democracy, etc. Yet when it comes to participation it is time to raise some difficult questions (also cf. Hajer 2004 in print). A host of studies suggests that participation, once introduced to open up policy deliberation and allow for the voices of the citizens (and their associations) to be heard, often tends toward practices that have strong exclusionary effects (Mansbridge 1980; Young 2000). Ivo Hartman, a reflective practitioner, speaks of a *paradox of participation* suggesting that the more possibilities are created for participation, the greater the cleavage between the citizens that use these opportunities and those that do not (Hartman 2000). Iris Marion Young argues that participatory practices are often governed by the norms of deliberation that, in her words, "implicitly value certain styles of expression as dispassionate, orderly, or articulate" (Young 2000: 6-7), thus excluding those participants that do not confirm to this norm.

This worry about the performance of participatory practices is echoed in a very direct way in the theory of planning. In a recent address to the annual meeting of the American Schools of Planning, Judith Innes, one of the field's leading theorists, argued in a collaboration with reflective practitioner David Booher:

"It is time to face the facts we all know, but prefer to ignore. The traditional methods of public participation in government decision making simply do not work. They do not achieve genuine participation in planning or decisions; they do not provide significant information to public officials that makes a difference to their actions; they do not satisfy members of the public that they are being heard; they do not improve the decisions that agencies and public officials make; and they don't represent a broad spectrum of the public. Worse yet, they often antagonize the members of the public who do try to work through these methods. Moreover, they pit members of the public against each other as they each feel compelled to speak of the issues in polarizing terms to get their points across – making it even more difficult for decision makers to sort through what they hear, much less to make a choice. More often these methods discourage busy and thoughtful individuals from wasting their time in going through what appear to be nothing more than rituals designed to satisfy legal requirements." (Innes/Booher 2000)

It is damning critique but the trouble is that this critique is spot on. Almost any practitioner will reinforce the above, although in most cases one would need to spend some time to give people the sense that it is 'OK' to criticize participation before they would be willing to do so.

The worry about the bias in participation is only extended further by the fact that the state has become such a powerful player in this field over the last decades. Indeed, in this sense much has changed since *Risk Society* first appeared in 1986. At that time many western states were either simply still very much governed by corporatist or otherwise elitist practices of societal involvement or were actively fighting the counter cultural 'Green' political parties or NGOs that demanded more participation in public affairs. In the early years of the 21st Century things are different. It now often makes sense to conceive of the government as an 'interactive state'. Many governmental agencies can be seen to initiate practices of citizen involvement themselves. Such – in essence 'top-down' –participatory arrangements, like 'diskursive Verfahren' (discursive procedures) in Germany, interactive policy-making in the Netherlands, visioning, public policy mediation or collaborative dialogue in the US or the partnerships or stakeholder dialogues in the UK, involve consultation, negotiation and/or deliberation between (representatives of) government, associations from civil society and individual citizens.

Participation, in other words, is no longer a subpolitical force coming from below. Government agencies are very much aware that they need to draw in stakeholders, if only to avoid all sorts of delays later on. Whether or not we should expect democratic advancements from such top-down state initiatives depends very much on the type of initiative (Ackerman 1992). Not only should we carefully examine the empirical conditions under which the participation takes place, there is also the issue of framing: What is the scope of the participation? What can be brought up in the deliberations and what themes are ruled out? How do all these new institutional arrangements relate to the 'classical-modernist' arrangements of representative democracy? What participatory arrangements can be seen as successful institutional responses to subpolitics?

Subpolitics revisited: what to do with the elected representatives?

Many critics have pointed out that subpolitics did not merely occur autonomously. In many domains political power has been actively relocated from the political centre over the past decades. Under the influence of neo-liberal ideologies the state has been 'rolled back' and political power was be displaced by political decision.

This 'emptying out' of the state has a second dimension. Not only has there been a massive displacement of political power towards agencies that are not directly account-able to the populace, there is also an ideological uncertainty on the part of politicians as to what they actually want, can want, and should want. The dissolution of the great ide-ologies has impacted on everyday politics. The new 'insights' into the limited capability to 'steer' social events have made politicians lame. What is more, in their new role they are often perceived to be pretty useless. Elected politicians, that still like to see them-selves as the center of political events, are now often regarded by others as a problem, a hindrance, an obstacle standing in the way of arriving at sensible policies. In this sense politics reinvented itself.

Like a snake, the political process seems to have crept out of its old horny skin of its first modernity. It has now displaced itself from the institutional fora and lives its life in new forms and events (Fung/Wright 2001). This in itself raises new questions of legiti-macy of course but at the same time it creates new insights into the vitality and potential of certain subpolitical processes.

This double movement, with on the one hand the active reduction of the role of the state and, on the other hand, the creation of new practices of interaction with various actors from civil society, has eroded the central position of politicians. Talking to pro-fessionals such as policy makers or mediators, you can now often hear them lament: 'What should we do with the elected representatives?' The newly developed practices of interaction often produce promising strategies or solutions. Yet elected politicians are nearly always reluctant to participate. They hold the 'primacy of politics' and do not want to surrender their right to have the last word. The unintended side-effect however is that they are *first* not part of the discussion that leads to a particular framing of the problem and thus do not witness the emergence of a widely accepted solution, and *sub-sequently* have problems with accepting the outcomes since these are not 'theirs'.

The erosion of the position of elected politicians that I described here could be seen as process-related: it is a product of the particular way in which the interaction with ac-tors from civil society is organized that produces the effect. Yet there is a second – and probably more striking and more problematic – course for the erosion of the political position of the elected official: without ideologies they lack ideas. An example from the domain of land use planning can illustrate the above.

Dealing with subpolitics in land use planning

How to address the complex problems relating to urbanization, nature or countryside protection, infrastructure development, economic prosperity and social justice? The general lack of ideas on this theme has created a political void. Experts are brought in to come up with ideas for strategic development. Not to help *realize* a political vision, but to *develop* one.

Experts (those with a societal conscious, that is) lament that they feel highly uneasy with all the political power given to them. In a recent research project we investigated the changing role of landscape architects in regional planning (Gomart/Hajer 2003). Twenty years ago, landscape architects or architects were preoccupied with aesthetics. A row of trees here, some lakes there. Yet since the mid 1990s everything has changed. Landscape architects and urban designers are called upon to come up with big ideas and plans. Politicians no longer know what they want or could want. Regional plans no longer start with the ideological vision of politicians but 'emerge' as the (temporary) account of a process of consensus building. In this political void designers are now called upon to come up with the inspiring vision. But as any architect will tell you, a designer can only be as good as his/her principal. And funny things happen when the political principal does not know what he/she wants.

'It is as if politicians have forgotten the times of "social engineering"', a respondent argued. For the designer it was quite obvious what the consequence of this era of sub-politics is. Politicians take to symbolic politics in times when they are uncertain what to do, just as Beck had pointed out. The political-ideological vacuum creates the space for plans for Transrapids, the reconstruction of the Berlin Palace (or, similarly but less forcefully, the Paleis voor Volksvlijt in Amsterdam), plans for big infrastructural works. 'Boys projects', he called them. Projects that could show vision and ambition. Projects that would put the city /the region /the land /the country 'on the map' once more.

This analysis seems to hold true for a broader domain. As the sphere of politics has created its own vacuum, designers are called upon as creative utopians. Internationally we see them everywhere: Norman Foster, Richard Rogers, Rem Koolhaas, Frank Gehry. In all those cities, regions, countries that suddenly realize they lack the symbols to keep the society together, designers are now conquering center-stage. Create the centre of the new united Germany! Give me an inner city for a market-oriented Shanghai! Give Brussels the quarter that shows how well the European Commission is doing its work! Stage the resurrection of London! Alas, design alone cannot fill the void.

A new notion of engagement

It is interesting to notice how some designers reflect on the contexture of their work. If official politics fails, then perhaps we need to reinvent it as a societal activity and aim to create an autonomous relation between the public and its social problems. If the old triangle of analysts/experts, politicians and designers is broken, perhaps we need to re-invent the link between intellectuals, decision makers and designers.

Looking at their practice we found that designers had started to fill the void left by the malfunctioning of politics. A case in point was the politics regarding the future of the Hoeksche Waard, a large island in the Rhine delta near Rotterdam. Here the traditional participation in governmental planning procedures produced continued deadlock and public frustration with politics. Just one year later the designs and presentations and manifestations organised by a group of designers sparked off a lively debate on the future of the area. It brought about a process of collective political will formation among citizens and elected politicians in the area and led to a new self-confident political stand. Not the official and legally codified participation in the drawing up of the statutory land use plan, nor the elected representatives, nor the participation experts from the planning department, but the landscape architects were key in representing the people (Gomart/Hajer 2003; Hajer 2004 in print).

In this particular case the designers promoted a notion called 'research by design' ('onderzoekend ontwerp'), blurring the typical division of labor in planning processes. It came instead of expert-led policy making, the search for politico-administrative compromise to be topped up by public participation at a stage at which meaningful contributions were hard to conceive. According to the 'research by design' practice, designers, researchers and stakeholders were to interactively produce a plan.

The whole practice we found was food for thought. Here was a case were designers effectively helped create new political spaces – mostly unstable practices that emerge in the struggle to address problems that the established institutions are, for a variety of reasons, unable to resolve in a manner that is perceived to be both legitimate and effective. Here the presentation of designs not only robbed politicians of their central role, and in one particular case actually *created an active public*. It thus showed that successful deliberation is not simply a matter of well-ordered argumentative exchanges. It is also a performative act *creating* a public of its own. Indeed, good politics seems to have its own dramaturgy although it is often hard to predict in advance (Hajer 2004 in print).

Another notion of engagement

Conducting ethnographic research on this group of designers-in-politics came of course with intense social exchanges. The question it raised for us as researchers was what role we should or could play in all of this. Slowly we were drawn into this experiment. By now we have an effective cooperative relationship in we combine our evaluative research with the active participation in the invention of new political spaces. We am to stage exchanges that themselves are able to reinvent politics, with its own set of rules as to what is a 'good' political process, what is legitimate, who should be included in the deliberations, or how to deal with conflicts.

My example of designers in politics is just one of many. In the first modernity these urban designers had a well-defined task and were more or less 'word-perfect'. Now they are the 'unauthorized actors of the second modernity' (Beck 1999: 41) that are actively reinventing politics. This type of engagement will sometimes produce virtuous outcomes, and sometimes fail miserably. It raises the question what political sociologists and political scientists should do.

If in our 'network society' policy will often have to be made without the backing of a polity (Beck 1999), we should conceive of policy making more in terms of what one may call 'stand alone practices'. Today's intellectuals are the lucky bones that live in an era of 'constitutional politics' (Ackerman 1992) and it is only logical that intellectuals would now engage themselves much more actively in this field of political experimentation then in periods of 'normal politics'. Policy making now is as much a matter of citizens (and their associations) and enterprises acting in a concerted way as it is a matter of direct government intervention. This can be seen as an alternative notion of engagement that very well fits the general ideas of Beck's work on reflexive modernisation.

New practices need to be discovered and analysed in order to inform a more robust notion of trans-national – or to be more precise: trans-boundary – democracy. Of course this alternative notion of engagement takes as its principal orientation 'the public and its problems' not the state or the leading politicians. If we want to deliver upon the Kantian dream of a *Weltgesellschaft* than these forces are often as much part of the problem as they are part of the solution. So that engagement needs to find new forms, new coalitions, and new points of orientation.

It would of course be pathetic to try and relate our own little work in reinventing a politics of planning to the Kantian *Weltgesellschaft*. A hopefully more persuasive example of this Kantian form of engagement can, I think, be found in the arts. An important event in this regard was the *Kassel Documenta11* of 2002. Curated by the Nigerian/American Okwui Enwezor, it signified the first truly global *Documenta* with authors from many different continents and with complex post-colonial identities. I imagine art critics had already loaded their guns to shoot at the results. Would not the choice for global artists inevitably lead to less artistic quality? Was it not necessary that Enwezor introduced politics at the cost of subtlety?

In actual fact *Documenta11* staged a confrontation between the conceptual art that dominated modern art over the last decades and a new form of art that did derived its meaning much more directly from its engagement with the world. However aesthetically pleasing, the works of Hanne Darboven, On Karawa or Bernd and Hilla Becher all derive their importance from their particular positioning in the history of art. The most forceful works from the *Documenta11*, however, showed a much more direct way of engaging with the world. Whether it was Chantal Akerman 'from the other side' on the 'traffic' at the Mexican-US border, Amar Kanwar 'A season outside' on the conflict in Wagah, at the Indian-Pakistani border, Black Audio Film Collective 'Handworth Songs' on the 1980s race riots in London, or Multiplicity with 'Solid Sea' on the fate of a boat full of migrants to Europe that sank in the Mediterranean: all works addressed key themes of our global age and derived their power from their engagement with the world. Borders, migration, ethnicity and violence: the arts have rediscovered political engagement.

A particularly astute case in point was the project 'Solid Sea' of the collective 'multiplicity'. It presents material of a sinking of a vessel full of refugees near Sicily. Officially it had never happened, but the presented reconstruction showed otherwise. Interestingly, 'Solid Sea' was not a work by an 'artist' but was made by a collective, called Multiplicity. The collective consists of a group of architects, photographers, journalists and academics, and is led by an architect, Stefano Boeri.

Of course, in a sense there is nothing new about the way in which art engages itself with society. Indeed, is it not the modernist tradition in art to reflect on the changing societal conditions, as art critic Anna Tilroe reminded us. Sure, but it is also undeniably so that art of the first modernity had lost that capacity and had become more and more self-referential. An initiative like Multiplicity shows a new form of engagement that goes beyond either/or and also creates ideas about how others might conceive of engagement in an age of post-normal politics.

Conclusion

Not only do leaders of government read and meet Beck, in their struggle to enhance the legitimacy of their decisions, state bureaucracies have massively turned to interactive arrangements of the kind Beck proposed in earlier work. It implies that we need to be far more precise when talking about 'participation' or round tables as solution for the crisis of politics.

Key now is the issue of *form* in (participatory) politics. It is not so much participation itself that is the problem or solution, but the very conditions under which the exchange of ideas has to take place. If we understand participation as the attempt to involve a variety of actors from civil society in a discussion on policy interventions, we might, following Young, see how this can be made into "a process in which differentiated social groups (...) attend to the particular situation of others and [are] willing to work out just solutions to their conflicts and collective problems from across their situated positions." (Young 2000: 7) Raising the issue of form, the question then is how one might create the conditions under which various groups can be allowed to create the situated and shared knowledge and understandings and "transform conflict and disagreement into agreement" (ibid.: 118). How can the variety of contributions be related to one another in a meaningful way? Moreover, what conditions need to be fulfilled in order for statements to be made that actually influence thinking and, ultimately, the reallocation of life chances /decision-making? But also, considering the agenda of Multiplicity, how can we expose the backside of all positive stories about a new era of politics of the leaders that flirt with the idea of a reinvention of politics.

References:

Ackerman, B., We, the People. Foundations, Cambridge, Mass, 1992.
Akkerman, T./Grin, J./Hajer, M. A., The interactive state: democratisation from above?, in: Journal of Political Ideas, forthcoming 2003.
Beck, U., Risikogesellschaft., Frankfurt 1986.
Beck, U., Die Erfindung des Politischen, Frankfurt 1993.
Beck, U., World Risk Society, Cambridge 1999.
Fung, A./Wright, E. O., Deepening Democracy: innovations in empowered participatory governance, in: Politics & Society, 29(1), 2001, pp.5-41.
Gomart, E./Hajer, M. A., Is that Politics? Searching for Forms of Democratic Politics, in: Joerges, B. et al (Eds.), Looking Back, Ahead –The Yearbook for the Sociology of Sciences, Dordrecht 2003.
Hajer, M. A., Setting the Stage: A Dramaturgy of Policy Making, in: Administration and Society, 2004 (in print).
Hartman, I., Democratie van de grote bekken of leer je wat van het publieke debat?, Instituut voor Publiek en Politiek, Amsterdam 2000.
Innes, J. E./Booher, D. E., Public Participation in Planning. New Strategies for the 21st Century, Institute of Urban and Regional Development, Berkeley 2000.
Mansbridge, J., Beyond Adversary Democracy, New York 1980.
Young, I. M., Inclusion and Democracy, Oxford 2000.

Politik gegen Institutionen?
Die neuen Souveräne der Risikogesellschaft

Edgar Grande

1. Einleitung: Die Bedeutung der Politik in der Zweiten Moderne

Ulrich Becks Theorie der reflexiven Modernisierung bedeutet für die Politikwissenschaft nicht nur eine gewaltige Herausforderung, sondern geradezu eine Provokation. Zum einen behauptet sie eine erhebliche Aufwertung des Politischen. "Die zweite Moderne, in die wir längst hineingeschlittert sind, ist eine *politische* Moderne" (Beck 1993: 14; Hervorhebung im Original).[1] Anders als Niklas Luhmanns Systemtheorie, in der bereits die Frage nach "politischer Steuerung" für sinnlos erklärt wird (vgl. Luhmann 1989), lautet eine der Leitfragen der Theorie reflexiver Modernisierung: "Wie ist (politische) Gestaltung möglich?" (Beck 1993: 65). Zur Beantwortung dieser Frage greift Ulrich Beck nun aber nicht einfach auf den (inzwischen ja durchaus beachtlichen) theoretischen Instrumentenkasten der Politikwissenschaft zurück, ganz im Gegenteil, er erfindet das "Politische" neu. Dahinter steckt nicht nur intellektuelle Neugier, sondern auch theoretische Notwendigkeit, denn "wir befinden uns", so seine Annahme, "in immer mehr Fragen in Situationen, die von den gängigen Institutionen und Begriffen, Konzeptionen des Politischen weder erfasst noch angemessen beantwortet werden können" (Beck 1993: 18).

Im Mittelpunkt seiner Kritik steht das, was man als *Institutionenpolitik* bezeichnen könnte, der Bereich formaler Institutionen und starrer Regeln, professioneller Mandatsträger, vermachteter Großorganisationen, in dem politisches Handeln entweder zur Routine erstarrt oder zur reinen Machtpolitik verkommt. Demgegenüber meint die Erfindung des Politischen: "Nicht nur regelausführende, sondern auch regel*verändernde* Politik, nicht nur Politiker-Politik, auch Politik der *Gesellschaft*, nicht nur Machtpolitik, auch *Gestaltungspolitik*, Kunst der Politik" (Beck 1993: 18; Hervorhebung im Original). Die Kritik trifft beide, die Politik und die Politikwissenschaft, in gleicher Weise. Erstere, weil sie die Gestaltungsmöglichkeiten und -notwendigkeiten moderner Gesellschaften ungenutzt lässt; letztere, weil sie zu sehr auf den Bereich der Institutionenpolitik fixiert ist, und damit die eigentlichen Qualitäten des *Politischen* in der Zweiten Moderne übersieht. Und beide, die Politik wie die Politikwissenschaft, haben die Anregungen der Theorie reflexiver Modernisierung vielfach ignoriert. Im Fall der Politik überrascht das wenig, es bestätigt eher die Annahme der Beckschen Theorie, dass die etablierten Parteien und Großorganisationen zu politischen Reformen unfähig sind. Aber auch die Politikwissenschaft hat die "Erfindung des Politischen" viel zu wenig zur Kenntnis genommen. Das lag nicht nur an den bekannten Verdrängungsmechanismen und Immunisierungsstrategien der Profession, es lag sicherlich auch daran, dass Ulrich Becks antiinstitutionalistischer Ansatz zu einem Zeitpunkt präsentiert wurde, zu dem in der Politikwissenschaft (wie auch in anderen Sozialwissenschaften) das Interesse an Institutio-

---

1   Genauer müsste es wohl heißen: Auch die Zweite Moderne ist – trotz aller Systemzwänge und Sachrationalitäten – noch immer eine politische Moderne, denn für die moderne Gesellschaft ist geradezu konstitutiv, dass sie eine "politische Gesellschaft" (Greven 1999) ist.

nen wieder erwachte (vgl. March/Olsen 1984; 1989; Powell/DiMaggio 1991; Mayntz/ Scharpf 1995; zusammenfassend Hall/Taylor 1996; Peters 1999). In diesem Kontext schien Ulrich Becks Konzept der "Subpolitik" allenfalls dazu geeignet zu sein, einer kleinen (Rand)Gruppe von "Bewegungsforschern" neue Motivation zu liefern, an den Hauptstrang der institutionalistisch geprägten politikwissenschaftlichen Forschung schien es nicht anschlussfähig zu sein.

Der folgende Beitrag will zeigen, dass dieser Schein trügt. Er versucht, eine Brücke zu schlagen zwischen der politikwissenschaftlichen Institutionenforschung auf der einen Seite, und der Institutionenkritik der Theorie reflexiver Modernisierung andererseits. Ich werde herausarbeiten, dass es sich dabei nicht, wie von Ulrich Beck behauptet (und von seinen Kritikern befürchtet), um konkurrierende Konzepte und Thesen handelt, sondern um zwei Seiten der gleichen Medaille. Ein solcher Brückenschlag ist für beide Seiten gewinnbringend: Becks Ansatz eröffnet den Blick auf einen blinden Fleck der politikwissenschaftlichen Institutionenforschung, nämlich auf Handlungsmöglichkeiten jenseits von Institutionen, während andererseits der politikwissenschaftliche Institutionalismus es erlaubt, die Bedingungen und Grenzen der "Subpolitik" genauer abzustecken. Die zentrale *These* lautet, dass die Institutionenpolitik in der Zweiten Moderne nicht funktionslos wird und durch die Subpolitik einfach abgelöst werden kann, sondern dass beide Bereiche in ein spannungsvolles Wechselverhältnis zueinander geraten.

2. Die institutionalistische These: Institutionen begrenzen Politik

Die politikwissenschaftliche Forschung der vergangenen zwanzig Jahre wurde maßgeblich durch institutionalistische Theorieansätze geprägt.[2] Dies war Teil einer allgemeineren "Renaissance des Institutionalismus" (Mayntz/Scharpf 1995: 40) in den Sozialwissenschaften, die zur Herausbildung unterschiedlicher Varianten neuerer Institutionentheorie in den einzelnen Disziplinen geführt hat.[3] Trotz aller Unterschiede teilen diese Theorieansätze die Annahme, dass gesellschaftliches Handeln im wesentlichen institutionell bedingt und geprägt ist. Die Frage: "Do institutions matter?" (Weaver/ Rockman 1993) wird eindeutig mit "Ja" beantwortet. Der politikwissenschaftliche Neo-Institutionalismus wendet sich damit vor allem gegen behavioristische, strukturalistische und systemtheoretische Ansätze, die den Besonderheiten politischer Organisationen und den von ihnen ausgehenden Handlungsrestriktionen und Handlungsoptionen zu wenig Beachtung geschenkt haben (vgl. March/Olsen 1984; Mayntz/Scharpf 1995: 40-42).

In Deutschland besonders einflussreich wurde der von Renate Mayntz und Fritz W. Scharpf entwickelte Ansatz des "akteurzentrierten Institutionalismus" (Mayntz/Scharpf 1995; Scharpf 2000). Dieser Ansatz setzt sich in mehrerlei Hinsicht vom politikwissenschaftlichen Neo-Institutionalismus ab: "Er beschränkt sich nicht auf *politische* Institutionen, er arbeitet mit einem engen Institutionenbegriff, er betrachtet Institutionen sowohl als abhängige wie als unabhängige Variablen, und er schreibt ihnen keine *deter-*

---

2   Zum folgenden ausführlicher Fach/Grande 1988; Grande 1994; Grande/Kaiser 2003.
3   Aus der Vielzahl von institutionalistischen Ansätzen ist es vor allem sinnvoll, einen "ökonomi-schen Institutionalismus" (Williamson 1975; North 1990), einen "organisationssoziologischen Institutionalismus" (Scott 1987; Powell/DiMaggio 1991), und einen politikwissenschaftlichen "Neo-Institutionalismus" (March/Olsen 1989; Mayntz/Scharpf 1995) zu unterscheiden (vgl. Hall/Taylor 1996).

minierende Wirkung zu. Institutionelle Faktoren bilden vielmehr einen – stimulierenden, ermöglichenden oder auch restringierenden – Handlungs*kontext*" (Mayntz/Scharpf 1995: 43; Hervorhebungen im Original).

Der Ansatz des akteurzentrierten Institutionalismus verbindet zwei unterschiedliche Varianten des Neo-Institutionalismus, den "Rational Choice Institutionalismus" und den "historischen Institutionalismus". Ersterer begreift Institutionen vorwiegend als Quelle externer Zwänge oder Anreize, nach denen rational handelnde Akteure ihre Strategien und Entscheidungen ausrichten, letzterer betont vor allem die Persistenz bestehender Institutionen. Der historische Institutionalismus kritisiert damit vor allem die Rationalitäts- und Effizienzannahmen der ökonomischen Institutionentheorie. Seine zentrale Annahme lautet, dass Institutionen zwar aus rationalen Motiven geschaffen sein mögen, dass sie aber nicht beliebig geändert, oder gar wieder abgeschafft werden können. Institutionen entwickeln eine eigentümliche Beharrungskraft, und das auch dann, wenn ihr eigentlicher Zweck hinfällig geworden ist, oder sich neue Anforderungen ergeben. Der historische Institutionalismus unterscheidet sich gerade durch die Betonung der "Ineffizienz der Geschichte" (March/Olsen 1989: 53) von den funktionalistischen und rationalistischen Erklärungsansätzen, die davon ausgehen, dass sich in der historischen Entwicklung entweder durch strukturelle Selektion oder durch individuelle Wahlakte die effizientesten institutionellen Formen und Funktionen durchsetzen.

Bei der Analyse solcher Ineffizienzen spielt das Konzept der Pfadabhängigkeit eine wichtige Rolle. Dieses Konzept hat seinen Ursprung bekanntlich im Bereich der Technik- und Wirtschaftsgeschichte (vgl. David 1985). Dort wurde es als ein analytisches Konzept entwickelt, mit dessen Hilfe eine sehr spezifische Form von Marktversagen beschrieben werden kann, nämlich die Behauptung ineffizienter Technologien auf einem Markt, dem prinzipiell auch überlegene Technologien zur Verfügung stünden. Inzwischen hat dieses Konzept jedoch auch in weiten Bereichen der Politikwissenschaft Verwendung gefunden, beispielsweise zur Erklärung der Entwicklungsdynamik des europäischen Integrationsprozesses (Pierson 1996) oder der Reformresistenz des deutschen Föderalismus (Lehmbruch 2002).

Auch wenn institutionalistische Analysen von ihrem eigenen Anspruch her keine reinen Restriktionsanalysen sind und die prinzipielle Ambivalenz von Institutionen betonen, so haben sie doch überzeugend gezeigt, wie Institutionen die Möglichkeiten der Politik begrenzen. Politik, so scheint es, kann nur mit und durch Institutionen gemacht werden und sie wird dabei immer wieder mit dem Eigensinn von Institutionen konfrontiert. Das politische Handeln in wohlfahrtsstaatlichen Demokratien scheint geradezu geprägt durch institutionell bedingte "Reformblockaden" und andere "Pathologien" der politischen Steuerung (vgl. Mayntz 1990; Scharpf 1988). Beispiele hierfür hat die empirische Policy-Forschung in den vergangenen zwanzig Jahren zuhauf geliefert. Ob es die Reformunfähigkeit des Gesundheitssystems ist, die Ineffizienz der Arbeitsmarktpolitik, die Unmöglichkeit wirtschaftspolitischer Kurswechsel, die Trägheiten bei der Marktliberalisierung – Beispiele für das Politikversagen gibt es zur Genüge und in all diesen Fällen spielen institutionelle Faktoren eine maßgebliche Rolle.

Die Beharrungskraft und die Eigenlogik von Institutionen setzt zugleich den Möglichkeiten der institutionellen Reform enge Grenzen (vgl. Scharpf 1985; 1987). Die Politik, so scheint es, sitzt in der Falle: Gezwungen, unter institutionellen Bedingungen zu handeln, die nur suboptimale Ergebnisse zulassen, und die sich aus den gleichen (insti-

tutionellen) Gründen auch nicht ändern lassen. An genau dieser Stelle zeigen sich freilich die Grenzen institutionalistischer Ansätze, gerät die institutionalistische Analyse in
ein folgenschweres *Dilemma*: "Gute" Politik, wie immer sie auch definiert wird, ist mit
den gegebenen Institutionen nur schwer *möglich*, außerhalb dieser Institutionen ist sie in
institutionalistischer Perspektive jedoch überhaupt nicht *denkbar*.

3. Ulrich Becks Gegenthese: (Sub)Politik setzt Institutionen außer Kraft

An diesem Punkt setzt die Theorie reflexiver Modernisierung mit ihrem Konzept der
"Subpolitik" an. Sie nimmt die begrenzten Möglichkeiten der Institutionenpolitik zur
Kenntnis – und will die Politik von ihren institutionellen Fesseln befreien! Subpolitik
setzt nicht auf die Reformierbarkeit von Institutionen und die Reformfähigkeit der "großen Politik", Subpolitik heißt "Gesellschaftsgestaltung von unten" (Beck 1993, 164).
Diese Möglichkeit der politischen Gestaltung jenseits der etablierten Institutionen wird
von der Institutionentheorie entweder übersehen oder unterschätzt: "Viele der folgen-
reichsten Umgestaltungen und politischen Entscheidungen ereignen sich nicht in den
überkommenen Foren, also dem formalen politischen System. Sie bewirken umgekehrt
eine Neubestimmung der hergebrachten politischen Ordnung" (Beck 1996: 15).[4]

Aber mit dem Nachweis, dass Politik außerhalb der etablierten Institutionen möglich
ist, ist es natürlich nicht getan. Für die Konstruktion der Theorie reflexiver Modernisierung entscheidend ist die Frage, in welchem Verhältnis Institutionenpolitik und Subpolitik zueinander stehen. Im Prinzip wären hier mehrere Alternativen – insbesondere der
wechselseitigen Verschränkung – denkbar, die alle die Möglichkeit eröffnen würden,
die politikwissenschaftliche Institutionentheorie mit der Theorie reflexiver Modernisierung zu verbinden. Ulrich Beck selbst nimmt in seiner "Erfindung des Politischen" jedoch eine Weichenstellung vor, durch die die beiden Theoriestränge voneinander abge-
koppelt werden. Institutionenpolitik und Subpolitik repräsentieren nicht nur unterschiedliche (und möglicherweise sogar komplementäre) Arenen des politischen Handelns, sie werden zwei gegensätzlichen Formen von Moderne, zwei unterschiedlichen
"Epochen", zugeordnet. Durch die Herausbildung der Sphäre der Subpolitik entstehe
"eine gedoppelte Welt, die sich nicht aufeinander abbilden läßt: eine Welt der symbol-
trächtigen politischen Institutionen und eine Welt der politischen Alltagspraxis (Konflikte, Machtspiele, Instrumente und Arenen), die zwei verschiedenen Epochen, nämlich
der industriellen und reflexiven Moderne, zugehören (Beck 1993: 155).

Selbst wenn man annimmt, dass es sich bei den beiden Formen von Moderne nicht
um historische "Epochen" im strengen Sinn handelt, so hat das Entstehen der "Subpolitik" im Prozess reflexiver Modernisierung doch gravierende negative Auswirkungen auf
die etablierten politische Institutionen. Sie werden funktionslos, werden zu "Zombie-
Institutionen" (Beck 1993: 217). Dies bezeichnet für Ulrich Beck den "Grundsachver-
halt" der Politik in der Zweiten Moderne: "Veränderung der *Qualität* des Politischen bei
konstanten Institutionen des politischen Systems, nicht ausgewechselte Macht- und

---

4   Zur genaueren Verortung des folgenden Arguments ist es sinnvoll, zwei Dimensionen des Kon-
     zepts der "Subpolitik" zu unterscheiden: zum einen die neue Formen der gesellschaftlichen Mikro-
     politik in der Zweiten Moderne – Subpolitik als permanente Gesellschaftsveränderung; und zum
     anderen die katalytische Wirkung neuer risikopolitischer Gefährdungen und Katastrophen – Sub-
     politik als Ausnahmezustand. Die weitere Argumentation wird sich vor allem auf die zweite Di-
     mension des Konzepts konzentrieren.

Funktionseliten, also ein unabgetastetes Systembild der funktional differenzierten Gesellschaft. Diese *Entbindung, Freisetzung des Politischen bei gleichbleibender Organisationsgesellschaft* diagnostiziert und kommentiert die Theorie reflexiver Modernisierung im Kern" (Beck 1993: 214; Hervorhebungen im Original).

Wenn diese Annahme zutrifft, dann relativieren sich die ganzen Probleme institutioneller Reform, mit denen sich der politikwissenschaftliche Institutionalismus beschäftigt, beträchtlich: "Die Bundesrepublik", so zitiert Ulrich Beck zustimmend Hans Magnus Enzensberger, "kann sich eine inkompetente Regierung leisten, weil es letzten Endes auf die Leute, die uns in der Tagesschau langweilen, gar nicht ankommt. Die realen gesellschaftlichen Prozesse verlaufen dem Bonner Zirkus gegenüber weitgehend autonom" (Enzensberger 1988: 228; vgl. Beck 1993: 215f.). In der Konsequenz würde dies bedeuten, dass nicht nur die etablierten Institutionen, sondern auch der politikwissenschaftliche Institutionalismus irrelevant geworden wären.

Ulrich Becks Konzeption von Politik stellt folglich nicht auf die Reformfähigkeit der Institutionenpolitik ab, sondern baut in erster Linie auf die Selbstorganisationsfähigkeit von Gesellschaft: "Erfindung des Politischen meint: schöpferische, selbstschöpferische Politik, die gerade nicht alte Gegnerschaften kultiviert und renoviert, aus ihnen die Mittel der Macht gewinnt und schärft, sondern neue Inhalte, Formen und Koalitionen entwirft und schmiedet. Gemeint ist eine Renaissance des Politischen, die – um ein Bild von Fichte aufzugreifen – ´sich selbst setzt´: aus Aktivität ihre Aktivität entwickelt und entfaltet, sich sozusagen am eigenen Schopfe aus dem Sumpf des Eingefahrenen zieht" (Beck 1993: 210). Am Ende dieser Entwicklung könnte nicht nur ein neues Verständnis von Politik, sondern, mehr noch, eine neue Konzeption von *Gesellschaft* stehen, in der diese sich von staatlicher Bevormundung und institutionellen Fesseln befreit: "Die subpolitisierte Gesellschaft ist, vorsichtiger: könnte (unter mehreren Möglichkeiten) die Bürgergesellschaft werden, die ihre Angelegenheiten in allen Bereichen und Aktionsfeldern der Gesellschaft selbst in die Hand nimmt" (Beck 1993: 164).

4. Grenzen der Institutionenpolitik: Politik im Ausnahmezustand

Woraus bezieht die Subpolitik aber ihre politische Potenz? Wie kann ihr gelingen, woran die Apparate der Institutionenpolitik regelmäßig scheitern? Die Antwort auf diese Fragen gibt Ulrich Beck "aus gegebenem Anlass" bereits im Vorwort der "Risikogesellschaft": Es ist die "Dynamik", die "Gewalt der Gefahr" (Beck 1986: 7), wie sie nach der Reaktorkatastrophe von Tschernobyl exemplarisch deutlich geworden ist. Während sich die offizielle Politik zunächst in Beschwichtigungen erging und die Verwaltung in unkoordiniertem Aktivismus heiß lief, machte sich bei den Betroffenen *Angst* breit – und wurde von ihnen in politische *Aktivität* umgesetzt (vgl. Czada 1990). Tschernobyl hat beides zugleich aufgedeckt: Die Ohnmacht der Institutionenpolitik und die Kraft der Subpolitik.

Tschernobyl blieb bekanntlich kein Einzelfall. Auch die BSE-Krise im Herbst 2000 und die terroristischen Anschläge vom 11. September 2001 zeigten exemplarisch die Gefahren der "Weltrisikogesellschaft" (Beck 1999).[5] Alle diese Katastrophen, so unter-

---

5   Zur BSE-Krise als Beispiel für neuartige zivilisatorische Risiken in modernen Gesellschaften siehe Oosterveer 2002; zur Interpretation der Anschläge vom 11. September 2001 aus risikosoziologischer Perspektive siehe insbesondere Beck 2003.

schiedlich ihr Anlass auch war, haben deutlich gemacht: "Katastrophen, ja bereits ihr Verdacht, lassen alle Beteuerungen, alle sorgfältig aufgebauten Legitimationen und Kontrollversprechen immer wieder in sich zusammenbrechen, meist vor den massenmedialen Augen der versammelten Öffentlichkeit" (Beck 1993: 42). Wohlgemerkt, das politische Potential dieser Katastrophen resultiert nicht aus der Zahl der Toten oder der Höhe des materiellen Schadens, sondern aus der Neuartigkeit der Gefahr, die Ulrich Beck an der Unterscheidung zwischen "Not" und "Angst" festmacht. Zugespitzt formuliert lautet der Unterschied: "Not lässt sich ausgrenzen, die Gefahren des Atomzeitalters nicht mehr. Darin liegt ihre neuartige kulturelle und politische Kraft. Ihre Gewalt ist die Gewalt der Gefahr, die alle Schutzzonen und Differenzierungen der Moderne aufhebt" (Beck 1986: 7).[6]

Es mag sein, dass der "Angstfaktor" als ein "Vielzweckinstrument" "allen möglichen Interessen dient" (Fach 1989: 69) – unstrittig dürfte aber sein, dass durch die Angst, die durch neuartige zivilisatorische Gefährdungen freigesetzt wird, das Verhältnis von "Politik" und "Institution", "Freiheit" und "Ordnung", "Akteur" und "System" nicht nur am Rande, sondern in seinem *Kern* tangiert wird. Angst setzt institutionelle Ordnungen außer Kraft, lässt Routinen ins Leere Laufen, setzt politische Aktivität frei, ja, sie hat sogar die Macht, scheinbar unüberwindbare Systemgrenzen zu sprengen und die Funktionslogiken funktional differenzierter Gesellschaften zu suspendieren. Die zivilisatorischen Risiken, die die moderne Industriegesellschaft erzeugt, machen also die Politik nicht funktionslos, sie entmachten sie nicht, im Gegenteil: "Risiken setzen nicht nur Entscheidungen voraus, sie setzen am Ende auch wieder Entscheidungen *frei* – im Einzelfall wie im grundsätzlichen: Risikofragen können nicht in Ordnungsfragen überführt werden, weil diese an dem immanenten Pluralismus von Risikofragen sozusagen ersticken und sich so unter der Hand und hinter den Fassaden der Statistik wiederum in Moralfragen, Machtfragen, Dezisionismus verwandeln" (Beck 1993: 48f.; Hervorhebung im Original). Zugespitzt formuliert: Angst befreit die Politik.

Werden damit politische Institutionen und die Einsichten des politikwissenschaftlichen Institutionalismus tatsächlich irrelevant? In welchem Verhältnis stehen die Befunde des Institutionalismus einerseits, die Annahmen der Theorie reflexiver Modernisierung andererseits? Der Vergleich der beiden Thesen zeigt unschwer, dass sich beide auf ganz unterschiedliche politische "Lagen" (Krüger 1966) beziehen: Während die einen, die neuen Institutionalisten, den Normalbetrieb der Politik im Auge haben und mit großer Präzision die Veränderungsresistenz etablierter Institutionen, eingeübter Routinen und festgefügter Verteilungskoalitionen aufzeigen, bezieht sich Ulrich Becks Analyse im Kern auf eine ganz andere politische Situation: auf den *Ausnahmefall*.

Den *heuristischen Nutzen* eines solchen Vorgehens hat bereits Carl Schmitt betont: "Die Ausnahme ist interessanter als der Normalfall. Das Normale beweist nichts, die Ausnahme beweist alles; sie bestätigt nicht nur die Regel, die Regel lebt überhaupt nur durch die Ausnahme. *In der Ausnahme durchbricht die Kraft des wirklichen Lebens die Kruste einer in Wiederholung erstarrten Mechanik*" (Schmitt 1934: 22; meine Hervorhebung). Einen "protestantischen Theologen" zitierend, fährt Schmitt fort: "Die Aus-

---

6   Ulrich Beck betont in seinem Vorwort zur Risikogesellschaft, das neue "Gefährdungsschicksal" moderner Gesellschaften stehe "anders als Stände und Klassenlagen ... nicht unter dem Vorzeichen der Not, sondern unter Vorzeichen der Angst und ist gerade kein ´traditionelles´ Relikt, sondern ein Produkt der Moderne, und zwar in ihrem höchsten Entwicklungsstand" (Beck 1986: 8; Hervorhebung im Original).

nahme erklärt das Allgemeine und sich selbst. Und wenn man das allgemeine richtig studieren will, braucht man sich nur nach einer wirklichen Ausnahme umzusehen. Sie legt alles viel deutlicher an den Tag als das Allgemeine selbst" (zitiert in: Schmitt 1934: 22).

Gleichzeitig, und für unseren Zusammenhang noch wichtiger, hat Carl Schmitt das *politische Potential* des Ausnahmefalls herausgearbeitet und in den Mittelpunkt seiner Souveränitätslehre gestellt: "Der Ausnahmefall offenbart das Wesen der staatlichen Autorität am klarsten. Hier sondert sich die Entscheidung von der Rechtsnorm, und (um es paradox zu formulieren) die Autorität beweist, dass sie, um Recht zu schaffen, nicht Recht zu haben braucht" (Schmitt 1934: 20). Kurz gesagt, im Ausnahmefall, das heißt im "Fall äußerster Not, Gefährdung der Existenz des Staates oder dergleichen" (Schmitt 1934: 12), tritt die Norm hinter den Staat zurück. Gerade bei der Frage, wann dieser Ausnahmefall gegeben ist, bei der *Entscheidung* über den Ausnahme*zustand*, zeigt sich die staatliche Souveränität in ihrer reinsten Form: "Souverän ist, wer über den Ausnahmezustand entscheidet" (Schmitt 1934: 11).

Die Affinitäten zwischen Carl Schmitts Souveränitätslehre und Ulrich Becks Konzept der Subpolitik dürfen freilich nicht überbewertet werden. Auch wenn beide die Politik vom Ausnahmefall her denken, so unterscheiden sie sich doch grundlegend in ihren Konzeptionen von Staat und Gesellschaft. Ausgangs- und Endpunkt von Schmitts Analyse ist der Staat, genauer: das Problem der Gefährdung des Staates durch eine fundamental gespaltene und radikalisierte Gesellschaft. Im Ausnahmefall", wenn sich die "Lage" zuspitzt, "suspendiert der Staat das Recht, kraft eines Selbsterhaltungsrechts" (Schmitt 1934: 19), genauer, ist es legitim, die "gesamte bestehende Ordnung" zu suspendieren, um den Bestand des Staates zu sichern. Ausgangs- und Endpunkt von Becks Analyse ist die Gesellschaft, genauer: das Problem der Gefährdung der Menschheit durch neuartige zivilisatorische Risiken. Der "drohende Selbstmord der Gattung" (Beck 2002: 369), ist nicht zuletzt die (nicht-intendierte) Folge politischer Entscheidungen, der Staat und die Institutionenpolitik sind also Teil des Problems – und nicht Teil seiner Lösung. Wenn es um den Erhalt der Gattung geht, ist es folglich legitim, dass gesellschaftliche Akteure sich über den Staat und die etablierte Institutionenordnung hinwegsetzen: Im Ausnahmefall tritt die Institution hinter die (Sub)Politik zurück.

5. Grenzen der Subpolitik: Die Ausnahme des Ausnahmefalls

Wenn richtig ist, dass die (Sub)Politik ihre volle Kraft vor allem im Ausnahmefall entfalten kann, dann stellen sich drei Anschlussfragen bzw. -probleme: *Erstens*: Muss der Ausnahmefall die seltene Ausnahme bleiben, oder lässt er sich gezielt herbeiführen, um die "Modernisierung der Moderne" (Beck/Bonß 2001) zu beschleunigen? Lassen sich solche "Lagen", durch die die subpolitischen Akteure gestärkt werden, politisch schaffen? *Zweitens*: Lässt sich der Ausnahmezustand auf Dauer stellen? Und *drittens*: Lässt sich der Ausnahmezustand politisch kontrollieren? Kann sichergestellt werden, dass politische Aktivitäten jenseits von Institutionen auch zu den gewünschten Zielen führen? Alle diese Fragen, soviel vorweg, müssen eindeutig mit "Nein" beantwortet werden. Dennoch ist es sinnvoll, sich mit ihnen genauer zu beschäftigen, um die Grenzen der Subpolitik präziser abstecken zu können.

Die erste Frage klingt in höchstem Masse zynisch, abwegig ist sie freilich nicht. Im konservativen "Katastrophenkalkül" der 1970er und 1980er Jahre spielten solche Überlegungen durchaus eine Rolle (vgl. Fach 1989: Kap. 1-3). Im Kern ging es dabei darum, den Staat zu stärken, indem die Gesellschaft an den Ausnahmezustand herangeführt wird. Souverän wäre nach diesem Kalkül, "wer den Ausnahmezustand herbeiführt" (Fach 1989: 21). Für die Subpolitik in der Risikogesellschaft kann dies jedoch nicht gelten. Die Zerstörungskräfte moderner Risikotechnologien haben die "Politik mit dem Ernstfall" (nahezu) jedem rationalen politischen Kalkül entzogen.[7] Subpolitische Mobilisierung muss nicht nur darauf hoffen, dass der Ausnahmefall auch tatsächlich der Ausnahmefall bleibt, sondern, mehr noch, darauf, dass selbst dieser nicht eintritt. So wie die Advokaten der Risikotechnologien mit "hypothetischen Risiken" (Häfele 1974) argumentierten, müssen ihre Kritiker mit "abstrakten Ängsten" (Fach 1989: 38) operieren. Diese sind zwar seit Tschernobyl, der BSE-Krise und dem 11. September 2001 wesentlich konkreter geworden, dennoch unterscheidet sich die Politik in der Risikogesellschaft vom "elitären Katastrophenkalkül" (Fach 1989: 60) des Industriezeitalters dadurch fundamental, dass sie den "Ausnahmefall" nicht gezielt herbeiführen kann.

Wenn der Ausnahmefall die seltene Ausnahme bleiben muss, lässt er sich dann wenigstens auf Dauer stellen? Auf diese Frage fällt die Antwort nicht ganz so leicht, denn im Konzept der Subpolitik ist es ja nicht die Katastrophe an sich, sondern die Wahrscheinlichkeit ihres Eintretens, die die Bedingungen der Politik verändert: "Selbst dort, wo Bürgerinitiativen erlahmen, eine ganze Gesellschaft oder sogar Epoche die Gefahren, mit denen sie konfrontiert ist, verdrängt und verleugnet, übernimmt die Unfall- und Katastrophen*wahrscheinlichkeit* die Rolle des politischen Provokateurs" (Beck 1993: 42; meine Hervorhebung). Und angesichts der Permanenz der Gefahr handelt es sich hierbei zweifellos um eine Dauerprovokation.

Aber das heißt noch lange nicht, dass die Subpolitik auch dauerhaft die Kraft hat, Politik gegen die etablierten Institutionen zu machen. Wenn "Bürgerinitiativen erlahmen" können, wenn "eine ganze Gesellschaft" existentielle Gefahren verdrängen und verleugnen kann, dann sind subpolitische Akteure offensichtlich höchst unzuverlässige Provokateure. Risikobetroffenheit hat zwar den Vorteil dass sie "spontane Solidarisierungsprozesse über Gruppengrenzen hinaus veranlassen" (Lau 1991: 249) kann. Damit ist zugleich jedoch ein gravierender Nachteil verbunden: "Dies geschieht allerdings in einer diffusen Art und Weise, die nur zeitlich, sachlich und lokal begrenzte Zusammenschlüsse erlaubt, ohne dass sich daraus langfristig stabile Risikogemeinschaften ergeben" (Lau 1991: 249).

An diesem Punkt zeigen sich die Defizite einer (Sub)Politik ohne und gegen Institutionen: Subpolitisches Handeln lässt sich mit eigenen Mitteln nicht auf Dauer stellen. Um dies zu leisten, muss auch Subpolitik auf Institutionen bauen – genauer noch: muss sie Institutionen bauen. Gerade weil sich (besorgte) Einstellungen nur sehr bedingt stabilisieren lassen, wie das Beispiel der BSE-Krise gezeigt hat, und spontane Zusammenschlüsse sich oft ebenso schnell wieder auflösen, ist es für die dauerhafte Wirkung subpolitischen Handelns unverzichtbar, dass es sich in *institutioneller* Form niederschlägt.

---

7 Die Einschränkung ist wichtig. Die neue Nationale Sicherheitsstrategie der US-Regierung ist ein Beispiel dafür, dass nach wie vor mit dem "Ernstfall" Politik gemacht werden kann. In ihrem Mittelpunkt steht das (bislang hypothetische) Problem, zu verhindern, dass Massenvernichtungswaffen ("weapons of mass destruction", WMD) in die Hände von (irrational handelnden, d.h. fanatischen) Terroristen gelangen.

Die Tatsache, dass die Katastrophen und Krisen der vergangenen zwanzig Jahren nicht nur kurzfristigen und kurzatmigen Aktivismus ausgelöst haben, sondern immer auch Prozesse der Institutionenbildung nach sich zogen – das Bundesumweltministerium nach der Tschernobyl-Katastrophe, das Verbraucherschutzministerium im Zuge der BSE-Krise – sollte deshalb nicht nur als "symbolische Politik" abgetan werden. Institutionalisierung bedeutete in diesen Fällen nicht nur "hergestellte Fraglosigkeit" (Beck 1993: 102), sondern auch *kontinuierliche Infragestellung* des Althergebrachten und Überkommenen. Kurz gesagt: Institutionen sind ein unverzichtbares Instrument, um die Wirkung subpolitischen Handelns auf Dauer zu stellen. Auch wenn sich der Ausnahmefall selbst nicht auf Dauer stellen lässt, so können doch seine Folgen dauerhaft wirksam werden. Dies setzt allerdings ihre Institutionalisierung und damit den Übergang von der Subpolitik in den Bereich der Institutionenpolitik voraus.

Auch die dritte Frage, die Frage nach der Kontrollierbarkeit des Ausnahmezustandes, muss mit "Nein" beantwortet werden. Um diesen Aspekt zu verdeutlichen, ist es sinnvoll, noch einmal auf den Vergleich der Konzeptionen des Ausnahmezustandes bei Carl Schmitt und Ulrich Beck zurückzukommen. Die beiden Konzepte räumen nicht nur dem Staat und seiner Ordnungsmacht einen gänzlich unterschiedlichen Stellenwert ein, sie sind auch mit ganz unterschiedlichen Gefahren und Grenzproblemen konfrontiert. Carl Schmitts Konzept des Ausnahmezustandes bedeutete, wie wir inzwischen wissen, eine Einladung zur Diktatur, während Kritiker Ulrich Beck und seinem Konzept der Subpolitik vorwerfen, dass dieses "auf eine Einladung zur Anarchie" hinauslaufe (Sontheimer 1996: 13). Diese Grenzprobleme ergeben sich aber vor allem dann, wenn die Politik sich gänzlich von der Norm im einen Fall, von der Institution im anderen Fall löst. Für Ulrich Becks Konzept der Subpolitik führt dies in eine *paradoxe* Situation: Subpolitik kann ihre Kraft nur außerhalb und gegen die politischen Institutionen ausspielen, sie benötigt gleichzeitig aber institutionelle Fesseln und Beschränkungen. Nur auf diese Weise kann die Subpolitik ihr Potential als "Insel der Kreativität" entfalten.

6. Schlussfolgerungen: Die Kunst der Politik in der Zweiten Moderne

Aus der bisherigen Analyse ergeben sich zwei Schlussfolgerungen für die Theorie reflexiver Modernisierung und das Konzept der Subpolitik. Zum einen wird die Reichweite des Konzepts der Subpolitik erheblich eingeschränkt. Wenn der Ausnahmezustand tatsächlich die Ausnahme ist und bleiben muss, die weder gezielt herbeigeführt noch auf Dauer gestellt, geschweige denn kontrolliert werden kann, dann kann der Bereich der Institutionenpolitik nicht so einfach vernachlässigt werden. Auch in der Zweiten Moderne kann Politik nicht nur gegen Institutionen gemacht werden, sie muss auch in und mit Institutionen gemacht werden. Das führt nicht so ohne weiteres zurück zum politikwissenschaftlichen Institutionalismus (welcher Provenienz auch immer). Denn es macht natürlich einen Unterschied, ob die Möglichkeiten der Politik durch den institutionalistischen Blick betrachtet werden oder aus der Perspektive des Ausnahmefalles. Durch den institutionalistischen Blick erscheint der Ausnahmefall als unerwartete und unerwünschte Abweichung von der Normalität, als eine Übergangsphase, die zu Improvisationen zwingt, bevor sich die Politik wieder auf den Pfad eingeübter Routinen begibt. Wenn man Politik dagegen vom Ausnahmefall her denkt, durch die Perspektive des Ausnahmefalles betrachtet, dann ergibt sich ein ganz anderes Bild ihrer Möglichkeiten.

Der Ausnahmezustand erscheint aus dieser Perspektive als eine *verdichtete Zone der politischen Gestaltung*, Unsicherheit wird zur Gestaltungschance.

Die zweite Schlussfolgerung betrifft das Gestaltungspotential der Politik. Auch wenn richtig ist, dass Politik selbst in der Risikogesellschaft zu großen Teilen institutionell bedingt ist und sich die "Stunde der Politik" nicht gezielt herbeiführen lässt, so ist die Politik, auch die Institutionenpolitik, doch nicht machtlos. Die "Kunst der Politik" besteht unter diesen Bedingungen in erster Linie darin, die Gunst der Stunde zu nutzen. Aus politikwissenschaftlicher Perspektive ist dies weder überraschend noch trivial. Am systematischsten entwickelt finden sich diese Überlegungen wohl bei John Kingdon (1995). Auch Kingdon kommt zu dem Ergebnis, dass die Handlungs- und Gestaltungsfähigkeit der Politik davon abhängig ist, dass diese ein "Gelegenheitsfenster" (window of opportunity) findet. Allerdings lassen sich aus diesem Befund ganz unterschiedliche Schlussfolgerungen ziehen. Kingdon folgert aus seiner Analyse vor allem, dass aufgrund der gegebenen Restriktionen politischer Wandel nicht planbar sei und notwendig inkrementell erfolge. Aus der Perspektive von Ulrich Becks Konzept der Subpolitik lässt sich der gleiche Sachverhalt aber noch auf eine andere Weise interpretieren. Politischer Wandel wäre demnach zwar ebenfalls nicht planbar, kann aber durchaus diskontinuierlich und radikal erfolgen. Die Politik besitzt trotz aller institutioneller Beschränkungen noch immer ein revolutionäres Moment, das allerdings nicht auf der Kraft der politischen Organisation und Mobilisierung basiert, sondern auf der Macht nicht-intendierter Nebenfolgen. Die Souveränitätslehre der Theorie reflexiver Modernisierung lässt sich dann – in einer weiteren Abwandlung der Formulierung Carl Schmitts – in folgendem Satz zusammenfassen: *Souverän ist, wer den Ausnahmezustand nutzt!*

Literatur:

Beck, U., Risikogesellschaft. Auf dem Weg in eine andere Moderne, Frankfurt a.M. 1986.

Beck, U., Die Erfindung des Politischen. Zu einer Theorie reflexiver Modernisierung, Frankfurt a.M. 1993.

Beck, U., Das Zeitalter der Nebenfolgen und die Politisierung der Moderne, in: Beck, U./Giddens, A./Lash, S., Reflexive Modernisierung. Eine Kontroverse, Frankfurt a.M. 1996, S. 19-112.

Beck, U., World Risk Society, Cambridge 1999.

Beck, U., Macht und Gegenmacht im globalen Zeitalter, Neue weltpolitische Ökonomie, Frankfurt a.M. 2002.

Beck, U., World Risk Society, Methodological Nationalism and the Cosmopolitan State, 2003, in: Grande, E./Pauly, L. W. (Hrsg.), Reconstituting Political Authority. Sovereignty, Transnationalism, and Political Legitimacy in the 21st Century (im Erscheinen).

Beck, U./Bonß, W. (Hrsg.), Die Modernisierung der Moderne, Frankfurt a.M. 2001.

Czada, R., Politics and administration during a 'nuclear-political' crisis. The Chernobyl disaster and radioactive fallout in Germany, in: Contemporary Crisis 14, 1990, S. 285-311.

David, P., Clio and the Economics of QUERTY, in: American Economic Review 75, 1985, S. 945-974.

Enzensberger, H. M., Mittelmaß und Wahn, Frankfurt a.M. 1988.

Fach, W., Tod und Verklärung. Über die elitäre Konstruktion der Wirklichkeit, Wien 1989.

Fach, W./Grande, E., Die Ambivalenz politischer Institutionen. Überlegungen aus Anlass der politikwissenschaftlichen "Wende" zum "Neuen Institutionalismus", in: Österreichische Zeitschrift für Politikwissenschaft 17, 1988, S. 373-389.

Grande, E., Institutionelle Grenzen staatlicher Innovationspolitik. Notwendigkeit und Reichweite institutioneller Reformen, in: Der Bürger im Staat, 44, 1994, S. 172-177.

Grande, E./Kaiser, R., Die Analyse kooperativer Umweltinnovationsprojekte: Organisationen, institutionelle Arrangements und institutionelles Umfeld, in: Horbach, J./Huber, J./Schulz, T. (Hrsg.), Nachhaltigkeit und Innovation, München 2003, S. 219-234.

Greven, M. T., Die politische Gesellschaft. Kontingenz und Dezision als Probleme des Regierens und der Demokratie, Opladen 1999.

Häfele, W., Hypotheticality and the New Challenges: The Pathfinder Role of Nuclear Energy, in: Minerva 12, 1974, S. 303-322.

Hall, P. A./Taylor, R., Political Science and the Three New Institutionalisms, in: Political Studies, 44, 1996, S. 936-957.

Kingdon, J., Agendas, Alternatives and Public Policies, 2. Auflage, New York 1995.

Krüger, H., Allgemeine Staatslehre, 2. Auflage, Stuttgart 1966.

Lau, C., Neue Risiken und gesellschaftliche Konflikte, in: Beck, U. (Hrsg.), Politik in der Risikogesellschaft, Frankfurt a.M. 1991, S. 248-265.

Lehmbruch, G., Der unitarische Bundesstaat in Deutschland: Pfadabhängigkeit und Wandel, in: Benz, A./Lehmbruch, G. (Hrsg.), Föderalismus (PVS-Sonderheft 32), Wiesbaden 2002, S. 53-110.

Luhmann, N., Politische Steuerung: Ein Diskussionsbeitrag, in: Politische Vierteljahresschrift 30, 1989, S. 4-9.

March, J. G./Olsen, J. P., The New Institutionalism: Organizational Factors in Political Life, In: American Political Science Review 78, 1984, S. 734-749.

March, J. G./Olsen, J. P., Rediscovering Institutions. The Organizational Basis of Politics, New York 1989.

Mayntz, R., Politische Steuerbarkeit und Reformblockaden: Überlegungen am Beispiel des Gesundheitswesens, in: Staatswissenschaft und Staatspraxis 3, 1990, S. 283-307.

Mayntz, R./Scharpf, F. W., Der Ansatz des akteurzentrierten Institutionalismus, in: Mayntz, R./Scharpf, F. W. (Hrsg.), Gesellschaftliche Selbstregulierung und politische Steuerung, Frankfurt a.M. 1995, S. 39-72.

North, D. C., Institutions, Institutional Change and Economic Performance, Cambridge 1990.

Oosterveer, P., Reinventing Risk Politics: Reflexive Modernity and the European BSE Crisis, in: Journal of Environmental Policy & Planning 4, 2002, S. 215-229.

Peters, B. G., Institutional Theory in Political Science. The "New Institutionalism", London/New York 1999.

Pierson, P., The Path to European Integration: A Historical Institutional Analysis, in: Comparative Political Studies 29, 1996, S. 123-163.

Powell, W. E./DiMaggio, P. (Hrsg.), The New Institutionalism in Organizational Analysis, Chicago 1991.

Scharpf, F. W., Die Politikverflechtungs-Falle: Europäische Integration und deutscher Föderalismus im Vergleich, in: Politische Vierteljahresschrift 26, 1985, S. 323-356.

Scharpf, F. W., Grenzen der institutionellen Reform, in: Jahrbuch zur Staats- und Verwaltungswissenschaft, Band 1, Baden-Baden 1987, S. 111-151.

Scharpf, F. W., Verhandlungssysteme, Verteilungskonflikte und Pathologien der politischen Steuerung, in: Schmidt, M. G. (Hrsg.), Staatstätigkeit (PVS-Sonderheft 19), Opladen 1988, S. 61-87.

Scharpf, F. W., Interaktionsformen. Akteurzentrierter Institutionalismus in der Politikforschung, Opladen 2000.

Schmitt, C., Politische Theologie. Vier Kapitel zur Lehre von der Souveränität, 2. Ausgabe, München/Leipzig 1934.

Scott, R. W., The Adolescence of Institutional Theory, in: Administrative Science Quarterly 32, 1987, S. 493-511.

Sontheimer, K., Einfach wegbleiben. Ulrich Becks grundloses Vertrauen in die "Kinder der Freiheit", in: Süddeutsche Zeitung, 3. Dezember 1996, S.13.

Weaver, R. K./Rockman, B. A. (Hrsg.), Do Institutions Matter? Government Capabilities in the United States and Abroad, Washington, D.C. 1993.

Williamson, O. E., Markets and Hierarchies, New York 1975.

Democracy without Enemies Revisited

Mary Kaldor

The question I want to investigate in this essay is the one posed by Beck; can we have democracy without enemies? In an era of what he calls 'inner globalisation', when most people experience mixed identities and 'place polygamy', can the sense of community required by democracy survive? Or to put it another way, if we feel ourselves to be cosmopolitan, to base our worldview on the equality of human beings, can we call our systems democratic if they are based on exclusion?

It is often said that Israel is the only democracy in the Middle East. One can quibble about the claim. Should not Turkey be counted as a democracy? And in Egypt and Iran there is what one might describe as democratic spaces. All the same, there is no doubt that elections in Israel are freer and fairer than anywhere else and that debates in the Knesset or in civil society are as lively if not livelier than anywhere in the world. Palestinians often say that they have learned about democracy through watching Israeli television. Yet what does it mean to have a democracy based on an exclusive notion of community, that is to say an exclusive Jewish state? And does the vibrancy of Israeli democracy persist despite or because of the fact that enemies surround Israel? A much more extreme example is South Africa under apartheid. Mamdani (1996) argues that during the colonial period in Africa, civil and political rights were reserved for the Europeans while a coercive reinvented tribal law was imposed on the 'natives'. South Africa under apartheid, he argues represented the generic case of this type of dualism between citizen and subject. White South Africans held free elections and debated among themselves and felt themselves to be democratic, even though blacks were excluded and oppressed.

These cases, I believe highlight a more general problem about democracy as we understand it. Representative democracy is necessarily exclusive. It is territorially based and whether citizenship is based on residency, as in so-called civic notions of citizenship, or on ethnicity as in the cases above, it necessarily excludes non-citizens – those who are not permanent residents or those of a different ethnicity. Moreover, democracy depends on a sense of community – the citizens are members of that community. And as Beck points out, historically, that community was often brought together through an enemy stereotype. In other words, the community is defined by what it is not and often what it is not is transmuted into a threat, an enemy stereotype.

I will start with a preliminary discussion of the meanings of democracy. I will then consider the relationship of democracy to security and how this is changing. And finally, I will set out different models of security and what they might imply for democracy, or political freedom.

Meanings of Democracy

There has always been a tension between democracy as procedure, as a method of government, and democracy as substance, as political equality. In the case of democracy as procedure, political thinkers were concerned about how to develop a system that produced good outcomes, wise decisions. Hence they wanted to combine forms of public

deliberation that maximised the use of reason and forms of accountability so as to ensure that the content of public deliberation was seriously taken into account. In the case
of democracy as substance, the concern is with participation, how to create the conditions in which the individual citizen is able to influence the decisions that affect his or
her life. Up until the twentieth century, those who were concerned about procedure were
sceptical of democracy. They feared that if every citizen participated in decision-making,
as in ancient Athens, this would lead to what we now call populism, decisions based on
fear and prejudice rather than the public use of reason. As Beck (1998) points out, the
first definitive article of Kant's scheme for perpetual peace, insisted that the constitution
of states should be republican and not democratic. Kant argued that democracy amounts
to despotism. By republicanism, he meant the separation of powers, the balance between the legislature, the executive and the judiciary, and the freedom to debate public
issues. His secret article, which I think was meant as a heavy-handed German joke, was
that Kings should consult philosophers, although it was not necessary to do this publicly.
Kant was concerned about constructing what he called a civic constitution, one that
would lead to enlightened government, based on reason not fear or superstition. At the
end of the eighteenth century, it was believed that representative government could resolve this tension between procedure and substance. People would elect a representative,
whom they trusted to debate and reason on their behalf. As Edmund Burke pointed out
in a famous election speech, they did not mandate their representative; he, and it was
always he at that time, was chosen for his ability to argue, listen, or change his mind
according to his judgement of what was right. To mandate the representative would
have prevented genuine deliberation. If the representative took decisions of which the
electorate disapproved, they could always choose someone else at the next election. The
constitutions of England and America, according to Kant, could be described as republican, in contrast to France, which was democratic, i.e. despotic. It is worth noting,
however, that in both cases, the system was based on limited suffrage. In England, only
property owners had the right to choose a representative and, presumably, the electorate
in any one constituency was sufficiently small that they knew their representative personally. In the United States, of course, slaves were excluded.

The spread of universal suffrage in the late nineteenth and twentieth centuries did
expose the vulnerability of democracy to populism. The rise of populist ideologies of
both right and left can be understood in this context. In some countries, political parties
and trades unions offered an alternative mechanism for reconciling procedure and substance. Where these were organised in a bottom up way on the basis of voluntary membership, as was the case for many Labour and Social Democrat parties, they became the
sites of political debate and deliberation. However, as they increasingly transformed
themselves into electoral machines and as their structural bases in mass production de-
clined, their role has been eroded. To day, we face a paradox. On the one hand, representative democracy as procedure is increasingly seen as a form of legitimation for
globalisation. Global institutions like the World Bank or the IMF believe that the reforms necessary to spread the global market can be best introduced through a system of
representative democracy. On the other hand, the process of individuation associated
with globalisation, the opening up of formerly closed regimes, has lead to a demand for
democracy as substance, for greater political equality and for participation. What we
have witnessed under the impact of these twin pressures is the global spread of repre-

sentative democracy and, simultaneously, global disillusion with the formal institutions of democracy. Since there is no space to debate the imposition of market reforms and since democratically governments resort to populist tactics to remain in power, in the absence of real policy choices, there is a growing distrust of formal politics and a growing apathy reflected in low voter turnouts and low political membership. At the same time, 'freedom's children' have engaged in other less formal forms of politics. The site of public deliberation has shifted to NGOs, Social Forums, to local and global forms of sub-politics, to the non-party, non-national politics we call global civil society. What has emerged and became very evident during the demonstrations prior to the Iraq War is a growing chasm between the institutions of formal politics and the global public sphere – a chasm that could turn out to be extremely dangerous.

Democracy and Security

Kant was unusual in believing that it was not possible to establish a political system based on rules of universal justice in isolation, or as a closed system. 'The problem of establishing a perfect civil constitution' he wrote in *Idea for a Universal History with Cosmopolitan Purpose* 'is subordinate to the problem of a law-governed external relationship with other states and cannot be solved unless the latter is solved' (Kant 1784/1999: 47). In contrast, most liberal political theorists argued that war was a necessary corrective to the individualism associated with modernity - a way to create solidarity in societies that lacked the traditional personal face-to-face ties. It was the ability to unite against an external enemy that made possible civil society and the modern state. Thus Adam Ferguson, the Scottish enlightenment thinker, whose book *An Essay on the History of Civil Society* is one of the core texts on civil society, was deeply concerned about modern individualism. Like the other Scottish enlightenment thinkers, he wanted to develop a scientific approach to the study of social phenomena and believed this had to be done through empirical study of other societies. To understand the evolution of society, he studied the Highlanders and American Indians and became convinced that modern society had lost the spirit of community, natural empathy and affection among human beings. He believed, taking the example of Sparta, that patriotism and the martial spirit was one way to overcome the dangers of individualism. An even stronger version of this argument was taken up by Hegel, who believed that war was necessary for the 'ethical health of peoples... Just as the movement of the ocean prevents the corruption which would be the result of perpetual calm, so by war people escape the corruption which would be occasioned by a continuous or eternal peace' (Hegel 1820/1996: 331).

International Relations theorists talk about the Great Divide to describe the way in which the emergence of the modern state created a binary opposition between civil society and the rule of law domestically and anarchy and war externally. The great Divide has its origins in the process through which a monopoly of legitimate violence was established – a process that was intimately linked to war making. Charles Tilly (1990) has shown how a kind of bargain, or social contract, was negotiated, at least in the capital-intensive societies of North West Europe. In order to raise money to fight wars and indeed to increase the efficiency of war fighting, Kings introduced taxation and banking systems (so as to be able to borrow), regularised administration (so as to reduce leakage), established domestic security (so as to eliminate private armies and reduce loss of taxation through 'protection' money paid to bandits, highwaymen and local warlords), and fostered notions of patriotism and belonging. War also changed its nature and became something that was fought between states by men in uniform according to rules, which in the nineteenth century were codified as the Laws of War. War became the only form of legitimate killing. Enemy stereotypes, e.g. foreign states, became a form of legitimation for the state and indeed for democracy. As wars became more expensive and destructive so the bargains hammered out between governments and peoples expanded in scope, from civil rights in the eighteenth century, rule of law and freedom from fear, to political rights in the nineteenth century and economic and social rights in the twentieth century. Thus the origin of the Great Divide is the bargain in which citizens won individual rights in peace-time in exchange for paying taxes and for readiness to die in war. Democracy was always limited. The bargain on which it was based allowed it to be abrogated in war-time in what Beck calls the defence emergency. 'All democracies' says Beck 'are militarily divided democracies. The military consensus limits the democratic consensus and vice versa.' (Beck 1998: 144)

It would be wrong to attribute the development of democracy to war. In the Eastern empires, the establishment of a monopoly of legitimate violence was achieved through coercion and not through bargaining and as wars became more destructive so did levels of coercion. Indeed, I would argue that the state socialist systems of the twentieth century are best understood as war systems – systems reorganised in order to fight wars more efficiently (Kaldor 1990). Bargaining was possible in the West because of the existence of pressure from below, of movements, groups, and associations. De Tocqueville shared the view that war had a positive effect in uniting civil society but for him, it was associationalism that solved the problem of excessive individualism in modern democracies and that led to political equality. And in Europe, especially the smaller countries like Scandinavia or the Netherlands, many rights were achieved without war. Indeed these examples offer hope for democracy without enemies. Nevertheless, the point about war as a limitation on democracy remains.

The Second World War was the last great clash of states, killing an unimaginable number of people, and calling into question the legitimacy of war. Indeed, the illegitimacy of war was inscribed in the founding of the United Nations and the European Union, as well as in the Nuremberg and Tokyo trials. The Cold War extended the Great Divide and reproduced the bargains hammered out in Britain and the United States through an imagined war to end all wars, known as nuclear deterrence. Domestic peace and the rule of law were extended across groups of countries, on a scale never before experienced, but the price was struggle of epic proportions. The enemy stereotype became both a system (totalitarianism) and a territory (the Communist states). Economic and social rights were won in Western Europe in exchange for readiness to die in nuclear war. The left was allowed to assume power in Europe once they accepted nuclear weapons and the Soviet threat, as did the German Social Democrats at the Bad Godesberg Convention in 1959.

Something happened in the 1970s and 1980s however. 'Freedom's children' rejected war. They demonstrated against Vietnam and against nuclear weapons. And capital rejected the welfare state. This is the context in which globalisation has to be understood – the breakdown of the post-war social contract. While undoubtedly, the revolution in information technology has speeded the process of globalisation, it is wrong to think of globalisation as an inexorable economic or technological phenomenon. Globalisation is the outcome of deliberate action. And the agents were global corporations and global civil society. The Cold war ended peacefully through the actions of 'freedom's children' not the threats from the West. And so ended the enemy stereotype as foreign state.

The nation-state had bottled violence – removed violence from domestic relations and bottled it up to be released in intense blasts known as war. Fear and superstition were channelled into external threats and enemy stereotypes. Domestic order was achieved through a mixture of coercion and consent and the latter depended on the notion that the state defended the citizen from external threats from a fearsome 'other'. Globalisation can be understood as unbottling. The Great Divide has been eroded. On the one hand, we are witnessing the extension of the rule of law across borders and the spread of global associationalism. During the 1990s, it was possible to talk about the emergence of cosmopolitan law – international law, which applies to individuals and not just states, and which was introduced as a consequence of pressure from global civil society (see Eletheriades 2003). The treaty establishing the International Criminal Court is a landmark example of this type of law-making (Glasius 2002). On the other hand, we are also experiencing new forms of violence that cross borders and are not contained by states – transnational criminal groups, global ethnic and religious militants, terrorism, human rights violations, 'new wars' that are neither civil nor international. These are new political risks that are both cause and consequence of the social unevenness, insecurities and new types of exclusion associated with globalisation – the growth of an informal economy, the reinvention of cultural particularisms, spiralling migration from countryside to town as well as across continents.

New Models of Security

Globalisation, then, can be interpreted as the breakdown of the social contract that underpinned democracies in the post-war period. The right rejected restraints on capital movements that were a precondition for the national welfare state. The left rejected the threat of war and enemy stereotypes. Both groups celebrated individualism – the former as the selfish individualism of the consumer, the latter as moral autonomy and individual acts of compassion. Freedom's children were the carriers of an emerging global ethic based on human equality. Information and communications technologies, on this interpretation, could be assimilated because of the new social conditions introduced by global capital and global civil society not the other way round. The agents of globalisation were able to exploit new technologies that suited their needs and to act as pioneers of new methodologies that facilitated the further spread of interconnectedness and the further 'hollowing out' of democracy. It was civil society groups especially in former Yugoslavia that developed new communications networks, for example, the famous zamir (peace) network. Democracy as procedure was exported globally as the distinctions between democratic and authoritarian states were broken down. But democracy as substance within the framework of the state was called into question.

What does it mean to for these 'bordered power containers' to survive without enemies after the unbottling of violence? What we are experiencing at present is a period of experimentation as different states respond in different ways to the new global context.

At the heart of this experiment are different models of security because states remain, first and foremost, the organisations, which try to uphold the monopoly of legitimate violence – security is the essence of their character and forms of legitimation. In what follows, I shall set out different responses to globalisation, different models for achieving security, and discuss what they imply for the future of democracy.

Table 1 Responses to Globalisation

World Order	Global Rule-making	Form of Legitimate Violence	Democratic Procedure
Global Unilateralism	Unilateral by states	Spectacle War and domestic policing	Militarily divided and exclusive national democracy
Local or Regional Unilateralism	Unilateral by states	Counter-insurgency/War and domestic policing	As Above
Military Humanism	Unilateral and Multilateral by states and global institutions	'Just War' and domestic policing	As above plus global spread of democratic procedures
Multilateral Sovereignist	Multilateral by states and global institutions	Domestic policing	Exclusive national democracy
Cosmopolitan Republican	Multilateral by states and global civil society	Global policing	Subsidiarity, i.e. local post-national democracy, plus global public deliberation

Global Unilateralism. According to this model, the risks of terrorism are transmuted into threats and enemy states – rogue states like Afghanistan, Iraq, or North Korea. The idea of war is kept alive but it is 'spectacle war' – war that does not require any bargain with citizens. Americans or very few American have to risk losing their lives; they do not have to pay extra taxes, on the contrary, the rich receive tax cuts. All they have to do is to watch the war on television and to celebrate the visual moment of victory – the toppling of a statue, Bush on an aircraft carrier. Indeed, film makers are regularly consulted in the design of war games and dramatic moments so that, from the perspective of the viewer, virtuality and reality are blurred. 'This isn't the enemy we war gamed against' became one of the most notorious sound bites of the war in Iraq.

This is a response shaped by the institutional and cultural legacies of the Cold War. It sustains a militarily restricted version of democracy. It is democracy as procedure (or almost, leaving aside a few hanging chads and Supreme Court decisions), which thrives on insecurity and an atmosphere of war, in which the space for reason and debate is narrowed. It is about winning elections in the United States but not about political equality. It is defence of democracy as procedure in the United States although part of the ideological rhetoric is the spread of democracy through war, from above. It is fed on the myth that the United States brought democracy to Europe in 1945 and sustained democracy through the Cold war years. Rumsfeld expects that this new war on terror will last

162

fifty years. As risks multiply, they only serve to justify the strategies of pre-emption and the acquisition of new military technologies. At home, the 'strangers' in our midst can easily find themselves identified with the 'enemies' abroad.

Local or Regional Unilateralism. States like Russia, China, India or Israel, also continue to fight wars as a way of dealing with the new sources of insecurity. But these are real expensive wars, in which soldiers get killed (Chechnya, Kashmir, Palestine). But they are wars that cannot be won and cannot bring security. On the contrary, they generate an atmosphere of fear and insecurity, which favours populism and exclusive forms of democracy. Indeed these populist procedural forms of democracy can only be sustained through exclusion.

Military Humanism. This is the position of the Blair government and formerly the Clinton Administration. The military humanists, if we are to interpret their behaviour generously, recognise that security has changed and that there are no more traditional external threats. In a famous speech in Chicago during the Kosovo war, Blair explained his doctrine of the international community. We 'cannot turn our backs on conflicts and the violation of human rights in other countries' said Blair 'if we still want to be secure'. But at the same time, Blair, like Bush reverts to war – his notion of just war – as a way of dealing with global insecurity and he fails to take into account that in a world where the boundaries between inside and outside are blurred, war is increasingly illegitimate.

Nowadays, the distinction between legitimate killing and murder is being eroded. For the Americans and the British, for example, loss of life in war is to be expected. They regret so-called collateral damage and try to avoid it; indeed they claim it is 'low' by historical standards. In Iraq, for example, the Coalition forces put great effort into minimising avoid civilian casualties, although in war, it is not possible to avoid civilian casualties. The best figures we have for Iraqi civilian casualties, drawn from individual press reports, are a minimum of 5,500 and a maximum of 7,200 (Iraqbodycount.net). An NGO called CIVIC (Campaign for Innocent Victims in Conflict) is currently conducting an inquiry into civilian casualties through house-to-house interviews and the initial results suggest much higher numbers. For comparison, the total number of deaths in terrorist incidents in 2002 was 725 and the total number of dead in the World Trade Towers attacks was 1,440 people. No one has even bothered to count the military casualties. In a world where the equality of human beings has become part of the global ethic, it is hard to insist on a difference between killing in war and other types of killing. What is low when defined as collateral damage is high when defined as human rights violations. It is difficult to argue that killing conscripts from the air is somehow more morally acceptable than a massacre. The danger is that war feeds into the insecurities that lead to new risks, that states appear to ordinary people as no more legitimate than terrorists or criminals who claim to protect them. In other words, war is, of its nature exclusive and unilateralist. The military humanists, like the global unilateralists claim to be spreading democracy and indeed they have succeeded in toppling or helping to topple regimes in Yugoslavia, Afghanistan and Iraq, responsible for hideous atrocities and for which we should give them credit. But the war method cannot contribute to democracy as substance, to political equality or even to the security necessary for genuine deliberation.

Multilateral sovereignism. There are strands of this kind of thinking in the French and German positions. Like Blair, they accept that there are no more enemies in a globalised world but unlike Blair, they reject war as an option. They favour multilateral rule-making but they also believe the most important rule is non-interference. Like the unilateralists, they still believe in sovereignty and they are ready to tolerate and even co-operate with regimes like those in Iraq or Afghanistan. This type of thinking also can be traced back to the Cold War period and the positions of those Europeans who favoured 'détente from above' but feared human rights because it might endanger co-operative relations among states. Multilateral sovereignism is a position favouring democracy but it is a contradictory position very difficult to sustain in the context of globalisation because it denies the global nature of new forms of violence.

Cosmopolitan Republicanism. The final position is cosmopolitan republicanism. Like Beck, I prefer the term republicanism to democracy even though this response may be the most conducive to genuine political equality. It is about the extension of international law as it applies to individuals, and about creating a global civic constitution, bringing the 'inside' of the Great Divide 'out' rather than the other way round. As in Kant's scheme for perpetual peace, this approach favours multilateral rules among political units (states, regional or local governments) along with cosmopolitan law that overrides sovereignty. The monopoly of legitimate violence is maintained by states only within the framework of international law. War as a form of legitimate violence is outlawed, i.e. uncontrolled violence between states, but military forces are retained for cosmopolitan law enforcement – a term I prefer to humanitarian intervention because law enforcement involves different methodological principles. (For space reasons, I will not elaborate on what these are; suffice it to say that law enforcement involves the protection of ordinary people and the arrest of war criminal not victory over another organised group. Law enforcers risk their lives to save others and try to minimise all casualties unlike warriors who try to minimise casualties on their own side.)

Cosmopolitan law is the outcome of a global social contract continuously mediated by global civil society. In other words, global civil society, what Tocquevillians might call global associationalism, is the alternative to enemies as a way of creating the solidarities and norms required to underpin global rules. According to the global social contract, human rights are agreed upon, including economic and social rights, in exchange for readiness to commit resources (more aid, global taxation, etc.) and readiness to be recruited for humanitarian duties, to risk life for humanity although not in an unlimited way since every single person is part of humanity. I am sceptical about representative or majoritarian democracy at a global level and this is why I prefer the term republicanism. Even at the level of the nation-state or super-state, universal suffrage leads to systems, which are highly vulnerable to populism. I favour global subsidiarity – the principle that as many decisions as possible are taken at the local level. Like Pericles and Rousseau, I think that democracy works best in small societies. But small societies are vulnerable to clientilism and patronage; like families, local communities can be very oppressive. So subsidiarity has to be balanced by global rules and global interference. Moreover, local political units whether states, municipalities or regions are 'post-national' that is to say, they include the 'strangers'.

Even though state and global institutions formed by states are responsible for agreeing and implementing global rules, global civil society has a critical rule in pressuring, arguing with, talking to these institutions about what are the best rules and how they should be implemented. Global civil society is responsible for ensuring a non-instrumental form of public deliberation. True, as critics, point out, global civil society

164

is self-selected, Northern dominated, uneven, unrepresentative and may include 'dark' elements like extreme religious and ethnic militants. But, in principle, global civil society is open to anyone and therefore allows for the possibility of political equality. It is a kind of 'round-table globalisation'. How might such an outcome come about? My answer is not so different from that of Kant – the use of public reason, reflection on our experiences and the realisation that if we fail to construct a civic constitution for the world, then a 'hell of evils' is about to overtake us. It is worth remembering that during the1990s, the 'happy nineties' as Castells has called them, the world seemed to come closer to this model. But September 11 and its aftermath have closed down space for public deliberation, squeezed the global public sphere by the reinvention of enemies and the recreation of an atmosphere of fear. There is a danger that the Middle East model could become a model for the world where exclusive Western military-divided democracies could justify their behaviour towards the rest of the world in terms of their self-proclaimed procedures. Global unilateralism, far from making the West safe, might exacerbate coercion and instability elsewhere. Democracies in the West would survive but encircled and perhaps penetrated by enemies. Such Western democracies would be procedural democracies probably pervaded by widespread distrust and apathy. I fear that Europeans, the multilateral sovereignists, could be co-opted or marginalised by this approach as Bush and Blair woo the so-called New Europeans to their cause, unless they espouse cosmopolitan republicanism in a serious way.

What I have suggested is that political equality and global security go hand in hand. Substantive democracy is only possible within the context of a global social contract. Democracy in one country or within one ethnic group is no longer possible if it ever was. We should not mourn the passing of exclusive democracy because it was always inextricably linked to war. But we should be aware that the struggle for political equality in a globalised world is lonely, confusing, and continuous. Even if we are only able to create some free non-territorial spaces from time to time, we should guard them jealously so as to keep alive the consciousness of freedom and our own integrity.

References:

Beck, U., Democracy Without Enemies, Cambridge 1998.
Blair, T., Doctrine of the International Community, 22 April 1999, Hilton Hotel, Chicago, Illinois.
Eletheriades, P., Cosmopolitan Law, in: European Law Journal, 9 (2), April 2003.
Ferguson, A., An Essay on the History of Civil Society (1767), Cambridge 1996.
Glasius, M., Expertise in the Cause of Justice; Global Civil Society Influence on the Statute for an International Criminal Court, in: Glasius, M./Anheier, H./Kaldor, M., Global Civil Society, Oxford 2002.
Hegel, G.W.F., The Philosophy of Right (1820), translated by S.W. Dyde, originally published in English in 1896, London 1996.
Kant, I., Idea for a Universal History with a Cosmopolitan Purpose (originally published in 1784), in: Reiss, H. (Ed.), Kant Political Writing (translated by Nisbet, H.B.), Second enlarged edition, Cambridge 1992.
Kaldor, M., The Imaginary War Blackwell, Oxford 1990.

Mamdani, M., Citizen and Subject: Contemporary Africa and the Legacy of Late Colonialism, Princeton 1996.

Tilly, C., Coercion, Capital and European States, Oxford 1990.

Das Völkerrecht im Übergang zur postnationalen Konstellation

Jürgen Habermas

Seit dem ersten Irakkrieg von 1990/91 zeichnet sich die Konkurrenz von zwei gegensätzlichen Projekten für eine Neue Weltordnung ab. Der Disput entbrennt nicht mehr zwischen Kantischen Idealisten und Carl Schmitt'schen Realisten. Der Streitpunkt ist nicht mehr, ob in den Beziehungen zwischen Nationen Gerechtigkeit überhaupt möglich ist,[1] sondern ob das Recht das geeignete Medium ist, dieses Ziel zu verwirklichen – oder doch nicht eher die unilaterale Ordnungspolitik einer Weltmacht. Nicht die Ziele sind kontrovers: die Wahrung von internationaler Sicherheit und Stabilität sowie die globale Durchsetzung – des interkulturell unbestrittenen Kernbestandes – von Demokratie und Menschenrechten. Kontrovers sind die Auffassungen, auf welchem Wege diese Ziele heute am besten realisiert werden können.

Spielt das Völkerrecht noch eine Rolle, wenn eine interventionistische Weltmacht wie die USA unerwünschte Entscheidungen der Völkergemeinschaft, die nach *rechtlich* etablierten Verfahren zustande kommen, zugunsten einer mit eigenen *moralischen* Argumenten ausgestatteten Machtpolitik beiseite schiebt? Ja, wäre denn überhaupt etwas falsch am Unilateralismus eines wohlwollenden Hegemon, vorausgesetzt, dass dessen Engagement die auch von der UNO geteilten Ziele effektiver erreichen würde. Oder sollten wir auch dann am Projekt einer schon in Gang befindlichen Konstitutionalisierung des Völkerrechts festhalten?[2]

Kant hat dieses Projekt als erster entworfen. Er hat das sogenannte Recht des souveränen Staates, Krieg zu führen – das jus ad bellum – in Frage gestellt. Dieses Recht bildete den Kern des klassischen Völkerrechts, das seinerseits ein Spiegelbild des europäischen Staatensystem ist, wie es zwischen 1648 und 1918 bestand. Dieses System erfordert die Teilnahme von Nationen; insofern ist es für inter-nationale Beziehungen im buchstäblichen Sinne konstitutiv. Die kollektiven Akteure werden als Teilnehmer eines strategischen Spiels vorgestellt:

- sie sind so unabhängig, dass sie fähig sind, autonome Entscheidungen zu treffen und danach zu handeln;
- sie folgen allein ihren "nationalen Interessen; und
- konkurrieren miteinander um die Steigerung ihrer politischen Macht auf der Basis der Androhung militärischer Gewalt.

Die Regeln für dieses Spiel legt das Völkerrecht fest:[3]
- zunächst die Qualifikationen, die für die Teilnahme nötig sind: ein souveräner Staat muss die sozialen und territorialen Grenzen effektiv kontrollieren sowie im Inneren Recht und Ordnung aufrechterhalten können;
- sodann die Zulassungsbedingungen: die Souveränität eines Staates beruht auf internationaler Anerkennung;
- schließlich den souveränen Status selbst: Ein souveräner Staat darf jederzeit jedem anderen ohne weitere Rechtfertigung den Krieg erklären (jus ad bellum), aber er darf

---

1   Pangle/Ahrensdorf 1999.
2   Frowein 2001; weiter ausgreifend: Brunkhorst 2002.
3   Graf Vitzhum 2001.

nicht in die inneren Angelegenheiten eines anderen Staates intervenieren. Ein souveräner Staat kann schlimmstenfalls gegen Standards der Klugheit und der Effizienz verstoßen, aber nicht gegen Recht und Moral; weder kann eine Regierung noch dürfen deren Beamte oder Beauftragte für amtliche Handlungen von einer anderen Autorität strafrechtlich verfolgt werden. Ein souveräner Staat behält die juristische Verfolgung von Kriegsverbrechen (jus in bello) den eigenen Gerichten vor.

Somit ist der moralische Gehalt des klassischen Völkerrechts eher dünn. Er erschöpft sich in der Gleichstellung souveräner Staaten, die – ohne Ansehung der Größenunterschiede in Bevölkerungszahl, Territorium und tatsächlicher politischer oder wirtschaftlicher Macht – auf reziproker Anerkennung beruht. Der Preis für diese rechtliche Gleichstellung ist die Freigabe militärischer Gewalt und die Unsicherheit eines anarchischen Zustandes zwischen des Staaten. Zu hoch war dieser Preis für Kant, der die friedensstiftende Funktion des Gleichgewichts der Mächte für ein "Hirngespinst" hält.

Zu Kants Zeiten verkörperten die aus der Amerikanischen und Französischen Revolution hervorgegangenen Republiken eine ganz andere, substantielle Form der rechtlichen Gleichstellung. Politische Gleichheit bestand hier in symmetrischen Beziehungen zwischen individuellen Staatbürgern, nicht Staaten. Das inspirierte Kant zur folgenden Überlegung.[4] Zunächst setzte er den anarchischen Zustand zwischen den souveränen Staaten in Analogie zu jenem ursprünglichen Naturzustand, der nach den Naturrechtslehren zunächst zwischen den nicht-vergesellschafteten Individuen bestanden haben sollte.[5] Dann fasste er die Idee, dass jener Vertrag, mit dem die Bürger eine nationale Gesellschaft von Staatsbürgern begründeten, unvollständig bleiben muss, solange sie nicht einen analogen Ausgang aus dem bislang unbewältigten internationalen Naturzustand finden.[6] In Analogie zur "staatsbürgerlichen Verfassung" bietet sich die Idee der "weltbürgerlichen Verfassung" eines "allgemeinen Völkerstaates" an. Aus dem revolutionären Gedanke einer Unterwerfung der einzelnen Staatsgewalten unter Zwangsgesetze ergibt sich die Konsequenz der Umformung des internationalen Rechts, als eines Rechts der Staaten, in ein Weltbürgerrecht, als ein Recht von Individuen, die nicht nur als Bürger ihres jeweiligen Staates Rechtssubjekte sind, sondern ebenso als Mitglieder eines "weltbürgerlichen gemeinen Wesens unter einem Oberhaupt".[7]

Gewiss, zwei Jahre später entfaltet Kant die Idee des ewigen Friedens in der Gestalt einer Föderation freier Staaten. Aber der Völkerbund als eine freiwillige Vereinigung souveräner Staaten ist nur ein pragmatisch gebotenes Surrogat für das Vernunftgebot eines weltbürgerlichen Zustandes, das auf die vollständige Konstitutionalisierung des Völkerrechts im Rahmen einer auf Menschen- und Bürgerrechten gegründeten Weltrepublik abzielt.[8] Seine unmittelbaren politischen Erwartungen setzte Kant freilich in die allmähliche Ausbreitung einer freiwilligen Föderation von friedfertigen und Handel

---

4   Habermas 1996.
5   Vgl. den Beschluss der Rechtslehre, Kant, Werke (Ausgabe Weischedel) Bd. IV: 478.
6   Über den Gemeinspruch, Kant, Werke Bd. VI: 169.
7   So auch noch in der späteren Schrift Zum Ewigen Frieden (Werke Bd. VI: 203), wo Kant das
     Weltbürgerrecht auf Personen bezieht, "die als Bürger eines allgemeinen Menschenstaates anzusehen sind".
8   Kant, Zum Ewigen Frieden, Werke Bd. VI: 212f., Die "Einschränkung" des Rechts der Weltbürger
     "auf Bedingungen der allgemeinen Hospitalität" ist die Folge dieser resignierten Ersetzung der
     "positiven Idee einer Weltrepublik" durch das "negative Surrogat eines den Krieg abwehrenden...Bundes". So auch McCarthy 2002.

treibenden Republiken, die sich eher moralisch als rechtlich verpflichtet fühlen, ihre Konflikte untereinander einem internationalen Schiedsgericht zu unterwerfen.

Halten wir fest, die Idee des weltbürgerlichen Zustandes verdankt sich der Projektion der Grundrechte und der demokratischer Staatsbürgerschaft von der nationalen auf die internationale Ebene. Gleichzeitig war Kant, als Kind seiner Zeit, in drei wichtigen Hinsichten mit einer gewissen Farbenblindheit geschlagen:

- er war für das Entstehen eines neuen historischen Bewusstseins und für die romantisch geschärfte Wahrnehmung kultureller Unterschiede unempfindlich und konnte deshalb die explosive Kraft des Nationalismus nicht voraussehen;

- er teilte die Überzeugung von der Überlegenheit der europäischen Zivilisation und der weißen Rasse und übersah die problematische Natur eines Völkerrechts, das auf eine kleine Zahl privilegierter Staaten und christlicher Völker zugeschnitten war: nur diese Nationen erkannten sich gegenseitig als gleichberechtigt an, während sie den Rest der Welt zu Zwecken der Kolonisierung und Missionierung unter sich aufteilten;

- ebenso wenig durchschaute Kant die Bedeutung der Einbettung des europäischen Völkerrechts in eine bindungswirksame christliche Kultur, die damals noch in der Lage war, die Anwendung militärischer Gewalt im Rahmen begrenzter Kriege einzudämmen.

Freilich verraten diese blinden Flecke nur einen historisch verständlichen Mangel an genau der kognitiven Fähigkeit zu gegenseitiger Perspektivenübernahme, die Kant selber für die kosmopolitische Weiterentwicklung des Völkerrechts forderte.

Zu ersten Schritten einer solchen Transformation kam es erst nach den Schrecken des Ersten Weltkrieges. Seitdem stehen die Versuche der Einschränkung des Rechts souveräner Staaten, nach Belieben Krieg zu führen, auf der politischen Tagesordnung. Das Verbot von Angriffskriegen wird mit dem Briand-Kellog-Pakt von 1928 Bestandteil des Völkerrechts. Aber ohne die Kodifikation des neuen Tatbestandes, ohne einen internationalen Gerichtshof, der die entsprechenden Kompetenzen erhält, und ohne eine supranationale Instanz, die willens und fähig ist, wirksame Sanktionen gegen angreifende Staaten durchzusetzen, konnte der 1919 gegründete Völkerbund weder Japan davon abhalten, die Mandschurei zu erobern, noch Italien davon, Abessinien zu annektieren, noch Deutschland daran hindern, Europa zu verwüsten und den moralischen Kern seiner eigenen Kultur auszuhöhlen.

Die unter dem NS-Regime im Zweiten Weltkrieg begangenen Massenverbrechen, die in der Vernichtung der europäischen Juden kulminieren, allgemein die von totalitären Regimen auch gegen die eigene Bevölkerung verübte Staatskriminalität, haben schließlich jene – schon seit dem Versailler Vertrag erschütterte – Vermutung der prinzipiellen Unschuld souveräner Völkerrechtssubjekte zerstört. Die monströsen Verbrechen haben die Annahme der moralischen und strafrechtlichen Indifferenz staatlichen Handelns ad absurdum geführt. Regierungen und deren Personal dürfen nicht länger Immunität genießen. In Vorwegnahme von Straftatbeständen, die später ins Völkerrecht aufgenommen worden sind, haben die Militärtribunale von Nürnberg und Tokyo einzelne Repräsentanten, Beamte und Kollaborateure der besiegten Reime für Kriegsverbrechen, für das Verbrechen der Vorbereitung eines Angriffskrieges und für Verbrechen gegen die Menschlichkeit verurteilt. Das war der Todesstoß für das Völkerrecht als ein Recht der Staaten.

Im Vergleich zum beschämenden Fehlschlag der Entwicklung des Völkerbundes in der Zwischenkriegszeit ist die zweite Hälfte des kurzen 20. Jahrhunderts durch einen ironischen Gegensatz charakterisiert – den Kontrast zwischen erheblichen völkerrechtlichen Innovationen auf der einen Seite und jenen Konstellationen des Kalten Krieges, die deren Anwendung blockiert haben, auf der anderen Seite. Die Innovationen des Völkerrechts, von denen zunächst die Rede sein soll, sind gleichzeitig radikaler und realistischer als Kants Surrogat einer freiwilligen Föderation unabhängiger Republiken:

(1) Auf der Ebene der Prinzipien bedeutet die Verbindung der Charta der Vereinten Nationen mit der Menschenrechtserklärung von 1948 einen revolutionären Durchbruch. Denn damit verpflichtet sich die internationale Gemeinschaft, die Verfassungsprinzipien, die bisher nur innerhalb von Nationalstaaten verwirklicht sind, weltweit zur Geltung zu bringen.[9]

(2) Hinsichtlich der Aufnahme von inzwischen 192 Mitgliedern sind die Vereinten Nationen, die gleichermaßen liberale wie autoritäre und manchmal sogar despotische Staaten zulassen oder wenigsten dulden, auf Inklusion angelegt. Das erzeugt natürlich Spannungen zwischen den erklärten Prinzipien der Weltorganisation und den tatsächlich praktizierten Menschenrechtsstandards einzelner Mitgliedstaaten.

(3) Auf der Ebene der Organisation werden diese Spannungen durch das egalitäre Stimmrecht in der Generalversammlung, vor allem aber durch die Zusammensetzung des Sicherheitsrates intensiviert. Die Satzung dieses zentralen Organs erkauft die Kooperationsbereitschaft der (damaligen) Großmächte, unabhängig von ihrer inneren Verfassung, mit dem Zugeständnis eines Vetorechts.

(4) Die Weltorganisation soll Frieden und internationale Sicherheit auf der Grundlage eines Verbots militärischer Gewaltandrohung und -anwendung aufrechterhalten. Davon ist nur der Fall eines eng umschriebenen Rechts auf Selbstverteidigung ausgenommen. Das Prinzip der Nicht-Intervention gilt also nicht für Mitglieder, die gegen das generelle Gewaltverbot verstoßen. Die Charta sieht für Regelverletzungen Sanktionen, notfalls auch militärische Gewalt in Polizeifunktion, vor und erlaubt die Einrichtung von Tribunalen zur Verfolgung von Regierungskriminalität und Massenverbrechen.

(5) Die Agenda der Vereinten Nationen bezieht sich, über das Kantische Ziel der Friedenssicherung hinaus, auf die globale Förderung und Durchsetzung der Menschenrechte. Die Generalversammlung legt inzwischen den Tatbestand der Bedrohung des internationalen Friedens im Sinne ihrer Menschenrechtspolitik weit aus.

(6) Im Zusammenhang der internationalen Pakte über bürgerliche und politische Rechte einerseits, wirtschaftliche, soziale und kulturelle Rechte andererseits sind weltweit operierende Überwachungs- und Berichtssysteme für Menschenrechtsverletzungen und Mechanismen für Beschwerden von Staatsbürgern gegen Rechtsverletzungen der eigenen Regierung eingerichtet worden. Das ist von prinzipieller Bedeutung insofern, als damit die Anerkennung des individuellen Bürgers als unmittelbaren Subjekts des Völkerrechts bestätigt wird.[10]

In allen diesen Hinsichten – der Konstitutionalisierung der Staatengemeinschaft, dem inklusive Charakter der Weltorganisation, dem Gewaltverbot und der entsprechenden Einschränkung des Nicht-Interventionsgebots, der Ausweitung der Agenda auf Menschenrechtspolitik, der individuellen strafrechtlichen Verantwortlichkeit von Funktionären und die Anerkennung von Individuen als Völkerrechtssubjekten – schießt die von

---

9   Zur Problematik der Internationalisierung der Menschenrechte vgl. Brunkhorst/Köhler/Lutz-
     Bachmann 1999.
10   Hailbronner 2001.

den Vereinten Nationen getragene Entwicklung des Völkerrechts über Kants Vorschlag einer Föderation freier Staaten weit hinaus, aber genau in der Richtung, die Kant selbst mit der Idee einer weltbürgerlichen Verfassung gewiesen hatte

Da ein großer Teil der Mitgliedstaaten aus dem nach 1945 einsetzenden Prozess der weltweiten Dekolonisierung hervorgegangen ist, ist ein Bewusstsein des kulturellen und weltanschaulichen Pluralismus entstanden, der den Rahmen des europäischen Völkerrechts gesprengt und dem Interpretationsmonopol des Westens im Hinblick auf die Prinzipien des Völkerrechts ein Ende gesetzt hat. Als eine Folge der geschärften Wahrnehmung rassischer, ethnischer und religiöser Unterschiede konnten die Mitglieder der Generalversammlung nicht umhin, die gegenseitige Perspektivenübernahme in Dimensionen voranzutreiben, die Kant verschlossen geblieben waren. Die Erweiterung der Menschenrechtskataloge und das Übereinkommen zur Beseitigung jeder Form von Rassendiskriminierung waren nicht genug. Es erwies sich als nötig, einen interkulturellen Dialog darüber, wie die Prinzipien der Weltorganisation selbst zu verstehen seien, zu institutionalisieren.[11]

An dieser Stelle möchte ich für einen Augenblick das einflussreiche Argument betrachten, das Carl Schmitt gegen die von Kant inspirierte Entwicklung vorgetragen hat. Nach seiner Auffassung muss jeder Versuch einer dauerhaften Pazifizierung kriegerischer Staaten scheitern. Gerechtigkeit im juristischen Sinne kann es zwischen Nationen nicht geben, weil jede Konzeption von Gerechtigkeit wesentlich umstritten bleiben muss. Eine universalistische Begründung für gewaltsame Interventionen kann nur ein Vorwand sein, um das partielle Interesse eines Angreifers zu verschleiern. Der Angreifer sucht durch unfaire Diskriminierung eigene Vorteile. Indem er dem Gegner den Status eines geachteten Feindes, justus hostis, bestreitet, erzeugt er eine asymmetrische Beziehung zwischen ebenbürtigen Parteien. Schlimmer noch, die Moralisierung eines bisher als indifferent angesehenen Krieges heizt den Konflikt an und lässt die rechtlich zivilisierte Kriegführung "entarten".

Schmitt hatte diese Überlegungen zum diskriminierenden Kriegsbegriff schon in Reaktion auf den ersten Versuch zur Ächtung von Angriffskriegen sowie auf die vom Versailler Friedensvertrag aufgeworfene Kriegsschuldfrage entwickelt.[12] Nach dem Zweiten Weltkrieg hat Schmitt sein Argument in einem Rechtsgutachten für die Verteidigung von Friedrich Flick vor dem Nürnberger Tribunal noch einmal zugespitzt[13] – die "atrocities" des totalen Krieges[14] hatten seinen Glauben an die Unschuld der staatlichen Subjekte des Völkerrechts nicht erschüttert.

Auch sonst ist das Argument nicht gerade überzeugend. Denn die Klage über eine "Moralisierung" des Krieges geht ins Leere, weil "Konstitutionalisierung" eine Verrechtlichung der internationalen Beziehungen bedeutet. Wenn die erforderlichen Verfahren erst einmal etabliert wären, würde das positive Recht mit seinen Kautelen Angeklagte gegen voreilige moralische Verurteilungen schützen.[15] Wenn Schmitt gleichwohl bei seiner Behauptung bleibt, dass der legale Pazifismus zu einer Enthemmung von Gewalt führt, setzt er stillschweigend voraus, dass alle Versuche zu einer rechtlichen Domestizierung kriegerischer Gewalt fehlschlagen müssen und dass diese Fehlschläge

---

11   Habermas 1998.
12   Schmitt 1938.
13   Schmitt 1994.
14   Vgl. ebd.: 16.
15   Günther 1994.

destruktive Energien freisetzen. Schmitt leugnet die Möglichkeit, dass irgendeine Konzeption von Gerechtigkeit – und seien es Demokratie und Menschenrechte – unter konkurrierenden Staaten oder Nationen Zustimmung finden kann. Eine philosophische Begründung dieses Non-Kognitivismus gibt er nicht. Seine Skepsis gegenüber dem Vorrang des Gerechten vor dem Guten stützt sich vielmehr auf einen metaphysisch aufgeladenen Begriff "des Politischen".

Schmitt ist überzeugt vom unauflösbaren Antagonismus zwischen ebenso reizbaren wie gewaltbereiten Nationen, die ihre jeweilige kollektive Identität gegeneinander behaupten müssen. Diese Lesart von politischem Existentialismus beruht nach wie vor auf dem Modell einer unstabilen Machtbalance zwischen kollektiven Akteuren, die ohne normative Beschränkungen ihren eigenen Interessen folgen. Mit einigen Modifikationen konnte diese Vorstellung auch noch auf das "Gleichgewicht des Schreckens" während der Konfrontation der beiden Nuklearmächte USA und Sowjetrussland angewendet werden. Hans Morgenthau und die Neorealisten teilten Carl Schmitts Furcht vor einer Moralisierung der Hobbes'schen Wildbahn.[16] Aber das Modell des Kräftegleichgewichts zwischen unabhängig entscheidenden Kriegsparteien greift heute nicht mehr. Ganz abgesehen von der Asymmetrie der Machtverteilung in einer unipolaren Welt, ist die heutige Situation nicht mehr vom Bild des klassischen Staatenkrieges bestimmt. Bedroht ist die internationale Sicherheit heute eher vonseiten krimineller Staaten oder vom internationalen Terrorismus, vor allem vom Zerfall staatlicher Autorität in eine unselige Mischung aus Stammesfehde, internationaler Kriminalität und Bürgerkrieg.[17] Carl Schmitts Furcht vor dem enthemmenden Moralismus der fehlschlagenden Anstrengungen, den Krieg zu ächten, wird gegenstandlos, wenn der Krieg nicht länger von souveränen Staaten monopolisiert wird. Wie wenig das der Fall ist, zeigt sich sogar am Kontext und den Folgen des von den USA betriebenen zweiten Irakfeldzuges.

Die typischen Gefahren für die Bedrohung der internationalen Sicherheit und die politischen Verbrechen, die nach supranationalen Eingriffen und Regulierungen verlangen, sind Ausdruck einer postnationalen Konstellation. Der Wechsel der Konstellation geht, wie wir wissen, auf die Globalisierung von Handel, Investition und Herstellung, von Medien und Märkten, von Kultur und Verkehr, auch auf die grenzüberschreitenden Risiken in den Dimensionen von Gesundheit, Kriminalität und Umwelt zurück. Staaten verstricken sich immer stärker in den Netzwerken einer zunehmend interdependenten Weltgesellschaft, deren funktionale Spezifizierung ganz unbekümmert um territoriale Grenzen fortschreitet.[18]

Diese systemischen Prozesse zerstören Bedingungen für jene Art von nationaler Unabhängigkeit, die einmal die Voraussetzung für Souveränität gewesen sind:
- Nationalstaaten begegnen zunehmend technischen Problemen einer Größenordnung, die internationale Zusammenarbeit zum Zweck der Koordinierung und der Verfolgung regional oder sogar global abgestimmter Politiken erfordern;
- sie teilen das internationale Feld mit global players nicht-staatlicher Art (mit multinationalen Korporationen und Nicht-Regierungsorganisationen, mit internationalen, hoch spezialisierten Behörden und Institutionen, die teilweise unter dem Dach der UNO

---

16   Koskenniemi/Schmitt/Morgenthau, and the Image of Law in International Relations, in: Byers 2000; vgl. auch Pangle/Ahrensdorf 1999: 218-238.
17   Zangl/Zürn 2003: 172-205.
18   Zum Folgenden Beck 2002.

Platz gefunden haben,[19] mit internationalen Gerichten wie dem in Den Haag oder mit dem transnationalen Wirtschaftsregime der Welthandelsorganisation und der Weltbank; - sie schließen sich zu supranationalen Gemeinschaften (wie die EU) oder in regionalen Bündnissen (wie der NATO) zusammen und unterwerfen sich in einigen Fällen förmlich der Autorität und Rechtsprechung übergeordneter Instanzen.

Auf diese Weise verlieren Nationalstaaten angestammte Kompetenzen (wie die Kontrolle über die Steuerressourcen der einheimischen, aber international operierenden Unternehmen); sie gewinnen freilich auch Spielräume für eine neue Sorte von Einfluss.[20] Je schneller sie lernen, ihre nationalen Interessen in die neuen Kanäle des "Regierens jenseits von Regierungen" einzufädeln, umso eher können sie die traditionellen Formen des diplomatischen Drucks und der militärischen Gewaltandrohung durch "weiche" Formen der Machtausübung substituieren. Der beste Indikator für den Formwandel internationaler Beziehungen sind die verfließenden Grenzen zwischen Innen- und Außenpolitik. Mit dem Zerfall der klassischen Abgrenzung von Innen und Außen verliert auch Carl Schmitts polemischer Begriff des Politischen den eindeutigen Bezug der nationalen Selbstbehauptung.

Die völkerrechtlichen Innovationen der Vereinten Nationen waren freilich bis 1989/90 nur so etwas wie eine fleet in being. Diese konnte sich erst in Bewegung setzen, nachdem mit der Auflösung der bipolaren Welt die wichtigsten Gründe für eine Blockade des Sicherheitsrats entfallen waren. Seitdem sind die eingerosteten Instrumente in Gebrauch genommen worden:

(1) Der Sicherheitsrat hat eine ganze Reihe von Blauhelmaktionen zur Friedenssicherung (peace-keeping), aber auch einige bewaffnete Interventionen zur Erzwingung eines friedlichen Zustandes (peace-enforcing) beschlossen und durchgeführt (Irak, Somalia, Ruanda, Haiti und Bosnien).[21]

(2) Zwei dieser Unternehmungen haben zur Einrichtung von Kriegsverbrechertribunalen (für Ruanda und das frühere Jugoslawien) geführt, während das Schicksal des ständigen, in Rom beschlossenen und in den Haag eingerichtete Internationalen Strafgerichtshofs noch offen ist.

(3) Die neue Kategorie der sogenannten "Schurkenstaaten" (John Rawls spricht neutraler von outlaw-states) ist immerhin ein Anzeichen dafür, dass die Anerkennung der staatlichen Souveränität zunehmend von der Bereitschaft abhängt, den Sicherheits- und Menschenrechtsstandards der Vereinten Nationen zu genügen. Zum Legitimationsverlust tragen die regelmäßigen Berichte weltweit operierender Beobachter- und Hilfsorganisationen wie Amnesty International wesentlich bei.[22]

Andererseits lässt sich zu diesen formalen Erfolgen eine ernüchternde Gegenrechnung aufmachen. Die Weltorganisation verfügt nur über schwache finanzielle Ressourcen. Bei allen Interventionen ist sie auf die Kooperationsbereitschaft der Regierungen der Mitgliedstaaten angewiesen, die die militärischen Ressourcen nach wie vor alleine kontrollieren und ihrerseits von der Zustimmung der nationalen Öffentlichkeiten abhän-

---

19 Seit 1946 sind 16 solcher UN-Organisationen gegründet worden, angefangen mit dem Internationalen Arbeitsamt, dem Internationalen Währungsfond, der Weltgesundheitsorganisation und der UNESCO bis zum Internationalen Fond für Landwirtschaftliche Entwicklung.

20 Zürn 2001; Zürn 2002.

21 Greenwood 1998.

22 Frowein 2001: 429ff.; Zangl/Zürn 2003: 254ff.

gen.[23] Die Intervention in die Bürgerkriegsauseinandersetzungen von Somalia ist auch wegen des halbherzigen Engagements der Vereinigten Staaten fehlgeschlagen. Schlimmer noch als solche erfolglosen Interventionen sind die unterlassenen Interventionen, z.B. im irakischen Kurdistan, in Sudan, in Angola, Kongo, Nigeria, Sri Lanka und, allzu lange, in Afghanistan. Die Selektivität der Fälle, die der Sicherheitsrat wahrnimmt und behandelt, verrät den schamlosen Vorrang, den nationale Interessen immer noch vor den globalen Verpflichtungen der internationalen Gemeinschaft genießen. Diese rücksichtslos ignorierten Verpflichtungen belasten insbesondere den Westen, der heute, ganz abgesehen von den Auswirkungen einer politisch nicht hinreichend institutionalisierten wirtschaftlichen Globalisierung, mit den Folgeschäden einer misslungenen Dekolonisierung nicht weniger als mit den Langzeitfolgen seiner eigenen Kolonialgeschichte konfrontiert wird.[24] Schließlich kann das Veto der Großmächte wie im Falle des Kosovo-Konflikts den Sicherheitsrat auch heute noch paralysieren. Immerhin ist diese Intervention, die ein Bündnis aus unzweifelhaft demokratischen Staaten mit der Begründung unternommen hat, ethnische Säuberungen zu verhindern (ohne dass erkennbar eigene partikulare Interessen im Spiel gewesen wären), nachträglich legitimiert worden.

Die Schwäche einer reformbedürftigen UNO liegt auf der Hand. Andererseits signalisiert die Tatsache, dass die Bush-Regierung dem Internationalen Strafgerichtshof Seite an Seite mit Ländern wie China, Irak, Jemen, Katar und Libyen die Anerkennung verweigert, etwas ganz anderes als nur Fehler, Fehlschläge und Verzögerungen auf dem Wege einer mehr als 80-jährigen Konstitutionalisierung des Völkerrechts, deren Motor die Vereinigten Staaten von Anbeginn gewesen sind. Die völkerrechtswidrige Intervention in den Irak und der gleichzeitige Versuch der US-Regierung, Einfluss und Reputation der Vereinten Nationen zu untergraben, ist die Bestätigung für einen prinzipiellen Wechsel in der amerikanischen Völkerrechtpolitik.[25] Das führt uns zu unserer Ausgangsfrage zurück: Sind mangelnde Effizienz und Handlungsfähigkeit der Vereinten Nationen ein hinreichender Grund dafür, im Hinblick auf die heutigen Herausforderungen mit den Prämissen des Kantischen Projekts zu brechen?

Ich konzentriere mich ganz auf den normativen Aspekt der Frage und gehe, um andere Argumente auszuschalten, von der contrafaktischen Annahme aus, dass die unilateral betriebene Politik für die Abschirmung der "unipolaren Welt" unter einer Pax Americana in den Zielsetzungen mit der Politik der Vereinten Nationen immer noch insofern übereinstimmt, als sie ebenfalls auf die Herstellung von internationaler Sicherheit und Stabilität sowie auf die weltweite Verwirklichung von Demokratie und Menschenrechten ausgerichtet ist. Selbst in diesem best-case scenario begegnet der "wohlmeinende Hegemon" unüberwindlichen kognitiven Schwierigkeiten schon beim ersten Schritt: nämlich bei der Aufgabe, diejenigen Initiativen und diejenigen Operationen zu erkennen, die jeweils im gemeinsamen Interesse der Staatengemeinschaft liegen. Selbst die umsichtigste Regierung, die über vorgezogene Selbstverteidigung, über humanitäre Interventionen oder über die Einrichtung internationaler Tribunale ausschließlich in eigener Regie entscheidet, kann niemals sicher sein, ob sie bei Güterabwägungen und nor-

---

23   Biermann 1998.
24   Münkler 2002: 13ff.
25   Für den Unilateralismus und "instrumentellen Multilateralismus" im Verhältnis der US-Regierung gegenüber der UNO, in ihrer Wirtschafts- und Welthandelspolitik, in Fragen der Ökologie, der Abrüstung und der Rüstungskontrolle häufen sich die Anzeichen schon seit längerem, vgl. Hippler/Schade 2003.

mativen Erwägungen ihre eigenen nationalen von den verallgemeinerbaren Interessen, die von anderen Nationen geteilt werden könnten, hinreichend unterscheidet. Das ist keine Frage des guten Willens, sondern der Logik praktischer Diskurse. Jede von einer Seite vorgenommene Antizipation dessen, was vernünftigerweise für alle Seiten akzeptabel ist, kann nur so geprüft werden, dass ein präsumtiv unvoreingenommener Vorschlag einem inklusiven Verfahren der Meinungs- und Willensbildung unterworfen wird, das alle Parteien beteiligt und zu wechselseitiger Perspektivenübernahme und Interessenberücksichtigung anhält. Das ist der kognitive Zweck der Unparteilichkeit, dem Rechtsverfahren sowohl auf nationaler wie auf internationaler Ebene dienen sollen.

Der wohlmeinende Unilateralismus ist im Hinblick auf Verfahren legitimer Entscheidungsfindung von Haus aus defizient. Dieser Mangel kann auch nicht durch den Vorzug einer demokratischen Verfassung im Inneren der hegemonialen Macht kompensiert werden. Denn die Bürger stehen kognitiv vor demselben Problem wie ihre Regierung. Die Bürger eines politischen Gemeinwesens können die Ergebnisse der Interpretation und Anwendung universaler Werte und Prinzipien, die die Bürger anderer politischer Gemeinwesen aus ihrer lokalen Sicht und in ihrem kulturellen Kontext vornehmen, ebenso wenig antizipieren. Der glückliche Umstand, dass die heutige Supermacht mit der ältesten Demokratie auf Erden identisch ist, mag wenigstens einigen Anlass zu Hoffnung geben. Die Affinität, die zwischen den Wertorientierungen und den einheimischen Traditionen der übrig gebliebenen Weltmacht einerseits, dem Projekt der Herstellung eines weltbürgerlichen Zustandes andererseits besteht, könnte die Rückkehr einer künftigen US-Regierung zu ihrer ursprünglichen Mission erleichtern.

Die postnationale Konstellation kommt einer fortschreitenden Konstitutionalisierung des Völkerrechts auf halbem Wege entgegen. Die alltägliche Erfahrung der wachsenden Interdependenzen in einer immer komplexer werdenden Weltgesellschaft verändern nämlich unauffällig die Selbstwahrnehmung der Nationalstaaten und ihrer Bürger. Die einstmals unabhängig entscheidenden Akteure erlernen neue Rollen – sowohl die von Teilnehmern transnationaler Netzwerke, die sich funktionalen Zwängen der Kooperation fügen, aber auch die von Mitgliedern in internationalen Organisationen, die sich durch normative Erwartungen und Kompromisszwänge verpflichten lassen. Wir dürfen auch den bewusstseinsverändernden Einfluss internationaler Diskurse nicht unterschätzen, die durch die Konstruktion neuer Rechtsverhältnisse ausgelöst werden. Über die Teilnahme an Disputen über die Anwendung neuen Rechts werden Normen, die von Beamten und Bürgern zunächst nur verbal anerkannt worden sind, nach und nach internalisiert. So lernen auch Nationalstaaten, sich gleichzeitig als Mitglieder größerer politischer Gemeinschaften zu verstehen.[26]

Eine Supermacht von kontinentalem Ausmaß ist gewiss der letzte unter diesen kollektiven Akteuren, der diesen weichen symbolischen Druck in Richtung eines veränderten Selbstbildes zu spüren bekommt. Vielleicht muss sie stattdessen unter dem unfreundlicheren Druck einer internationalen Kritik lernen, die das Argument Carl Schmitts auf die asymmetrischen Machtverhältnisse der unipolaren Welt überträgt. Bürger eines liberalen Gemeinwesens bleiben, über kurz oder lang, empfindlich für die kognitive Dissonanz zwischen den vollmundig universalistischen Ansprüchen, mit de-

---

26 Für dieses sozialkonstruktivistische Verständnis des Wandels internationaler Beziehungen vgl. Wendt 1999.

nen eine nationale Mission öffentlich gerechtfertigt wird, und der partikularistischen Natur der offensichtlich bestimmenden Interessen.

Literatur:

Beck, U., Macht und Gegenmacht im globalen Zeitalter, Frankfurt a. M. 2002.

Biermann, W., Ist der Schutz der Menschenrechte durch mehr Macht machbar?, in: Brunkhorst, H., Einmischung erwünscht?, Frankfurt a. M. 1998, S. 143-160.

Brunkhorst, H., Solidarität. Von der Bürgerfreundschaft zur globalen Rechtsgenossenschaft, Frankfurt a. M. 2002.

Brunkhorst, H./Köhler, W. R./Lutz-Bachmann, M. (Hg.), Recht auf Menschenrechte, Frankfurt a. M. 1999.

Byers, M., The Role of Law in international Politics, Oxford 2000, S. 17-34.

Frowein, J. A., Konstitutionalisierung des Völkerrechts, in: BDGVR, Völkerrecht und internationales Recht in einem sich globalisierenden internationalen System, Heidelberg 2001, S. 427-447.

Greenwood, C., Gibt es ein Recht auf humanitäre Intervention?, in: Brunkhorst, H., Einmischung erwünscht?, Frankfurt a. M. 1998, S. 15-36.

Günther, K., Kampf gegen das Böse?, in: Kritische Justiz 27, 1994, S. 135-157.

Habermas, J., Kants Idee des ewigen Friedens, in: Habermas, J., Die Einbeziehung des Anderen, Frankfurt a. M. 1996, S.192-236.

Habermas, J., Zur Legitimation durch Menschenrechte, in: Habermas, J., Die Postnationale Konstellation, Frankfurt a. M. 1998, S. 170-192.

Hailbronner, K., Der Staat und der Einzelne als Völkerrechtssubjekte, in: Vitzhum 2001, S. 161-267.

Hippler, J./Schade, J., US Unilateralismus als Problem von internationaler Politik und Global Governance, INEF, Heft 70, Universität Duisburg, 2003.

McCarthy, T. A., On Reconciling Cosmopolitan Unity and National Diversity, in: de-Greiff, P./Cronin, C., Global Justice and Transnational Politics, Cambridge 2002, S. 235-274.

Münkler, H., Die neuen Kriege, Hamburg 2002.

Pangle, T. L./Ahrensdorf, P.J., Justice among nations, Kansas 1999.

Schmitt, C., Die Wendung zum diskriminierenden Kriegsbegriff, Berlin 1938.

Schmitt, C., Das internationalrechtliche Verbrechen des Angriffkrieges, hrsg. von Quaritsch, H., Berlin 1994.

Vitzhum, Graf W., Völkerrecht, 2. Aufl., Berlin 2001.

Wendt, A., Social Theory of International Politics, Cambridge 1999.

Zangl, B./Zürn, M., Frieden und Krieg, Frankfurt a. M. 2003, S. 172-205.

Zürn, M., Politik in der postnationalen Konstellation, in: Landfried, C., Politik in der entgrenzten Welt, Köln 2001, S. 181-204.

Zürn, M., Zu den Merkmalen postnationaler Politik, in: Jachtenfuchs, M./Knodt, M. (Hg.), Regieren in internationalen Institutionen, Opladen 2002, S. 215-234.

Living (Occasionally Dying) Together in a Full World

Zygmunt Bauman

This is not an attempt at a synthesis; it is too early for an integrated, not to mention comprehensive, model of the new human condition. Such a model, however carefully constructed, would start ageing well before reaching maturity, since the globalisation of human condition is far from complete and as the globalising process goes on decomposing one by one all the familiar settings of human life, together with the conceptual frameworks in which we have gown used to grasp them in order to tell their story. None of the descriptions of the mode of planetary togetherness and of the new dangers with which it is fraught, that are gradually gestating and will eventually emerge at the other end of a long, messy and haphazard globalising process, can pretend to be anything more than a 'career report', a story bound to be revised and retold no end. Wary of unavoidable immaturity of synthetic models, I would confine myself here to signalling rather than mapping three of the arguably most seminal among the globalisation-prompted departures in the pattern of planetary cohabitation; and then to the consideration of three, arguably most crucial, consequences of such departures that seem to bear on the changing shape of conflicts, the setting in which the conflict emerge and are played out and the strategies of power-and-domination contests.

DEPARTURES
The filling up of the planet

The planet is full.

This is, let me make myself clear, not a statement in physical or even human geography. In terms of physical space and the spread of human cohabitation, the planet is anything but full. On the contrary, the size total of the lands sparsely populated or depopulated, viewed as uninhabitable and incapable of supporting human life, seems to be expanding rather than shrinking. As *technological* progress offers (at a rising cost, to be sure) new means of survival in such habitats as were previously deemed unfit for human settlement, it also erodes many habitats' ability to sustain the populations they previously used to accommodate and feed, whereas the *economic* progress renders once effective modes of making a living unviable and impracticable, thereby adding to the size or the wastelands laying fallow and abandoned. 'The planet is full' is a statement *in sociology and political science*. It refers not to the state of the Earth, but to the ways and means of its inhabitants. It signals the disappearance of 'no man's lands', territories fit to be defined and/or treated as void of human habitation, devoid of sovereign administration, empty and thus open to colonization and settlement. Such territories, now largely absent, played for a greater part of modern history the crucial role of dumping grounds for human waste turned out in ever rising volumes in the parts of the globe affected by the processes of 'modernization'.

Production of 'human waste', or more correctly wasted humans (the 'excessive', 'redundant' population that either could not, or was not wished to, be retained and accommodated inside the modernized lands) is an inseparable accompaniment of modernization. It is an inescapable side effect of order building (each order casts some parts of the extant population as 'out of place', 'unfit' or 'undesirable') and of economic progress (that cannot proceed without the devaluation of previously effective modes of 'making a living' thereby depriving their practitioners of livelihood). For most part of modern history, however, large parts of the globe ('backward', 'underdeveloped' parts, when measured by the free-markets' ambitions) stayed wholly or partly unaffected by the modernizing pressures, thus escaping their 'overpopulation' effect. Confronted with the modernized sectors of the globe, such ('pre-modern', 'under-developed') parts tended to be viewed and treated as lands able to absorb the excess of the 'developed countries' population; as natural destinations for the export of 'redundant humans', obvious dumping sites for the human waste of modernization. The disposal of human waste produced in the 'modernized' and still 'modernizing' parts of the globe was the deepest meaning of colonization and imperialist conquests – both made possible, and in fact inevitable, by the inequality of 'development' that is modernization confined to a 'privileged' section of the planet. Such inequality allowed the modern part of the globe to seek, and find, *global* solutions to *locally* produced 'overpopulation' problems.

This situation could last as long as modernity (that is, a perpetual, compulsive, obsessive and addictive *modernization*) remained a privilege. Once modernity turned, as was intended and bound to happen, into the universal condition of human kind, the effects of its by now planetary dominion have come home to roost. As the triumphant progress of modernization has reached the furthest lands of the planet, practically the totality of human production and consumption has become money-and-market mediated, and commodification, commercialisation and monetarization of human livelihoods has penetrated every nook and cranny of the globe – global outlets for local problems are no more available, while all localities (also, most notable, the highly modernized ones) have to bear the consequences of modernity's global triumph having been faced with the need to seek (in vain, it seems) *local* solutions to *globally* produced problems. To cut the long story short: the new fullness of the planet means, essentially, an acute crisis of human waste disposal industry. That industry is fast running short of refuse dumps and the tools of waste-recycling at the time when human waste production goes on unabated and, if anything, gains in efficiency.

End of the space era

Again, a caveat is called for. 'The end of the space era' does not mean that space 'no longer matters', that it has been annihilated or made null and void, as certain openly declared or latent technological determinists, bewitched by the virtual instantaneity of information transfer and steadily diminishing role assigned to physical distance in action-design and performance, suggest. The *importance* of physical space is indeed wading, but this process is coupled with an abrupt rise in the *significance* attached to the territory, to the place, to locality. The verdict of 'the end of the space era' is a reflection of the new extraterritoriality of power and of the substitution of mobility for engagement as the decisive strategic factor of power struggle. In the emergent global power hierarchy, those least space-bound, least tied to (that is, encumbered by) the place and most free to move, rule. In the 'space of flows', where global powers reside and operate, it is the *speed of movement and facility to escape*, not the size of *territorial possessions* (and so responsibilities) that count and decide. Territorial entrenchment, everything that slows down the movement or disallows its contemplation, has turned from an asset into a handicap. It is to be avoided at all cost – and the high and mighty, resourceful enough to afford such cost, do their best to avoid it. New empires are not of this world – not of earthly, geographical world, not of the 'space of places'. On the other hand, the place lost its defensive capacity. Holding to the place, however tightly sealed and fortified, is no longer a warrant of security. Borders are eminently permeable. Liquid power respects few if any obstacles; it soaks through the walls however hermetic they are or are deemed to be, it leaks easily through the myriads of cracks, fissures, crevices, however narrow. There is no polyfilla capable to plug the holes and stem the flows. If invented, its sealing capacity would be quickly matched by the new and improved liquidity of free-floating power. It is under these unprepossessing conditions that the forces barred access to, and cut out from the global flow, the *glebae adscripti* forces, forces tied to the ground, burdened with the territorial sovereignty and with all the local responsibilities such sovereignty entails, have to seek local solutions to globally produced, and continuously globally modified, problems. The problems are gestated in the 'space of flows', but they need to be confronted and tackled in the 'space of places' – a task ultimately beyond the capacity of local powers holding local forts (for instance, the perpetual global erosion of livelihood and the unsettling and uprooting of ever new populations by the global spread of free trade are confronted locally as the 'problem of immigrants' and 'asylum seekers') The new significance of place is born of, and perpetually fed and reinforced by that hopelessness. The task cannot be fulfilled, and so it never stops to be a challenge stretching the imagination and prompting ever more zealous, though forever inadequate, efforts to stem the tide.

Divorce of power and politics

About two-centuries long marriage of power and politics, with the couple happily settled in the household of the modern nation-state and apparently resolute to stay there till death do them part, seems to be now heading towards a divorce, even if no petition has been sent to the courts and no decree nisi granted. Partners of the wedlock look in opposite directions: one of them finding the shared domicile too tight for comfort and cumbersome, and the other increasingly frustrated by the first partner's prolonged absences from home. Power develops distaste of the politics' embrace; while the lovingly open arms of politics hang in the void, empty. Having moved to higher floors, power has dismantled the staircase behind and placed security guards at the lifts' entry. Politics, left behind in the flat, has been barred access to the power's new domicile; with power's new address kept off-directory. Its calls and messages are not certain to reach the addressee and are answered, if at all, by the departed partner's whim. Deprived of power's partnership, its source of strength and confidence, politics must grin and bear it, while trying to make best of a bad job. It goes on flex-ing its muscles, or at least pretends that it does – hoping to hide how flabby its muscles have become once power has been lipo-sucked away; or it confines its flurry to the odd jobs with which even the flabbiest of muscles would cope. Other residents of the former power/politics homestead leave home in droves; bereft of power, politics cannot guard properly the exit and would not wish to guard it even if could: the quarrelsome residents were two awkward to handle. Indeed, the nation/state politics would be pleased to see most of the residents to go and settle in their own households. It does help them to do just that through strategies nicknamed 'deregulation', 'privatization' or 'following the principle of subsidiarity' (that is, of gladly and promptly surrendering any such responsibility as its former wards would be willing, or at least would not object, to take over; more often than not, of handing the responsibilities over to them with or without their consent). Most functions that the empowered politics used to appropriate and jealously guard are ceded to the market forces and the new domain of 'life politics', inside which citizens of the nation-states are encouraged, and expected, to seek biographical solution to problems no one else is eager, or has strength, to confront – let alone to resolve. The meaning of divorce is the separation of former partners and the end of sharing and cooperation. In the world of globalised interdependence and extraterritorially induced vulnerability, coupled with continuing territoriality of political sovereignty and the transfer of many traditionally political tasks to the areas where the issue of sovereignty does not arise, power is emancipated from the political constraints in which it used to be enclosed by the modern state armed with the institutions of democratic control, whereas the power contents of politics have been depleted if not evacuated altogether. Power is free to roam the global 'space of flows' paying not much more than a lip service to its past political wardens, while disempowered politics can only eye helplessly and haplessly its antics. Hoping against hope to drive the graces its way while diverting the blows to other, similarly territorial, sovereigns.

THE CONSEQUENCES
Frontier-land

Of all known social landscapes, the global 'space of flows' is reminiscent most of the 'Wild West' immortalized in Hollywood westerns or 'Frontier-land' tales reanimated ad nauseam courtesy of the Disney studios.

In a frontier-land, there are no rules of conduct that bind the strong and the weak alike and that bind them whether or not those expected to abide by them agree to do so. Neither is there an authority able and willing to impose the observance of such rules. Events follow each other in anything but a consistent, predictable order. In a frontier-land, anything may happen, but nothing can be done with any degree of confidence and self-assurance, let alone backed with a reliable anticipation of its consequences. What would indeed occur is anybody's guess, but no one's certainty.

In a frontier land, all boundaries are temporary, and none is impermeable even when uncontested. Boundaries shift, following the peregrinations of their draftsmen. Coalitions are ad hoc and floating, just like the battlefronts circumscribing hostile camps. Friendships and enmities are in flux and always until further notice. Yesterday allies turn, or are turned, into foes, just like yesterday sworn enemies join forces with their detractors and are welcome with open arms.

In a frontier land, freedom of manoeuvre is the latchkey to success whereas the commitment to the ground for whatever reason is a recipe for defeat. The outcome of confrontation is decided by the ability to surprise, by the speed with which the blows are delivered and the swiftness with which the deliverers escape the reprisal. Not the territory, but the capacity and freedom to disregard it, are the true stakes of the power struggle.

In a frontier land, all effective powers, the powers that count, adapt their skills, armoury and strategy to the conditions of perpetual and irredeemable uncertainty and improvisation. All such powers thrive when the accident and randomness rule; they would wilt and fade the moment their moves became, or were made, predictable, In the Wild West, one stance that united the cattle-barons and the bandits was the shared distaste to the streamlining and routinization of moves that the enforcement of legally prescribed rules would inevitably bring in its wake. Common interest vested in the staving off the danger of rules and routine under-lied their enmity – and allowed that enmity to go on being ever again replayed. The sole people interested in the rule of law were the few farmers who by fencing themselves off, or more correctly in, revisited and relived the trials and tribulations suffered by the ancient pioneer settlers offering themselves as sitting targets and easy prey to the free-roaming nomads.

The difference between power relations in a rule-guided space and those of the frontier-land may be grasped with the help of the metaphors of the river and a minefield, suggested by Jurij Lotman. Following the trajectory of the riverbed, waters push their way toward the estuary eroding, undercutting, dissolving or bypassing the obstacles on their way – pulverizing the rocks and sweeping off the sands. A minefield holds no lesser powers than rivers do – but unlike in the case of the rivers, the places of their concentration and condensation and the direction in which they would ultimately erupt cannot be anticipated. One can be pretty sure that the explosions will occur, but one cannot say where and when.

Reconnaissance battles

If the frontlines are not clearly drawn, tend to drift and are not expected to retain their contours for long, and if the divide between friends and enemies is neither unambiguous nor permanent, if most enemies are in principle potential allies and vice versa (as is the case in a frontier-land) – armed confrontations tend to have the character of 'reconnaissance battles'. As a rule, reconnaissance battles do not follow, but *precede* the determination of war aims and the designing of war strategy. Their purpose is to find out what alignment of forces and which use of weapons is likely to bring most profits. The logic of instrumental rationality is reversed: in reconnaissance battles, it is the best ends to the given means, rather than the best means to the given ends, that are sought. War plans are eminently 'flexible'. Available resources seek their most effective uses. The question to be answered is 'what can we do with what we have' rather than 'what we need to have to do what we want'. War aims are revised and often changed, with little if any warning and sometimes beyond recognition, as the armed confrontations proceed.

Clausewitz is remembered to suggest that wars are continuation of politics with the use of other means. Reconnaissance battles are, if anything, continuation of the absence of politics – and filling of 'other means' in the place vacated by the policy. Hopefully, a policy – perhaps even a consistent policy – may eventually emerge at the far end of a long series of trials and errors, hits and misses; this is, at least, as the official *plaidoyer* for the reconnaissance battles goes. One can however surmise, and with good reasons, that the tussles and scuffles of such sort take the urgency out of the task and make the elaboration of policy redundant. This may be even their principal, though latent aim, given the profusion of means yet to be tried and the dearth of ideas concerning the alternative realities whose feasibility is worth a trial.

Mutually assured vulnerability

In a frontier-land, reconnaissance battles are not auxiliary stratagems, the hand-maiden of war, as was their role in 'classic wars' – regular, pre-designed, purposeful, and (at least intentionally) structured combats. Neither are they preliminary steps to something else: to the advance of troops, invasion and conquest of the enemy's territory. They are, rather, the principal, 'normal', persistent, quasi-permanent forms the hostilities take. This circumstance makes the affinity of the frontier-land with Lotman's 'minefield' even closer. If 'classic wars' purported to *diminish* the irritating uncertainty caused by the nearness of a strong neighbour of potentially hostile intentions, or better still *elimi-nate* it altogether, the wars dissipated into a string of reconnaissance battles turn into *prime cause* of uncertainty. Their immediate effect is a growing precariousness and vulnerability of all the actors as well as of the actual or potential 'collateral casualties' of their actions. Unravelling the mystery of the earthly, human power, Mikhail Bakhtin (1968) began from the description of 'cosmic fear' – the human emotion aroused by in-human magnificence of the universe; the kind of fear that precedes man-made power and serves it as the foundation, prototype and inspiration. *Cosmic* fear is, in Bakhtin's words, the trepidation felt in the face of the immeasurably great and immeasurably powerful: in the face of the starry heavens, the material mass of the mountains, the sea, and the fear of cosmic upheavals and elemental disasters...The cosmic fear [is] funda-mentally not mystical in the strict sense. At the core of the 'cosmic fear' lies the nonen-tity of the weak and mortal being faced with the enormity of the ever-lasting universe; the *vulnerability* of the frail and soft human body that the sight of the 'starry heavens' or 'the material mass of the mountains' reveals – but also the realization that it is not in human power to comprehend that awesome might which manifests itself in the sheer grandiosity of the universe. That universe's intentions are unknown, its next steps are unpredictable. If there is a preconceived plan or logic in its action, it certainly escapes human understanding. And so the 'cosmic fear' is also the horror of the unknown: the terror of *uncertainty*. Vulnerability and uncertainty are the two qualities of human con-dition out of which, as Bakhtin suggests, the 'official fear' is moulded: the fear of *human* power, of man-made and man-held power. The official fear is construed after the pattern of the inhuman power reflected by (or, rather, emanating from) the 'cosmic fear'.

If this is what human power is about, and if this is how power extracts the lodes of discipline on which it relies, then the production of official fear is the key to the power's effectiveness. Cosmic fear needs no human mediators, but official fear cannot do with-out them. Official fear can be only *contrived*. Earthly powers, much like the novelties of consumer markets, must create its own demand. For their grip to hold, their objects must be *made,* and *kept,* vulnerable and insecure. In an average modern society vulner-ability and insecurity of existence and the need to pursue life purposes under conditions of acute and unredeemable uncertainty are assured by the exposure of life pursuits to the market forces. Except for creating and protecting legal conditions of market freedoms, political power has no need to interfere. In demanding the subjects' discipline and law observance, it may rest its legitimacy on the promise to mitigate the extent of the already existing vulnerability and uncertainty of its citizens: to limit harms and damages perpetrated by the free play of market forces, to shield the vulnerable against excessively painful blows and to insure the uncertain against the risks a free competition necessarily entails. Such legitimation found its ultimate expression in the self-definition of the modern form of government as a 'welfare state'. That formula of political power is presently receding into the past. 'Welfare state' institutions are progressively dismantled and phased out, while restrains imposed previously on business activities and free play of market competition and on its consequences is removed. The protective functions of the state are tapered to embrace a small minority of unemployable and invalid, though even that minority tends to be re-classified from the issue of social care into the issue of law and order, threat to personal safety and the source of vulnerability; incapacity to participate in the market game tends to be increasingly criminalized. The state washes its hands of the vulnerability and uncertainty arising from the logic (or illogicality) of free market, now re-defined as a private affair, a matter for the individuals to deal and cope with by the resources in their private possession. As Ulrich Beck (1992) put it – individuals are now expected to seek biographical solutions to systemic contradictions. These new trends have a side effect: they sap the foundations on which the state power, claiming a crucial role in fighting vulnerability and uncertainty haunting its subjects, increasingly rested in modern times. The widely noted growth of political apathy, loss of political interests and commitments and massive retreat of population from the participation in the institutional politics all bear evidence to the crumbling of the established foundations of state power. Having rescinded its previous programmatic interference with market-produced insecurity and having on the contrary proclaimed the perpetuation and intensification of that insecurity to be the mission of all political power caring for the well-being of its subjects – contemporary state may seek other, non-economic varieties of vulnerability and uncertainty on which to rest its legitimacy. That alternative seems to be located, most spectacularly by the US administration, in the issue of personal safety: threats and fears to human bodies, possessions and habitats arising from criminal activities, anti-social conduct of the 'underclass', and most recently global terrorism. Unlike the insecurity born of the market, which is if anything all too visible and obvious for comfort, that alternative insecurity which is hoped to restore the state's lost monopoly of redemption must be artificially beefed up, or at least highly dramatized to inspire sufficient 'official fear' and at the same time overshadow and relegate to a secondary position the economically generated insecurity about which the state administration can do nothing and nothing wishes to do.

Unlike in the case of the market-generated threats to livelihood and welfare, the extent of dangers to personal safety must be presented in the darkest of colours, so that the non-materialization of threats could be applauded as an extraordinary event, a result of exceptional skills, vigilance, care and good will of state organs. This is the task with which CIA and FBI are mostly occupied in recent times: warning the Americans of the imminent attempts on their safety, putting them in a state of constant alert and so building up tension – so that there is tension to be relieved if the ostensibly imminent attempts do not occur and so that all credits for the relief of tension may be by popular consent ascribed to the organs of law and order to which the state administration is progressively reduced. This is how the popular demand for the emaciated version of state power that has successively withdrawn (or has been banished) from most of its past protective functions, is rebuild on a new foundation – personal vulnerability and personal safety, instead of social vulnerability and social protection. Far from being an unanticipated, undesirable and resented outcome of haphazard and uncontrolled developments, the 'mutually assured vulnerability' may be a new formula of domination; one consistent policy of global powers in the world conspicuously lacking in visions of alternative and better realities and in policies that may help such visions into being.

References:

Bakhtin, M., Rabelais and His World, (translation of the Russian publication of 1965), Cambridge 1968.
Beck, U., Risikogesellschaft: Auf dem Weg in eine andere Moderne, Frankfurt 1986.
Hirschkop, K., Fear and Democracy: an essay on Bakhtin's theory of carnival, in: Associations, vol.1, 1997, pp. 209-34.

The Cosmopolitan Figuration: Historicizing Reflexive Modernization

Daniel Levy

From Modernity to Modernization

Rethinking modernity has been the immanent challenge of sociological theory during the last three decades. By introducing the phenomenon of 'Second Modernity,' Ulrich Beck has rendered our continuous engagement with the basic premises of modernity into an explicit enterprise and provided the vision, necessary to understand how reflexive modernization is working. However, attempts to delineate a distinctive era run the risk of simply being juxtaposed to 'First Modernity.' Like other theorists before him, Beck's analysis of a new type of (second) modernity is at peril to de-historicize the transition from one epoch to a new one by addressing it in terms of a rupture. Initially this helps to see the contours of a new era, but eventually abstracting from the diachronic renders epochal transitions into rigid schemes. As a result, sociologists have often tended to naturalize and subsequently strip certain terms (such as, for example, the nation-state or legal-rational legitimacy) from their historical origins and our sense of their malleability. We experience them as 'natural' to the degree that we ignore their historical roots, as well as the cultural conditions and political contingencies of their current incarnation. Modernity is perceived in a way that indicates that people have forgotten what the modernizing process consists of.

It is instructive to take a brief look at how the founding fathers of sociology conceptualized the emergence of modernity. The classics 'invented' tradition to distinguish emerging societal, economic and political forms in modernity. Their conceptual efforts resulted in categorical juxtapositions, such as *Gemeinschaft* and *Gesellschaft*, being part of a broader separation expressed in the differentiation of tradition and modernity. Durkheim (1964), among others, articulated this as a binaric opposition in his ideas about the division of labor. Operating with teleological assumptions about the trajectories of modern society, actual historical trends – such as for instance secularization – were collapsed into categorical variables and functional equivalents of solidarity mechanisms, providing them with a causal force and a timeless quality.

The point here is not to add another polemic against an already maligned structural functionalism, but to reflect about comparable risks when we attempt to sketch the contours of an epochal transition. Scholars studying epochal changes are facing the danger of reifying a phenomenon by rendering what is a process into a status. This is frequently accompanied by a sociological retreat from the past into the present (Elias 1987). Process-reduction is particularly salient when engaging in *Zeitdiagnose*, of the kind that both the earlier modernists as well as Beck are involved in. The former, frequently substituted history with linearity, stipulated a singular (or necessary) path toward development, rather than the co-existence of plural forms of modernization. To avoid some of these pitfalls, we need to understand not only how Second Modernity is distinguished from First Modernity, but also how they are related and the various transformations that reflexive modernization itself has been undergoing. We, therefore, need to historicize rather than categorize the cosmopolitan figurations that Beck is directing our attention to in his recent work.

Accordingly, his entwined chronology of reflexive modernization can be described in two broad theoretical strokes. One goes back to the 1980s and the notion of 'Risk Society,' with its unanticipated side effects. Here uncertainty takes center stage and with it a transformation of the reflexive (from reflection to reflex). Scott Lash reiterates that reflexivity and not reflection as the defining moment of Second Modernity (Lash 2003; see also his contribution to this volume). This strikes me as static and deterministic at once. Uncertainty is not synonymous with a shift from reflection to reflexivity, nor is reflection necessarily marginal during an epochal transition marked by a high degree of uncertainty. Uncertainty triggers different responses. I would like to suggest a process in which reflections not reflexivity have become a central feature of the last two decades. It is precisely the pervasive uncertainty about the future, I argue, which has propelled a self-conscious (i.e. reflective) preoccupation with the past to the forefront of political-cultural discourse. Collective memory studies provide a valuable tool-kit to capture the features of a new type of reflexivity that contributes to the cosmopolitization of different life spheres.

The second part of this essay will provide a discussion and historical overview of this development, building on Beck's 'cosmopolitan turn,' that is the theoretical works that have evolved during the last decade (Beck 2000; 2002b). The focus is on various facets of globality, that is, the cultural, social, economic and political consequences of growing interdependencies. Cosmopolitanism is here perceived as "a methodological concept that helps to overcome methodological nationalism and to build a frame of reference to analyze the new social conflicts, dynamics and structures" (Beck 2002b: 18) that characterize a world of cosmopolitan interdependencies penetrating into the local. The global and the local are not anti-thetical categories but are mutually constitutive. According to Beck, "'Globalization' is a non-linear, dialectic process in which the global and the local do not exist as cultural polarities but as combined and mutually implicating principles. These processes involve not only interconnections across boundaries, but transform the quality of the social and the political *inside* nation-state societies. This is what I define as 'cosmopolitanization': cosmopolitanization means *internalized* globalization, globalization *from within* the national societies. This transforms everyday consciousness and identities significantly. Issues of global concern are becoming part of the everyday local experiences and the 'moral life-worlds' of the people...So, it rejects the dominant opposition between cosmopolitans and locals as well: there is no cosmopolitanism without localism" (ibid.: 17-19). By taking this 'cosmopolitan turn,' Beck has skirted the dangers of process reduction and his recent work carries important methodological implications for a process-oriented sociology that this essay seeks to develop. On this view, development is no longer perceived in terms of a *Bruch* (rupture) but as *Umbruch* (transformation). One objective of this essay then is to elaborate on the necessity to historicize developments (of modernization), rather than delineate categories (of modernity).

Figurating Beck

In order to historicize how reflexive modernization shapes the ongoing formation of Second Modernity, I propose to join Beck's methodology of cosmopolitization with the figurational approach of Norbert Elias (see also Mennell 1990). The affinities between them have not been sufficiently addressed. Thus, for instance, Elias' critique of the juxtaposition of 'we' and 'I', and Beck's observation of a historical demise of the distinction of structure and agency in the process of reflexive modernization, still await a systematic exposition.

Elias rejects any kind of self-sustaining logic of development. Instead he focuses on the historical and institutional conditions through which cultural and political claims are established as foundational meaning systems. Their respective dominance is a function of changing figurations. His figurational sociology is predicated on the assumption that claims of legitimacy are the successful product of a particular development of interdependencies. Those interdependencies cannot be reduced to, say, independent variables, but always remain the very object of our investigations. Figurations are webs of interdependence, which tie individuals together and shape their collective motives for action. Individuals are "people who, through their basic dispositions and inclinations, are directed towards and linked with each other in most diverse ways. These people make up webs of interdependence or figurations of many kinds, characterized by power balances of many sorts, such as families, schools, towns, social strata, or states" (Elias 1978: 15). No less important, these figurations frequently mutate into new forms. Thus villages have become cities, tribes can turn into states, and nation-states dissolve into subnational (e.g. regions) or supranational (e.g. European Union) units.

Elias' figurational approach revolves around historical processes that led to the formation of the state. His treatment of state formation processes differs from conventional perspectives in the study of nationalism in that he focuses on the particular cultural traits that emerge as a result of distinct structural conditions. During state formation processes human figurations assume the quality of specific cultural matrices, which in turn shape the relational qualities of a society and the way it perceives of itself collectively. Elias replaces the conventional developmental narrative, which pays little attention, if at all, to the cultural specificity of nation formation, with an attempt to indicate the relationship between certain structural characteristics and the formation of a national habitus.

His methodological deliberations on historical processes seem particularly beneficial for the study of epochal change and continuously changing figurations. Figurations form by way of mixing old and new elements. Hence the persistence of older structures (and norms) cannot be interpreted as a mere anachronism (as theorists of first modernity did with ethnicity, religion etc.). It is thus neither a matter of the old emperor dressing up in new cloth, nor that of a new emperor in old cloth. To grasp, both the cultural specific and its relation to changing webs of interdependencies, that is the emergence of a cosmopolitan figuration, I propose to think about the relationship of First and Second Modernity in terms of a 'continuum of changes' (Elias 1992: 46). This notion entails a transformative element and joins it with certain continuity. It suggests that meaningful political-cultural premises are informed by a significant past as well as by a present that is being transformed. On this view, collective modes of identification and the claims that are perceived as legitimate may change over time, however, the respective meanings those claims carry, remain linked 'by a long continuum of changes.'

Cosmopolitan Memories: The Missing Link

The affinity between Elias' figurational approach and Beck's thoughts about a cosmopolitanized Second Modernity in terms of such a continuum of changes is best illustrated by pointing to the crucial role collective memory is playing for processes of reflexive modernization. According to Elias the past shapes the present order and the legitimacy of claims, "implicitly as one of its conditions, explicitly through the picture, which living generations carry of the past of their country; it (the past) has, like the future, the character and the function of the present. As determinants of behavior the past, presence and future operate together" (Elias 1989: 459). The methodological insight from Elias' figurational approach, is that we cannot look at the political culture of a society from a presentist perspective. Both in the sense of focusing merely on the present as well as projecting current sensibilities back into history.

Thus for example, most sociological approaches continue to be pervaded with a fixed understanding of the nation-state that it is rarely remarked upon (Tomlinson 1999). It is a conception that goes back to sociology's birth amidst the 19th century formation of nation-states. Ironically, the territorial conception of national culture – the idea of culture as 'rooted' – was itself a reaction to the enormous changes that were going on as that century turned into the 20th. It was a conscious attempt to provide a solution to the 'uprooting' of local cultures that the formation of nation states necessarily involved. Sociology understood the new symbols and common values above all as means of integration into a new unity. The triumph of this perspective can be seen in the way the nation state has ceased to appear as a project and a construct and has become instead widely regarded as something natural. Elias' own empirical attention was directed at the origins and developments of state formation and a concomittant national habitus.

At the beginning of the 21st century the spatially rooted understanding of culture is being challenged. Accordingly, the objective of this essay is to identify how the 'continuum of changes' is related to the uncoupling of nation and state in the context of the emergence of cosmopolitan memories (Levy/Sznaider 2002). By cosmopolitan memories we are referring to a process that shifts attention away from the territorialized nation-state framework that is commonly associated with the notion of collective memory. Rather than presuppose the congruity of nation, territory and polity, cosmopolitan memories are based on and contribute to nation-transcending idioms, spanning territorial and linguistic borders. The conventional concept of collective memory is nationally bounded. We argue that this 'national container' is slowly being cracked. Distinctive national and ethnic memories are not erased but transformed. They continue to exist, but globalization processes also imply that different national memories are subjected to a common patterning. They begin to develop in accord with common rhythms and periodizations. But in each case, the common elements combine with pre-existing elements to form something new. In each case, the new, global narrative has to be reconciled with the old, national narratives, and the result is always distinctive. Global and local (that is the culturally specific) values are mutually constitutive. How exactly we draw the conceptual and empirical boundaries of the local (i.e. nationally, regionally etc.) can only be determined through historical inquiry.

Cosmopolitan Figurations and the Fragmentation of the Nation-State

Elias looked into the transformation from highly decentralized and fragmented societies into centralized and monopolizing states. "Which dynamics of human interdependencies push toward the integration of ever larger areas and a relatively stable and centralized government apparatus" (Gouldsblom/Mennel: 42-43)? For him, a "certain level of monopolization characterized the modern age. [...] It is only with the emergence of this continuing monopoly of the central authority and this specialized apparatus for ruling that dominions take on the character of 'states'"(Elias 1994: 345). This development, in turn, is a function of changing figurations. "The tendency of monopolies, e.g. the monopoly of force or taxation, to turn from "private" into "public" or "state" monopolies, is nothing other than a function of social interdependence" (ibid.: 351). In the global age, scholars of reflexive modernization are facing a different set of questions related to a reverse trend, marked by a loss of nation-state sovereignty. What happens if we think of interdependencies outside the national container? Which forms of interdependence can explain this decrease in monopolization? How did the civilizing process become a source for fragmentation rather than centralization of state-society relations? What are the effects of this civilizing dynamic on the cosmopolitization of nation-states? The thesis here is that the civilizing process, which is marked, among others things, by a pacification of violence, is no longer concerned with the monopolization of various modes of legitimacy (over force, taxation etc.) that is state formation. Instead, it is a process that is reconfiguring the state. If the civilizing process of First Modernity was leading to a monopolization of state power, cosmopolitan figurations in Second Modernity are circumscribing conceptions of state autonomy and transposing domestic interdependencies to a global realm. Rather than presuppose the congruity of nation, territory and polity, the civilizing idiom of Second Modernity, is circumscribed by the moral authority of human rights. The historical origins of this process can be located through the changing representations of the Holocaust. They have become a central political-cultural symbol facilitating the emergence of cosmopolitan memories. It should be noted that the salience of cosmopolitan memories is, for the most part, related to the European experience. Even though the concept is representative for wider developments, it is not necessarily universal. Elias cautions us that "Where the investigation of processes as such constitutes the focus of the research task, however, the universals acquire a different cognitive status and value than is the case where timeless law-like regularities stand in the center. In the latter case, the discovery of universals is the highest research aim, while in the case of process models it constitutes only an auxiliary tool for the construction of process models [...] Moreover, in the case of process universals, the researchers must be certain that they are genuine universals, that they refer to the least differentiated as well as to the most differentiated societies. General Law-like regularities or typologies abstracted from the researcher's observations of his own society and presented as universals are in that case not of much use" (Goudsblom/Mennell 1998: 178-179).

The choice of the Holocaust is not arbitrary. The Holocaust, or rather the representations that produce shared memories, is a paradigmatic case for the relation of memory and modernity. Modernity, until recently one of the primary analytic and normative frameworks for intellectual self-understanding is itself questioned through memories of the Holocaust (Levy/Sznaider 2001). It is precisely the abstract nature of 'good and evil' symbolizing the Holocaust, which contributes to the extra-territorial quality of cosmopolitan memory. Moreover, the Holocaust constitutes an epochal turning point, frequently referred to as a civilizational break. It has, therefore, the potential of challenging basic national assumptions (like sovereign law in its own territory) and creating a cosmopolitanized public and political space that reinforces moral interdependencies.

Elsewhere, Natan Sznaider and myself described the diffusion of human rights norms during the last six decades as the distillation of changing modes of Holocaust memory (Levy/Sznaider forthcoming). It is one way in which the memory of the Holocaust has been ingrained in institutions. We consider the recent proliferation of human rights ideas as a new form of cosmopolitanism, exemplifying a dynamic through which global concerns become part of local experiences. In contrast to the universalist view of the Enlightenment, we view cosmopolitanism as a process in which universalism and particularism are no longer exclusive "either-or" categories but instead a co-existing pair. The choice of "cosmopolitanism" as a new moral and political idiom in this connection is not arbitrary. It relates to political and intellectual forms predating the era of the nation-state. And it resurfaces at a time when the basic premises of the nation-state are challenged and the shape of its sovereignty is being transformed.

It should be noted that comparable uncertainties also marked the emergence of the modern nation-state at the end of the 19th century. It depended on a process by which existing societies used representations to turn themselves into new wholes that would act immediately upon people's feelings, and upon which they could base their identities -- in short, to make them into group that individuals could identify with and counter the uncertainties that urbanization and other aspects of modernization entailed. Uncertainties were met with heroic narratives of nationhood that projected a new secularized teleology into the future of society (Anderson 1983). At the end of the 20th century the situation has been reversed. With an abundance of uncertainties marking world risk society, critical memories about nationhood have proliferated. During the last two decades there has been a pervasive trend of national introspection, leading numerous countries to 'come to terms with their past.' Different political and moral entrepreneurs, such as human rights activists, non-governmental organizations and international NGOs cosmopolitanize statehood, from within and outside the state, through raising memories of past injustices. They do so by directing public attention to human rights abuses and violations of international norms, refocusing our attention away from the territorially caged assumptions of nation-state monopolies toward cosmopolitanized forms of legitimacy that crystallize through the moral-political prism of human rights. This cosmopolitan figuration emerges at a particular historical juncture of global interdependencies and in response to how the nation is assessed in light of particular historical memories.

The fact that these memories are no longer beholden exclusively to the idea of the nation-state is of central importance. The key interpretive issue here is the transition from heroic nation-states to a form of statehood that establishes internal and external legitimacy through its support for skeptical narratives. Those post-heroic manifestations of statehood are predicated on a critical engagement with own past injustices, manifested, among other things, in the proliferation of historical commissions and the active role human rights organizations occupy in public debates about usable pasts. 'Inventions of Nationhood' during the 19th century were based on heroic conceptions and formative myths that were transmitted by 'traditional' and 'exemplary' forms of narrativity (Rüsen 1982). In contrast hereto, the Holocaust is inscribed into the historical awareness of West-European nations (and increasingly also in Eastern Europe) during the last quarter of the 20th century, a period that is characterized by a self-critical narrative of their national past. While traditional and exemplary narratives deploy historical events to promote foundational myth, the critical narrative emphasizes events that focus on past injustices of one's own nation. Cosmopolitanized memories thus evolve in the context of remembered continuities that view the past of the nation through its willingness to come to terms with injustices committed in its name.

Another transformation of nation-state monopolization relates to the fragmentation of memory and its privatization. This process manifests itself in a changing relationship of memory and history. During the last two decades we can observe the emergence of 'memory history' (Diner 2003). The difference to conventional historical narratives is instructive. History is a particularized idea of temporal sequences articulating some form of (national) development. Memory, on the other hand, represents a co-existence of simultaneous time transcending multitude of pasts. (National) history corresponds to the telos of modernity (as a kind of secularized religion, or civic religion). Memory dissolves this sequence, which is a constitutive part of history. Memory implies the simultaneity of phenomenon and a multitude of pasts.

'Memory history' is a particular mnemonic mode which moves away from a state supported (and state supporting) national history. The previous (attempted) monopoly by the state to shape collective pasts, has given way to a fragmentation of memories carried by private, individual, scientific, ethnic and religious agents. To be sure, the state continues to exercise an important role in how we remember its history, but it is now sharing the field of meaning production with a host of other players. Modes of collective memory are being cosmopolitanized and exist on supra- and subnational levels. Current attempts to Europeanize the memory (and historiography) of expulsions in the 20th century or the proliferation of regional and local (heritage) memories, to give but two examples, are indicative of these trends. The formation of cosmopolitan memories does not eliminate the national perspective, but renders nationhood into one of several options of collective identification. As the state looses its privileged command over the production of collective values (e.g. nationalism), the cosmopolitization of modernity becomes politically and culturally consequential.

What matters for the current argument is that the 'long continuum of changes' and a civilizing process predicated on changing figurations of interdependencies are no longer exclusively tied with the formation of the nation-state but with its transformation. It also raises the theoretical injunction of how the fragmentation of memories relates to Elias' central dynamic, the monopolization by the state. In contrast to Elias' focus on nation-state formation, the cosmopolitization of statehood constitutes a central dimension of reflexive modernization. As noted above, the transformation of the nation-state is particularly visible in the case of the European Union, where the Holocaust represents a civilizational break of modernity and the dividing line to barbarity. Whether barbarism constitutes a separate breakdown of civilization or whether it is very much part of modern rationalization and bureaucratization itself, has produced a lively theoretical debate.

Rather than viewing the Holocaust as a deviation from an emancipatory path, barbarism and civilizational breaks are perceived as inherent qualities, and for some even as inevitable outcomes of modernity and Enlightenment. Zygmunt Bauman's arguments in his book "Holocaust and Modernity" (1989) express a radicalization of the aforementioned modernity equals barbarization thesis. For Bauman, the Holocaust is no longer a perversion of the principles of rationality, but rather its direct outcome insofar as it provides the necessary logistics for its execution. A widespread skepticism toward nationalism, by large parts of society but also by the state itself, is the result. This development manifests itself both domestically and internationally and it is driven by both exogeneous and endogeneous factors.

Domestically, we observe a de-coupling of nation and state. Obviously, nationalism is not withering away, not even in Europe. However, it is no longer synonymous with the legitimating labor of and for the state. On the contrary, national tropes are frequently directed against the state. What looks like a contradiction between rising nationalism and declining nation-state legitimacy, is only a paradox when we view nationalism in 19th century terms. Instead we are observing a new nationalism related to some of the aforementioned processes of cosmopolitization. "The new nationalism is above all nationalism of social discontent and not of state patriotism. What is at stake is less a question of ideology than identity and social resources...whatever form it [nationalism] takes it cannot easily be harnessed for the purpose of the legitimation of state power. Nationalism can thus be seen as a product of the internal crisis of the state in the age of globalization" (Delanty 2000: 95-96). Cultural assumptions rather than raison d'état characterize many of the neo-nationalist parties as well as some of the recent notions used to explain international relations.

The international politics of cosmopolitanized states are conditioned by their embeddedness in a web of global and juridical interdependencies rather than considerations of the congruence of nation and state. Cosmopolitanized states are embedded in two co-existing processes: one focuses on the aforementioned propensity for self-conscious interrogations of past human rights violations; the other relates to a juridification of political affairs and the legitimacy international legal idioms confer upon domestic politics. The jurisgenerative impact these legitimating human rights ideals have on the juridification of domestic politics and a judicialization of international politics are by now a permanent feature of global politics. Examples for the proliferation of human rights laws and the new legalism abound. Suffice to say here, that this new International Law underscores the transition from the age of nationalism to the global age. "Just as the prior international legal regime, premised on state sovereignty and self-determination, was associated with the growth of modern nationalism, the new legal developments of the emergent humanitarian law regime are associated with the contemporary phenomena of political transition and globalization" (Teitel 2002: 370).

This is not an inevitable process nor are all states equally affected by it. The saliency of human rights and their transformative impact depends on a variety of factors inside and outside the state. Adopting cosmopolitan values and the institutionalization of transnational legal practices, is highly path-dependent. That is to say, the uneven diffusion of human rights practices is, among other things, also the result of how past injustices are remembered and negotiated in the context of a specific national culture. 'Memory history' is that process through which the respective role of a (political) collectivity is articulated and becomes a self-conscious project. It is, in other words, a reflexive process. Through memory a political community validates, challenges and reproduces itself. As much as the modern nation-state of the late 19th and early 20th century was the result of growing economic and socio-cultural interdependencies, the cosmopolitan figuration in the 21st century is mainly propelled by the institutionalization of political and moral interdependencies and a growing public (and reflexive) awareness about those changes. The importance of memory and the reflexive nature of how collectivities and individuals comes to terms with their past is a key factor in the process of reflexive modernization.

Conclusion

In this essay I have suggested to move away from categorical distinctions and instead, historicize the emerging features of a new global era by focusing on processes of reflexive modernization rather than demarcate the features of a distinct modernity. For those of us who study transformations of such scale, Ulrich Beck continues to be a stimulant for new ideas. It was Schumpeter (1986: 561-562) who said: "In every scientific venture, the thing that comes first is Vision. That is to say, before embarking upon analytic work of any kind we must first single out the set of phenomena we wish to investigate, and acquire 'intuitively' a preliminary notion of how they hang together or, in other words, of what appear from our standpoint to be their fundamental properties. [...] In other words, analytic effort is of necessity preceded by a pre-analytic cognitive act that supplies the raw material for the analytic effort." Beck's attempts to break out of methodological nationalism constitute such a vision. His theoretical suggestions provide ample foundations to address how the process of reflexive modernization is unfolding.

The introduction of collective memory studies to explore epochal transitions, and the emergence of cosmopolitanized memories in particular provide us with a diagnostic capacity that facilitates an ongoing reflection about global interdependencies. It allows us to historicize the intensification of interdependencies beyond the national pale, rather than stipulate them as static occurrences or as part of a universal development. Here the elective affinity between the relational approaches of Elias and Beck is coming to the fore: the former sees interdependencies as a basic sociological principle, the latter directs our attention to the growing recognition of interdependencies in global politics and culture as primary mechanism of reflexive modernization. They are mutually reinforcing. Beck's analysis of interdependencies is benefiting from a process-oriented approach. And Elias' state-centered figurational framework, gains from Beck's insights into the fragmentation of state power and its ongoing cosmopolitization. Elias focuses on the formation of a national habitus. Beck, on the other hand, recognizes how emerging cosmopolitan figurations are not becoming second nature, but rather exist as thin attachments that are continuously negotiated and contested.

Beck's differentiated vision, stripping us from certainties and the allegedly unproblematic attachments we often tend to associate with times past, is occasionally met with perplexity. Again Schumpeter tells us that "It is interesting to note that vision of this kind not only must precede historically the emergence of analytic effort in any field but also may re-enter the history of every established science each time somebody teaches us to *see* things in a light of which the source is not to be found in the facts, methods, and results of the preexisting state of science" (ibid.: 41). It is this visionary and results of the preexisting state of science" (ibid.: 41). It is this visionary element that sets Beck apart. He is like a navigator through a stormy sea, dropping us off islands we thought we knew. As we go from one to the other, we come to understand that they are not only discrete places, but that our understanding of their common features is a function of the road we travel. We realize that it is not so much the destination that matters but the journey itself.

References:

Adorno, T./Horkheimer, M., Dialectic of Enlightenment, New York 1999.
Anderson, B., Imagined communities: reflections on the origin and spread of nationalism, London 1983.
Bauman, Z., Holocaust and Modernity, Cambridge 1989.
Beck, U., Risk society: towards a new modernity, London 1992.
Beck, U., The Cosmopolitan Perspective: Sociology of the Second Age of Modernity, in: British Journal of Sociology, 51(1), 2000, pp. 79–106.
Beck, U., Macht und Gegenmacht im globalen Zeitalter, Frankfurt 2002 a.
Beck, U., The Cosmopolitan Society and its Enemies, in: Theory, Culture & Society, 19 (1-2), 2002 b, pp. 17-44.
Beck, U./Giddens, A./Lash, S., Reflexive Modernization: politics, tradition, and aesthetics in the modern social order, Stanford 1994.
Delanty, G., Citizenship in a global age, Buckingham 2000.
Diner, D., Gedächtniszeiten. Über Jüdische und andere Geschichten, München 2003.
Durkheim, E., The Division of Labor in Society, New York 1964.
Elias, N., The Retreat of Sociologists into the Present, in: Theory, Culture & Society, 4 (2-3), 1987, pp. 223-247, reprinted in Goudsblom, J./Mennell, S. (eds.), The Norbert Elias Reader, Oxford 1998, pp. 175-185.
Elias, N., What is Sociology?, London 1978.
Elias, N., Time: An Essay, Oxford 1992.
Elias, N., The Civilizing Process, Oxford 1994.
Elias, N., Studien über die Deutschen: Machtkämpfe und Habitusentwicklung im 19. und 20. Jahrhundert, Frankfurt 1989.
Lash, S., Reflexivity as Non-linearity, in: Theory, Culture & Society, 20(2), 2003, pp. 49-57.
Levy, D./Sznaider, N., The Institutionalization Of Cosmopolitan Morality: The Holocaust And Human Rights, in: Journal of Human Rights (forthcoming).
Levy, D./Sznaider, N., Memory Unbound: The Holocaust and the Formation of Cosmopolitan Memory, in: European Journal of Social Theory , 5(1), 2002, pp. 87-106.
Levy, D./Sznaider, N., Erinnerung im globalen Zeitalter: Der Holocaust, Frankfurt 2001.
Mennell, S., The Globalization of Human Society as a Very Long-term Social Process: Elias' Theory, in: Featherstone, M., Global Culture. Nationalism, Globalization and Modernity, London 1990, pp.359-372.
Rüsen, J., Die vier Typen historischen Erzählens, in: Koselleck, R./Rüsen, J., Formen der Geschichtsschreibung, München 1982, pp. 514-606.
Schumpeter, J., History of Economic Analysis, London 1986.

Teitel, R., Humanity's Law: Rule of Law for the New Global Politics, in: Cornell International Law Journal, 35(2), 2002, pp. 355-387.

Tomlinson, J., Globalization and Culture, Chicago 1999.

Cosmopolitanism: Globalization Tamed

David Held

What is Cosmopolitanism?

Like Ulrich Beck, I am concerned about the future of Cosmopolitanism. Cosmopolitanism is concerned to disclose the cultural, ethical and legal basis of political order in a world where political communities and states matter, but not only and exclusively. It dates at least to the Stoic's description of themselves as cosmopolitans – 'human beings living in a world of human beings and only incidentally members of polities' (Barry 1999). The Stoic emphasis on the morally contingent nature of membership of a political community might seem anachronistic after over three hundred years of state development. But what is neither anachronistic nor misplaced is the recognition of the partiality, one-sidedness and limitedness of 'reasons of state' when judged from the perspective of a world of 'overlapping communities of fate' – where the trajectories of each and every country are tightly entwined. States can be conceived as vehicles to aid the delivery of effective public regulation, equal liberty and social justice, but they should not be thought of as ontologically privileged. They can be judged by how far they deliver these public goods and how far they fail; for the history of states is, of course, marked not just by phases of corruption and bad management but also by the most brutal episodes. Cosmopolitanism today must take this as a starting point, and build an ethically sound and politically robust conception of the proper basis of political community, and of the relations among communities. This requires recognition of at least four fundamental principles.

The first is that the ultimate units of moral concern are individual people, not states or other particular forms of human association. Humankind belongs to a single moral realm in which each person is equally worthy of respect and consideration (Beitz 1994). This notion can be referred to as the principle of individualist moral egalitarianism or, simply, egalitarian individualism. To think of people as having equal moral value is to make a general claim about the basic units of the world comprising persons as free and equal beings (Kuper 2000). This broad position runs counter to the view of moral particularists that belonging to a given community limits and determines the moral worth of individuals and the nature of their autonomy. It does so not to deny cultural diversity and difference, but to affirm that there are limits to the moral validity of particular communities – limits which recognize, and demand, that we must treat with equal respect the dignity of reason and moral choice in every human being (Nussbaum 1997).

The second principle emphasizes that the status of equal worth should be acknowledged by everyone. It is an attribute of every living person, and the basis on which each person ought to constitute their relations with others. Each person has an equal stake in this universal ethical realm and is, accordingly, required to respect all other people's status as a basic unit of moral interest. This second element of contemporary cosmopolitanism can be called the principle of reciprocal recognition.

The third principle, the principle of consent, recognizes that a commitment to equal worth and equal moral value requires a non-coercive political process in and through which people can negotiate and pursue their interconnections, interdependence and difference. Interlocking lives, projects and communities require forms of decision-making, which take account of each person's equal status in such processes. The principle of consent constitutes the basis of non-coercive collective agreement and governance.

The fourth principle, which I call the principle of inclusiveness and subsidiarity, seeks to clarify the fundamental criterion of drawing proper boundaries around units of collective decision-making, and on what grounds. At its simplest, it connotes that those significantly (i.e. non-trivially) affected by public decisions, issues or processes should, *ceteris paribus*, have an equal opportunity, directly or indirectly through elected representatives, to influence and shape them. Those affected by public decisions ought to have a say in their making. Accordingly, collective decision-making is best located when it is closest to and involves those whose opportunities and life chances are determined by significant social processes and forces. I take cosmopolitanism to connote, in the last instance, the ethical and political space which sets out the terms of reference for the recognition of people's equal moral worth, their active agency and what is essential for their autonomy and development; it seeks to recognize, affirm and nurture human agency, and to build on principles that all could reasonably assent to. On the other hand, this cosmopolitan point of view must also recognize that the meaning of ideas such as equal dignity, equal respect and equal consideration cannot be specified once and for all. That is to say, the connotation of these basic ideas cannot be separated from the hermeneutic complexity of traditions, with their temporal and cultural structures. In other words, the meaning of cosmopolitan regulative principles cannot be elucidated independently of an ongoing discussion in public life, as pointed out many times by Beck's colleague Jürgen Habermas.

Cosmopolitan institution-building

The principles of egalitarian individualism, reciprocal recognition, consent, and inclusiveness and subsidiarity find direct expression in significant post Second World War legal and institutional initiatives. To begin with, the 1948 UN Declaration of Human Rights and subsequent 1966 Convenants of rights raised the principle of egalitarian individualism to a universal reference point: the requirements that each person be treated with equal concern and respect, irrespective of the state in which they were born or brought up, is the central plank of the human rights world-view. In addition, the formal recognition in the UN Declaration of all people as persons with 'equal and inalienable rights', and as 'the foundation of freedom, justice and peace in the world', marked a turning point in the development of cosmopolitan legal thinking. The tentative acceptance of the equal worth and equal political status of all human beings finds reinforcement in a host of post Second World War legal and institutional developments – in the acknowledgment of the necessity of a minimum of civilized conduct found in the laws of war and weapons diffusion; in the commitment to the principles of the Nuremberg and Tokyo war crimes tribunals (1945-46, 1946-48), the Torture Convention (1984) and the statute of the International Criminal Court (1998) which outlaws genocide, war crimes and crimes against humanity; in the growing recognition of democracy as the fundamental standard of political legitimacy which finds entrenchment in the International Bill of Human Rights and in a number of regional treaties; and in the unprecedented flurry of regional and global initiatives, regimes, institutions and networks seeking to tackle global warming, ozone depletion, the pollution of oceans and rivers, and nuclear risks, among many other factors.

Nonetheless, while there may be cosmopolitan elements to existing international law and regulation, these have not, it hardly needs emphasizing, generated a new deep-rooted structure of cosmopolitan regulation and accountability. The principle of egalitarian individualism may be widely recognized, but it scarcely structures much political and economic policy, north or south. The principle of universal recognition informs the notion of human rights and other legal initiatives such as the 'common heritage of humankind' (embedded in the Law of the Sea (1982)), but it is not at the heart of the politics of sovereign states or corporate colossi. The principle of consent might be appealed to justify limits on the actions of particular states and IGOs, but it is, at best, only an incidental part of the institutional dynamics that have created such chronic political problems as the externalities generated by many national economic and energy policies. The principle of inclusiveness and subsidiarity might be invoked to ensure that states, rich or poor, can block direct interference in their sovereign affairs, but it is generally bypassed in a world of overlapping communities of fate in areas as diverse as health, the environment and the global distribution of wealth and income. This should not come as a surprise.

The susceptibility of the UN to the agendas of the most powerful states, the weaknesses of many of its enforcement operations (or lack of them altogether), the underfunding of its organizations, the continued dependency of it programmes on the financial support of a few major states, the inadequacies of the policing of many environmental regimes (regional and global) – all are indicative of the disjuncture between cosmopolitan aspirations and their partial and one-sided application. Cosmopolitan theory, with its emphasis on illegitimate structures of power and interest, has to be reconnected to cosmopolitan institution-building. We require a shift from a club driven and executive led multilateralism – which is typically secretive and exclusionary – to a more transparent, accountable and just form of governance – a socially backed, cosmopolitan multilateralism.

Cosmopolitan multilateralism

Cosmopolitan multilateralism takes as its starting point a world of 'overlapping communities of fate'. Recognizing the complex structures of an interconnected world, it views certain issues – such as housing, sanitation and policing – as appropriate for spatially delimited political spheres (the city, region or state), while it sees others – such as the environment, world health and economic regulation – as requiring new, more extensive institutions to address them. Deliberative and decision-making centres beyond national territories are appropriately situated when cosmopolitan principles can only be upheld properly in a transnational context; when those significantly affected by a public matter constitute a transnational grouping; and when 'lower' levels of decision-making cannot manage satisfactorily transnational or international policy questions. Of course, the boundaries demarcating different levels of governance will always be contested, as they are, for example, in many existing local, sub-national regional and national polities. Disputes about the appropriate jurisdiction for handling particular public issues will be complex and intensive; but better complex and intensive in a clear public framework than left simply to powerful geopolitical interests (dominant states) or market based organizations to resolve them alone.

The possibility of a cosmopolitan polity must be linked to an expanding framework of states and agencies bound by cosmopolitan principles and rules. How should this be understood from an institutional point of view? Initially, the possibility of cosmopolitan politics would be enhanced if the UN system actually lived up to its Charter. Among other things, this would mean pursuing measures to implement key elements of the rights Conventions, and enforcing the prohibition on the discretionary right to use force (Falk 1995). However, while each move in this direction would be helpful, it would still represent, at best, a move towards a very incomplete form of accountability and justice in global politics. For the dynamics and logic of the current hierarchical interstate system (with the US in pole position) would still represent an immensely powerful force in global affairs; the massive disparities of power and asymmetries of resource in the global political economy would be left virtually unaddressed; ad hoc responses to pressing international and transnational issues would remain typical; and the 'gaps' emphasized earlier would remain unbridged. Thus, a cosmopolitan polity would need to establish an overarching network of public fora, covering cities, nation-states, regions and the wider global order. It is possible to conceive of different types of political engagement on a continuum from the local to the global, with the local marked by direct and participatory processes while larger domains with significant populations are progressively mediated by representative mechanisms. The possibilities of direct involvement in the public affairs of small communities are clearly more extensive compared to those, which exist in highly differentiated social, economic and political circumstances. A cosmopolitan polity would seek the creation of an effective and accountable administrative, legislative and executive capacity at global and regional levels to *complement* those at national and local levels. This would require:

1) the formation of an authoritative assembly of all democratic states and agencies – a reformed General Assembly of the United Nations, or a complement to it. The focus of a global assembly would be the examination of those pressing problems which are at the heart of the possibility of the implementation of cosmopolitan principles – for instance, health and disease, food supply and distribution, the debt burden of the developing world, the instability of the hundreds of billions of dollars that circulate the globe daily, global warming and the reduction of the risks of nuclear, chemical and biological warfare. Its task would be to set down the rules, standards and institutions required to embed cosmopolitan values and priorities. The instruments at its disposal would need to include framework-setting law, law which specified and articulated the core concerns of cosmopolitanism. Consistent with this would be the creation of capacities to initiate attempts to alleviate crises of urgent need, generating immediate life and death considerations. If non-global levels of governance were failing to protect people in these circumstances, a *raison d'être* would exist for direct global intervention. Of course, political decision-making and implementation should remain, everything else being equal, as much as possible with those who are primarily and most immediately affected by them, in line with the principle of inclusiveness and subsidiary. Agreement on the terms of reference of a global assembly would be difficult to say the least, although there are no shortage of plausible schemes and models. Ultimately, its terms of reference and opera-

ting rules would need to command widespread agreement and, hence, ought to be generated in a stakeholder process of consensus-building – a global constitutional convention – involving states, IGOs, INGOs, citizen groups and social movements. A global process of consultation and deliberation, organized at diverse levels, represents the best hope of creating a legitimate framework for accountable and sustainable global governance.

2) the creation of regional parliaments and governance structures (for example, in Latin America and Africa) and the enhancement of the role of such bodies where they already exist (the European Union) in order that their decisions become recognized and accepted as legitimate independent sources of regional and international regulation.

3) the opening-up of functional international governmental organizations (such as the WTO, IMF and World Bank) to public examination and agenda setting. Not only should such bodies be transparent in their activities, but they should be accessible and open to public scrutiny (on the basis perhaps of elected supervisory bodies, or functional delegative councils, which are representative of the diverse interests in their constituencies), and accountable to regional and global democratic fora (see points 1 and 2 above). In addition, where IGOs are currently weak and/or lacking in enforcement capability, there needs to be new mechanisms and organizations established, e.g. in the areas of the environment and social affairs. The creation of new global governance structures with responsibility for addressing poverty, welfare and related issues are vital to offset the power and influence of market-orientated agencies such as the WTO and IMF.

4) general referenda cutting across nations and nation-states at regional or global levels in the case of contested priorities concerning the implementation of core cosmopolitan concerns. These could involve many different kinds of referenda including a cross-section of the public, and/or of targeted and significantly affected groups in a particular policy area, and/or of the policy makers and legislators of national parliaments.

5) a cosmopolitan law-enforcement and coercive capability, including peace-keeping and peace-making. It is necessary to meet the concern that, in the face of the pressing and violent challenges to cosmopolitan values and priorities, 'covenants, without the sword, are but words' (Hobbes).

Political cosmopolitanism involves the development of administrative capacity and independent political resources at regional and global levels as a necessary complement to those in local and national polities. At issue is strengthening the administrative capacity and accountability of regional institutions like the EU along with developing the administrative capacity and forms of accountability at the level of the UN system itself. A cosmopolitan polity does not call for a diminution per se of state power and capacity across the globe. Rather, it seeks to entrench and develop political institutions at regional and global levels as a necessary complement to those at the level of the state. This conception of politics is based on the recognition of the continuing significance of nation-states, while arguing for layers of governance to address broader and more global questions. The aim is to forge an accountable and responsive politics at local and national levels alongside the establishment of representative and deliberative assemblies in the wider global order; that is, a political order of transparent and democratic cities and nations as well as of regions and global networks.

The institutional requirements of political cosmopolitanism include: Multilayered governance and diffused authority. A network of democratic fora from the local to the global. Enhancing the transparency, accountability and effectiveness of leading functional IGOs; and building new bodies of this type where there is demonstrable need for greater public co-ordination and administrative capacity. Use of diverse forms of mechanisms to access public preferences, test their coherence and inform public will formation. Establishment of an effective, accountable, international police/military force for the last resort use of coercive power in defence of cosmopolitan law.

Utopian?

In the twentieth century political power has been reshaped and reconfigured. It has been diffused below, above and alongside the nation-state. Political power is multilevel and multilayered. Globalization has brought large swathes of world's population 'closer together' in overlapping communities of fate. Life chances are affected by national, international and transnational processes. Cosmopolitan values are entrenched in important sectors of international law and new regional and global courts have been set up to examine some of the more heinous crimes humans can commit. Transnational movements, agencies and corporations have established the first stages of a global civil society. These and related developments create anchors for the development of a cosmopolitan multilateralism. The latter does not have to start from scratch, but can develop from clear legal, political and civil stepping stones laid down in the twentieth century.

There are, obviously enough, many reasons for pessimism. Globalization has not just integrated peoples and nations, but created new forms of antagonism. The globalization of communications does not just make it easier to establish mutual understanding, but often highlights what it is that people do not have in common and how and why differences matter. The dominant political game in the 'transnational town' remains geopolitics, and the one key player (the US) currently wants to rewrite the rules to further suit its hand. Ethnic self-centredness, right-wing nationalism and unilateralist politics are once again on the rise, and not just in the West. Yet, the circumstances and nature of politics have changed. Like national culture and traditions, cosmopolitanism is a cultural and political project, but with one difference: it is better adapted and suited to our regional and global age. However, the arguments in support of this have yet to be articulated in the public sphere in many parts of the world; and we fail here at our peril.

It is important to add a reflection on 9/11 and to say what it means in this context. One cannot accept the burden of putting accountability and justice right in one realm of life – physical security and political co-operation among defence establishments – without at the same time seeking to put it right elsewhere. If the political and the security, the social and the economic dimensions of accountability and justice are separated in the long term – as is the tendency in the global order today – the prospects of a peaceful and civil society will be bleak indeed. Popular support against terrorism, as well as against political violence and exclusionary politics of all kinds, depends upon convincing people that there is a legal, responsive and specific way of addressing their grievances. Without this sense of confidence in public institutions the defeat of terrorism and intolerance becomes a hugely difficult task, if it can be achieved at all. Globalization without cosmopolitanism could fail. Against the background of 9/11, the current unilateralist stance of the US, the desperate cycle of violence in the Middle East and elsewhere, the advocacy of cosmopolitanism may appear like an attempt to defy gravity or walk on water! And, indeed, if it was a case of having to adopt cosmopolitan principles and institutions all at once, or not at all, this would be true. But it is no more the case than was the pursuit of the modern state – as a system of circumscribed authority, separate from ruler and ruled – at the time of Hobbes. Over the last several decades the growth of multilateralism and the development of international law has created cosmopolitan anchors to the world. These are the basis for the further consolidation of the hold of cosmopolitan principles and institutions. Moreover, a coalition of political groupings could emerge to push these achievements further, comprising European countries with strong liberal and social democratic traditions; liberal groups in the US polity which support multilaterallism and the rule of law in international affairs; developing countries struggling for freer and fairer trade rules in the world economic order; non-governmental organizations, from Amnesty International to Oxfam, campaigning for a more just, democratic and equitable world order; transnational social movements contesting the nature and form of contemporary globalization; and those economic forces that desire a more stable and managed global economic order.

Although the interests of these groupings would inevitably diverge on a wide range of issues, there is potentially an important overlapping sphere of concern among them for the strengthening of multilateralism, building new institutions for providing global public goods, regulating global markets, deepening accountability, protecting the environment and ameliorating urgently the social injustices that kill thousands of men, women and children daily. Of course, how far such forces can unite around these objectives – and can overcome fierce opposition from well-entrenched geopolitical and geoeconomic interests – remains to be seen. The stakes are very high, but so too are the potential gains for human security and development if the aspirations for cosmopolitan governance and social justice can be realized.

References:

Beitz, C., Cosmopolitan Liberalism and the States System, in: Brown, C. (ed.), Political Restructuring in Europe: Ethical Perspectives, London 1994, pp.123-136.
Barry, B., Statism and Nationalism: A Cosmopolitan Critique, in: Shapiro, I./Brilmayer, L. (Eds.), Global Justice, New York 1999.
Falk, R., On Humane Governance, Cambridge 1995.
Giddens, A., Modernity and Self-Identity, Cambridge 1990.
Held, D./McGrew, A. et al., Global Transformations: Politics, Economics and Culture, Cambridge 1999.
Held, D./ McGrew, A., Globalization/Anti-Globalization, Cambridge 2002.
Held, D., Law of States, Law of Peoples, in: Legal Theory, 8(2), 2002, pp. 1-44.
Kuper, A., Rawlsian Global Justice, in: Political Theory, 28, 2000, pp. 640-674.
Nussbaum, M., Kant and Cosmopolitanism, in: Bohman, J./Lutz-Bachmann, M. (Eds.), Perpetual Peace, Cambridge, MA, 1997, pp. 25-57.

Managing Risk in global Electronic Markets: The Need for Financial Centers

Saskia Sassen

Ulrich Beck has given us the most illuminating theorization of the question of risk in contemporary society. This paper seeks to contribute to the effort he started, to the research agenda he mapped in his path-setting book on risk. This paper considers a very specific aspect of contemporary risk: risk in global electronic markets.

It is common to assume that this type of market can become disembedded from thick social contexts and be unconstrained by the friction of distance, geography and imperfect information. The gradual deregulation of an increasing number of financial markets and national financial systems is often assumed to eliminate yet another constraint to its free flowing architecture: the matter of regulations and the fact of different types of regulations in different national financial systems. The argument I make here is that precisely those features of global electronic markets that have allowed finance to become one of the most powerful sectors also make these electronic markets dependent on the variety of tacit systems of trust and cultures of interpretation that are at the heart of financial centers. Secondly, this dependence is generated by the increasing size and types of risk such markets carry. Centers contain capabilities that can counteract some of the extent and variability of risk in global financial markets today.

The organizing thesis in this essay is that the crucial roles of risk and of innovation in finance are impediments to this idealized understanding of these markets. In fact, risk and innovation assume particular meanings in the context of electronic markets. Recognition of particular features of risk and innovation in electronic markets lays bare the need for financial traders to operate in the thick environments and nested communities that are financial centers. The global network of financial centers functions as a sort of capability to neutralize the worst consequences of risk and innovation. We can address these interactions between electronic markets and financial centers by asking the question why has a global network of financial centers gained in importance over the last fifteen years rather than become less significant. But first we need to examine the difference that electronic markets had made to questions of risk in finance.

The Market for Capital today

There has long been a market for capital and it has long consisted of multiple, variously specialized financial markets (e.g. Eichengreen/Fishlow 1996). It has also long had global components (Arrighi 1994). Indeed, a strong line of interpretation in the literature is that today's market for capital is nothing new and represents a return to an earlier global era at the turn of the century and, then again, in the interwar period (Hirst/Thompson 1996). And yet, I will argue that all of this holds at a high level of generality, but that when we factor in the specifics of today's capital market some significant differences emerge with those past phases (Cerny 2000). There are, in my reading, two major sets of differences. One has to do with the level of formalization and institutionalization of the global market for capital today, partly an outcome of the interaction with national regulatory systems that themselves gradually became far more elaborate over the last hundred years. I will not focus on this aspect here (for a discussion of this feature see Sassen 2001: chapters 4 and 5; 1996: chapter 2). The second set of differences concerns the transformative impact of the new information and communication technologies, particularly computer based technologies (henceforth referred to for short as digitization). In combination with the various dynamics and policies we usually refer to as globalization they have constituted the capital market as a distinct institutional order, one different from other major markets and circulation systems such as global trade.

One of the key and most significant outcomes of digitization on finance has been the jump in orders of magnitude and the extent of worldwide interconnectedness. Elsewhere I have posited that there are basically three ways in which digitization has contributed to this outcome (Sassen 2001: chapters 5 and 7; 2002). One is the use of sophisticated software, a key feature of the global financial markets today and a condition, which in turn has made possible an enormous amount of innovation. It has raised the level of liquidity as well as increased the possibilities of liquid forms of wealth hitherto considered non-liquid. This can require enormously complex instruments; the possibility of using computers facilitated not only the development of these instruments, but also enabled the widespread use of these instruments insofar as much of the complexity could be contained in the software. It allows users who might not fully grasp either the mathematics or the software design issues to be effective in their deployment of the instruments.

Second, the distinctive features of digital networks can maximize the implications of global market integration by producing the possibility of simultaneous interconnected flows and transactions, and decentralized access for investors. Since the late 1980s, a growing number of financial centers have become globally integrated as countries deregulated their economies. This non-digital condition raised the impact of the digitization of markets and instruments.

Third, because finance is particularly about transactions rather than simply flows of money, the technical properties of digital networks assume added meaning. Interconnectivity, simultaneity, decentralized access, all contribute to multiply the number of transactions, the length of transaction chains (i.e. distance between instrument and underlying asset), and thereby the number of participants. The overall outcome is a complex architecture of transactions.

The combination of these conditions has contributed to the distinctive position of the global capital market in relation to other components of economic globalization. We can specify two major features; one concerning orders of magnitude and the second the spatial organization of finance. In terms of the first, indicators are the actual monetary values involved and, though more difficult to measure, the growing weight of financial criteria in economic transactions, sometimes referred to as the financialization of the economy. Since 1980, the total stock of financial assets has increased three times faster than the aggregate GDP of the 23 highly developed countries that formed the OECD for much of this period; and the volume of trading in currencies, bonds and equities has increased about five times faster and now surpasses it by far. This aggregate GDP stood at US$30 trillion in 2000 while the worldwide value of internationally traded derivatives reached over US$65 trillion in the late 1990s, a figure that rose to over $US 80 trillion by 2000. To put this in perspective we can make a comparison with the value of other major high-growth components of the global economy, such as the value of cross-border trade (ca. US$ 8 trillion in 2000), and global foreign direct investment stock (US$ 6 trillion in 2000) (IMF 2001; BIS 2002). Foreign exchange transactions were ten times as large as world trade in 1983, but 70 times larger in 1999, even though world trade also grew sharply over this period.[1]

As for the second major feature, the spatial organization of finance, it has been deeply shaped by regulation. In theory, regulation has operated as one of the key local constraints keeping the industry, its firms and markets, from spreading to every corner of the world.[2] The wave of deregulations that began in the mid-1980s has lifted this set of major constraints to geographic spread. Further, since today it is a highly digitized industry, its dematerialized outputs can circulate instantaneously worldwide, financial transactions can be executed digitally, and both, circulation and transactions, can cut across conventional borders. This raises a host of local issues that are quite specific and different from those of most other economic sectors. The large scale deregulation of the industry in a growing number of countries since the mid-1980s has brought with it a sharp increase in access to what were still largely national financial centers and it enabled innovations which, in turn, facilitated its expansion both geographically and institutionally. This possibility of local and institutional spread also brings with it a heightened level of risk, clearly a marking feature of the current phase of the market for capital.

Though there is little agreement on the subject, in my reading these current conditions make for important differences between today's global capital market and the period of the gold standard before WWI. (Maxfield 1997). In many ways the international financial market from the late 1800s to the inter-war period was as massive as today's. This is appears to be the case if we measure its volume as a share of national economies and in terms of the relative size of international flows (Hirst/Thompson 1996). The international capital market in that earlier period was large and dynamic, highly internationalized and backed by a healthy dose of Pax Britanica to keep order. The extent of its internationalization can be seen in the fact that in 1920, for example, Moody's rated bonds issued by about 50 governments to raise money in the American capital markets (Sinclair 1994). The depression brought on a radical decline in the extent of this internationalization, and it was not till very recently that Moody's was once again rating the bonds of about fifty governments. Indeed, as late as 1985, only 15 foreign governments were borrowing in the U.S. capital markets. Not until after 1985 did the international financial markets re-emerge as a major factor.[3]

---

1   The foreign exchange market was the first one to globalize, in the mid 1970s. Today it is the biggest and in many ways the only truly global market. It has gone from a daily turnover rate of about US$15 billion in the 1970s, to US$60 billion in the early 1980s, and an estimated US$1.3 trillion today. In contrast, the total foreign currency reserves of the rich industrial countries amounted to about 1 trillion in 2000.

2   Wholesale finance has historically had strong tendencies towards cross-border circulation, whatever the nature of the borders might have been. Venice based Jewish bankers had multiple connections with those in Frankfurt, and those in Paris with those in London; the Hawala system in the Arab world was akin to the Lombard system in western Europe. For a detailed discussion see Arrighi (1994).

3   Switzerland's international banking was, of course, the exception. But this was a very specific type of banking and does not represent a global capital market, particularly given the fact of basically

One type of difference concerns the growing concentration of market power in institutions such as pension funds and insurance companies. Institutional investors are not new. What is different beginning in the 1980s is the diversity of types of funds and the rapid escalation of the value of their assets. There are two phases in this short history, one going into the early 1990s and the second one taking off in the later 1990s. Just focusing briefly on the first phase, and considering pension funds, for instance, their assets more than doubled in the US from $1.5 trillion in 1985 to $3.3 trillion in 1992. Pension funds grew threefold in the UK and fourfold in Japan over that same period, and they more than doubled in Germany and in Switzerland. In the U.S., institutional investors as a group came to manage two-fifths of US households' financial assets by the early 1990s, up from one fifth in 1980. Further, today the global capital market is increasingly a necessary component of a growing range of types of transactions, such as the diversity of government debts that now get financed through the global market: increasingly kinds of debt that were thought to be basically local, such as municipal debt, are now entering this market. The overall growth in the value of financial instruments and assets also is evident with US institutional investors whose assets rose from 59% of GDP in 1980 to 126% in 1993.

Besides the growth of older types of institutional investors, the late 1990s also saw a proliferation of institutional investors with extremely speculative investment strategies. Hedge funds are among the most speculative of these institutions; they sidestep certain disclosure and leverage regulations by having a small private clientele and, frequently, by operating offshore. While they are not new, the growth in their size and their capacity to affect the functioning of markets certainly grew enormously in the 1990s and they emerged as a major force by the late 1990s. According to some estimates they numbered 1,200 with assets of over $150 billion by mid-1998 (BIS 1999), which was more than the $122 billion in assets of the total of almost 1,500 equity funds as of October 1997 (UNCTAD 1998). Both of these types of funds need to be distinguished from asset management funds, of which the top ten are estimated to have $10 trillion under management.[4]

A second set of differences has to do with the properties that the new information technologies bring to the financial markets, already briefly addressed earlier. Two sets of properties need to be emphasized here: one, instantaneous transmission, interconnectivity and speed; and the other, increased digitization of transactions and the associated increase in capacities to liquefy assets. Gross volumes have increased enormously. And the speed of transactions has brought its own consequences. Trading in currencies and securities is instant thanks to vast computer networks. Further, the high degree of interconnectivity in combination with instantaneous transmission signals the potential for exponential growth.

A third major difference is the explosion in financial innovations, also partly discussed above. Innovations have raised the supply of financial instruments that are tradable – sold on the open market. There are significant differences by country. Securitization is well advanced in the U.S., but just beginning in most of Europe. The prolifera-

---

closed national financial systems at the time.

4   The level of concentration is enormous among these funds, partly as a consequence of M&As driven by the need for firms to reach what are de facto the competitive thresholds in the global market today. (For more details see Sassen 2001: chapter 7).

tion of derivatives has furthered the linking of national markets by making it easier to exploit price differences between different financial instruments, i.e. to arbitrage.[5] By 1994 the total stock of derivatives sold over the counter or traded in exchanges had risen to over US$30 trillion, a historical high; this had doubled to US$65 trillion only a few years later, in 1999.

One indicator of this growing importance of cross border transactions is the value of cross border transactions in bonds and equities as a percentage of GDP in the leading developed economies. The value of such transactions represented 4% of GDP in 1975 in the U.S., 35% in 1985 when the new financial era is in full swing, but had quadrupled by 1995 and risen to 230% in 1998. Other countries show even sharper increases. In Germany this share grew from 5% in 1975 to 334% in 1998; in France it went from 5% in 1980 to 415% in 1998. In part, this entails escalating levels of risk and innovation driving the industry. It is only over the last decade and a half that we see this acceleration.

The drive to produce innovations is one of the marking features of the financial era that begins in the 1980s. The history of finance is in many ways a long history of innovations. But what is perhaps different today is the intensity of the current phase and the multiplication of instruments that lengthen the distance between the financial instrument and actual underlying asset. This is reflected, for instance, in the fact that stock market capitalization and securitized debt, before the financial crisis of 1997-98, in North America, the EU, and Japan amounted to $46.6 trillion in 1997, while their aggregate GDP was $21.4 and global GDP was $29 trillion. Further, the value of outstanding derivatives in these same sets of countries stood at $68 trillion, which was about 146% of the size of the underlying capital markets. (For a full description of assumptions and measures see IMF 1999: 47)

In the Digital Era: More Concentration than Dispersal?

Today, after considerable deregulation in the industry, the incorporation of a growing number of national financial centers into a global market, and the sharp use of electronic trading, the actual spatial organization of the industry can be seen as a closer indicator of its market-driven local dynamics than was the case in the earlier regulatory phase. This would hold especially for the international level given the earlier prevalence of highly regulated and closed national markets; but also in some cases for domestic markets, given barriers to interstate banking, e.g. in the US.

There has, indeed, been geographic decentralization of certain types of financial activities, aimed at securing business in the growing number of countries becoming integrated into the global economy. Many of the leading investment banks have operations in more countries than they had 20 years ago. The same can be said for the leading accounting, legal, and other specialized corporate services whose networks of overseas affiliates have seen explosive growth (Taylor 2000; see generally GAWC). And it can be said for some markets: for example, in the 1980s all basic wholesale foreign ex-

---

5   While currency and interest-rates derivatives did not exist until the early 1980s and represent two of the major innovations of the current period, derivatives on commodities, so-called futures, have existed in some version in earlier periods. Famously, Amsterdam's stock exchange in the 17th century- when it was the financial capital of the world- was based almost entirely on trading in commodity futures.

change operations were in London. Today these are distributed between London and several other centers (even though their number is far smaller than the number of countries whose currency is being traded).

But empirically what stands out in the evidence about the global financial markets after a decade and a half of deregulation, worldwide integration, and major advances in electronic trading is the extent of local concentration and the premium firms are willing to pay to be in major centers. Large shares of many financial markets are disproportionately concentrated in a few financial centers. This trend towards consolidation in a few centers also is evident within countries. Further, this pattern towards the consolidation of one leading financial center per country is a function of rapid growth in the sector, not of decay in the losing cities.

The sharp concentration in leading financial markets can be illustrated with a few facts.[6] London, New York, Tokyo (notwithstanding a national economic recession), Paris, Frankfurt and a few other cities regularly appear at the top and represent a large share of global transactions. This holds even after the September 11 attacks that destroyed the World Trade Center (albeit that this was not largely a financial complex) in NY and were seen by many as a wake-up call about the vulnerabilities of strong concentration in a limited number of sites. London, Tokyo, New York, Paris (now consolidated with Amsterdam and Brussels as EuroNext), Hong Kong and Frankfurt account for a major share of worldwide stock market capitalization. London, Frankfurt and New York account for an enormous world share in the export of financial services. London, New York and Tokyo account for over one third of global institutional equity holdings, this as of the end of 1997 after a 32% decline in Tokyo's value over 1996. London, New York and Tokyo account for 58% of the foreign exchange market, one of the few truly global markets; together with Singapore, Hong Kong, Zurich, Geneva, Frankfurt and Paris, they account for 85% in this, the most global of markets.

This trend towards consolidation in a few centers, even as the network of integrated financial centers expands globally, also is evident within countries. In the U.S. for instance, New York concentrates the leading investment banks with only one other major international financial center in this enormous country, Chicago. Sydney and Toronto have equally gained power in continental sized countries and have taken over functions and market share from what were once the major commercial centers, respectively Melbourne and Montreal. So have Sao Paulo and Bombay, which have gained share and functions from respectively Rio de Janeiro in Brazil and New Delhi and Calcutta in India. These are all enormous countries and one might have thought that they could sustain multiple major financial centers. This pattern is evident in many countries.[7] Con-

---

6   Among the main sources of data for the figures cited in this section are the International Bank for Settlements (Basle); IMF national accounts data; specialized trade publications such as Wall Street Journal's WorldScope, Morgan Stanley Capital International; The Banker; data listings in the Financial Times and in The Economist; and, especially for a focus on cities, the data produced by Technimetrics, Inc. (now part of Thomson Financial, 1999). Additional names of standard, continuously updated sources are listed in Sassen (2001).

7   In France, Paris today concentrates larger shares of most financial sectors than it did 10 years ago and once important stock markets like Lyon have become "provincial," even though Lyon is today the hub of a thriving economic region. Milan privatized its exchange in September 1997 and electronically merged Italy's 10 regional markets. Frankfurt now concentrates a larger share of the financial market in Germany than it did in the early 1980s, and so does Zurich, which once had Basel and Geneva as significant competitors.

solidation of one leading financial center in each country is an integral part of the growth dynamics in the sector rather than the result of losses in the losing cities.

There is both consolidation in fewer major centers across and within countries and a sharp growth in the numbers of centers that become part of the global network as countries deregulate their economies. Bombay, for instance became incorporated in the global financial network in the early 1990s after India (partly) deregulated its financial system. This mode of incorporation into the global network is often at the cost of losing functions which these cities may have had when they were largely national centers. Today the leading, typically foreign, financial, accounting and legal services firms enter their markets to handle the many of the new cross-border operations. Incorporation in the global market typically happens without a gain in their global share of the particular segments of the market they are in even as capitalization may increase, often sharply, and even though they add to the total volume in the global market.

Why is it that at a time of rapid growth in the network of financial centers, in overall volumes, and in electronic networks, we have such high concentration of market shares in the leading global and national centers? Both globalization and electronic trading are about expansion and dispersal beyond what had been the confined realm of national economies and floor trading. Indeed, one might well ask why financial centers matter at all.

The Continuing Utility of Spatial Agglomeration

The continuing weight of major centers is, in a way, against common sense, as is, for that matter, the existence of an expanding network of financial centers. The rapid development of electronic exchanges, the growing digitization of much financial activity, the fact that finance is present as a leading sector in a growing number of countries, and that it is a sector that produces a digitized hyper-mobile product, all suggest that location should not matter. In fact geographic dispersal would seem to be a good option given the high cost of operating in major financial centers. Further, the last ten years have seen an increased geographic mobility of financial experts and financial services firms. There are, in my view, several reasons that explain the trend towards consolidation in a few centers rather than massive dispersal. Here I will confine myself to the importance of social connectivity and central functions in a global electronic market characterized by high levels of risk and of innovation. (For a fuller account please see Sassen 2001: chapters 5 and 7).

First, while the new communications technologies do indeed facilitate geographic dispersal of economic activities without losing system integration, they have also had the effect of strengthening the importance of central coordination and control functions for firms and, even, markets.[8] Indeed for firms in any sector, operating a widely dispersed network of branches and affiliates and operating in multiple markets has made central functions far more complicated. Their execution requires access to top talent, not only inside headquarters but also, more generally, to innovative milieu – in technology, accounting, legal services, economic forecasting, and all sorts of other, many new, specialized corporate services. Major centers have massive concentrations of state of the art

---

8   This is one of the seven organizing hypotheses through which I specified my global city model. For a full explanation see Sassen 2001, especially the Preface to the New Edition.

resources that allow them to maximize the benefits of the new communication technologies and to govern the new conditions for operating globally. Even electronic markets such as NASDAQ and E*Trade rely on traders and banks which are located somewhere, with at least some in a major financial center.

One fact that has become increasingly evident is that to maximize the benefits of the new information technologies firms need not only the infrastructure but a complex mix of other resources. In my analysis organizational complexity is a key variable allowing firms to maximize the utility/benefits they can derive from using digital technology (Sassen 2001: 115-116). In the case of financial markets we could make a parallel argument. Most of the value added that these technologies can produce for advanced service firms lies in so-called externalities. And this means the material and human resources – state of the art office buildings, top talent, and the social networking infrastructure that maximizes connectivity. Any town can have fiber optic cables, but this is not sufficient.

A second fact that is emerging with greater clarity concerns the meaning of "information". There are two types of information (Sassen 2001: chapter 5). One is the datum, which may be complex yet is standard knowledge: the level at which a stock market closes, a privatization of a public utility, the bankruptcy of a bank. But there is a far more difficult type of "information", akin to an interpretation/evaluation/judgment. It entails negotiating a series of data and a series of interpretations of a mix of data in the hope of producing a higher order datum. Access to the first kind of information is now global and immediate from just about any place in the highly developed world thanks to the digital revolution. But it is the second type of information that requires a complicated mixture of elements – the social infrastructure for global connectivity- , which gives major financial centers a leading edge.

It is possible, in principle, to reproduce the technical infrastructure anywhere. Singapore, for example, has technical connectivity matching Hong Kong's. But does it have Hong Kong's social connectivity? At a higher level of global social connectivity we could probably say the same for Frankfurt and London. When the more complex forms of information needed to execute major international deals cannot be gotten from existing data bases, no matter what one can pay, then one needs the social information loop and the associated de facto interpretations and inferences that come with interacting among talented, informed people. This is one way of finding out what one did not know one needed. It is the weight of this creating of information that has given a whole new importance to credit rating agencies, for instance. Part of the rating has to do with interpreting and inferring. When this interpreting becomes "authoritative" it becomes "information" available to all. The process of making inferences/interpretations into "information" takes quite a mix of talents and resources.

Conclusion: The new geometry of risk

The question of risk inscribes all of these features. Risk has long been part of financial markets. But today risk is constituted differently in these markets. There is, I argue, a new geometry of risk.

There are the factors already mentioned in the first section: the sharp increase in speed of transactions, the interconnectivity made possible by electronic networks, and

210

the softwaring of financial instruments which allows traders to use these increasingly complex instruments without fully understanding the mathematics or the software design issues.

But these factors assume their full weight in the new geometry of risk through the widespread use of derivatives. Here we need to correct a common misunderstanding: the notion that the distinctive feature of derivatives is to reduce risk for firms. But derivatives do not eliminate risk. They actually shift it around. What is left out of this notion are precisely the features of electronic markets and the softwaring of the instrument. Given interconnectivity and velocity this transfer of risk becomes a massive transfer to the network, that is, the market. In the context of electronic markets this produces a new type of risk: market risk. Firms export risk to the network but at the same time experiences the aggregate effects of risk transfer as market risk, a network effect. This is an instance of what one might describe as an unresolved prisoner's dilemma at its most acute.[9]

The new geometry of risk in global electronic markets gives added importance to the ongoing utility of the thick environments that are financial centers discussed above. Financial centers and, more generally, the network of about forty global cities in the world provide the tacit systems of trust, the cultures of interpretation that are necessary to counteract the effects of global electronic markets, derivatives and market risk.

References:

Arrighi, G., The Long Twentieth Century: Money, Power, and the Origins of Our Times, London 1994.

Castro, M. (Ed.), Free Markets, Open Societies, Closed Borders?, Berkeley, Ca, 2000.

Cerny, P.G., Structuring the political arena: Public goods, states and governance in a globalizing world, pp. 21-35, in: Palan, R. (Ed.), Global Political Economy: Contemporary Theories, London 2000.

Eichengreen, B./Fishlow, A., Contending with Capital Flows, New York 1996.

Hirst, P./Thompson, G., Globalization in Question, Cambridge 1996. Maxfield, S., Gatekeepers of Growth, Princeton 1997.

Sassen, S., Losing Control? Sovereignty in an Age of Globalization. The 1995 Columbia University Leonard Hastings Schoff Memorial Lectures, New York 1996.

Sassen, S., Territory and Territoriality in the Global Economy, in: International Sociology, 15 (2), 2000, pp.372-393.

Sassen, S., The Global City, new updated edition, original publication 1991, Princeton 2001.

Sassen, S., Toward a Sociology of Information Technology, in: Current Sociology, Special Issue: Sociology and Technology 2002.

Sinclair, T. J., Passing Judgment: credit rating processes as regulatory mechanisms of governance in the emerging world order, in: Review of International Political Econ-

---

9   This is a sharp difference with the type of risk characteristic of producer markets, that is, the credit risk of individual firms. Insofar as producing markets become increasingly articulated with capital markets directly or indirectly (via the financing of their operations) they may also come to experience this network effect.

omy 1: 1 (Spring), 1994, pp. 133-159.

Taylor, P. J., World cities and territorial states under conditions of contemporary globalization, in: Political Geography 19 (1), 2000, pp. 5-32.

Cosmopolis and Chronopolis.
Towards a Responsible Polity of Spatial and Temporal Equity

Barbara Adam

In 'Macht und Gegenmacht im globalen Zeitalter' Ulrich Beck (2002) sets out his vision for politics in a globalised world. In this paper I respond to Beck's vision from a temporal perspective and pay attention also to the issue of equity amongst people, cultures, generations and levels of being. I revisit the issue of risks, examine their temporal characteristics, consider their distribution and explore some of the distinct politics of the future involved. As such I seek to conceptualise the condition and context for a new polity by bridging the spatial and temporal divide of social science analysis.

Cosmopolitanism, in Beck's vision is not the elite concept of the wealthy who can afford to be citizens of the world but rather an appreciation of diversity as basis for common values and purpose. For Beck the cosmopolitan state is one that shares power with civil society. The relentless process of globalisation inevitably confronts us with the need to find new political structures that transcend national concerns. It has changed states and citizens' frames of reference and action. Moreover, Beck suggests, it has altered not just the rules of the game but the game itself, which enforces a shift from national to transnational politics: National boundaries have become porous. Transnational corporations and institutions 'govern' outside political and legal frameworks and hold nation states to ransom with the ever-ready exit option. Their power increases with their radical de-territorialisation. It will be total when capital has become identical with law and state on the one hand and when economic rationality has become fully internalised and absorbed as personal identity on the other. In this contemporary world of perforated borders control becomes ever more elusive and illusionary. Instead of forward planning and anticipating desired results, unintended outcomes of intended actions require political responses at an increasing and accelerated rate. Safety, security, salubrity and sustainability are no longer in the gift of the nation state. Its new strategic power source is today tied to its potential for transnationalisation, that is, the massive expansion of its organisational base. After nationalism, communism, socialism and neoliberalism, Beck suggests, cosmopolitanisation is the next big idea. He not only values cosmopolitanisation for its future potential but also considers it appropriate for political action now. Cosmopolitanism could help us to survive the twenty-first century; it could just make the impossible possible.

With its development tied to modernity, the nation state has a relatively short history, especially as compared with the cosmopolis of Greek antiquity which was conceived with reference to transboundary relations, to citizens of both city and world, and a conscious down-playing of the divisive them-and-us perspective. At the same time, however, difference was not negated under the cosmopolitan ideal. On the contrary, it was appreciated as enriching. It is this enhancement on the basis of difference that attracts Beck to the cosmopolitan ideal of ancient Greece. What provides the precondition for the contemporary ideal, he therefore argues, is not global convergence, not uniformity and a great unity of values. Rather, the potential for communality arises for the global diversity of people and cultures from the confrontation with common risks, threats and associated responsibilities. Globalised risks, Beck argues, transform apolitical citizens into cosmopolitans, that is, into citizens of the world with political rights, responsibilities and duties. True cosmopolitanisation, therefore, must be confused neither with the Americanisation currently sweeping the world in response to the threat of global terror and weapons of mass destruction nor with its earlier grounding in the Bretton Woods agreement and associated 'transnational' institutions such as the World Trade Organisation (WTO), the World Bank and the International Monetary Fund (IMF) that systematically served the interests of the US and the other G7 countries in the name of charity and global stability.

While I am in full sympathy with the overall thrust of Beck's argument there are some ancient linkages that concern me, which could benefit from being brought to the forefront of our attention. First I would want to attend to the problematic relation between established liberal democratic practices and the cosmopolitan ideal. Secondly I would like to temporalise the overly spatial conception of the cosmopolitan vision. My third concern is with the discomfiting gendered history of the cosmopolitan ideal. The final consideration is reserved for the practical difficulty of taking responsibility for the future, a pertinent matter for which cosmopolitanism per se offers no solutions.

Liberal Democratic Practices and the Cosmopolitan Ideal[1]

Liberal Democracy is today the dominant socio-political system of western and westernised societies. The political structure of Liberal Democracies, however, is a left-over from a previous historical era. It is not designed for a world of globalised relations. That is to say, Liberal Democracies are tied to the politics of nation states. One of their principle assumptions is boundedness – of territory and of period of office. Thus, although such national governments function within a global context of world time, communication, finance and markets, their sphere of action is delimited within a particular time and space. Thus, when risks and hazards, created within the jurisdictional time-space of a particular Liberal Democracy, transcend those time-space boundaries, the impact is in effect externalised: to other nations and/or to successor generations. The problem is shunted along, moved outside the sphere of responsibility. Without a higher time-space authority, hazards externalised in time and space are no longer recognised in principle as the concern of the offending nation's representative government in office. Currently, the clearly necessary higher authority is provided by such transnational institutions as the European Union and the United Nations. Much of their authority, however, is related to space. In other words, we have as yet no socio-political body that safeguards time and most specifically the future. Given that most problems that are being created now will not be recognised as dangers and thus will not emerge as hazards for an unspecified period of time – the key message of Beck's 'The Risk Society' – the boundedness of responsibility enshrined in Liberal Democracies is highly problematic for engaging with the risks and hazards that form, as Beck suggests, the basis for cosmopolitanism.

In addition to boundedness in time and space, Liberal Democracies are used to operating in quantifiable contexts. Their territories, people, institutions, traffic, crime, budg-

---

1   For an expanded argument on Liberal Democratic Practices in relation to environmental matters, please see Adam 1998: 103-125.

ets and Gross National Products – all can be counted and measured. They are quantifiable. However, this basic principle too is rendered largely inoperable with globalised risks and hazards. The quest for quantification of the problem becomes futile, as I have argued extensively elsewhere (Adam 1995; 1998; 2000), when the processes involved are time-space distantiated, non-proportional and marked by contingency, time-lags and periods of invisibility, or when they are so drawn out that their beginnings and ends, their inception and effects, can no longer be held together (neither in theory nor in practice). Examples would be when governments began to plan their nuclear futures, current policies on food safety, or the genetically modified future. In the face of such characteristics, not even the most competent government scientists are able to calculate levels of risk and/or safety, as has been amply demonstrated in the aftermath of nuclear accidents, the BSE crisis and the release (both accidental and deliberate) of genetically modified organisms. Irrespective of the difficulty, however, the tradition of quantification is taken for granted. Quantification is the basis to most environmental regulations, guidelines, taxation, and legal definitions. Yet, environmental hazards elude measurement and quantitative assessment: networked connectivity, differential uptake in land-based and aquatic creatures and plants, airborne dispersal, time-lags and periods of invisibility, all are impossible contexts for quantification. Without quantification a key pillar of Liberal Democratic politics would be taken out of governments' sphere of competence, thus endangering their capacity to plan, act, manage and fulfil their mandates to safeguard the societies and environments in their charge. Quantification therefore becomes an issue if confrontation with global risks is one of the key communalities that is envisaged to underpin the move towards cosmopolitanism.

Today, open-ended futures are being constructed and foreclosed with the conceptual and political tools of bygone centuries without the necessary means to take account of and be answerable, now or in the future, to citizens that live outside the limited jurisdiction of governments' terms of office. That is to say, the future-creating activities of Liberal Democracies have to be seen in the context of governments with a mandate to act on society's behalf that extends to a mere 4-5 years. This means a time-span of responsibility that does not even cover the building phase of a nuclear power station, let alone its period of decommissioning and even less the time span of its radioactivity. The effects of many decisions taken today often outlast the governments who made them by many generations. Moreover, temporal transgression of the term of office to the open-ended realms of both past and future appears to be inevitable since, no matter how radical the shift in government, the voices and visions of the past are enshrined in the future-constructing present of the body politic through dependence on the global economy and/or a permanent civil service and/or incremental changes in laws and policies. This temporal extension needs to be addressed for a cosmopolitan system that seeks to take the issue of responsibility seriously. Furthermore, since elected representatives are responsible to their electorate and since it is this electorate that bestows legitimacy on a government, the rights of future and distant people who cannot enact that power relation are 'discounted' in a way that is analogous to the discounting of the future in economic processes. The effects of the two discounting practices seem to be the same: the further away in time potential hazards or degradations are, the less they count for considerations in the present.

Boundedness, quantification and the quest for certainty, the externalisation of future problems to others in distant times and spaces, and the limited political mandate bounded by election cycles form the bedrock of taken-for-granted current political assumptions and practices of the very nations that now seek alternative, more appropriate political structures and processes for the current condition. To overcome these obstacles requires at a minimum the currently unthinkable: the ditching of evidence based science as arbitrator, the taking of responsibility for the unknowable and the conception of politics not just in terms of space but time.

Cosmopolis and Chronopolis

Whether we focus on nation state or cosmopolitan politics, the imagery appears to be inescapably spatial, the territory being either a bounded nation or the world with individual nations contained within. Irrespective of whether the focus is on the global public sphere, increased mobility, or the world risk society, the underlying thrust is spatial. Theorists who emphasise the temporal changes in the globalised condition, such as Castells (1996), Cwerner (2000), Bauman (1998) and Rifkin (1987) are few and far between. Yet, as I want to show below, the cosmopolitan ideal without a chronopolitan perspective is handicapped by the associated blind spot of the vision. Space and time are inseparable. There are no spatial politics without temporal ones, no spatial problems that do not also implicate temporal ones, no rights and obligations, responsibilities and duties that concern only territories and boundaries, people and nations without time-frames, schedules and temporal relations. In what follows below I can do no more than open the lid on a Pandora's box of extraordinary depth and breadth and then point out a few issues in need of public debate.

Zygmunt Bauman (1998: 8) writes about 'the great war of independence from space' which frees the winners of that war from territorially based legal constraints, from being held responsible for the consequences of their actions, from obligations and duties to local communities and daily life. Information technology, which operates at near the speed of light, has facilitated this escape from locality and provided those best equipped to use this new technology to the full with powers that were previously the exclusive preserve of gods and angels: the be everywhere at once and nowhere in particular. With new elites operating unencumbered in the extraterrestrial realm of irresponsibility the locally and nationally bound are left to pick up the pieces, to pay for the damage to communities and the environment, compensate their millions of unemployed, finance the infrastructure projects that will attract more investment by the transnational angels of doom.

The liberation from space means that operations are primarily conducted in the realm of time, that time is used, allocated, exchanged, sold and controlled to best advantage. It means further that spatial tactics are supplanted by new temporal ones as prime sources for financial gain. Millions of dollars are made every second in the interstices between time zones, on projected futures, on options, derivatives and future goods that do not yet and may never exist. The operational realm of the companies and institutions freed from particular territories is the whole world in the present; the temporal domain is real time – no room here for reflection, for giving a considered response. In the realm of instantaneity, speed is the only operating principle. To be slow is tantamount to a financial death sentence. Whilst the power of transnational corporations and institutions increased with every step in the direction of de-territorialisation, the power of the nation state decreased proportionally.

How then are territorially bound nation states steeped in the Liberal Democratic socio-political tradition to intersect with this highly temporalised realm of real time operations, whose transactions routinely extend into the long-term future for which its proponents are held neither accountable nor responsible? And what has social theory to offer in the light of this seemingly unbridgeable gulf which is developing between the time economy and time politics of companies and institutions freed from territorial constraints and existing socio-political structures' in/capacity to take responsibility for the safety, security, salubrity and sustainability of people in their territories of jurisdiction? I am not sure that the issues raised and addressed in Beck's 'Macht und Gegenmacht' reach quite deep enough yet to begin to adequately redress the emerging imbalance and that the visions of the future offered so far provide sufficient openings for change. The conceptual groundwork necessary for a politics beyond the nations state clearly requires an extensive collective effort where everyone concerned with these issues contributes to this important task from their own knowledge base. My writings to date and this paper offer a small contribution to this undertaking by assisting the explicit reorientation from space to time-space and the conscious engagement with temporal equity.

Saulo Cwerner (2000) developed the concept of chronopolitanism as an alternative to the excessively spatial conceptualisations of globalisation and cosmopolitanism:

'[C]hronopolitanism... is developed as a theoretical as well as an ethical opening that reconfigures the search for a world political community in time and history. It is a move that has the explicit aim of extending social and political responsibilities to past, present and future generations, as well as to the diversity of histories and rhythms of life that co-exist in the global present.' (Cwerner 2000: 331)

His work points to inequalities arising from the taken-for-granted, thus un-debated politics of time and to the potential for alternative pasts, presents and futures. He presents a strong case not only for taking account in our present actions of the needs of future generations, an issue I will revisit later in the paper, but also for redemption, that is, for respect for the past, recognition of previous injustices and identification with suffering caused by war and colonisation. Redemption, he argues, does not involve efforts in restoration. It requires instead 'reparation for wrongs committed in the past that still haunt the present'; it is a means by which 'the present generation becomes responsible for past ones' (Cwerner 2000: 338). He thus asks for a deepening of the political community in time and for a time-based polis and citizenship that transcends current international political processes.

'The cosmos of the chronopolitan ideal should no longer be seen as the static world of global spatial belonging, but instead as an evolving system of changing temporalities. It presupposes a global present, but transcends it by opening up to alternative pasts and futures, and also to the diversity of intersecting rhythms of life... The chronopolitan ideal is mindful of the rights of future generations. These rights are already inscribed in the actions and thoughts of the living, in that present actions extend temporally to various times in the future... The memory of previous colonizing enterprises must be allowed to warn us about the power of present generations over defenceless, voiceless future ones.' (Cwerner 2000: 337)

What Cwerner is asking for, it seems to me, is an exercise in memory of the future where we remember past visions of the future and accompany their effects into our present. Practice in such empathic memory and imagination may turn out to be an important pre-condition for extending ourselves into our present future in order to accompany potential effects and future oppressions in a spirit of responsibility.

In my own work the concept of temporal justice is extended beyond intergenerational equity to the effect of implicit and explicit time politics on different groups of people, cultures and levels of being.[2] As I do not want to replicate what I have explicated extensively elsewhere, let me summarise the arguments here.[3] The industrial way of life is underpinned by an interdependent set of temporal relations that permeates the weave and weft of the social fabric. It forms the deep structure of unquestioned naturalised assumptions that influence decisions and practices unnoticed and unquestioned. At the root is the transformation of rhythmic time into clock time, from variable change cycles to an invariable machine time where every repetition is the same irrespective of where and when you are. Clock time is the creation of time to human design whose regularity, invariability and decontextualisation made it predictable. The clock brought time within the grasp of human control. It is an ineradicable component of the modernist quest for certainty and control. Clock time is equated with mastery. On the basis of its quantifyability, linearity, spatiality and decontextualisation clock time could be integrated within the general modernist quest for rationalisation. It became a medium for exchange. Commodified as abstract exchange value clock time came to be equated with money and when time is money then time compression follows suit. Speed becomes an imperative: fast becomes better than slow. The faster a product cycle the better it is for business, the faster a product moves from design to finished article the better it is for competition. Time compression creates profit by saving costs, which means that speed becomes equated with efficiency. From an economic perspective, therefore, communication at the speed of light is the pinnacle of efficiency.

These economic time values, which have their origins in the creation of clock time, have been exported across the world and imposed as globally standardised norm irrespective of their suitability to specific contexts, local conditions and traditions. Cultural resistance to this norm is equated with backwardness. Associated inequities are silenced, their effects rendered invisible. While clock time dominates the world of work and the global economy the great majority of the world's people function in the shadows of the time economy of money. Children and the elderly, the unemployed, carers the world over and subsistence farmers of the majority world inhabit the shadowlands of un- and undervalued time. Women dwell there in unequal numbers. When we explore the history of this temporal inequity we find that it takes us right back to the very beginning of the cosmopolitan ideal. It thus presents us with substantial difficulties if we want to use this ideal, as Beck suggests, to continue and complete the feminist project. Let me explain.

---

2   These issues permeate my entire work but particularly pertinent would be the arguments in Adam 1995; 1998 and 2002.

3   For a more detailed account of the arguments that follow on the creation, commodification, compression colonisation and control of time, see Adam 2003.

In 'The Human Condition' first published more than forty years ago, Hannah Arendt discusses the contemporary condition for political action. In the course of her investigation she examines the viva activa and makes a distinction between its essential components of labour, work and action. She shows how in Greek antiquity labour was concerned with the physical reproduction of life and society. It secured survival at the individual, family and species level. It operated in the ephemeral realm of perishable things, beings and relations. As such it was the domain of women and slaves. Work, in contrast, was the sphere in which permanence was created and durable things were shaped from nature's impermanence and cycles of change. Work was tied to the world of objects, artefacts and human accomplishments of all kinds. This was the domain of artists, artisans and craftsmen. It was the realm where human mortality was transcended through the creation of objects that endured. Only persons that contributed to this creation of immortality were thought to be truly human. Action, finally, belonged to the realm of freedom and was thus deemed the only activity appropriate for the polis. It was associated with the creation of political bodies and institutions, with the formation of history and the condition for remembrance. Only persons freed from biological necessity and unencumbered by labour and work were considered eligible for and capable of political action, able to partake and shape the body politic. Action was inconceivable outside the society of men (and it was men only at that time). It was the labour of the body and the work with hands that freed a select few from need and want, that is, from the social spheres of activity that lacked, according to the ancient model, the necessary dignity for the polis life of human affairs, the bios politicos.

From the above we can see that in Greek antiquity a strong distinction was made between the private life of reproductive labour and productive work on the one hand and the communal political life of freedom, from which toil and necessity had been eliminated, on the other. The household with its satisfaction of needs and its mastery by any means, it can therefore be said, created the preconditions for political life. From the position of men's communal action in the polis women's reproductive work and their activity in the realm of necessity was perceived to be on the same level as slave labour – necessary for survival but utterly contemptible as it not only designated a lack of freedom but also left no permanent record or monument, was not immortalised in legend and song. While violence was permitted and even expected in the private realm where slaves and women had to be controlled, it was shunned in the political community of free equals. As Arendt (1958/1998: 26) explains, 'to be political, to live in the polis, meant that everything was decided through words and persuasion and not through force and violence'. The non-violence of the cosmopolis is an admirable and emulateable ideal as long as it does not rest on an equivalent pre-condition to the one that made the original noble activity possible.

Arendt (ibid.: 46) contrasts this dual existence of Greek antiquity with modern society where political life has been downgraded to an extension of the household and the management of collective necessity, where the social realm of communal activity has been indiscriminately transformed into a 'society of labourers and jobholders'.

'The industrial revolution has replaced all workmanship with labour, and the result has been that the things of the modern world have become labour products whose natural fate is to be consumed, instead of work products which are to be used.' (ibid.: 124)

Machines, tools and automation may lessen the toil but they do not eliminate the necessity. With automation the use of products is accelerated to such an extent that their limited durability is indistinguishable from the perishable outcomes of labour. Work has been absorbed into labour; objects for use have been transformed into products for consumption. 'The ideals of homo faber, the fabricator of the world, which are permanence, stability and durability,' Arendt (ibid.: 126) therefore suggests, 'have been sacrificed to abundance, the ideal of animal laborans'.

Economic modernization set everything in motion with its emphasis on time-is-money and speed-means-profit approach to time. To paraphrase Marx, everything solid melted into air, stability has been destabilised, durability and permanence rendered unprofitable. From her perspective, however, work that creates islands of a stable human environment in the sea impermanence and natural change is essential for action and for taking a perspective on the world that encompasses a diversity of views and meanings.

'Under the condition of a common world, reality is not guaranteed primarily by the 'common nature' of all men who constitute it, but rather by the fact that, differences in position and the resulting variety of perspective notwithstanding, everybody is always concerned with the same object.' (ibid.: 57-8)

'Society', Arendt (ibid.: 46) continues her argument, 'is the form in which the fact of mutual dependence for the sake of life and nothing else assumes public significance and where activities connected with sheer survival are permitted to appear in public'.

Arendt bemoans modern societies' loss of the true public realm and their lack of concern with permanence and immortality.

'If the world is to contain a public space, it cannot be erected for one generation and planned for the living only; it must transcend the life-span of mortal men.' (ibid.: 55)

In distinction to Beck, Arendt also strongly argued against the possibility of consumers as political actors, even as political counter force, on the basis that industrial societies' economic activity operates exclusively at the level of animal laborans, that consumers therefore lack the necessary freedom for political action.

In its ancient form cosmopolitanism is rooted in a tripartite structure of activity: the reproduction of society based on bodily toil, the creation of immortality through the production of things that outlast their creators and the communal activity of men in the polis which inescapably depends on the other two activities. In contemporary discussions on the subject we cannot simply choose to ignore two of those central dimensions when we draw on the ancient model for inspiration. In the modern cosmopolis, discussions about how the other two aspects of life are satisfied in a fair and equitable way are central to a meaningful construction of a cosmopolitan politics. Theories about the cosmopolitan society, therefore, need to come to terms not only with nation state politics in the context of globalisation but also have to engage in debates about global equity amongst cultures, societies and groups of people. They need to address how the reproduction of societies, groups and households is organised and how permanence and immortality can be created in a way that does not endanger others living in distant spaces and times. Unity in the context of enriching difference is only possible when concern with the base inequities has become an integral part of cosmopolitan politics.

It seems that activity in the perishable world was considered necessary but utterly contemptible, work that created permanence in the sea of relentless change was recognised as a fully human activity that distinguished us from animals, whilst the highest esteem was reserved for activities that strove for immortality without toil or expenditure of energy. The life of the worshipped hero immortalised in song and poetry, the construction of thought systems and the creation of political system and institutions – all contributed to the control of temporality and produced human eternity amongst the mortal living. We can still recognise today the value distinction between productive work and reproductive labour, between the control over permanence producing created things and the lack of control over life's processes. The hierarchy of values still holds between productions of the mind, creations of the hand and bodily toil.

When we look at these issues from a time-based environmental perspective then new interdependencies come to the surface. We can see how the valorisation of productive work and its products, which includes clock time (the creation of time to human design), has led to a condition where every aspect of temporal existence has come to be redesigned to suit political goals and economic agendas. As control over time frames, tempi, timing, temporality, temporal patterns and over past, present and future of processes and social relations intensified, however, the implications and effects of that mastery evaded control. In the 'Risk Society' Beck pertinently theorised these processes where increased control results in loss of control. From a temporal perspective we recognise that the deeper the industrial way of life penetrates the future the more the outcomes defy social control. That is to say, the further the revered 'creations of immortality' extend towards eternity the more effectively they evade the reach of action in the polis. This means, the power to create the future is not matched by the capacity to predict, anticipate and regulate it effectively. Instead unintended consequences become the norm. Moreover, unforeseen effects of past controlled futures enforce decisions and action now in our present. As political leaders become enmeshed and preoccupied with reactive measures to bygone creations of the future, their current action potential is curtailed and the near future taken up with the repair of unforeseen disasters of predecessors, leaving only the very distant future to colonise and usurp for the present – all this without mandate, legal base, or institutionalised guardians of time and the long-term future. In this context, the Liberal Democratic politics of space are not just inappropriate, they are downright dangerous.

Risk Matters – the Future in our Hands?

To understand the gravity of the situation, we need to look at the nature of contemporary risks from a temporal perspective and establish some distinctions. I will differentiate between four types of risk with reference to their knowability, in/determinacy and location in past, present and future. I propose that the differences between them are essential not only for the political capacity to act and respond appropriately but also for the way cosmopolitan action might be conceived and for thoughts on who might be the cosmopolitan experts on the responsibility to the future.

The first type of risk I want to identify is the risk of risk assessment, the kind of risk that insurance companies are happy to cover. For risk assessment to work, the risks in question need to have first a factual, historical base where knowledge of the past can

221

provide an appropriate base for projection into the future. Secondly they have to be bounded in time and space. If those two conditions are met then risk assessment can provide choice. On the basis of statistics it can help us to differentiate between safety and danger and allows us to plan the future. It enables insurance companies to spread the financial burden and to provide individuals with compensation and/or replacement.

The second type of risk covers networked processes such as financial markets. Risks of this kind are potentially knowable through the application of computer models but they are uncontrollable. Their uncontrollability is linked to the instantaneity, simultaneity and immediacy of its interdependent processes, to the fact that they operate globally in real time. That is to say, the movement of information has no longer any gap between origin and destination. The networked nature of their operations means that information passes in a non-sequential, non-linear way, which means in turn that causal analysis becomes at best limited and at worst inappropriate. Regarding the risks associated with financial markets, we may know their parameters but not their outcomes since the non-causal, non-linear and reflexive, networked processes of the information society operate beyond control. As such they constitute significant problems for a globally responsible polity. In terms of the classical model of the viva activa, this context is one of ephemerality, of constant and high-speed activity and renewal. It is neither reproductive bodily toil nor the creation permanence. Despite some major differences, it resembles most closely the activity in the polis, the community (of men) engaged in textual activity of significance to the labouring and working masses across national divides. This clearly is not what contemporary advocates have in mind when they propose cosmopolitan politics for the twenty-first century.

The third type of risk is both temporally and spatially unbounded. Radiation can serve as an example. Today the risk parameters of radiation are known but its effects are unknown with regard to 'when', 'where' and 'how long' of its time-space distantiated effects. With radiation risks societies in general and regulators in particular are faced with the multiple problem of causation, proof and choice. Even when radiation is detected or when it emerges as symptom, as in the case of clustered childhood cancers or birth deformities, science has no means to establish with certainty what caused the symptom. It cannot prove the connection between cause and effect. Risks of this kind seriously curtail choice. Thus, radiation tends to be not a risk we take, but a hazard we are confronted with. In this risk context of uncertainty there is no insurance cover and governments have put ceilings on their limited liability since the problem of radiation is unbounded, extending into a future beyond political imagination and concern. It thus requires not just a cosmopolitan but also a chronopolitan perspective to take this temporal responsibility seriously. It also necessitates that we reconsider our approach to the human creation of permanence and eternity, so revered by ancient Greek society and considered a central pillar of the successful polis.

The need to bring together these distant yet interdependent attitudes and relations is amplified by the fourth risk which is not just unbounded uncertain but unbounded and indeterminate. Here, genetically modified food can serve as example. This is a new science that confronts society and the body politic with new problems. The risks encountered by scientists engaged in genetic modification in the laboratory are largely bounded and known to a limited extent. Once released into the environment the factors that contribute to the potential hazards are largely unknown. To put it differently, its risk parameters are unknown. Its time-space boundaries are unknown. As such its outcomes too are unsuitable for insurance. Moreover, once genetically modified food is politically sanctioned, as in the US and much of the majority world where the key companies have relocated to escape the more stringent safety guidelines of industrialised nations, the question of choice no longer arises. The problem has been globalised and, similar to the radiation risk, people the world over will be confronted with effects for which science will not be able to establish causal connections. Given that so many governments are not just willing but keen to embrace this new world of indeterminate risk, it may be a good staring point to work through how a cosmopolitan and chronopolitan system of transnational politics would respond and what would constitute responsible and accountable political action in such a context.

If we take on board Beck's suggestion that the communality of globalised risks will be the basis for steering the world community towards a cosmopolitan perspective and political approach, then we need to look a bit more closely at the politics of risk as they are practiced currently. The first thing to notice is that the differences of the various types of risk are not publicly acknowledged and discussed, that the problems associated with them are not sufficiently differentiated with respect to their temporal relation and the uncertainties involved. Without such explicit recognition the media will continue to demand the impossible: risk assessment and quantification of risks where it is impossible to provide. The BSE crisis and the politics of genetically modified food are cases in point. The language of risk carries with it a set of implicit assumptions, all based on the type of risk that is amenable to assessment and statistical quantification. However, as I have suggested above, only a small proportion of today's globalised risks conforms to this simple model of bounded predictability. Without the necessary distinctions the futile quest for prediction, quantification, causes and proof will continue unabated. Assurances of safety based on false assumptions will persist. Regulations will continue to be based on inappropriate premises and citizens will be left without a means of redress. Actors, be they scientists or entrepreneurs cannot be held to account. Responsible politics and political responsibility remains an elusive dream, irrespective of whether this be at the national or the global level.

For a more appropriate political response to the breath of these risks the politics of space need to be supplemented by the politics of time. It means that politicians have to become time literate. They have to understand problems not just from a spatial and economic but a temporal perspective. When this refocusing is taking place then questions about 'when'? 'how fast'?, 'for how long'? and 'in what time frame'? will come to the fore. The issue of time-distantiation, time lags and out-of-sync time as well as disconnection from long-term outcomes become a matter for concern and discussion. The control of the future will be understood in its highly limited way, that is, that control is only possible on the basis of a known past, that the lack of previous knowledge places issues inescapably into realm of indeterminacy. There will be a recognition that unboundedness constitutes a problem not just for insurance but also for assurances about safety and more generally for the political mandate. Most difficult of all, there emerges the need to be move away from materialist science and the reliance on quantification towards the discomfiting engagement with both the 'Merkwelt' of phenomena and the 'Wirkwelt' of below the surface processes, that is, with issues that are both visible and invisible (in/visible) and those that are both material and immaterial (im/material).

In the modern form of cosmopolitanism, socio-political concern continues to be focused on space, more specifically on the relation between the smaller bounded space of the nation state and the vastly expanded space of the world of globalised activities, networks and relations. This means that here too only one part of the issues and problems is selected for concern. In the network society of globalised relations time rather than space poses the greatest insurmountable problems. Networked instantaneity and the techno-scientific creation of indeterminate futures for which no one can be held accountable and responsible pose the biggest challenges for the polis in a world risk society. Cosmopolitanism without chronopolitan politics is a backward looking route to failure and socio-ecological disaster. When both spatial and temporal relations are changing so drastically, the fusion of cosmopolis and chronopolis constitutes the challenge for the future.

Moreover, when we acknowledge that risk matters, the future becomes a key political issue. In whose hands will it be safe? Beck places a lot of trust in the political power of consumers and cites many examples in which consumer power has been exercised to great effect. For the reasons I outlined above, Arendt would turn in her grave at this idea. From a temporal perspective it becomes clear that the economic logic is central to the creation of the problem. Relying on consumers as key actors of the polis places us in the same situation that we are confronted with today when scientists are charged to rectify the problems of their making, using tools that are deeply inappropriate for the job. If the business community, scientists and consumers are questionable key actors for the cosmopolitan system, then can we safely place the future in the hand of politicians? As I have sought to demonstrate in this essay, our current liberal democratic system of politics depends on the conceptual framing by science and the economy, which makes it blind to any sources outside these two spheres of knowledge.

From the vantage point of a temporal perspective, who then are current experts on the long-term future? Experts of the future are precisely those people that are engaged with the ephemerality and rhythmicity of life, the ones considered non-human in the polis of Greek antiquity, the animal laborans who know about living continuity, who live re-production as daily practice and conviction. This motley crew of experts of the future comprises parents and grandparent the world over, gardeners and foresters, subsistence farmers and indigenous people who respect their environment as sacred and resist action that they cannot know as safe for at least seven generations hence. The question is whether or not they are the kind of experts envisaged to make up the body politic under a cosmopolitan regime. Is it not more likely that the ancient contempt for their kind of knowledge is too deeply anchored in the very core of our base assumptions that today's socio-political theory can only provide the global community of citizens with ideas for cosmetic change at the surface while the iceberg below the surface continues to power along its predetermined path? To alter the iceberg's direction requires changes to the core and to every particle of its being. The interdependent system of unquestioned base assumptions of the contemporary cosmopolitan ideal would be a suitable place to begin that task of de- and reconstruction.

References:

Adam, B., Timewatch: The Social Analysis of Time, Cambridge 1995.

Adam, B., Timescapes of Modernity. The Environment and Invisible Hazards, London 1998.

Adam, B., The Temporal Gaze: Challenge for Social Theory in the Context of GM Food, in: Millennium Issue British Journal of Sociology 51/1, 1998, pp.125-142.

Adam, B., The Gendered Time Politics of Globalisation: of shadowlands and elusive justice, in: Feminist Review 70, 2002, pp. 3-29.

Adam, B., Reflexive Modernization Temporalized, in: Theory, Culture and Society 20/2, 2003, pp. 59-78.

Arendt, H., The Human Condition, Chicago 1958/1998.

Bauman, Z., Globalization. The Human Consequences, Cambridge 1998.

Beck, U., Macht und Gegenmacht im globalen Zeitalter, Frankfurt 2002.

Castells, M., The Rise of the Network Society, Oxford 1996.

Cwerner, S., The Chronopolitan Ideal: time, belonging and globalization, in: Time & Society, 9/2-3, 2000, pp. 331-345.

Rifkin, J., Time Wars, New York 1987.

The Foreigner

Richard Sennett

Ulrich Beck's work asks us to consideration the viability of cosmopolitanism. The following short historical sketch explores the viability of cosmopolitan life for a particular class of individuals, political exiles in the 19th Century. Most particularly the essay gives an account of how perhaps the most gifted of 19th Century exiles, Alexander Herzen, came to terms with the meaning of this category.

On the occasion of Ulrich Beck's 60th birthday, I join his many colleagues around the world in celebrating his leadership in sociology.

Were we able to walk the streets of Paris in 1847 – the streets contained between the Rue de Rivoli and the Boulevard St. Germain north to south, and what are now the bridges of St. Michel and Carrousel east to west – a curious scene would present itself to the eye. In this section of Paris were contained a crowd of foreigners mixed among the students of the Beaux-Arts, the medical, and the law faculties of the University of Paris. The largest and oldest contingents were central Europeans, Poles and Bohemians who had been steadily displaced from their homelands in the 1830's. Throughout the 1840's Italian political *émigrés* poured into this part of the city, joined in 1846 by a contingent of Greeks. Most were in Paris because of their politics at home; most were intellectuals, though the Greeks included a large number of sailors who had been caught up in the war of Independence a generation before.

We might think of this as a pre-modern world of foreigners. The Parisians idealized the resistance of local burghers elsewhere to aristocratic and royal exploitation. Though a people not notably accessible to outsiders, the French thus received the Poles and later the Greeks warmly; the upheavals in both these countries were perceived as middle-class revolts rather than upheavals of the poor. During the 1830's the universities of France were opened to foreigners, and the right of political asylum was first codified in its modern form (in which an individual can apply for this status through an established state bureaucracy, rather than plead for it as favor from a ruler.) Under these conditions the *émigrés* of the 1830's and 1840's sought to mobilize the Parisians on behalf of their various causes, hoping to gain both money and the pressure of public opinion, which would in turn move the French government to act. Today, we know the fashionable side of these efforts, such as the music Chopin wrote as *pieces d'occasion* for charity concerts, but there was a more popular enlistment of the public, as in the proselytizing of the Greek sailors among the stevedores and carters of the Quais of the Seine for aide; they were so far successful that Greek work costumes were worn on the docks as a sign of sympathy. Moreover, the Paris police on the whole approved, thinking foreign interests would deflect French workers from local discontents, a deflection of the Parisian proletariat, which had worked effectively throughout the Napoleonic Wars.

It was, as I say, a curious situation, this xenophobic nation who found persecuted foreigners attractive, but it was also a historically pregnant scene. For it is in Paris that there first became apparent those changes which would produce the more modern image of the foreigner as a figure necessarily in pain. These changes, paradoxically, are due to the development of modern nationalism; nationalism made those who leave their nations seem like surgical patients who have suffered an amputation.

It is of course true that from the Greeks onward belonging to a nation has been thought necessary to forming a whole human being; the foreigners in the Greek city-states – the metics – were considered by citizens to be slightly juvenile since they could not exercise the adult privilege of voting. But the meanings of a "nation" have changed greatly in the course of Western history; at times nationality has been inseparable from a particular religious practice, at times defined by aristocratic dynasties, at times including the net of trading partners of a mother city.

The nationalism which began to find its voice in the Revolution of 1848 marks a distinct version of collective identity in our civilization: nationality becomes an anthropological phenomenon to which political activity is, at best, a servant: the nation becomes an ethos, the rule of nomos in Greek terms, that is, the sheer rule of custom, and it is almost crime to interfere with the sacredness of custom through political decision-making or diplomatic negotiation. It was due to this great change in the meaning of nationality that the exiles who lived in Paris in 1848 would find themselves having to rethink what it meant to be long displaced from "home." Their everyday lives abroad gradually lost contact with the rituals and customs of the homeland, the nomos becoming a memory rather than an activity. They would have to find a meaning for their lives in the very fact of their displacement.

The Revolution of 1848 lasted four months, from February to June of that year. It began in Paris, but by March its repercussion was felt throughout Central Europe, where movements sprang up proclaiming the superiority of national republics over the geographic parcellings of territory made by dynasties and diplomats at the Congress of Vienna in 1815. Events had something of the same combustive character, as did the disengagement from Russian hegemony, which spread across these same nations in the last four months of 1989. The doctrinaires of "the nation" who began to make a public impression in 1848 used a different kind of language than did those who had earlier argued for constitutional regimes, democracy, or other political ideals in their homelands, echoing the ideals of the American and French Revolutions. The language of the Slavophiles or the Sons of Attica was a triumph of anthropology over politics. In 1848, the idea of a nation as a political codex was rejected by the revolutionary nationalists because they believed that a nation was enacted instead by custom, by the manners and mores of a volk; the food people eat, how they move when they dance, the dialects they speak, the precise forms of their prayers, these are the constituent elements of national life. Law is incapable of legislating these pleasures in certain foods, constitutions cannot ordain fervent belief in certain saints: that is, power cannot make culture.

The divide between the 18th Century revolutionaries and the 19th Century nationalists was marked by a difference in geographic consciousness. The political doctrines of 1789 transcended place; one did not have to live in Paris, or to be French, to believe in the liberty, equality, and fraternity proclaimed in the French Revolution. Or again, in Kant's *Reflections of a Universal Citizen of the World* of 1784, he argued that a human being develops the more the person feels at home and derives stimulation among a diversity of other people. This "universal citizen" seeks the stimulation of foreign scenes, and learns what is common, universal, in them all.

The doctrine of nationalism, which crystallized in 1848, gives a geographic imperative to the concept of culture itself: habit, faith, pleasure, and ritual – all depend upon enactment in a particular territory. More, the place, which nourishes rituals is a place composed of people like oneself, people with whom one can share without explaining. Territory thus becomes synonymous with identity.

The spirit of this new nationalism makes its appearance visually all most as soon as the revolutionary texts are printed in February and March of 1848. In the posters calling for national unity composed in the spring of 1848 by Chodluz and others, the People are shown responding to the call for uprising dressed in work clothes, or in peasant costume. This imagery is more complicated than simply identifying the People with the poor, for in the revolutionary posters of 1790 and 1791, the poor were often depicted in military uniforms, or wearing the colors of their political clubs. Two generations later, in responding to a great historical event, the People do not dress for the occasion. Nor in the posters of 1848 are the masses given especially dramatic expressions of rage or patriotic zeal: everything is done to signify that the people are not self-conscious, just being themselves. Gone, indeed, are even the allegorical, classical figures, who emblazoned the posters of the revolutions of 1830, such as Delacroix's "Liberty Leading the People." For the revolutionary nationalists of 1848, the unawareness of the *volk* of itself, its lack of a mirror, was a source of virtue – as against the vices of self-consciousness and self-estrangement of the cosmopolitan bourgeois whose mental outlook is upon a diorama of mirrors which reflect back endless hesitations and second thoughts.

This anthropological image of a *volk* is an epochal event in modern social imagery and rhetoric. 19th Century nationalism established what we might call the modern ground-rule for having an identity. You have the strongest identity when you aren't aware you "have" it; you just are it. That is, you are most yourself when you are least aware of yourself.

Place and displace: the virtue of being in place, and the unhappiness of becoming somewhere else. Just here the problems of being a foreigner began. In the early spring of 1848, it seemed to Parisians like "Daniel Stern" [the nom de plume of Marie d'Agoult, Franz Liszt's one-time companion whose chronicles of 1848 are a vivid record of the upheaval] that the "foreign colony will empty in a few days, as our friends return to the places which call them."[1] Given the nationalisms being trumped in the press, her expectation seems logical. The political question this nationalism posed to all those who had become foreigners – émigrés, ex-patriots, or exiles – is, why aren't you home among your own kind? How indeed could you be Russian, somewhere else?

Yet by late April of 1848 Daniel Stern had noted that, oddly, few of the émigrés had left for home. "They are still to be found arguing in the Palais Royal, receiving emissaries from abroad, hectoring; they are full of hope, but no one has packed his bags."[2] They had become cosmopolitans in practice, even though most of them spoke still the language of nationalism.

Perhaps the greatest of 19th Century exiles was a man who would make but a brief on this scene yet, from observing it, would capture in indelible prose the cursed relation between nationalism and the condition of being a foreigner. Alexander Herzen was the illegitimate son of an ageing Russian nobleman and a young German woman (hence his

---

1   Stern 1880: vol. 6: 353.
2   Stern 1880: vol. 6: ibid.

name, which is roughly equivalent to "of my heart" [*herzlich*]). Inspired by the uprising of 1825, he was as a young man active in radical Russian politics as these politics were then understood, that is, he was a proponent of constitutional monarchy and liberal reforms. For this he suffered internal exile and eventually expulsion from the Russian Empire. Like others of his generation, he thought of himself at first as in temporary exile, expecting to return to his native land when political circumstances made it possible. But when at last this possibility arose, he held back. It was not out of social assimilation or love for European culture or personal ties like those of his friend Turgenev to Pauline Viardot, which kept him from returning. He remained passionately interested in the affairs of his country but felt no longer able to live in it. He perambulated the capitals of Western Europe, passing his later years in London where he published a famous newsletter about Russian realities called "The Bell."

There is a certain kind of social thinking, falsely humane, which posits an inverse relation between consciousness and circumstance. In this kind of thinking, the sufferings of the poor make them intellectual victims of their necessities; poor thought is the sheer calculation of survival. The niceties of consciousness, the complexities of interpretation, are seen as luxuries of the affluent. In this way of thinking, the bastard son of an aristocrat can be no guide to the dilemmas faced by the wave upon wave of emigrants who would quit Europe in the 19th Century, much less a guide for the conundrums faced by Mexican day workers, Korean grocers, Soviet Jews, or other foreigners today. Herzen, the friend of John Stuart Mill, diffident with the diffidence bred of attending many formal occasions, Herzen so curious about the places in which yet he knew he did not belong.

We enter Herzen's story in April of 1848. It was at this moment of delay that Herzen joined the exile colony in Paris; he did so to move away from Rome, which was in its own first moments of nationalist awakening. On June 27th, 1848 the Revolution came to an end in Paris. Troops swept through the city indiscriminately shooting into crowds, deploying cannon in random barrages into working-class neighborhoods; the forces of order had arrived. Herzen, like the other foreigners who had remained in Paris of their own free will, were now forced to leave; he went to Geneva, then back to Italy, then back to France, arriving finally in London in August of 1852, an ailing middle-aged man whose wife was erotically engaged elsewhere, who had set himself publicly against the Slavophiles dominating radical discourse in his homeland, who spoke English haltingly in the manner of novels he had read by Sir Walter Scott. "[L]ittle by little I began to perceive that I had absolutely nowhere to go and no reason to go anywhere."[3] It is not inflating his suffering to say that at this moment Herzen became something like a tragic figure, a man who felt the second scar of homelessness, which will not heal.

What is instructive about Herzen's writings is the sense he comes to make about how to conduct daily life such a condition, how to make sense of being a foreigner. "...By degrees, a revolution took place within me." In part he began to make a virtue of his very isolation in exile: "I was conscious of power in myself...I grew more independent of everyone."[4] And so he began to reconstruct how he saw the world around him: "[N]ow the masquerade was over, the dominoes had been removed, the garlands had fallen from the heads, the masks from the faces..." To explain the consequences of this

---

3   Herzen 1924-1927: III : 1024.
4   ibid.

new vision of others in this personal crisis of exile Herzen resorted to the same imagery of displaced vision that Daniel Stern had evoked. "I saw features different from those that I had surmised."[5]

Rather than making of his exile a reason for spiritual transcendence of the world itself, as a Christian might, Herzen stayed on the ground; he tried to understand how a foreigner should cope with his or her own nationality. The nation, for a person who had become a foreigner, posed two dangers, one a danger of forgetting, the other of remembering, the one a condition in which the foreigner was demeaned by the desire to assimilate, the other in which he or she was destroyed by nostalgia. In his own experience Herzen came in the 1850's to see these dangers exemplified by two men who came from his past in the 1830's and the early 1840's. Ivan Golovin was, like Herzen, a political refugee of those years, but he had at first seemed to Herzen simply a despicable individual, a small-time crook barred after a few years from the Paris stock exchange, an exploiter of his fellow exiles, flitting from scene to scene. Herzen now came to see his personal vices magnified by the conduct of his exile: "What had he left Russia for? What was he doing in Europe? Uprooted from his native soil, he could not find a center of gravity."[6] The importance of Golovin's character was magnified in Herzen's reflections in London. Golovin's character, Herzen wrote, "bears the stamp of a whole class of people," those whose very desire to assimilate had led to a loss of self: "...who live nomadic lives, with cards or without cards at spaces and in great cities, invariably dining well, know by everybody, and about whom everything is know, except two things: what they live on and what they live for. Golovin was a Russian office, a French braider and hobbler, an English swindler, a German Junker, as well as our native Nozdrev Khlestakov [characters from Gogol]..."[7]

Abroad, such people see that their new compatriots cannot understand what it was like in the place one came from, or it does not interest them – understandable so, it is all so far away, so long ago, in a word so foreign. And so men like Golovin, afraid to risk alienating or boring the others, act as though it never was. Herzen was much too civilized to look at those foreigners seeking to assimilate as necessarily morally tainted. He looked at them rather as people who were people engaged in a kind of voluntary amnesia, and he fear that, from this will to forget, could come other acts of denial. In the painting the foreigner is making of his or her life, large patches are over-painted in white.

One might perhaps reformulate the insight Herzen had in looking at Golovin as follows: the desire for assimilation can be experienced as a force which creates a sense of shame about oneself, and so weakens one's ego strength. Of course the capacity to assimilate requires income, educational and occupational advantages an aspiring "new American," say, is likely to lack. But a person consumed by the desire to assimilate may also behave like a self-censor, screening out the full range of experiences and observations which he or she has lived; self-screening supposes there is something shameful, unacceptable in one's past to be kept from others. For the foreigner this cycle of censorship and shame can begin with nothing more than feeling the gesture of touching others when one talks to them, or the smell of foreign foods on one's breath, are behaviors

5   Herzen 1924-1927: III: 1025.
6   Herzen 1924-1927: III: 1399.
7   ibid.

which must be corrected. Shame about the fact that one's breath smells different when one eats foods from the old country is reinforced by the very fear of breathing into the faces of people who do not eat these foods. Feeling ashamed of oneself is indeed likely to lead to the loss of judgment if not moral probity, which Herzen observed in Golovin. It is why, for us, the famous "melting pot" of American myth may function more like a melt-down of the ego's ethical powers.[8]

Golovin is a significant figure in Herzen's own attempt to work out what it means to be Russian, somewhere else – the attempt to understand how to make a humane displacement of one's nationality. In a famous letter Golovin wrote to the editor of the "Moscow News" from Paris on February 1, 1866, he declared "I was a man before I was a Russian."[9] Herzen prints this letter at the very end of his portrait of Golovin – and indeed of the first edition of *My Past and Thoughts*. The irony is meant to resonate. Such a declaration in the Age of Enlightenment could come from Kant; now it comes from a stock-speculator and extortion artist, anxious only to fit in wherever he is. The revelations of exile surely cannot end this way. For the foreigner, the knowledge that he comes from elsewhere, rather than being a source of shame, should a cautionary knowledge.

For Herzen, economic individualism was the great danger of the era of capitalist expansion he saw coming into being. Nationalism and capitalism could march hand in hand, as Herzen, a confirmed socialist, argued again and again in "The Bell." By contrast, Herzen's hopes for a socialist movement were pinned on immigrants. Their very displacement gave them the experience, or at least the possibility, of looking beyond themselves, dealing with others similarly displaced in a cooperative fashion.

As a reader of Herzen, it is here that I find him at his most compelling. Herzen would have thought it perfectly comprehensible that ethnic groups in modern America were at the center of liberalism of the American kind, feeble version of democratic socialism in Europe that it is. He would have explained this relation between immigration and liberality, I think, by saying that the scars of displacement had liberally disposed those aware of themselves as foreigners, unlike the Golovins who seek only to forget. Herzen's belief that socialism is most practicable by foreigners is an idealization of displacement, to be sure, but an ideal founded on a profound and profoundly skeptical view that communal relations of the nationalist, homogeneous, self-referential sort could ever cure the evils of possessive individualism. Only the knowledge of difference and the experience of displacement can erect a barrier of experience to the appetites of possessive individualism.

In reading Herzen as a writer about our own times in germ, one needs to think about distinction between liberalism and pluralism. The modern ground rule of identity threatens constantly to restrict personal freedom to cultural practice: your needs are legitimate insofar as they can be identified with what the Mexican community, or elderly Russians, or young black women, *do*. The liberal ideal can be degraded into mere pluralism through a particular application of this rule; pluralism becomes simply a matter of defining the borders between communities sharing abutting territories, within each, people

8   It is an insight which may bear on a large study of Mexican immigrants and Mexican-Americans which found "the higher the level of acculturation (or 'Americanization') the greater the prevalence of ... alcohol and drug abuse or dependence, phobia, and antisocial personality." Portes/Rumbaut 1990: 169.

9   printed in Herzen 1924-1927: III: 1418.

live as though they have never left home, as though nothing has happen. Paradoxically, it is the vivid consciousness of oneself as a foreigner, which is necessary to defeat this pluralist self-enclosure in ethnicity. Herzen recalls someone in England saying to him, "'In your words,' a very worth man said to me, 'one hears an outside spectator speaking.' But I did not come to Europe as an outsider, you know. An outsider is what I have become."[10] And for this same reason, in their recent book *Immigrant America* Alejandro Portes and Ruben Rumbaut flatly declare, "Assimilation as the rapid transformation of immigrants into Americans 'as everyone else' has never happened."[11] Their assertion is more than a sociological observation; it is the affirmation of a necessary, enlightened consciousness.

Nostalgia, the opposite danger of amnesia, seems a simpler condition. Indeed it seemed so to Herzen in Geneva in 1850 just after he had quitted Paris with the other Central European refuges. For the first time it dawned on many of them that they were in permanent exile, which triggered in them the dangers of nostalgia: "All émigrés, cut off from the living environment to which they have belonged, shut their eyes to avoid seeing bitter truths, and grow more and more acclimatized to a closed, fantastic circle consisting of inert memories and hopes that can never be realized...Leaving their native land with concealed anger, with the continual through of going back to it once more on the morrow, men do not move forwards but are continually thrown back upon the past..." From which he concluded that the exile could be enslaved as well by his or her own powers of memory, those "...questions, thoughts and memories which make up an oppressive, binding tradition."[12]

Fifteen years later, in London, Herzen takes up again in his memoirs the subject of émigré nostalgia, and now it too, is transformed by his own transformation in exile. Herzen writes of his encounters with Father Vladimir Pecherin in a short portrait worthy of Chekhov. Pecherin is someone Herzen, like all people of his generation, knew about. In the midst 1830's the young Pecherin had taken up the Chair of Greek at Moscow University, and felt himself in the next few years suffocating in his homeland; in Herzen's words, "[R]ound about was silence and solitude: everything was dumb submission with no hope, no human dignity, and at the same time extraordinarily, dull, stupid and petty."[13] Pecherin, the young classics professor decided to emigrate, which surprised none of his contemporaries who were also suffocating in Mother Russia; Pecherin boarded a boat for England, landed, ... and suddenly entered a Jesuit monastery. In this he did surprise other young people around him, who could not understand how he could revolt against one system of authority only to submit to another.

When Herzen landed in England he sought out Pecherin, to make his acquaintance and to ask if some of Pecherin's youthful poems might be reprinted in Herzen's publication "The Bell." They meet in the Jesuit monastery of Saint Mary's Clapham; the two Russians begin by speaking French to one another, then, though Pecherin fears he can hardly remember his mother tongue, in Russian. He is avid for news, he disowns the value of his Russian poems yet is avid for the younger man's opinion. After their meeting, they begin to correspond, the Jesuit convert writing in French about materialism,

---

10   Herzen 1924-1927: III: 1065.
11   Portes/Rumbaut 1990: 141.
12   Herzen 1924-1927: II: 686.
13   Herzen 1924-1927: III: 1386.

science, and faith, writing with an intensity to this stranger, assuming no boundaries stand between their full exposure to one another – as no Frenchman, whether devout or not, would presume to do.

Herzen tells us all this as preparation for recounting an event he read in the newspapers two years later, in 1855. A Jesuit monk, described in the press as a "Reverend Father Wladimir Petcherine, a native of Russian" was on trial for burning a Protestant bible in a marketplace in an Irish town. Here is Herzen's digest of what happened at the trial: "The proud British judge, taking into consideration the senselessness of the action and the fact that the accused was a Russian, and England and Russia were at war [the Crimean War], confined himself to a paternal exhortation to decent behavior in the streets in future..."[14]

Even more fascinating than the story Herzen recounts is the fact that he has got it all wrong by 1865, when he came to write this part of his memoirs. In point of fact, Pecherin showed that he had caused some pornographic literature to be burnt, not a Bible, and he was acquitted. The sensation at the time was about a Jesuit taking "direct action" when discovering smut; the future Prime Minister Gladstone, much interested in the conditions of prostitution in modern England, was for one intrigued by this "direct action" against pornography. There is a reason for Herzen in recalling it to alter [I do not suppose with conscious intent to deceive] the story of Pecherin's trial. For to Herzen's this is a story of how those displaced from their homelands remain can prisoner of the past. It makes perfect sense to Herzen: a Russian messenger arrives who will print evidences of Pecherin's past life, the life of a young man passed in Moscow when Tsar Nicholas, abetted by the clergy, had organized police searches in the universities for heretical writings. For Herzen, the point of the story is that Pecherin suffered something like an atavistic seizure. The youthful victim of orthodoxy has become a policeman of heresy.

Pecherin is an exemplary figure of a disaster, which Herzen has come to observe with ever-greater fear during his years of exile: it is what Freud was later to call the "return of the repressed." The return of the repressed is of far greater danger to the foreigner than explicit longing for the past. This return of the repressed befalls those who do not work to transform that part of themselves which lives in memory. The foreigner must confront memories of home; memory must be displaced, refracted, so that he or she is not suddenly seized by the past, acting out the injuries received long ago, now playing instead another role in that old drama. But how is a transformation to occur so that the drama itself is rewritten?

The advice, which thus gradually takes form in the pages of Herzen's memoir about how to behave in the countries where the foreigner lives, is something like: "participate, but do not identify." The admonition, "participate, but do not identify," is a way for a foreigner to defeat the segregating game of pluralism. The impulse to participate is an assertion that one has rights as a political animal, a *zoon politikon*, wherever one lives. In place of the ancient device, nothing that is human is foreign to me, the device of modern identity could be, nothing that is foreign to me is real. The Japanese President Nakasone once asserted: "Only those who understand one another can make decisions together."[15] A foreigner's assertion of the right to participate, beyond what pertains to his

---

14   Herzen 1924-1927: III: 1397.
15   An "off-the-record" remark at the Council on Foreign Relations – but why should it be?

or her national identity, is one way to force the dominant society to acknowledge that there is, on the contrary, a public sphere beyond the borders of anthropology. It is also the only way to survive being personally imprisoned in an Balkanized, unequal city of differences.

Herzen found a way to create a picture of "home" so as to make bearable his very yearning for it. In London, he says, suddenly he has become Italian:"And now I sit in London where chance has flung me – and I stay here because I do not know what to make of myself. An alien race swarms confusedly about me, wrapped in the heavy breath of ocean, a world dissolving into chaos...and that other land – washed by the dark-blue sea under the canopy of a dark-blue sky... it is the one shining region left until the far side of the grave...O Rome, how I love to return to your deceptions, how eagerly I run over day by day the time when I was intoxicated with you!"[16]

"Home" is not a physical place but a mobile need; wherever one is, home is always to be found somewhere else. As Herzen's life unfolds in England, a sunless land of overly practical if kindly people, the home he needs will change countries, from a place of snow to sun, from the intimate village outside Moscow to the languid cafes of Rome. Herzen will always have a home, so long as he can change how it looks. This ironic, slightly bitter, knowledge about his need for "home" came to Herzen as an older man; he acknowledged that he would never feel complete. Finally he came to terms with insufficiency; it is permanent, the scar does not heal. And this same power of displacing "home" was what he hoped for others who did not pack their bags when the borders opened in March of 1848, who did not return to the loved world of their childhood, their language, their soil.

I have perhaps unfairly modulated Herzen's voice, which is that of a man who is more curious than censorious; as a writer he understood that moral "points" are best left implicit in the stories of individual lives. Yet if I have done him this injustice, it is only because in his pages detailing the disastrous schemes of émigré bankers, the rage of Serbian poets reading nearly accurate English translations of their work, the fight of many political émigrés to prevent the dissolution of socialist ideals in the acid of Slavic pseudo-religiosity – that these portraits of foreigners struggling to create a life abroad which yet does not cut them off from the past seem emblematic lives, just as the assertions of nationalism which took form in the last century are emblematic of the dangers of other assertions of racial, sexual, or religious assertions of identity.

In modern society, anthropology has become a threat to liberty. Anthropological man or anthropological woman withdraws from the impurities and difficulties of experiencing difference. His or her *nomos* is racial solidarity, ethnicity, sexual practice, age – an entire society of self-referential identities. But the foreigner conscience of the very fact of foreignness cannot so easily withdraw. He or she has to salvage, if possible, something from the very voyage out.

Since the foreigner cannot become a universal citizen, cannot throw off the mantle of nationalism, the only way he or she can cope with the heavy baggage of culture is to subject it to certain kinds of displacement, which lighten its burdensome weight.

Herzen might have served Ulrich Beck as the very epitome of a 'rooted cosmopolitan' – with this caveat: in exile, Herzen's roots had become of his own strange, but necessary making and remaking, each time the political exile is forced to move.

---

16   Herzen 1924-1927: II: 655.

References:

Agoult, M., (Stern, D.), Oeuvres de Daniel Stern. Esquisses morales. Pensées, ré-
flexions, maximes, suivies des poésies de Daniel Stern et précédées d'une étude bio-
graphique et littéraire par L. de Ronchaud, Paris 1880.

Herzen, A., My Past and Thoughts: The Memoirs of Alexander Herzen, 6 volumes,
London 1924-27.

Portes, A./Rumbaut, R., Immigrant America: A Portrait, Berkeley 1990.

Rettungsversuche am Rande epistemologischer Verzweiflung

Gerhard Schulze

Soziologisierung ohne Soziologie

Die Soziologie, in den sechziger und siebziger Jahren fast schon eine Leitdisziplin, schaut am Anfang des einundzwanzigsten Jahrhunderts nur noch von einem Stehplatz aus der öffentlichen Konkurrenz um Aufmerksamkeit zu, Kommentare murmelnd, auf die niemand achtet, während vorne in der Arena Politiker, Naturwissenschaftler, Konzernchefs und Journalisten munter soziologisieren, lediglich ausgerüstet mit Alltagsverstand, Schlagfertigkeit und Unbekümmertheit. Eine Paraphrase dazu ist der Gegensatz zwischen der großen Zahl der Studienanfänger und ihrer im Lauf des Studiums typischerweise zunehmenden Enttäuschung – die Studierenden kommen mit einem alltagsverankerten Interesse und gehen mit einer wissenschaftsbedingten Frustration. Und zu den Merkwürdigkeiten dieser Art gehört schließlich auch der Umstand, dass die Formel ...der Münchner Soziologe Ulrich Beck... im deutschen Feuilleton die Logo-Qualität von Coca-Cola im Alltagsleben erreicht hat, während bisher von Soziologen gehaltene Planstellen an den Universitäten umgewidmet werden und die Schließung ganzer Soziologie-Standorte ins Haus steht. Normalerweise bringen sterbende Fächer keine Stars hervor.

Der merkwürdige Gegensatz von Unsichtbarkeit der Fachdisziplin und Allgegenwart ihrer Perspektive ist ein Sachverhalt, der es seinerseits verdient, soziologisch kommentiert zu werden. Nichtsoziologen mögen die genannten Ungereimtheiten für so nebensächlich halten wie die Soziologie selbst. Wen interessiert schon die narzisstische Kränkung eines alternden akademischen Mauerblümchens? Mögen es sich die Soziologen doch selbst besorgen auf ihren Soziologentagen, die den Medien kaum noch eine Randnotiz wert sind. Aber es geht um eine Frage, deren Bedeutung weit über die Soziologie hinaus reicht: Ist es möglich und sinnvoll, dass die Öffentlichkeit die historisch anstehende Soziologisierung des Alltagsdenkens in eigener Regie betreibt?

Die Bedeutung dieser Frage lässt sich durch ein Gedankenexperiment erhellen: Was wäre eigentlich geschehen, wenn die naturwissenschaftliche Aufklärung der Gesellschaft seit dem achtzehnten Jahrhundert ohne intensive kollektive Interaktion zwischen den Naturwissenschaften und der bis auf den heutigen Tag faszinierten Öffentlichkeit vorangegangen wäre? Wir würden wahrscheinlich glauben, dass im Fernsehgerät kleine Männchen sitzen. Hätte es vergleichbare Konsequenzen, wenn die gegenwärtige Soziologisierung des Alltagsdenkens weitgehend wissenschaftsfrei bleiben sollte?

Um sich diese Soziologisierung bewusst zu machen, kann man sich beispielsweise einen Dialog zwischen einem modernen Menschen und einem aus dem Mittelalter vorstellen. Nehmen wir an, jeder der beiden würde versuchen, dem anderen seine Lebenswelt zu schildern. Es würde gewiss einige Zeit dauern, bis der Gegenwartsmensch dem Vergangenheitsmenschen ungefähr auseinander gesetzt hätte, was der Computer technisch darstellt, aber es wäre immerhin denkbar. Die Grenzen der Verständigung wären freilich erreicht, wenn zu erklären wäre, was der Computer eigentlich für uns bedeutet. Dabei wäre beispielsweise von Rationalisierung zu sprechen, von Netzwerken, von Beschleunigung, von Globalisierung, vom Übergang der Industriegesellschaft zur Wissensgesellschaft. Das Kommunikationshindernis bestünde darin, dass der Gegenwartsmensch durch die bloße Verwendung solcher Begriffe bereits implizit von soziologischen Sichtweisen Gebrauch machen müsste, die der Vergangenheitsmensch nicht verfügbar hätte, und daran würde die Verständigung scheitern.

Säkularer Themenwandel kollektiven Lernens

Wir erkennen in dieser Szene das allmähliche Voranschreiten eines Themenwandels kollektiven Lernens. Natur als Kristallisationspunkt von Neugier, Ehrgeiz und Diskurs tritt langsam in den Hintergrund, Kultur nimmt ihre Stellung ein. Jahrhundertelang ging es um die Erweiterung des Möglichkeitsraums; was die Menschen am meisten interessierte, war immer das Terrain jenseits seiner Grenze. Die Verschiebung dieser Grenze organisierte und verstetigte sich zu einem Steigerungsspiel mit immer mehr Akteuren. Doch die objektiven Ergebnisse des Spiels verändern die Bedingungen seiner Spielbarkeit. Je weiter es voranschreitet, desto schwieriger wird allmählich seine Fortsetzung, und desto näher liegt es, mehr über den Aufenthalt im Möglichkeitsraum nachzudenken als über seine Erweiterung. Fragen des Seins werden den Menschen wichtiger als Fragen des Könnens. Neben der tief im modernen Denken verwurzelten Idee der Reise, der Überschreitung, der Kolonisierung von Neuland gewinnt die Idee der Ankunft an Klarheit. (Die Gefahr dieser Metaphorik liegt in der impliziten – und irreführenden – Suggestion eines "Endes des Steigerungsspiels"; davon kann keine Rede sein)

In einer bestimmten Hinsicht ähnelt die gegenwärtige Situation der am Anfang der Moderne. Auch damals waren die Menschen durch ein Thema fasziniert – das der Optionssteigerung –, und auch damals fehlten zunächst die geistigen Voraussetzungen, es zu bearbeiten. Die Geschichte der Moderne lässt sich als kollektiver Lernprozess verstehen, in dessen Verlauf sich die Menschen genau diese Voraussetzungen immer besser aneigneten. Ein säkularer Themenwandel wie der gegenwärtige ist Anlass für eine neuerliche Suche nach Deutungsmustern, Denkwerkzeugen, Diskursregeln, Paradigmen, Sichtweisen, ohne die man der im Thema liegenden Herausforderung nicht gerecht werden kann. Der kollektive Lernprozess tritt in ein neues Stadium ein. Die Karriere kulturbezogener Themen scheint das Voranschreiten dieses Lernprozesses anzudeuten. Freilich: Wer über Kultur redet, muss es nicht unbedingt auch können.

Erinnern wir uns an die vielen Paradigmenwechsel in der Geschichte der Naturwissenschaft. Als sich etwa Koryphäen wie Virchow oder Pettenkofer über Robert Koch und Louis Pasteur lustig machten, taten sie dies mit der Autorität von Großforschern der damals modernen Avantgarde, aber sie waren hintendran. Immerhin war die Erkenntnistheorie der Naturwissenschaft zu dieser Zeit schon so weitgehend ausgearbeitet, institutionalisiert und anerkannt, dass die Durchsetzung der Infektionstheorie gegen die Miasmentheorie unaufhaltsam war und der Spott über das Modell des Menschen als "Zoo kleiner Tierchen" auf die Spötter zurückfiel. Der Brustton der Überzeugung, in dem kulturbezogene Diskurse der Gegenwart geführt werden, erinnert an den Brustton der Überzeugung bei Virchow und Pettenkofer, aber um wie damals falsche Propheten vom hohen Ross zu holen, fehlt es an der Autorität einer Methodologie, der sich alle unterwerfen müssen, wenn sie noch ernst genommen werden wollen. Von dem vor hundert

237

Jahren in der Naturwissenschaft erreichten Niveau paradigmatischer Reife sind gegenwärtige Diskurse über Kultur jedoch weit entfernt.

Drei Phasen kollektiven Lernens

Zu welcher Einschätzung werden Mentalitätshistoriker kommen, wenn sie, interessiert an der Entwicklungsgeschichte kulturbezogener Paradigmen im Alltagsdenken, in hundert Jahren auf den Anfang des einundzwanzigsten Jahrhunderts zurückblicken? Vielleicht wird ihre Diagnose sein: ein Stadium der Naivität, gekennzeichnet nicht nur durch Unkenntnis, sondern sogar durch Unkenntnis der Unkenntnis; ein Stadium der Wissensillusionen; ein Stadium noch vor der Propädeutik, aber mit dem für unerkannte Ignoranz typischen Gewimmel selbst ernannter Meisterdenker.

Ich stelle mir vor, dass die Mentalitätsgeschichtler der Zukunft den kollektiven Lernprozess der Kulturaneignung durch ein Drei-Schritte-Modell beschreiben werden.

Der erste Schritt ist die Überwindung der gegenwärtigen Naivität: Aufstieg zum Niveau der Skepsis gegenüber vermeintlicher Gewissheit. "Ich weiß, dass ich nichts weiß." Freilich kann das Wissen über das Nichtwissen naiv oder raffiniert sein. Naiv ist es dann, wenn man glaubt, alles, was einem fehle, sei positives Wissen über das gerade interessierende kulturelle Phänomen. Wenn etwa ein Marktforscher an seinen Ergebnissen zweifelte; wenn ein Politiker in einer Talkrunde gestünde, dass ihm die Gesellschaft ein Buch mit sieben Siegeln sei; wenn eine Frau ihrer Freundin auf die Frage nach ihrer Beziehung antwortete, dass sie im Grunde keine Ahnung davon habe – so wären dies zwar rare Zeichen geistiger Reife in einer Diskurslandschaft, in der viele ihre Ad-hoc-Diagnosen mit einer Selbstverständlichkeit vortragen, als handle es sich um einen durch simples Hinschauen feststellbaren Sachverhalt (vergleichbar der Antwort auf die Frage, ob noch Bier im Kühlschrank ist). Aber das Eingeständnis der Ignoranz bleibt immer noch naiv, wenn das Fundamentalproblem unerkannt bleibt: Ist empirisch angemessenes Wissen über Kultur bei den gegebenen impliziten Aprioris überhaupt möglich? Erst mit der Frage nach den Aprioris ist die Grundfrage der raffinierten Form des Wissens über das Nichtwissen erreicht. Erst dann startet man auf der Höhe von Kant: Es gibt kein Wissen ohne Voreinstellungen.

Damit sind die Voraussetzungen gegeben, um den zweiten Schritt zu gehen, der die zentrale und schwierigste Herausforderung darstellt. Er führt zu einer Verunsicherung, die dem Gefühl der Bodenlosigkeit beim Übergang vom metaphysischen zum naturwissenschaftlichen Weltbild vor Jahrhunderten nicht nachsteht. Der zweite Schritt besteht in der Auseinandersetzung mit den Aprioris des Redens und Denkens über Kultur – und in der Überwindung ungeeigneter Aprioris, die gegenwärtige Diskurse weitgehend prägen. Sie stammen vor allem aus zwei Quellen, wo sie durchaus ihre Berechtigung haben: aus der Naturwissenschaft und aus der Alltagspragmatik.

Der dritte Schritt paraphrasiert das naive Stadium des ersten, aber auf jenem höherem Niveau, das reflektierte Aprioris ermöglichen. Es geht um kollektive Selbsterkenntnis, um Antworten auf die Frage "Was tun wir eigentlich?". Weil sich dies ständig ändert, ist der dritte Schritt eigentlich ein Vorangehen ohne Ende. Aus demselben Grund bezeichnet Weber die Soziologie als "ewig junge Wissenschaft". Nach einem langen, im wesentlichen kumulativen Prozess der Naturaneignung beginnt ein "ewiger", im wesentlichen nicht-kumulativer Prozess der Kulturaneignung, in dessen Geschichte sich ein Bild an das nächste reiht, dem Wandel der Kultur entsprechend. Kollektives Lernen hat dabei den Charakter einer fortgesetzten zeitdiagnostischen Selbstbeobachtung und Selbstbeschreibung, die so weit wie möglich intersubjektiv nachvollziehbar sein soll.

Kann die Lektion nicht ausfallen?

Sichtbar wird damit ein Vorhaben, das einerseits dazu dient, latente Ungewissheit zu vermindern, das aber andererseits – man ahnt es schon – aus genau diesem Grund die partielle intellektuelle Nobilitierung von Ungewissheit mit sich bringen muss. Wer diesen Gedanken vor heutigen Wissenschaftlern vorzutragen wagt, braucht gute Nerven und ein dickes Fell. Die unausbleiblichen Aggressionen gehen darauf zurück, dass die Bekämpfung von Ambivalenz, Unschärfe und Nichtfalsifizierbarkeit zur Kernidentität des modernen Wissenschaftlers klassischen (naturwissenschaftlich geprägten) Typs gehören wie die Bekämpfung von Ungeziefer zur Kernidentität des Kammerjägers. Ungewissheit ist ekelhaft.

Es scheint nicht sehr vielversprechend, methodische Prinzipien gegen den Strich bürsten zu wollen, die so tief reichende emotionale und ästhetische Wurzeln haben. Aber bei allem Verständnis: Die Lektion ist unvermeidlich, weil erstens das Thema Kultur als Gegenstand von ergebnisorientierten Diskursen (und nicht bloß als Gegenstand der Erbauung) unvermeidlich ist, und weil sich zweitens dieses Thema unter keinen Umständen mit dem traditionellen methodischen Moralkodex des idealtypischen modernen Wissenschaftlers angehen lässt. Fortsetzung der Moderne heißt geistige Öffnung für Ungewissheit. Die Ablehnung, die einem entgegenschlägt, wenn man diesen Standpunkt vertritt, trägt alle Züge einer Trotzreaktion. Das Kind wütet gegen den Überbringer der schlechten Botschaft, meint aber die Wirklichkeit.

Intersubjektivität wird schwieriger

Das Bemühen um die Objektivität von Diskursen ist ein zentrales Moment der Moderne. Sich nicht unter die Herrschaft von Autoritäten, Traditionen und Dogmen, sondern von allgemein anerkannten Kriterien zu stellen, hat den Weg der vergangenen Jahrhunderte erst möglich gemacht. Je größer der Möglichkeitsraum wurde, in den dieser Weg führte, desto mehr traten subjektive und kulturelle Fragen in den Vordergrund. Aber wie soll man sich über Fragen dieser Art verständigen, ohne wieder in ein vormodernes Stadium der Inanspruchnahme von Autoritäten, Traditionen und Dogmen zurückzufallen?

Die Schwierigkeit des sozialen Kernproblems, eine intersubjektiven Sphäre aufzubauen, in dem sich Diskurse auf moderne, kriteriengeleitete Weise führen lassen, erhöht sich dramatisch, wenn es nicht um Natur, sondern um Kultur geht. Ob eine Maschine funktioniert, ein Werkstoff etwas taugt, eine ärztliche Therapie anschlägt, lässt sich objektiv messen und wirft deshalb nur vergleichsweise geringe Intersubjektivitätsprobleme auf. Anders verhält es sich bei der Frage, ob man die Maschine, den Werkstoff, die Therapie überhaupt braucht, ganz zu schweigen vom Intersubjektivitätsbedarf, der entsteht, sobald man Maschine, Werkstoff und Therapie wirklich zur Verfügung hat und sich die soziale Wirklichkeit durch ihre Verwendung verändert. Was ist nun der Fall? Welche neuen sozialen Muster entstehen? Wie sind sie zu beurteilen?

Dass Fragen dieser Art nicht bloß von akademischem Interesse sind, liegt auf der Hand. Sie lassen sich nicht umgehen, wenn man den Anspruch hat, sich in der sozialen Wirklichkeit ständig neu zu orientieren. Wie soll man sich also objektiv informieren und darüber auseinandersetzen? Dass dies mit dem Mittel der Standardumfrage möglich sei, ist, so unglaublich es klingt, ein in der Gesellschaft jenseits der Soziologie (und manchmal auch in der Soziologie selbst) nicht angezweifelter Mythos – eine pseudomoderne Lebenslüge, die eine Wachstumsbranche ernährt. Die latente Funktion dieser Art von Forschung besteht darin, Orientierungsillusionen zu gewährleisten, damit Diskurse, Entscheidungen und soziales Handeln möglich werden. Sogar ein bisschen Intersubjektivität wird mitgeliefert. Was freilich weitgehend fehlt, ist der Gegenstand, um den es eigentlich geht.

Epistemische Reifung

Erreichen lässt sich dieser Gegenstand nur mit Aprioris, die ihm angemessen sind. Dass dies nicht die Aprioris der Naturwissenschaft sein können, ist eine im neunzehnten Jahrhundert weitgehend ausgearbeitete Erkenntnis (und nicht nur eine Meinung), die außerhalb der Soziologie kaum bekannt, geschweige denn relevant wurde. Außerhalb der Wissenschaft gar hat sie etwa den Bekanntheitsgrad der chinesischen Lyrik der Tang-Dynastie. Naturwissenschaftler, wenn sie überhaupt davon gehört haben, behandeln die Behauptung der apriorischen Andersartigkeit der Kulturwissenschaft nicht als geistigen Fortschritt, sondern als Eingeständnis eines Scheiterns: Entweder, eine Wissenschaft ist Naturwissenschaft, oder sie ist gar keine Wissenschaft.

In der Soziologie waren die Durchsetzungsbedingungen für eine spezifisch kulturwissenschaftliche Grundorientierung auch schon einmal besser; unter dem Einfluss des herrschenden ökonomischen Paradigmas scheint der Mainstream gegenwärtig wieder einmal Kurs auf eine naturwissenschaftlich geprägte Sozialwissenschaft zu nehmen. Letztlich aber wird sich das Erbe des neunzehnten Jahrhunderts als unverlierbar erweisen, weil sich den zentralen Argumenten niemand entziehen kann, der sie erst einmal zur Kenntnis genommen und begriffen hat.

Auch bei der Verbreitung naturwissenschaftlicher Betrachtungsweisen in der bisherigen Geschichte der Moderne waren die Argumente zwingend; sie als bloße Konventionen und Konstruktionen abzutun, an deren Stelle auch anderes stehen könnte, zeugte nur vom Unverständnis der Argumente und diskreditierte den, der sie vortrug. Wenn man nun den in der konstruktivistischen Landschaft der Gegenwart radikal scheinenden Standpunkt einnimmt, dass intersubjektiv nachvollziehbare Urteile über Wahrheitsähnlichkeit möglich sind, kommt ein Begriff in Sicht, der europäischen Intellektuellen geradezu philosophisch obszön erscheint – der Begriff des Fortschritts, und zwar in der verschärften, vollends unanständigen Variante des kulturellen Fortschritts. Ich meine damit einen Prozess kollektiver epistemischer Reifung, die Durchsetzung klar überlegener Aprioris im kulturbezogenen Alltagsdenken. Diese Art Fortschritt wird die Voraussetzung für die Objektivierung des Diskurses über kulturelle Phänomene sein – soweit diese Objektivierung überhaupt möglich ist – und für die Fortsetzung der Moderne in der Phase der Kulturaneignung, die sich an die Phase der Naturaneignung anschließen wird.

Doppelte Reflexivität

Von Kulturaneignung wird sich erst sprechen lassen, wenn es gelingt, jenes Denk- und Handlungsmuster doppelter Reflexivität im Umgang mit Kultur aufzubauen, das uns im Umgang mit der Natur und mit Artefakten inzwischen in Fleisch und Blut übergegangen ist. Ich bin mir nicht sicher, ob genau dies mit Becks Begriff der Zweiten Moderne gemeint ist. Jedenfalls schiene es mir, wie manchen anderen, nicht einleuchtend, Reflexivität als etwas Zweites zu postulieren, war sie doch von Anfang an konstitutiv für die Moderne – und zwar als doppelte Reflexivität.

Inwiefern doppelt? Einfache Reflexivität ist das Nachdenken darüber, wie man etwas besser machen kann; doppelte Reflexivität das Nachdenken über dieses Nachdenken. Über der ersten Metaebene, von der aus man die operative Ebene reflektiert, wird eine zweite Metaebene aufgespannt. In der Wissenschaft wird diese zweite Metaebene vor allem durch die Methodenlehre konstituiert, in der Technik unter anderem durch die neuesten Erkenntnisse der Wissenschaft, in der Produktion durch die neuesten Errungenschaften der Technik und durch Unternehmensberatung, im privaten Konsum wiederum durch neueste Produkte, durch Werbung, Verbraucherinformationen und Ratgeberliteratur. Erst mit Hilfe der zweiten Metaebene konnte die jeweilige Basisreflexion (Forschen, Erfinden, Rationalisieren, Auswählen und Verbrauchen) ihre moderne Dynamik gewinnen.

Für die Fortsetzung der Moderne kommt es nun darauf an, doppelte Reflexivität auf das Thema Kultur auszudehnen. An einfacher Reflexivität mangelt es gerade hier wahrlich nicht, an doppelter dagegen fast vollständig.

Der Wald, den man nicht sieht

Eine Geschichte von Dorothy Parker erzählt von Hobie und Kit, einem Mann und einer Frau, die sich gewaltig auf die Nerven gehen. Wie erzählt man eine Beziehung? Parker führt es auf ein paar Seiten brillant vor: Sie folgt den ständig wiederholten Drehbüchern ihrer Protagonisten. Parker braucht nur ein paar Seiten, um alles einzufangen. Was heißt "alles"? Alles, das ist ein Muster, ein Spiel der Erwachsenen, wie Eric Berne es nennt. Ein paar Durchläufe genügen, dann weiß der Leser Bescheid.

Bei den meisten Erzählungen liegt der Fokus auf dem Einmaligen, Singulären, Außergewöhnlichen. Hier dagegen liegt er auf Wiederholungen, die sich zwischen Menschen ereignen. Wer nach hundert Definitionen von Soziologie immer weniger begreift, womit sich diese Disziplin eigentlich konkret beschäftigt, findet hier eine klare Auskunft. Auf diese Substanz – Wiederholungen, die sich zwischen Menschen ereignen (und ihre allmähliche Transformation) – lässt sich alles reduzieren, was an soziologischen Begriffen existiert.

Das Erstaunliche ist nun: Wir bewegen uns ununterbrochen in dieser Substanz; wir stellen sie her; wir verändern sie; wir machen sie, veranlasst durch die Erweiterung unseres Möglichkeitsraums, immer umfänglicher zum Thema unserer Diskurse – aber wir erreichen sie intellektuell nur ganz oberflächlich. Kultur ist der Wald, den wir erst einmal vor lauter Bäumen nicht sehen. Das, womit wir intuitiv ständig umgehen, wird durch unsere Worte und Gedanken eher vernebelt als aufgeklärt, immer noch, trotz der nun schon mehr als hundertjährigen Geschichte der Kryptowissenschaft Soziologie und trotz der Popularisierung ihrer Perspektive. "Wir" – damit meine ich an dieser Stelle Hobie und Kit als Schlüsselfiguren der fortgeschrittenen Moderne: Menschen, die sich intensiv mit ihren Beziehungen beschäftigen, aber damit oft kaum etwas anderes bewirken, als zu reproduzieren, was ihnen auf die Nerven geht.

Dies müsste vielleicht nicht ganz so sein. Der Ansatzpunkt, um ein bisschen mehr Souveränität zu erlangen, wäre die Korrektur der apriorischen Fehlsteuerung unseres Denkens im Hinblick auf die soziale Wirklichkeit. Soziologische Aufklärung machte bisher notorisch den dritten Schritt vor dem zweiten. Sie beschrieb, aber sie ließ die kognitiven Grundlagen der Beschreibung unerwähnt. Sie interpretierte, aber sie vernachlässigte die apriorische Reflexion ihrer Interpretation.

Deshalb bleibt keinem Soziologen, dem es gelungen ist, öffentliche Aufmerksamkeit zu erringen, die irritierende Erfahrung erspart, dass seine Aussagen überwiegend in Form von Missverständnissen ins kollektive Gedächtnis eingehen. Das süße Gift des Zitiertwerdens hinterlässt den bitteren Beigeschmack fundamentaler Fehldeutungen. So ist die Phantasie des Begriffsschöpfers der Risikogesellschaft gewiss groß, für die Vorwegnahme der abstrusen Verwendungen des Begriffs in späteren Diskursen dürfte sie jedoch nicht ausgereicht haben.

Prädikation statt Definition von Kultur

Wie man das Einmaleins lernen kann, so kann man auch lernen, sich über kulturelle Phänomene zu verständigen. Zwar klingt auf den ersten Eindruck nichts naiver als die Idee einer Verankerung des Erlernens der soziologischen Perspektive im Curriculum der Allgemeinbildung. "Apriorische Propädeutik kulturbezogener Diskurse als Schulfach? Man verschone uns mit den größenwahnsinnigen Phantasien akademischer Absteiger!" Aber das Thema Kultur ist nicht mehr loszuwerden. Und wenn man untersucht, wie die Diskurse darüber geführt werden, dann kann man die Frage nicht abweisen, wer denn hier eigentlich naiv ist.

Was wären nun die wichtigsten Vorschläge im Gutachten eines Experten, den der Kultusminister beauftragt hat, ein Curriculum für das Erlernen kulturbezogener Diskursfähigkeit zu entwerfen? Der erste Schritt, den ich vorschlagen würde, wäre die Beschäftigung mit Erzählungen wie der von Dorothy Parker über Hobie und Kit, mit Sozialreportagen wie denen von Siegfried Kracauer, mit ethnologischen Dokumentarfilmen wie Die Macht des Lachens von Ulla Fels. Vorlagen dieser Art sind dazu geeignet, eine konkrete Anschauung von der Substanz kultureller Phänomene zu vermitteln – Wiederholungen, Muster, Drehbücher zwischen Menschen.

Ungeeignet sind dagegen die meisten so genannten Einführungen in die Soziologie. Dort tritt an die Stelle der Phänomene ein Vokabular. In der gegenwärtigen Lehre der Soziologie hat das Zeichen Vorrang vor der Bedeutung. Ganz am Anfang geht es deshalb erst einmal darum, dieses Verhältnis umzukehren und auf das hinzudeuten, worum es überhaupt geht, noch vor der Etikettierung der Phänomene mit welchen Worten auch immer. An die Stelle des Aufbaus von Begriffen durch Definition tritt, wie im richtigen Leben, die proto-begriffliche Annäherung an Bedeutungen durch Prädikation, durch Zeigehandlungen.

Dann aber, noch in einem frühen Lernstadium, wird es bereits schwierig. Eine Schwelle ist zu überschreiten: vom naiven Essentialismus des Alltagsverstands zum konstruktivistischen Verständnis von Sprache. Die Botschaft beginnt mit einer Negation: Begriffe findet man nicht einfach vor wie Naturtatsachen oder metaphysische Phänomene (so man denn bereit ist, welche anzunehmen). Die allgegenwärtige Auffassung, sie deuteten auf etwas Gegebenes hin, das man nur finden müsse, trägt den Keim einer fundamentalen kognitiven Fehlsteuerung schon im Stadium der Begriffsklärung in sich.

Als was sonst sind Begriffe dann aufzufassen? Am besten interpretiert man sie als interessengeleitete Wahrnehmungsprogramme, die unserer Vermutung nach etwas mit der objektiven Wirklichkeit zu tun haben. Aber man täusche sich nicht: Diese Antwort klingt nur für diejenigen banal, die überhaupt soweit kommen, die Frage zu stellen – für erkenntnistheoretisch halbwegs Beschlagene. Wenn man einmal wirklich verstanden hat, was Kant damit meinte, dass Erfahrung ohne Theorie blind ist; wenn man sich darüber im klaren ist, dass noch vor jeder Wahrnehmung die Wahl eines Beobachtungsstandpunkts liegt, die Konstruktion von Voreinstellungen, die Selbstprogrammierung des Wahrnehmenden, je verborgener und impliziter, desto zwingender – dann kann man kaum noch glauben, wie schwer es ist, anderen diese Botschaft zu vermitteln.

Doch bevor diese Schwelle überschritten ist, hat es wenig Sinn, Diskurse über Kultur auch nur anzufangen. Denn darüber, was Hobie und Kit miteinander veranstalten, lässt sich nicht in der gleichen Weise reden wie über Planeten, Mikroben oder das Bier im Kühlschrank. Begriffe der Naturwissenschaft und des Alltags, die sich auf solche Objekte beziehen, sind zwar auch nur Konstruktionen und begriffslogisch nicht vom Begriff der Risikogesellschaft unterschieden, aber es ist pragmatisch unerheblich, dies auch zu wissen – man kann trotz epistemologischer Ignoranz sinnvoll kommunizieren. Dagegen wird ein Gespräch über "die" Risikogesellschaft, bei dem A weiß, wie er redet, während B, um es mit Poppers Bild zu sagen, noch dem Kübelmodell des Alltagsverstands verhaftet ist, von A, je nach seinem Naturell, als komische Nummer, klinischer Beobachtungsfall oder katastrophale Zeitverschwendung erlebt.

Mit dem Kübelmodell meint Popper die naive erkenntnistheoretische Auffassung, dass die Dinge ohne unser selektives und formendes Zutun, ohne Aprioris, von außen auf uns zukommen und in uns hineinplumpsen würden als wären wir Container. Der entscheidende Punkt ist nun folgender: Bei Planeten, Mikroben und Bier im Kühlschrank ist die apriorische Selektion und Formung des jeweiligen Aspekts der Wirklichkeit für alle am Diskurs Beteiligten so naheliegend und gleichartig (aus anthropologischen und/oder kulturellen Gründen), dass man die Aprioris genauso gut vergessen kann, es sei denn, ein Paradigmenwechsel steht an. Bei einem Begriff wie dem der Risikogesellschaft dagegen ist überhaupt nichts naheliegend. Kulturelle Phänomene lassen sich nicht so eindeutig auseinander sortieren wie Williamsbirnen und Glühbirnen. Schon die Frage "Ist das jetzt eigentlich eine Risikogesellschaft oder ist das keine?" bringt jemand, der die rudimentäre erkenntnistheoretische Propädeutik absolviert hat, eher zum Lachen oder zum Weinen als zum Antworten (freilich: Was will man tun, wenn einem ein Mikrofon hingehalten wird).

Die besondere Pointe der Rezeptionsgeschichte von Büchern wie der Risikogesellschaft liegt in einer fundamentalen apriorischen Diskrepanz zwischen Autor und den meisten Lesern. Nicht durch Beispiele und nicht durch Erklärungen in einfacheren Worten ist das verborgene Nichtverstehen zu beseitigen, nicht durch Analogien und sonstige Techniken der Verständigung, denn es fehlt die apriorische Gleichheit der Gesprächsteilnehmer als wichtigste Voraussetzung der Klärung. Ohne gemeinsame apriorische Basis werden die Missverständnisse nur verfestigt. Man müsste bei Adam und Eva anfangen, bei Vorfragen, und zuallererst beim Unterschied zwischen der essentialistischen und der konstruktivistischen Bedeutungstheorie, um überhaupt das Niveau zu erreichen, auf dem Zustimmung und Kritik nicht bloß auf der Illusion wechselseitigen Begreifens beruhen.

Die epistemologische Betriebsblindheit der Naturwissenschaften

In dieser mentalitätsgeschichtlichen Passage entbehrt es nicht der tragischen Ironie, dass etwa ausgerechnet Terry Eagletons allseits freundlich besprochenes Buch Was ist Kultur? den Essentialismus schon im Titel und erst recht im Text zum Programm macht, und dass beispielsweise der SPIEGEL ausgerechnet Hubert Markl, also einen prominenten Naturwissenschaftler, in einem flott-polemischen Essay als zürnenden Ein-für-alle-Mal-Zurechtrücker zu Wort kommen lässt, um den Unterschied zwischen Naturwissenschaft und Kulturwissenschaft für nicht vorhanden zu erklären. Eleganter Unsinn, die gerechtfertigte Etikettierung kulturtheoretisch daherkommenden Geschwafels im Buch der Naturwissenschaftler Sokal und Bricmont, trifft auf vieles zu. An Böcken, die sich zu Gärtnern berufen fühlen, herrscht kein Mangel.

Aber es gibt auch Gärtner. Die brillantesten erkenntnistheoretischen Arbeiten, die ein einheitliches Verständnis von Naturwissenschaft und Kulturwissenschaft in ihrer Verschiedenartigkeit ermöglichen, stammen von einem Naturwissenschaftler. In Rupert Riedls Buch Die Spaltung des Weltbildes. Über die biologischen Grundlagen des Erklärens und Verstehens aus dem Jahr 1985 steht alles, was man braucht, um diese Verschiedenartigkeit grundlegend zu begreifen.

Dass die erkenntnistheoretische Tradition der Naturwissenschaft gegenwärtig brach liegt, dass einen Wehmut ankommen will angesichts der Vergessenheit von Riedls Buch, ganz zu schweigen von Wilhelm Diltheys Aufbau der geschichtlichen Welt in den Geisteswissenschaften aus dem Jahr 1910, mag mit der Etabliertheit der Naturwissenschaft zusammenhängen. Nach philosophisch aufregenden Gründerzeiten wurden ihre Erkenntnisformen Routine. Wozu über etwas nachdenken, was ganz offensichtlich seit langem funktioniert? Und warum nicht endlich alle Wissenschaften dieser Routine unterwerfen? Doch das Ende der komfortablen Borniertheit steht bevor, und zwar gerade wegen des Erfolgs der Naturwissenschaft. Ihre Triumphe zogen eine wachsende kulturelle Wirksamkeit der Naturwissenschaft nach sich, während ihre Dialogfähigkeit in kulturbezogenen Diskursen auf archaischem Niveau verblieb.

Unterwegs zu apriorischer Flexibilität. Ideen zu einem epistemologischen Curriculum

Gefordert ist apriorische Flexibilität – eine nicht nur kognitive, sondern auch emotionale Leistung, denn es gilt, aus der wärmenden heimatlichen Höhle eines und nur eines apriorischen Systems herauszutreten. Das Denken wird deshalb nicht unbehaust, nur mobiler. Die für den naturwissenschaftlichen Blick fremdartigen Eindrücke im anderen apriorischen System sind vielfältig und verstörend, alles scheint auf den Kopf gestellt, und in den Ecken erblickt man Monster. Mit diesen vertraut zu machen, ist das Ziel des epistemologischen Curriculums.

Worin sich die Voreinstellungen des kulturverstehenden Blicks von den Aprioris des naturverstehenden Blicks unterscheiden, lässt sich am besten durch eine Reihe von Gegensätzen deutlich machen. Es geht im Folgenden nicht darum, Postulate aufzustellen, mit denen man bei vielen Soziologen offene Türen einrennen würde. Es geht vielmehr darum, auf die innerhalb der Soziologie verbreitete Unkenntnis dieser Gegensätze zu der Diskurswirklichkeit außerhalb der Soziologie aufmerksam zu machen. Und es geht darum, dass die Soziologie die Unkenntnis dieser Gegensätze als ihr gegenwärtiges disziplinäres Hauptproblem begreift.

An die Stelle der Suche nach universellen Gesetzmäßigkeiten tritt weitgehend die Beschäftigung mit historisch vorübergehenden Phänomenen. Sofern es sich dabei überhaupt lohnt, mit Variablen im Sinn von Statistik und quantitativer Modellbildung zu arbeiten, unterliegen nicht nur die Beziehungen zwischen den Variablen der Veränderung, sondern sogar diese selbst. Physikalische Größen wie etwa das Gewicht lassen sich zu allen Zeiten messen, den wichtigsten Aspekten kulturellen Wandels kann man nicht mit einem Arsenal standardisierter sozialer Indikatoren gerecht werden. Soziologische Aktualisierung schließt die Erarbeitung neuer Begriffe und neuer theoretischer Hintergrundvorstellungen ein. Sie kann nicht darauf beschränkt bleiben, mit einem Katalog von Variablen, und sei er noch so differenziert, den Gang der Gesellschaftsgeschichte zu registrieren, denn es gibt keinen Variablensatz der Kollektivbeschreibung mit universeller Relevanz.

Nicht auf Momente, sondern auf Intervalle richtet sich die zeitliche Auflösung empirischer Beobachtungen. Es geht in der Hauptsache nicht um Ereignisse und Ausprägungen, sondern um zeitextensive Phänomene: wiederholte Verlaufsmuster, interpersonale Episoden, Prozesscharakteristika, Regelmäßigkeiten langfristiger Entwicklungen. Die typische soziologische Abstraktionsform ist die Sinn unterstellende Zusammenfassung von Verläufen und die Sequenzierung von Intervallvergleichen, orientiert an der Frage, wie man die Reihe der Unterschiede theoretisch modellieren könnte (Begriffe wie Modernisierung oder Rationalisierung beruhen auf dieser Operation).

Die wichtigste theoretische Leistung ist nicht die kausalanalytische Erklärung, sondern die komplexe Beschreibung. Was im deduktiv-nomologischen Syllogismus mit dem Ausdruck "Antezedenzbedingungen" als sekundär im Verhältnis zur Apotheose der Gesetzesannahmen diskriminiert wird, dem gebührt beim Kulturverstehen das höchste Prestige. Vergesst den deduktiv-nomologischen Syllogismus! Der zentrale Deutungsbedarf lässt sich in die Frage kleiden: Was tun wir eigentlich gerade? Nach Jahrzehnten regressionsanalytischer Riten ist klar: Nichts ist vergänglicher, als Strukturgleichungen.

Subjektivität ist nicht bloß ein Störfaktor im Wissenschaftsbetrieb, sondern gleichzeitig eine unverzichtbare Forschungsressource. Wer die Beziehung von Hobie und Kit beschreiben will, kommt mit radikaler Entsubjektivierung der Methoden gerade mal bis zu der Feststellung, dass es sich um einen Mann und eine Frau handelt. Zu ihrem Spiel dringt der Forscher nur vor, wenn er es innerlich nachspielt. Die methodische Akkreditierung von Subjektivität schließt allerdings das Prinzip der Objektivierung nicht aus, im Gegenteil: Sie schreit danach. Andererseits: Würde absolute Objektivierbarkeit die Grenze des Kulturverstehens markieren, so bliebe das Zielgebiet unerreichbar.

Die Geschichte des Kulturverstehens lässt sich nur zum geringen Teil als kumulative Fortschrittsgeschichte (analog der Geschichte des Naturverstehens) begreifen. Wissensfortschritt ist die Annäherung an objektive Sachverhalte, doch die Sachverhalte, mit denen sich der kulturverstehende Blick beschäftigt, schreiten selber fort. Während wir noch daran arbeiten, eine historisch vorfindbare Gesellschaft besser zu beschreiben, zu erklären und zu verstehen, hat sie sich schon in eine andere transformiert. Nach einiger Zeit wird das Bemühen, gegebenes Wissen zu verbessern, zur Sozialarchäologie. Immer wieder stiehlt sich der Forschungsgegenstand aus dem Fokus der Betrachtung. Wenn man ihn wieder ins Visier nimmt, ist er nicht mehr der Alte. Eigenschaften, für deren Erfassung man viel Mühe aufgewendet hat, sind verschwunden; neue Phänomene treten auf, denen gegenüber der kulturverstehende Blick zunächst mit leeren Händen dasteht. Theoriefragmente werden obsolet; gleichzeitig entsteht neuer Theoriebedarf. An die Stelle kumulativen Wissensfortschritts muss soziologische Aktualisierung treten. Die wesentlichen Aussagen zeichnen zeitdiagnostisch Wandel nach, und die wesentlichen Paradigmenwechsel sind nicht wissenschaftlich, sondern kulturell bedingt. Die Zeitreihe der Paradigmen ergibt keine Treppe, sondern eine Galerie kultureller Portraits.

Ungenauigkeit ist nicht nur Ausdruck von Messproblemen und theoretischen Defiziten, die sich mit dem Fortschritt des Wissens allmählich beheben lassen. Zu einem wesentlichen Teil liegen ihre Ursachen in der objektiven Beschaffenheit der Wirklichkeit selbst. Zeitextensive Muster wiederholen sich nicht perfekt, Transformationen weisen Unregelmäßigkeiten auf, Personengruppen lassen sich nur mit Grauzonen voneinander abgrenzen. Daraus ergibt sich die paradox scheinende Schlussfolgerung, dass kulturbezogene Aussagen nur dann genau der Wirklichkeit entsprechen können, wenn sie Unschärfen enthalten. Menschen orientieren sich an gemeinsamen Vorstellungen (auch Hobie und Kit mit ihren Drehbüchern), aber sie tun dies immer nur in Grenzen. Dies wird in tausend Jahren nicht anders sein. Beschreibbar ist das Gemeinsame, das über alle Unregelmäßigkeiten hinweg sichtbar wird, auch wenn es sich nie perfekt realisiert. Diese Idee stand Pate bei Webers methodologischer Erfindung der Idealtypen – eigentlich nur eine Explikation dessen, was wir ohnehin alle tun, etwa mit der Alltagsaussage Die beiden streiten die ganze Zeit, aber genau deshalb bleiben sie zusammen.

Zentrale zeitdiagnostische Begriffe klingen dichotom wie natur- oder sachdiagnostische Begriffe, sind aber fundamental anders zu verstehen. Vergleichen wir zwei Gruppen von Aussagen. Gruppe A: "Das Wetter ist schlecht"; "Das Auto weist Sicherheitsmängel auf"; "Du hast Fieber". Gruppe B: "Mit dem Nachkriegsboom entwickelte sich die Bundesrepublik zur nivellierten Mittelstandsgesellschaft"; "Individualisierung ist eines der zentralen Charakteristika unserer Zeit"; "Wir leben in der Epoche der Globalisierung". Eines der irritierendsten Diskursprobleme nicht nur im Verhältnis von Soziologie und Öffentlichkeit, sondern auch innerhalb der Soziologie besteht darin, dass Aussagen der Gruppe B so kritisiert werden, als handelte es sich um Aussagen der Gruppe A. Die typischen Einwände haben die Form des triumphierend ins Feld geführten Gegenbeispiels: "Aber es gibt doch XY!" Ohne apriorisches Lernen wird sich Einfalt dieser Art auf ewig die Intelligenz der Entlarvung von "Windbeuteln" durch "die Fakten" zu Gute halten. Das Gegenargument ist einfach genug, aber es ist darauf angewiesen, dass sich der Gesprächspartner auf den Umweg der Erörterung von Voreinstellungen der Perspektive einlässt: Es geht bei Aussagen der Gruppe B nicht um das Vorliegen oder Nichtvorliegen eines Sachverhalts zu einem bestimmten Zeitpunkt, es geht vielmehr um den Wandel des Mischungsverhältnisses von mindestens zwei Sachverhalten zu mindestens zwei Zeitpunkten.

Beim Überblick über diese Anfängerlektionen apriorischen Lernens wird noch einmal klar, warum die weiter oben erläuterte allererste Lektion der Verabschiedung des Essentialismus so wichtig ist: Weil sich Punkt für Punkt die Konsequenz ergibt, dass es nicht nur eine angesichts des jeweils vorliegenden Wissens zwingende Semantik gibt wie in der Gemüseabteilung des Supermarkts – immer gibt es mehrere Möglichkeiten, die soziologische Wahrnehmung sinnvoll durch Begriffe zu programmieren. Diese Möglichkeiten stehen selten im Widerspruch zueinander, werden aber regelmäßig so diskutiert, als würden sie sich gegenseitig ausschließen: "Leben wir jetzt eigentlich in der Risikogesellschaft oder in der Wissensgesellschaft?". Es zeigt sich an dieser Stelle, dass die geforderte apriorische Flexibilität weiter gehen muss als nur bis zur Fähigkeit, je nach Bedarf zwischen naturverstehender und kulturverstehender Perspektive je nach Bedarf hin und her zu wechseln. Sie ist zusätzlich als Paradigmenpluralismus innerhalb der kulturverstehenden Perspektive notwendig.

Zur Wissenssoziologie der Soziologie

Dass es der Soziologie trotz der faszinierenden intellektuellen Herausforderung, die in ihrem Gegenstandsbereich angelegt ist, und trotz ihrer seit mehr als hundert Jahren wachsenden Aktualität so wenig gelingt, sich halbwegs zu konsolidieren, sowohl als öffentlich anerkannte akademische Disziplin wie auch als praktisch gut verankerte Profession: dies kann nicht nur auf die etwaige Inkompetenz ihrer Vertreter zurückzuführen sein. Denn es ist nicht plausibel, dass sich in der Soziologie mehr Hochstapler, Trittbrettfahrer und weltferne, chaotische, organisationsunfähige Charaktere tummeln würden als in anderen Disziplinen auch.

Die spezifischen Schwierigkeiten der Soziologie sind vielmehr in den Eigenschaften ihres Gegenstandsbereichs begründet, die sich in den gerade dargestellten Basislektionen des epistemischen Curriculums widerspiegeln. Wie um alles in der Welt soll sich eine Wissenschaft festigen, für die zeitdiagnostisches Nomadentum thematisches Hauptprogramm ist; deren Forschungsgegenstände im Kleinen wie im Großen zeitextensiv sind und deshalb keine natürlich scheinenden Grenzen aufweisen; deren vorwiegende Denkoperation der Mustererkennung zwingend die Zuhilfenahme vorgefasster Sinnunterstellungen voraussetzt; bei der die Subjektivität des Forschers systematisch als Forschungsressource in Anspruch zu nehmen ist; deren Praxisbeziehung – Weder Aufklärung noch Sozialtechnologie? – sich kaum in einleuchtender und werbewirksamer Weise als Bereitstellung immer wieder verwendbaren Kausalwissens inszenieren lässt, sondern überwiegend nur als Angebot ephemeren Beschreibungswissens, mit dem in anschließenden Diskursen dann weiß Gott was geschieht; deren Wissenschaftsgeschichte keinen spektakulären Fortschrittspfad ergeben kann; die ihrem Gegenstand am besten mit unscharfen Formulierungen gerecht wird; deren Paradigmen oft nicht im Verhältnis von "entweder/oder" sondern "sowohl/als auch" stehen?

Institutionalisierungstechnisch erscheint die Soziologie als unmögliche Wissenschaft, diskurstechnisch als unentbehrliche. Es kann gut sein, dass die Soziologie dem Beispiel der gegenwärtigen akademischen Psychologie folgt und unter Verlust ihres Gegenstands als Institution erstarkt, ebenso vital wie leer. Wenn die Soziologie dem klassischen wissenschaftlichen Institutionalisierungspfad folgt, programmiert auf Entsubjektivierung, Standardisierung, Reproduzierbarkeit, Eindeutigkeit und Beschränkung auf das sicher Wissbare, so ist es zwar wahrscheinlich, dass es ihr gelingt, sich als informationsverarbeitende Maschinerie langfristig auf die Schiene zu setzen, aber sie ist dann keine Soziologie mehr.

Dass diese Schiene schnurstracks von dem Themenbereich wegführt, auf den sich die ursprüngliche Gründungsidee der Soziologie bezieht und den öffentliche Diskurse von Jahr zu Jahr mehr in ihr Zentrum rücken, kann ebenso unbemerkt bleiben wie so mancher andere Wissenschaftszauber auch, etwa das Vollmond-Krötenblut-Ritual unserer vierteljährlich von "Wirtschaftsweisen" abgegebenen und ebenso vierteljährlich von der Wirklichkeit korrigierten "Konjunkturprognosen". "Dafür bezahlen die Leute ihren Eintritt", sagte der Zauberkünstler Houdini, als im vorgeworfen wurde, er arbeite mit Suggestionen. Die Kunden der Wissenschaft konsumieren die Dienstleistung der Orientierungsillusion; im Gegenzug erhält die Wissenschaft Anerkennung, Aufmerksamkeit, institutionelle Abstützung und Geld. Suggestionen nicht zu glauben wäre bei diesem Tauschgeschäft irrational.

Für die Wahrscheinlichkeit einer solchen Zukunft spricht im Fall der Soziologie – ironisch genug – das heftig angezweifelte funktionalistische Argument des Überlebens als System. Aber ist es dem System wirklich egal, was es ist, Hauptsache, es lebt? Vielleicht trifft dies auf die Bundesanstalt für Arbeit, die GfK oder eine Wurstfabrik zu. Die Soziologie könnte eine Ausnahme sein, aus zwei Gründen: Sie weiß zu viel über Systeme, und sie weiß zu viel über sich selbst. Sie ist bereits zu aufgeklärt, um restlos zu verblöden – zugegebenermaßen ein Argument, das etwas Ähnliches wie Vernunft auf dem Weg sieht, einen point of no return nach dem anderen hinter sich lassend.

Zu naiv? Ja, wenn der oben beschriebene kollektive Lernprozess, die Aneignung der epistemischen Propädeutik für kulturbezogene Diskurse, nicht in Gang kommt. Münchhausen, zieh dich am eigenen Schopf aus dem Sumpf! Soziologie, mach dich verständlich, indem du dich verständlich machst! Immerhin: Was physikalisch unmöglich ist, muss kommunikativ noch lange nicht unmöglich sein. Niemand hat dies in den vergangenen Jahrzehnten besser bewiesen als Ulrich Beck.

Literatur:

Beck, U., Risikogesellschaft. Auf dem Weg in eine andere Moderne, Frankfurt 1986.
Beck, U./Bonß, W., Verwissenschaftlichung ohne Aufklärung? Zum Strukturwandel von Sozialwissenschaft und Praxis, in: Beck, U./Bonß, W., (Hg.), Weder Sozialtechnologie noch Aufklärung? Analysen zur Verwendung sozialwissenschaftlichen Wissens, Frankfurt a. M. 1989.
Berne, E., Games people play, New York 1964.
Dilthey, W., Der Aufbau der geschichtlichen Welt in den Geisteswissenschaften, Berlin 1910.
Markl, H., Die Legende von zwei Bildungskulturen, in: DER SPIEGEL, 32, 5. 8. 2002.
Parker, D., Dusk before Fireworks, in: The portable Dorothy Parker, New York 1944.
Popper, K., Objektive Erkenntnis. Ein evolutionärer Entwurf, Hamburg 1973.

Riedl, R., Die Spaltung des Weltbildes. Biologische Grundlagen des Erklärens und Verstehens, Berlin/Hamburg 1985.

Schulze, G., Die beste aller Welten. Wohin bewegt sich die Gesellschaft im 21. Jahrhundert?, München 2003.

Sokal, A./Bricmont, J., Fashionable Nonsense, New York 1998.

Weber, M., Die Objektivität sozialwissenschaftlicher und sozialpolitischer Erkenntnis, Archiv für Sozialwissenschaft und Sozialpolitik, Bd. 19, 1904, S. 22-87.

Die Ästhetik der Erreichbarkeit und Benennbarkeit.
Eine unsachliche Kritik

Armin Nassehi

Wie feiert man jemanden wie Ulrich Beck textförmig? Und wie soll man das tun, wenn man ausdrücklich darum gebeten wurde, dies *aus systemtheoretischer Perspektive* zu tun? Ich könnte Risiko-, Individualisierungs- und Globalisierungstheorie mit den Bordmitteln der Systemtheorie rekonstruieren – und ich würde wohl, *genau besehen,* zu anderen und, *etwas gröber gesehen,* zu ähnlichen Diagnosen kommen. Ein anderer Ansatzpunkt wäre auch Becks idiosynkratische Lesart der Differenzierungstheorie, die manche produktive Selbstbeobachtung seiner Theorie behindert. Oder soll ich gar nachweisen, dass man mit der Systemtheorie die *reflexive Modernisierung* und die *zweite Moderne* viel besser auf den Begriff bringen könnte?

Nein, all das wäre ebenso kleinlich wie redundant – *kleinlich*, weil der Jubilar gefeiert werden soll und es hier nicht darum gehen kann, Belehrung oder Versöhnung anzustreben, *redundant*, weil das alles – auch aus meiner Feder – schon so oft beschrieben wurde. Ich habe mich deshalb dafür entschieden, all diese sachlichen Ähnlichkeiten und Differenzen zunächst unberücksichtigt zu lassen und eine dezidiert *unsachliche Kritik* vorzulegen. *Unsachlich* wird sie nicht in dem Sinne ausfallen, dass ich nun die Person kritisiere (dazu hätte ich nun wirklich keinen Grund, auch wenn ich im selben Institut arbeite wie der Jubilar!); eine *unsachliche* Kritik soll auch nicht eine irgendwie polemische oder gar bösartige Kritik sein. *Unsachlich* wird meine Kritik insofern ausfallen, als ich nicht den sachlichen Gehalt der vielfältigen Diagnosen von Ulrich Beck auf dem Gebiet der Wissenschaftsforschung, des Risikos, der Individualisierungstheorie, der Globalisierungsdebatte und der Gesellschaftstheorie diskutieren werde, sondern ihren diskursstrategischen Kontext, die Bedingungen ihrer außersoziologischen Anschlussfähigkeit, kurz: ihren *sozialen* im Unterschied zu ihrem *sachlichen* Sinn. Und am unsachlichsten sieht sicher eine *ästhetische Kritik* aus. Ich beginne deshalb so.

1. Theorieästhetik

Das Anregungspotential des Werkes von Ulrich Beck ist beeindruckend. Wie kaum einem anderen gelingt es ihm, Begriffe und Problemstellungen, deren Anschlussfähigkeit sich v.a. im politischen Raum erweist, in Textformen zu gießen, die jene politische Anschlussfähigkeit in wissenschaftliche Annahmefähigkeit zu übersetzen in der Lage sind. So reagiert die von Beck prominent betriebene Verwendungsforschung (sozial-) wissenschaftlichen Wissens auf die politische Selbstverunsicherung der Nach-60er-Jahre-Euphorie der wissenschaftlichen Lösbarkeit technischer und gesellschaftlicher Probleme, die einer Skepsis über Problemlösung und Implementationsfähigkeit wissenschaftlichen Wissens gewichen ist (vgl. Beck/Bonß 1989). Die Aktualisierung des bereits den Fachklassikern zu entnehmenden Gedankens der "Individualisierung" von Lebenslagen reagiert auf die post-linke Erfahrung, dass sich die als Kollektivschicksale beschriebenen Lebenslagen im "Spätkapitalismus" v.a. als kollektive Individualschicksale anfühlten (vgl. Beck 1983; Beck/Beck-Gernsheim 1994). Und dass sich den Gefährdungslagen klassenspezifischer Lebensformen neue kollektive Risikolagen überlagerten, bringt eine völlig neue Perspektive auf politische Probleme zum Ausdruck, die in Form neuer sozialer Bewegungen bisweilen quer zum traditionellen, an den grundlegenden Interessendivergenzen des Kapitalismus orientierten Parteigliederungen des politischen Systems liegen (vgl. Beck 1986). Und dass in der "Risikogesellschaft" mit ihrer schwindenden Politisierbarkeit der klassischen wohlfahrtsstaatlichen Konfliktlagen Politik offensichtlich mit anderen Unterscheidungen operiert und substaatlich mindestens "neu zu erfinden" sei (vgl. Beck 1993), ist gewissermaßen der sozialwissenschaftlich außerparlamentarische Ausdruck des Problems, dass sich politische Interessen immer weniger organisationsgestützt nach den einfachen Schemata der Sitzordnung im Bundestag, nach links und rechts, konservativ und progressiv oder modern und traditionalistisch ordnen lassen. Schließlich reagiert der Topos einer "kosmopolitischen" Perspektive auf die politische Erfahrung der Transnationalisierung politischer Prozesse und nicht zuletzt auf die Ungleichzeitigkeit ökonomischer, rechtlicher und kultureller Globalisierung mit der organisatorischen und semantischen Verfasstheit von (National-) Staatlichkeit (vgl. Beck 2002).

Schon diese Aufzählung ist ein beeindruckendes Dokument einer Soziologie, die ihre empirische Plausibilität freilich auch ihrer politischen Anschlussfähigkeit verdankt, ihrer unübertroffenen Fähigkeit, die Erfahrungslagen einer mit der Mannigfaltigkeit ihrer Sinneseindrücke konfrontierten Öffentlichkeit mit Kategorien zu versorgen, die diesen einen Namen geben kann.

An anderer Stelle habe ich vorgeschlagen, die Beobachtung soziologischer Theorien nicht nur im Sinne von "Was-Fragen" zu ordnen, sondern auch im Sinne einer *Theorieästhetik* "Wie-Fragen" zu stellen (vgl. Nassehi 2003a: 82ff.). Damit meine ich zunächst nicht so etwas wie eine Methodenfrage oder Methodenkritik, sondern eher die Frage nach der Selbstplausibilisierung jener Textsorten, in denen Theorien aufgehoben werden und von denen sie letztlich nicht zu trennen sind. Eine *ästhetische Kritik* wissenschaftlicher Texte meint dabei keine literarische Kritik oder eine, die sich auf ein irgendwie sprachästhetisch zu erarbeitendes Kriterium bezöge. Es wird nicht beabsichtigt, sozialwissenschaftliche Texte unter Kunstverdacht zu stellen. Unter einer theorieästhetischen Beobachtung verstehe ich vielmehr einen Blick auf jene Kommunikationsstrukturen, mit denen wissenschaftliche Kommunikation ihre Anschlussfähigkeit sichert. Ich gehe davon aus, dass jede Theorie so etwas wie einen *Habitus* im Sinne Pierre Bourdieus hervorbringt, also eine sich jenseits des Sagbaren, jenseits der kognitiven Repräsentierbarkeit, jenseits rationalen Entscheidungskalküls und jenseits der rein sachlichen Bezüge hervorbringende Form. Wie man mit Bourdieu meinen kann, dass der Träger eines Habitus womöglich am wenigsten über jenes *inkorporierte*, i.e. auch vorreflexive Wissen seiner selbst wird sagen können, so ließe sich hier argumentieren, dass sich die theorieästhetische Form einer Theorie weniger darüber erschließt, was eine Theorie zu sagen hat, sondern wie sie sich vor sich selbst und vor ihrem virtuellen Publikum plausibilisiert.

Um nur einige Beispiele zu nennen: Die Ästhetik des *Hempel-Oppenheim-Realismus* etwa lebt von einer klaren Zentralperspektive mit naturalistischem Abbildungsethos, und die Zurichtung des Akteurs als rationalem Vorteilsmaximierer gewährleistet durch seine Modellierbarkeit jenen Abbildungsgestus, selbst wenn stets von Modellen die Rede ist. Die Ästhetik der *Sozialphänomenologie* lebt vom Aufforderungscharakter des

Sozialen. Sie gewinnt ihre Plausibilität über das *Deja-vu*-Erlebnis lebensweltlicher Erfahrung und lebensweltlicher Zumutungen im Kleide der wissenschaftlichen Einstellung. Die Ästhetik der *klassischen Gesellschaftsstrukturanalyse* ist eine politisierbare Ästhetik des *goal attainment*, die aufgrund ihrer Orientierung am wohlfahrtsstaatlichen Paradigma des Gesellschaftlichen sozialen Strukturen und ihrer Repräsentierbarkeit durch Begriffe wie *Partizipation, Distribution* und *Gerechtigkeit* immer schon vertraut. Die Ästhetik der *kritischen Theorie* in der klassischen Variante Adornos ist eine Ästhetik des Ausgeliefert-Seins, der paradoxen Beschreibung der Bedingung ihrer eigenen Unmöglichkeit; die der späteren Habermasschen Variante ist eine Ästhetik der exakten Wissenschaftlichkeit und der exakten Letztbegründung, die so exakt ist, dass sie sich selbst nicht trauen kann und des *transzendentalen Scheins* ihrer eigenen Möglichkeitsbedingung bewusst wird. Es ist ferner eine ästhetische Figur, die sich nicht nur wissenschaftlich, sondern sogar alltagsweltlich bewähren soll. Die Ästhetik der *ethnomethodologischen* Befremdung der Alltagsroutine ist eine Ästhetik der kleinen Dinge, eine Art soziologisches Stilleben mit einem *surplus* an Dekuvrierung der alltäglichen Absurdität mancher Selbstverständlichkeit, leidend freilich daran, mit dieser Beobachtung die Routine und Eindeutigkeit des Stillebens bereits verlassen zu haben. Die Ästhetik des *Strukturfunktionalismus* ist eine Ästhetik der Versöhnung der Gegensätze und der Normierung, die dem einzelnen die Einsicht in die Bestandsnotwendigkeit des Ganzen abverlangt. Die *Systemtheorie* schließlich pflegt in erster Linie eine Ästhetik der Autologie und der epistemologischen Verunsicherung, indem sie an sich selbst exekutiert, was sie ihrem Gegenstand einschreibt: die selbsttragende Konstruktion einer unhintergehbaren Perspektive, die gesellschaftlich stets hintergehbar ist (vgl. dazu Nassehi 2003a: 82ff. ; 321f.).

Ästhetische Kritik dieser Art ist keine entlarvende Kritik. Sie soll lediglich dazu dienen, eine theorievergleichende Perspektive einerseits überhaupt möglich zu machen, andererseits sie von der Banalität zu befreien, als gehe es in Theorien bloß um die konstative Feststellung irgendwelcher Fakten oder äquivoker Begriffe, die dann aufeinander bezogen werden können. Das meine ich mit der Konzentration auf "Wie-Fragen".

Wie lässt sich nun die Ästhetik des Werkes von Ulrich Beck beschreiben? Sicher ist es weder die autologische Reflexivität systemtheoretischer Texte noch ist es der Abbildungseifer erklärender Modellierbarkeit, erst recht nicht die feingliedrige Perspektive der Ethnomethodologie. Becks Texte, die im deutschsprachigen Raum nichts weniger als ein textästhetisches Genre hervorgebracht haben, leben davon, dass sie einerseits für *Benennbarkeit* sorgen, andererseits um *Erreichbarkeit* bemüht sind. Ich möchte deshalb von einer *Ästhetik der Benennbarkeit und Erreichbarkeit* sprechen, die Benennungen nur deshalb in dieser Weise produzieren kann, weil sie immer schon ein erreichbares Publikum im Blick hat. Die oben angedeutete Parallelität von Becks Themen mit der politischen Agenda und dem veröffentlichten politischen Themen-, Problem- und Konfliktkanon erzeugt einen textlichen Zugzwang, der seine eigene Plausibilität vor allem dadurch erzeugt, dass ein *politisches* Publikum vorausgesetzt werden kann, an das zu appellieren ist und dessen Erreichbarkeit dem gesellschaftsdiagnostischen Text seinen *sozialen* Sinn verleiht.

2. Anschlussfähigkeit

Nun ist es *eine Sache*, wie große Teile der Soziologie, darin im übrigen befangen in einem bürgerlichen Ressentiment gegenüber dem massenmedial Erfolgreichen, schon die Anschlussfähigkeit von Becks zeitdiagnostischen Texten als verdächtig einzustufen und ihre Form als Preis für den Verlust an akademischen Normalstandards anzusehen. Wenn ich recht sehe, ist dies eine der Standardvarianten der Beobachtung von Becks Texten – wenn nicht in der textförmig veröffentlichten Meinung der Soziologie, dann doch in fachinternen Interaktionen unter Anwesenden. Eine *andere Sache* ist es, diese Anschlussfähigkeit der Texte von Beck selbst als *soziologisches Datum* zu behandeln, es also soziologisch zu interpretieren. Aus differenzierungstheoretischer Perspektive wird man also fragen müssen, unter welchen etwa politischen oder massenmedialen Bedingungen soziologische Texte lesbar sind und was ihre Plausibilität ausmacht – denn ohne Zweifel treffen die Texte spätestens seit der "Risikogesellschaft" den *Nervus Sympathikus* sowohl der massenmedialen Reflexion als auch den der sozialwissenschaftlichen Intelligenz. Jeffrey Alexander und Philip Smith (Alexander/Smith 1996) haben Becks Zeitdiagnose als einen "mythological discourse" gelesen, dem es gelungen sei, das Unsichtbare mit Hinweis auf seine Unsichtbarkeit sichtbar zu machen – bezogen auf die Unsichtbarkeit von Gefahrenquellen wie Radioaktivität oder Schadstoffe und bezogen auf die Unsichtbarkeit der Risiken als Risiken. *Risiko* bearbeitet (und erneuert) gewissermaßen das zentrale Versprechen des technologischen Kontroll- und Beherrschungsmythos – ähnlich wie die Marxsche Kapitalismustheorie das Mythologem der Errettung in die Debatte brachte. Alexander und Smith sprechen solchen Diagnosen sogar gewisse "religiöse" Funktionen und Bedeutungen zu. So weit muss man nicht gehen. Worin sie sich aber bewähren ist in der Tat ihre Erzählbarkeit, ihre Nacherzählbarkeit, ihre Anschlussfähigkeit. Ihre Erzählbarkeit ereignet sich jenseits der sozialen und sachlichen Schließung, die die unverständliche Sprache wissenschaftsinterner Begründungserwartungen *nolens volens* hervorbringt.

Anders als Alexander und Smith, auch anders als Richard Münch (2002), der jüngst einige Zweifel an der epochalen Wende von "einfacher" zu "reflexiver" Modernisierung formuliert hat, würde ich Becks Textästhetik weniger an ihrer mythischen Funktion der Erzählbarkeit und weniger an der Idee einer *self fulfilling prophecy* und bloßen *Selbstbestätigung* festmachen als vielmehr an ihnen selbst ein schönes Beispiel für die Differenziertheit der modernen Gesellschaft erkennen. Becks Texte sind in den Funktionssystemen für Wissenschaft, Massenmedien und Politik zwar völlig unterschiedlich anschlussfähig, aber eben doch in allen dreien thematisierbar. Im Hinblick auf wissenschaftliche Anschlussfähigkeit wird Skepsis umgesetzt in Forschung, in Faszination für Fragestellungen oder in ein hochnäsiges *Haben-wir-schon-immer-gewußt*, das dann mit entsprechenden Referenzen auf klassische Texte oder Forschungsergebnisse unterfüttert werden kann. Die massenmediale Anschlussfähigkeit ergibt sich dagegen aus zwei Gründen, die unmittelbar mit der angedeuteten Theorieästhetik zu tun haben: die Benennbarkeit von in für ein Publikum Erfahrbares erzeugt jene Erreichbarkeit, die die Texte Becks anstreben. Die üblichen Formen des Unbehagens an der gegenwärtigen Modernität – Individualisierung von Lebenslagen, Risiken von Entscheidungen, Globalisierung von Wirkungs- und Entscheidungsräumen – bekommen hier mitteilbare Formen, die man wissenschaftlichen Texten sonst nicht entnehmen kann. Das nur für eine *gute Schreibe* zu halten, unterschätzte die besondere Qualität dieser Texte, die ihre Anschlussfähigkeit gerade dadurch sichern, dass sie sich verkürzen lassen – während sich die sozialwissenschaftliche Sprache dieser Form der mitteilungsorientierten Verkürzung ansonsten eher entzieht. Die Ästhetik der Beckschen Texte ist die Ästhetik einer *Übersetzbarkeit in Erfahrung*. Wenn ich nun behaupte, dass manche Erfahrung erst durch die Diagnose erzeugt wird, dann soll damit nicht gesagt werden, dass hier gewissermaßen eine *ideologische Verschleierung* vorliege. Im Gegenteil: Ich behaupte dagegen, dass Erfahrungen im sozialen Raum nur dann als solche ankommen, wenn sie kommunizierbar werden, wenn sie einen *sozialen* Sinn annehmen können, wenn es überindividuell verständliche Formen gibt, das individuell Erfahrene als authentisch individuell auf den Begriff bringen zu können. An religiöser Glaubenserfahrung lässt sich das ebenso ablesen wie an sexuellen Vorlieben, an politischen Überzeugungen ebenso wie am Kunstgeschmack. Ohne Vorlagen, ohne Muster der Benennbarkeit lässt sich all das nicht wahrnehmen und kommunizieren – insofern betreibt die Soziologie Becks (vielleicht gar nicht wirklich gewollt) das, was Durkheim der Soziologie bereits abverlangen wollte: eine *Moral* zu formulieren, die zur Form der Gesellschaft passt. Und das einzige Medium, in dem solche Formen der Benennbarkeit Erreichbarkeit in Anspruch nehmen können, sind die Massenmedien.

Vielleicht ist es das, was Alexander und Smith als *mythologisch* ansahen. Schon die mythische Erzählung hatte nicht nur den Sinn, die Welt abzubilden, sondern die Welt erfahrbar zu machen. Und manche Zeitdiagnose setzt exakt dort an: an einer Form der Benennbarkeit der Welt, deren Chiffrierung sich dazu eignet, die Komplexität der Welt in eine Form zu bringen, die man als Rezipient als Erfahrung ausgeben kann. Wer behauptet, *Individualisierung* oder *Globalisierung* oder *Risiken* gebe es gar nicht (oder schon immer) oder dafür allzu eindeutige Operationalisierungen zur Prüfung des Sachverhalts sucht, hat den *Funktionssinn* solcher Diagnosen nicht begriffen. Denn es ist gerade der Benennungserfolg, der bestimmte Erfahrungslagen erst als solche hervorbringt. Wenn schon der Exkurs ins Mythologische: Erst als Gott seinen Geschöpfen *Namen* gab, sie also *benennbar* machte, hatten sie den Status als vollwertige Geschöpfe, denen eine Repräsentation anhaftete. Die Ästhetik soziologischer Zeitdiagnosen läuft ganz ähnlich darauf hinaus, bestimmte Erfahrungslagen dadurch zu promovieren, sie benennbar zu machen. Sie erlauben eine Subordination unter die Macht der Bilder, die sie damit normativ aufladen. So kommen *individualisierte* Individuen viel besser an, ebenso wie jene, die sich der *Risiken* ihrer Lebensführung bewusst werden – von den *global players* ganz zu schweigen, deren Kritiker selbst welche sein müssen. Es kommt mir hier nicht auf einen womöglich pejorativ erscheinenden Gestus an, sondern auf den *Funktionssinn* solcher Beschreibungen. Ihre Ästhetik ist *sexy* – es fällt schwer, es anders auszudrücken.

Damit hängt zusammen die Anschlussfähigkeit im politischen Funktionssystem. Wer politisch kommuniziert, wird von drei Erwartungsformen für Anschlussfähigkeit in Anspruch genommen: er muss *erstens* auf kollektiv bindende Entscheidungen zielen, er muss *zweitens* Skeptiker überzeugen, also einen appellativen Erwartungsstil pflegen, und er muss *drittens* eine Kollektivität in Anspruch nehmen, die als ein *Wir* angesprochen werden kann. Die Funktion des politischen Systems wird üblicher Weise fast ausschließlich mit der ersten Erwartungsform identifiziert, die beiden anderen werden gewöhnlich vorausgesetzt, was letztlich dadurch zu erklären ist, dass der Begriff des Politischen mimetisch sich dem Paradigma des Nationalen anschmiegt und damit sowohl auf institutionalisierte Konflikte zugreifen kann als auch immer schon weiß, wer diejenigen sind, die *Wir* genannt werden können. Ich habe deshalb vorgeschlagen, die Funktionsbestimmung des Politischen zu erweitern und sie neben der Herstellung kollektiv bindender Entscheidungen auch in der kommunikativen Herstellung und Pflege ansprechbarer und erreichbarer Kollektive zu sehen. Das politische System stellt so etwas wie gesellschaftliche *Sichtbarkeit* her – nicht in dem Sinne, dass es alles Relevante in der Gesellschaft sichtbar macht, sondern in dem Sinne, dass der selektive Blick des Politischen all das, was ihm ansichtig wird, als relevant ausgeben kann (vgl. Nassehi 2002; 2003b).

An der politischen Anschlussfähigkeit der Beckschen Texte lässt sich nun deren *ästhetische* Struktur am deutlichsten erkennen. Der gesamte sprachliche Habitus ist durch und durch appellativ. Er wirbt um die *richtige* Entscheidung. Gerade das neueste Buch – "Macht und Gegenmacht im globalen Zeitalter" (Beck 2002) – lebt geradezu davon, einen speziellen Blick zu erlernen. Der Text wirbt darum, endlich *kosmopolitisch* sehen zu lernen, endlich die Entscheidung zu treffen, sich aus den Fesseln des nationalstaatlichen Denk- und Handlungsrahmens zu befreien und sowohl mit analytischer als auch mit solidarischer Geste den eigenen Horizont zu erweitern.

Die Ästhetik der Benennbarkeit und Erreichbarkeit wird hier freilich selbst zum Thema. Denn der Text wendet sich nicht einfach nur an ein empirisches Publikum, an das appelliert wird und dem die "richtige" Entscheidung abgerungen werden soll. Er ringt selbst darum, den Horizont des *Wir* zu erweitern, eine Kollektivität herzuschreiben, die das empirische Publikum transzendiert. An einen "Erfahrungsraum Menschheit" (Beck 2002: 77) wird hier appelliert. Eine Notgemeinschaft der "Weltrisikogesellschaft" mit einer kollektiv zu teilenden "akzeptierte(n) Gefährdungsdefinition" (ebd.) wird angemahnt, deren Möglichkeitsbedingung Beck gerade in der katastrophischen Erfahrung des Holocaust zu erkennen meint. *Benennbarkeit* und *Erreichbarkeit* werden erst dann möglich, wenn es gelingt, so etwas wie einen gemeinsamen Horizont herzustellen und damit die Bedingung dafür zu schaffen, dass Entscheidungen nicht nur wirksam, sondern auch kollektiv bindend werden. Das Medium dieses Appells ist die Einsicht, ist die Metapher der Umkehr, des Kierkegaardschen "Sprungs", der Läuterung, der begrifflichen Häutung. "Zombie-Begriffe" sollen abgestreift werden, damit dem Neuen ein Raum sich anbieten kann, der noch nicht benennbar ist und der kaum erreichbar scheint und dem gerade deswegen mit einer textlichen Ästhetik begegnet werden muss, die *Benennbarkeit* und *Erreichbarkeit* in ihre habitualisierte Existenzvoraussetzung einschreibt.

Ich wollte ja unsachlich bleiben, also den sachlichen Gehalt der Beckschen Analysen gar nicht diskutieren. Aber deutlich dürfte schon mit dem *ästhetischen* Argument werden, dass Beck gar nichts anderes übrig bleibt, als einen streng politisch formierten Gesellschaftsbegriff zu bilden, einen Gesellschaftsbegriff, der letztlich nur die Sozialdimension kennt, nur die Dimension der Ansprechbarkeit von Kollektiven und der Suche nach kollektiver Verantwortlichkeit. Es ist die spezifische Ästhetik der Beckschen Texte, die letztlich die Politik der Gesellschaft für das Zentrum der Gesellschaft hält – und wo dieses Zentrum versagt, macht man pathologische Verhältnisse aus. Auch wenn es hochnäsig klingt: Einen differenzierteren Gesellschaftsbegriff kann man von einer solchen Theorieästhetik nicht erwarten – und vor allem hier sehe ich den theoretischen

Funktionssinn, dass Beck die neue Soziologie, die ihm vorschwebt, eine *kosmopoliti-sche*, eine *kosmopolitische* Soziologie nennen muss, deren Nähe zu den alten Vorbildern frappierender ist, als es zunächst den Anschein hat. Ich kann mich kaum damit anfreunden, den Begriffsapparat der Soziologie generell als *zombiehaft* ansehen zu sollen. Zombiehaft ist womöglich die Denkungsart, allein in nationalstaatlichen Kategorien denken zu müssen und damit immer schon auf einen politischen *Bias* hereinzufallen, der sich v.a. der Funktion des Politischen verdankt: Gesellschaft als durch politische Geltungsräume begrenzte Kollektivitäten anzusehen. Bei allem demonstrierten Novitätsanspruch und bei aller gelungenen Überraschungsrhetorik ist das Argument von Beck außerordentlich traditionell und konventionell: Was er zur *kosmopolitischen Soziologie* und zur *kosmopolitischen Gesellschaft* vorträgt, ähnelt erstaunlich jenen semantischen Formen, die bereits die europäischen Nationen als "Schicksalsgemeinschaften" hervorgebracht haben, und zwar ebenfalls als Konstruktionen von Intellektuellen, die einen Code der Vergemeinschaftung über die Konstruktion eines gemeinsamen Schicksals bestimmt haben. Was die Erfindung der deutschen Kulturnation und die Zumutung an nationale Souveränität in einem politisch ungeeinten, konfessionell zerklüfteten und landsmannschaftlich inhomogenen Deutschland durch die Beschwörung eines gemeinsamen Schicksals durch die nationale Gefährdungslage nach der französischen Revolution und der Nationalisierung Frankreichs mit den Napoleonischen Kriegen zur Erhabenheit gebracht hat, ist heute die Unterstellung gemeinsamer Betroffenheit einer Weltrisikogesellschaft. Vielleicht haben sich nur die räumlichen Verhältnisse geändert. Stand der Feind weiland jenseits des Rheins, treffen wir ihn nun in der eigenen Disziplin und womöglich diesseits der Parteigrenzen. Insofern ist der "Erfahrungsraum Menschheit" eben das politische Korrelat einer Gesellschaftstheorie/-diagnose, die nur die Sichtbarkeit des Politischen kennt und die Gesellschaft legitim nur in politischer Perspektive für repräsentierbar hält.

Nicht dass ich nun meine unsachliche Perspektive verlasse. Wahrscheinlich hat Beck mit dem meisten, was er sagt, Recht. Dass die Textästhetik aber nur eine politische Redeform mit solidarischem Gestus hergibt, produziert eine Diagnose, die eben nicht mehr sehen kann als das, woran sich politisch appellieren lässt. Und das scheint mir für eine Gesellschaftstheorie zu wenig zu sein – und diese braucht dann eine andere Ästhetik, etwa eine solche, die noch ihre eigene Möglichkeitsbedingung mitreflektiert und dann notwendiger Weise andere Repräsentationen des Gesellschaftlichen wird auffinden müssen.

3. Theorie

Nun könnte ich fortfahren und der Textästhetik Becks etwa eine differenzierungstheoretische Autologie-Ästhetik gegenüber stellen und schon an der Ästhetik des Arguments zeigen, warum sachlicher und sozialer Gehalt von Texten auseinander fallen können. Das will ich freilich nicht tun. Ich nehme eine andere Fährte auf. Denn es könnte nach der bisherigen unsachlichen (sic!) Darstellung der Eindruck entstanden sein, die Ästhetik der Benennbarkeit und Erreichbarkeit in Becks Texten sei ausschließlich medial und politisch anschlussfähig. Man würde den Texten freilich Unrecht tun, sähe man nicht in der *Theorie reflexiver Modernisierung* und der rezenten Formulierung einer *Neuen kritischen Theorie* den Versuch einer theoretischen Reflexion der eigenen Bedingungen und Möglichkeiten. Grundgedanke der Theorie reflexiver Modernisierung ist keineswegs ein abrupter Bruch der Moderne, sondern vielmehr das *reflexive* Zurückwirken der Folgen, Nebenfolgen und Nebenfolgen der Nebenfolgen der Moderne auf sich selbst. Beck zeichnet das Bild einer Gesellschaft, die sich selbst letztlich unvertraut geworden ist, weil sie ihrer Eindeutigkeiten verlustig gegangen ist, weil ihre Beobachtungskategorien ihr ein Bild vorgaukeln, das praktischen Bewährungsproben immer weniger standhält (grundlegend Beck 1996).

Nun geht es mir wiederum nicht darum, die Theorie reflexiver Modernisierung in ihren Grundzügen sachlich nachzuzeichnen. Nein, auch hier werde ich eher Andeutungen über den theorieästhetischen Aufbau des Arguments machen und mich fragen, wie sich eine solche Theorie selbst positioniert und plausibilisiert. Zunächst fällt auf, dass Beck sich seit seinen mit der *Risikogesellschaft* begonnenen zeitdiagnostischen Bemühungen wenig systematisch, aber immer wieder explizit auf die Tradition kritischer Theorie bezieht. Nun lassen sich kaum Texte denken, die weiter von den negativ-dialektischen Konstruktionen eines Theodor W. Adorno entfernt sind, aber einige *ästhetische* Ähnlichkeiten lassen sich doch finden. Wie die frühe kritische Theorie das Gefangensein in den Kategorien einer logischen Zurichtung der Welt markiert, macht Beck immer wieder darauf aufmerksam, wie sehr wir in den Kategorien unserer Begriffsapparate gefangen sind, die nur noch einen Schein der Wirklichkeit preisgeben; wie die alte kritische Theorie die Unsagbarkeit einer Gegen-Wahrheit vor sich hergetragen hat, spielt Beck mit dem Gedanken, dass das Andere der anderen Moderne noch nicht wirklich formulierbar ist; wie die Frankfurter noch den *absoluten Verblendungszusammenhang* diagnostizierten, macht Beck in der Soziologie ebenso wie in der politischen Praxis einen durch "Zombie-Kategorien" verstellten Blick aus, der seine eigene Verblendung nicht sehen kann; und wie Adorno insbesondere der Erfolg des Wissenschaftsbetriebs und dessen Verzicht auf Reflexivität stets verdächtig war, brandmarkt auch Beck die Langweiligkeit einer Forschung, die sich in ihren eigenen Erfolgen eingerichtet habe und gerade deshalb nicht sehen könne, dass sie nicht eine gesellschaftliche Realität wiedergibt, sondern an ihrer Zurichtung sich beteiligt. Blieb die alte kritische Theorie freilich ihrem selbst auferlegten Bilderverbot treu, blieb sie der Parole verpflichtet, kein richtiges Leben im Falschen auffinden zu können, weiß Beck das Richtige sehr wohl zu benennen: Das Falsche ist ihm nur eine verstellte Spielart seines Gegenstandes; die Erlösung des kosmopolitischen Blicks, der solidarischen Geste in der Weltrisikogesellschaft und der Repolitisierung eines Epochenwandels, der sich, so wundert sich Beck, "*un*politisch und *un*gewollt, vorbei an allen politischen Entscheidungsforen, Konfliktlinien und parteipolitischen Kontroversen vollzieht" (Beck 1996: 30).

Beck exekutiert letztlich das, was die Kritiker der alten, der bürgerlichen, der akademischen, der philosophischen, der erkenntniskritischen, der negativ-dialektischen kritischen Theorie eingefordert hatten: dass die kritische Theorie *politisch* werden sollte. Historisch gesehen positioniert sich diese Art kritischer Theorie also ästhetisch eher in der Nähe von Habermas` Versuch, die alte kritische Theorie durch eine atlantische Westbindung zu retten und sie in der Tradition der klassischen Aufklärungsphilosophie zu regenerieren. Nicht nur was die öffentliche Aufmerksamkeit des "Philosophen der alten Bundesrepublik" angeht, scheint Beck dessen Nachfolge angetreten zu haben. Auch im Hinblick auf die Motive einer Demokratisierung und kommunikativen Öffnung von Entscheidungshorizonten und gesellschaftlichen Öffentlichkeiten scheint

Beck Ähnliches im Sinn zu haben. Es sind jedenfalls dieselben Traditionen, auf die Beck sich bezieht: die klassische Aufklärung, die Idee der Gesellschaft stiftenden Solidarität, die Frage der Austauschprozesse zwischen "lebensweltlichen" und institutionellen Arrangements und nicht zuletzt der reflexive Zugriff auf Traditionen. Beide, Habermas wie Beck, setzen auf eine Erneuerung der Tradition der kritischen Theorie, indem sie den Gestus der totalen Selbstdementierung, der der *Dialektik der Aufklärung* und der *Negativen Dialektik* noch anhaftete, revidieren und ihr eine Form geben, die für die politisch-praktische ebenso wie für die wissenschaftlich-theoretische Rede tauglich ist. Die alte kritische Theorie erzeugte ihre bildhafte Kraft dadurch, dass sie stets den Horizont jenes Allgemeinheitsdenkens mitführt, das sie theoretisch destruiert. In der *Negativen Dialektik* schreibt Adorno: "Der Totalität ist zu opponieren, indem sie der Nichtidentität mit sich selbst überführt wird, die sie dem eigenen Begriff nach verleugnet. Dadurch ist die negative Dialektik, als an ihrem Ausgang, gebunden an die obersten Kategorien von Identitätsphilosophie. Insofern bleibt auch sie falsch, identitätslogisch, selber das, wogegen sie gedacht wird. (...) Identität ist die Urform von Ideologie." (Adorno 1997: 150) Die ästhetische Konstruktion dieses Arguments liegt darin, dass die Einzeltatsache, das Besondere, die Erscheinung sich nur ausdrücken lässt in einer dialektischen Denkfigur, deren eigentlicher Gegenstand das Ganze *als Ganzes* ist. Da die historische Erfahrung des 20. Jahrhunderts freilich anders als das Selbstbewusstsein des frühen 19. Jahrhunderts Hegels eine positive Bestimmbarkeit des Allgemeinen schwer macht, bleibt Adorno nur die *negative* Dialektik, deren Bilderverbot auch der Selbstverteidigung dient – und das von einer akademischen Jugend aufgenommen wurde, die sich den Verzicht aufs Identitätsdenken schon dadurch leisten konnte, dass sie in den Prosperitätsjahren nach dem Zweiten Weltkrieg mit ausreichend Identität ausgestattet wurde.

Haben Horkheimer und vor allem Adorno noch eine kritische Theorie präsentiert, die gegen die Identitätszumutungen der 50er und 60er Jahre sich durchsetzen musste, hat Habermas die Erfahrung der *Herstellbarkeit* und *Verflüssigung* von Identität der 70er und 80er Jahre auf den Begriff gebracht und sowohl mit dem rekonstruktiven Dialog der großen Geister in seinen theoretischen Schriften wie mit den diskursiven Zumutungen seiner politischen Schriften ästhetisch vorgeführt. Die *Theorie des kommunikativen Handelns* (Habermas 1981) ist kritische Theorie, so weit sie die in der objektiven, in der sozialen und in der subjektiven Welt herzustellenden Identitäten als kommunikativ kritisierbare und damit revidierbare Identitäten ansetzt. Indem Habermas die Kriterien der Kritik wissenschaftlich, i.e. kritisierbar auf den Begriff bringt, versöhnt er letztlich die Verhältnisse mit sich selbst. Was Adorno noch kritisierte – dass die Kritik letztlich eingeschlossen bleibt in der affirmativen Verblendung des Ganzen –, gerät bei Habermas zum Garant für eine Ordnung, in der auch "wirklich etwas besser geworden" (Habermas 1985: 203) ist; nicht zuletzt, weil sich die Kriterien der Kritik in der Pragmatik des Alltags und damit innerweltlich, i.e. empirisch auffinden lassen.

Beck schließlich steht für die radikale Selbstverunsicherung der modernen Gesellschaft, wie sie spätestens seit den 90er Jahren bis heute anzutreffen ist. Musste/konnte Habermas noch antreten, die letztlich bekannten Strukturen der Gegenwartsgesellschaft auf den konstativen und normativen Punkt zu bringen, stilisieren sich die Texte Becks als Sucher in einer unbekannten Welt, die sich den Kategorien entzieht.

Ähnlich wie Habermas' Texte taugen auch die Schriften von Beck dazu, einen öffentlichen Intellektuellen zu repräsentieren, dem es gelingt, die Wir-Semantik der politischen Kommunikation mit der Ich-Zurechnung des wissenschaftlichen Beobachters zu verbinden – und insofern ehrt man Beck nicht zu sehr und relativiert die Leistung von Habermas nicht über Gebühr, in Beck so etwas wie dessen legitimen Nachfolger zu sehen. So ähnlich freilich diese Form der appellativen Rede und der öffentlichen und politischen Anschlussfähigkeit der beiden sein mag, so könnten die ästhetischen Formen der beiden Theorien kaum unterschiedlicher sein. So arbeitet sich Habermas an der Tradition ab, sucht nach theoretischen Kontinuitäten und orientiert sich an der Einheit der Moderne als einer historisch einsamen, aber gerade darin sich selbst stets historisierenden Epoche. Habermas traut dem philosophischen und wissenschaftlichen Argument dann, wenn es an seiner eigenen Diskontinuität auf die Kontinuität einer normativen und strukturellen Grunderfahrung der Moderne gestoßen wird. Und so wird man an Habermas' Texten vor allem schätzen müssen, dass sie die jeweiligen Novitäten der Moderne – und Modernität ist nichts anderes als die stete Verheißung des Neuen (vgl. Gumbrecht 1978) – an der Beharrlichkeit ihrer Substanz messen. Und Habermas rechnet mit einem gelehrten, bildungsbürgerlichen Publikum, das man auf die Rekonstruktionsreise in die Tradition schicken kann und dem es zumutbar ist, auf die Kenntnis einer gelehrten Tradition gestoßen zu werden, die als *gemeinsame* Tradition ebenso unstrittig wie her zitierbar ist.

Auf ein solches Publikum zählen die Texte Becks nicht – und sie zielen auch nicht darauf. Was von der Journaille vielleicht als *leichte Schreibe* oder schlicht als *Verständlichkeit* gerühmt wird, scheint mir eher damit zusammen zu hängen, dass die Argumente Becks als Rekonstruktionsarbeit, als theoretische Durchführung und als stringentes methodisches Programm gar nicht funktionieren würden. Beck kann sich nicht auf die Gelehrtenrepublik beziehen – übrig bleibt die Republik bzw. ihr zweitmodernes funktionales Äquivalent. Ich formuliere dies nicht als Kritik an dieser Textsorte, sondern letztlich als Folge jener Diagnose, die Beck stellt. Habermas hat zwar an ein internationales Publikum sich gerichtet, aber voraussetzen konnte er ein nationales Publikum, die Stabilität eines Solidarraums einer Sprachgemeinschaft, in der – Hegelsch gesprochen – die Sittlichkeit des Volkes ebenso aufgehoben war wie die Reflexion ihrer Moral. Habermas' Theorieästhetik lebt vom Vertrauen in die Geschichte – und seine empirische Rekonstruktion der geschichtsphilosophischen Tradition der Modernisierungstheorie (vgl. Habermas 1976) beruft sich letztlich auf eine Form von Sozialität, die man immer schon voraussetzen kann und von der zu zehren ist. Habermas' Doppelbedeutung des Politischen als systemische Ressource der Entscheidungsgenerierung und als lebensweltliche Ressource der Teilnahme an Aushandlungsprozessen erlaubte es ihm, letztlich in die Integrationskraft des Politischen zu vertrauen und damit auch die Institutionen des modernen Verfassungsstaates in einer Weise normativ aufzuladen, die ihm eine *philosophische* Soziologie ermöglichte. Bei Beck dagegen wendet sich das Vertrauen in die Routinen der – wenn man so will – sozialdemokratischen Moderne in ein radikales Misstrauen allen Routinen gegenüber. Wie Habermas gewissermaßen das alte Bilderverbot durch die normative Rationalisierung der Bilder aufhebt, stiehlt sich Beck um die Gefahren der Bilder durch ein Vertrauen in ein Bild, das noch kaum zu schauen ist. Entgegen aller empirischen Evidenz gerinnt hier das *Vertrauen in einen unerreichbaren Solidarraum einer transnationalen Betroffenengemeinschaft* zu einem theoretischen Anker, der das Normative mit dem Konstativen so vermischt, dass am Ende unklar ist, ob Sollen und Sein überhaupt noch geschieden werden (wollen). Die dazu passende theorieästhetische Technik ist die Behauptung, dass alle Kategorien verschwimmen und dass sich etwas so gewaltig Neues ankündigt, dass das Bekannte keinen Kredit mehr haben kann.

Um nicht falsch verstanden zu werden: Ich überspitze die theorieästhetischen Unterschiede von Habermas und Beck, um deutlich zu machen, warum Beck letztlich gar nichts anderes übrig bleibt, als sich der strengen *Arbeit des Begriffs* zu entziehen. Soziologisch interessant wird dieser Unterschied dann, wenn man ihn als ein Datum interpretiert, das tatsächlich auf veränderte gesellschaftliche Antezedenzbedingungen verweist, wie eine sozialwissenschaftliche Gesellschaftstheorie und Zeitdiagnose sich wissenschafts- und politiköffentlich anschlussfähig darstellen kann. Der *Habermas-Kosmos*, das Vertrauen in die bildungs-, wirtschafts- und politikbürgerliche Gemeinschaft, die Sicherheit institutionalisierter Konflikte bei gleichzeitigem Ausschluss dritter Möglichkeiten, die Begrenzbarkeit von Entscheidungsräumen und die Einhegung des kulturell ungesagt Zumutbaren, auch das Rechnen mit einem weitgehenden Konsens über den zitierbaren Kanon des akademisch Zumutbaren, all das scheint zu Ende zu sein. Und das funktionale Äquivalent dafür ist eben der Anfang, ist das Vorstoßen in neue Welten, ist die ewig neue, alte Verheißung der Moderne, dass sie alles mit sich reißt und immer wieder neu beginnen lässt. Beck markiert in der Tat das Ende des Habermas-Kosmos, indem er Habermas in seiner öffentlichen Funktion beerbt, aber mit ganz anderen Publika rechnen muss, mit ganz anderen Bezugsproblemen und v.a. mit völlig anders gearteten Selbstverständlichkeiten.

4. Ein unsachlicher Abgang

All das konnten nur Andeutungen sein – und der Jubilar wird ihnen nicht zustimmen. Es ist nur recht und billig, auch hier *unsachlich* zu bleiben. Ästhetisch gesehen, ist für die Systemtheorie der Lackmus-Test für eine gute Theorie die Frage, wie die Theorie selbst in der Theorie vorkommt. Die Systemtheorie – hier übrigens der alten kritischen Theorie ebenso ähnlich wie auch ganz anders als diese (vgl. Nassehi 2003a: 49ff.) – besteht hier stets darauf, an sich selbst beobachten zu können, wie die Differenzierung der modernen Gesellschaft vonstatten geht und wie sie zu Perspektivendifferenzen kommt, die gerade in ihrer Unhintergehbarkeit aufeinander prallen und alles andere als autonom sind. Die Systemtheorie (zumindest wie ich sie zu betreiben trachte) interessiert sich also für die selbst erzeugte Plausibilität einer jeden Perspektive, zu der stets die Selbstanwendung gehört.

Bei Habermas färbt sich dieser Lackmus-Test so, dass der Nachweis der Rationalität des Argumentierens am eigenen Text als Parabel für eine Sprachgemeinschaft gelten kann, die qua Argument ihrer selbst gewahr wird, für diesen Horizont aber auf die *Boden*-Funktion des immer schon Gültigen verfügen können muss. Bei Beck schlägt der Test anders aus: In seinen Texten ist der Appell und die solidarische Geste letztlich der Garant für die Gültigkeit des eigenen Arguments, weil nur appellative Rede und das Ringen um die Einsicht in die Notwendigkeit jene Transzendierung des Bestehenden auf den Plan ruft, dem man nur durch ein erneutes Bilderverbot begegnen kann. Dass das Bilderverbot freilich nur für die Arbeit des Begriffs gilt, nicht aber für die diagnostische Durchführung selbst, ist nur ein Hinweis auf die Bedingungen ihrer Anschlussfähigkeit zwischen Benennbarkeit und sozialer Erreichbarkeit. Man könnte das auf die

Formel bringen: Habermas traut der Welt, aber nicht sich selbst, und ist deshalb zu einer Form der Kritik gezwungen, die seit Kant eine Kritik v.a. der Voraussetzungen der eigenen Sätze ist. Beck dagegen traut der Welt nicht, weil sie aus den Fugen sei, dafür traut er umso mehr den eigenen Sätzen und der eigenen Kritik und kann so auf die strenge Kritik seiner eigenen Möglichkeitsbedingung und damit auf die strenge Arbeit des Begriffs verzichten.

Es käme jetzt darauf an, daran sachlich in der Weise anzuschließen, aus der Perspektive der systemtheoretischen Verfremdung all das als Folgeproblem eines Kontinuitätskerns der Moderne zu rekonstruieren. Aber das erforderte einen Wechsel ins *sachliche* Fach, und das sollte ja hier ausgeschlossen werden. Deshalb schließe ich wiederum mit einer Unsachlichkeit, nämlich mit der authentischen Bewunderung für Ulrich Becks Gespür für das, was sich sagen lässt und was gesagt werden muss. So viel Alteuropa muss sein: Hier fällt das Wirkliche tatsächlich mit dem Vernünftigen zusammen. Nur ob das Vernünftige auch vernünftig ist; und das Wirkliche wirklich? Das lassen wir offen.

Literatur:

Adorno, T. W., Negative Dialektik, in: Gesammelte Schriften, Band 6, Frankfurt/M. 1997, S. 7-412.

Alexander, J./Smith, P., Social Science and Salvation: Risk Society as Mythological Discourse, in: Zeitschrift für Soziologie 25, 1996, S. 251-262.

Beck, U., Jenseits von Stand und Klasse?, in: Kreckel, R.(Hg.): Soziale Ungleichheiten. Soziale Welt, Sonderband 2, Göttingen, 1983, S. 35-74.

Beck, U., Risikogesellschaft. Auf dem Weg in eine andere Moderne. Frankfurt/M 1986.

Beck, U., Die Erfindung des Politischen. Zu einer Theorie reflexiver Modernisierung, Frankfurt/M 1993.

Beck, U., Das Zeitalter der Nebenfolgen und die Politisierung der Moderne, in: Beck, U./Giddens, A./Lash, S., Reflexive Modernisierung. Eine Kontroverse, Frankfurt/M. 1996, S. 19-112.

Beck, U., Macht und Gegenmacht im globalen Zeitalter. Neue weltpolitische Ökonomie, Frankfurt/M 2002.

Beck, U./Beck-Gernsheim, E., Individualisierung in modernen Gesellschaften – Perspektiven und Kontroversen einer subjektorientierten Soziologie, in: Beck, U./Beck-Gernsheim, E. (Hg.), Riskante Freiheiten, Frankfurt/M. 1994, S. 10-39.

Beck, U./Bonß, W. (Hg.), Weder Sozialtechnologie noch Aufklärung. Analysen zur Verwendung sozialwissenschaftlichen Wissens, Frankfurt/M. 1989.

Gumbrecht, H.U., Modern, Modernität, Moderne, in: Brunner, O./Conze, W./Koselleck, R., (Hg.), Geschichtliche Grundbegriffe, Historisches Lexikon zur politisch-sozialen Sprache in Deutschland, Band 4, Stuttgart 1978, S. 93-131.

Habermas, J., Zur Rekonstruktion des Historischen Materialismus, Frankfurt/M. 1976.

Habermas, J., Theorie des kommunikativen Handelns, 2 Bände, Frankfurt/M. 1981.

Habermas, J., Die neue Unübersichtlichkeit, Frankfurt/M. 1985.

Münch, R., Die "Zweite Moderne": Realität oder Fiktion? Kritische Fragen an die Theorie der "reflexiven" Modernisierung, in: Kölner Zeitschrift für Soziologie und Sozialpsychologie, 54, 2002, S. 417-443.

Nassehi, A., Politik des Staates oder Politik der Gesellschaft? Kollektivität als Problemformel des Politischen, in: Hellmann, K.-U./Schmalz-Bruns, R., (Hg.), Theorie der Politik. Niklas Luhmanns politische Soziologie, Frankfurt/M. 2002, S. 38-59.

Nassehi, A., Geschlossenheit und Offenheit. Studien zur Theorie der modernen Gesellschaft, Frankfurt/M. 2003a.

Nassehi, A., Der Begriff des Politischen und die doppelte Normativität der "soziologischen" Moderne, in: Nassehi, A./Schroer, M. (Hg.): Der Begriff des Politischen, Soziale Welt-Sonderheft, Baden-Baden (i.E.).

Autorinnen und Autoren

Barbara Adam ist Professorin für Soziologie an der Cardiff University.

Zygmunt Bauman ist Professor emeritus für Soziologie an den Universitäten Leeds und Warschau.

Regina Becker-Schmidt ist Professorin emerita für Soziologie an der Universität Hannover.

Peter Berger ist Professor für Soziologie an der Universität Rostock.

Karl Martin Bolte ist Professor emeritus für Soziologie an der Universität München.

Wolfgang Bonß ist Professor für Soziologie an der Universität der Bundeswehr München.

Edgar Grande ist Professor für Politische Wissenschaften an der Technischen Universität München.

Jürgen Habermas ist Professor emeritus für Philosophie an der Universität Frankfurt.

Maarten Hajer ist Professor für Politikwissenschaft an der Universität Amsterdam.

David Held ist Professor für Politikwissenschaft an der London School of Economics.

Ronald Hitzler ist Professor für Soziologie an der Universität Dortmund.

Mary Kaldor ist Professorin für Politikwissenschaft an der London School of Economics.

Elmar Koenen ist Lehrbeauftragter für Soziologie an den Universitäten München, St. Gallen und Zürich.

Scott Lash ist Professor für Soziologie am Goldsmiths College der Universität London.

Bruno Latour ist Professor für Soziologie an der Ecole des Mines, Paris.

Christoph Lau ist Professor für Soziologie an der Universität Augsburg.

Daniel Levy ist Professor am Department für Soziologie an der State University of New York-Stony Brook.

Armin Nassehi ist Professor für Soziologie an der Universität München.

Aihwa Ong ist Professorin für Anthropologie und Southeast Asian Studies an der University of California, Berkeley.

Michaela Pfadenhauer ist wissenschaftliche Mitarbeiterin am Lehrstuhl für Soziologie der Universität Dortmund.

Angelika Poferl ist wissenschaftliche Mitarbeiterin am Institut für Soziologie der Universität München.

Saskia Sassen ist Professorin für Soziologie an der Universität Chicago und an der London School of Economics.

Gerhard Schulze ist Professor für Methoden der empirischen Sozialforschung an der Universität Bamberg.

Richard Sennett ist Professor für Soziologie an der London School of Economics.

Natan Sznaider ist Professor für Soziologie am Academic College in Tel Aviv.

John Urry ist Professor für Soziologie an der Lancaster University.